促女性平等就业，建活力包容社会

2016 中国劳动力市场发展报告

——性别平等化进程中的女性就业

China Labor Market Development Report 2016:
Female Employment in the Process of Gender Equality

赖德胜 孟大虎 李长安 王 琦 等 著

北京师范大学出版集团
BEIJING NORMAL UNIVERSITY PUBLISHING GROUP
北京师范大学出版社

图书在版编目(CIP)数据

2016中国劳动力市场发展报告——性别平等化进程中的女性就业/赖德胜，孟大虎，李长安，王琦等著. —北京：北京师范大学出版社，2017.1
ISBN 978-7-303-21475-4

Ⅰ. ①2… Ⅱ. ①赖…②孟…③李…④王… Ⅲ. 劳动力市场—研究报告—中国—2016 Ⅳ. ①F249.212

中国版本图书馆CIP数据核字(2016)第251268号

营销中心电话 010-58805072 58807651
北师大出版社学术著作与大众读物分社 http://xueda.bnup.com

2016 ZHONGGUO LAODONGLI SHICHANG FAZHAN BAOGAO
出版发行：北京师范大学出版社 www.bnup.com
北京市海淀区新街口外大街19号
邮政编码：100875
印　刷：保定市中画美凯印刷有限公司
经　销：全国新华书店
开　本：787 mm×1092 mm 1/16
印　张：23
字　数：466千字
版　次：2017年1月第1版
印　次：2017年1月第1次印刷
定　价：80.00元

策划编辑：马洪立　　责任编辑：李洪波
美术编辑：王齐云　　装帧设计：李尘工作室
责任校对：陈　民　　责任印制：马　洁

课题总顾问

赵人伟（中国社会科学院荣誉学部委员）

课题顾问（以姓氏音序排序）

冯乃林（国家统计局人口与就业统计司司长）

刘燕斌（中国劳动保障科学研究院院长）

吕国泉（中华全国总工会政策研究室主任）

莫　荣（中国劳动保障科学研究院国际劳动保障研究所所长）

王亚栋（国际劳工组织中国就业政策高级官员）

杨宜勇（国家发展和改革委员会社会发展研究所所长）

余兴安（中国人事科学研究院院长）

张车伟（中国社会科学院人口与劳动经济研究所所长）

张　莹（国家人力资源和社会保障部就业促进司副司长）

课题负责人

赖德胜（北京师范大学经济与工商管理学院院长
北京师范大学劳动力市场研究中心主任）

报告撰稿人（以姓氏音序排序）

常欣扬（北京师范大学辅导员）

陈建伟（对外经济贸易大学助理研究员）

高春雷（北京市工会干部学院助理研究员）

高　曼（北京师范大学博士生）

黄金玲（首都师范大学研究生）

赖德胜（北京师范大学教授）

李　飚（北京师范大学博士生）

李长安（对外经济贸易大学教授）

廖　娟（首都师范大学副教授）

刘　娜（北京建筑大学副教授）

刘亚楠（北京师范大学研究生）

刘易昂（北京师范大学研究生）
孟大虎（北京师范大学编审）
欧阳任飞（北京师范大学研究生）
苏丽锋（对外经济贸易大学副教授）
王　琦（北京联合大学讲师）
杨　慧（全国妇联妇女研究所副研究员）
张抗私（东北财经大学教授）
周建亮（北京师范大学研究生）
朱　敏（北京师范大学讲师）

摘要

妇女是物质文明和精神文明的创造者，是推动社会发展和进步的重要力量。女性成为自食其力的劳动者，在社会经济生活中获得一定地位，是历史持续发展、社会不断进步、国家走向文明的标志。“平等就业”是促进女性平等化进程的关键环节，是实现女性全面发展的重要组成部分。因此，从诸多视角探求女性就业特征对促进女性平等就业具有积极意义。本报告研究发现，我国女性就业呈现出十大特征：促进女性平等就业的法律“金字塔”已搭建完成，女性劳动参与率不断下降但仍高于世界平均水平，女性工资水平普遍低于男性但差距呈缩小趋势，新常态新业态下女性就业压力与机遇共存，“就业两极化”与“非正规化”现象突出，女性劳动者就业保障体系日臻完善，女性管理者晋升存在“玻璃天花板”障碍，女性劳动关系问题有所缓解但存在地区差异，女大学毕业生就业依旧困难重重，女性流动人口就业质量尚待提升。基于此，本报告提出促进就业性别平等的六点政策建议：完善法律体系，尽快出台《反就业歧视法》；完善就业服务体系，为女性提供更多平等参与机会；加大财政金融政策扶持力度，促进女性创业就业；加强企业社会责任，营造男女平等就业的环境；提高社会服务水平，助推更多女性走向职场；加快用工观念转变，充分认识女性就业的优势。

Abstract

Women are creator of material and spiritual civilization, and the important force to promote social development and progress. It is a symbol of historically sustainable development, social progress and trend toward national civilization that women becoming self-reliant workers and obtaining a certain position in the social and economic life. "Equal Employment" is the key to the process to promote women's equality, and is an important part of the realization of women's full development. Therefore, there is positive significance for promoting women's equal employment to search the feature of female employment from a lot of perspectives. This research report found that China's female employment presents ten characteristics: the complete setting-up of the law "pyramid" to promote women's equal employment, the declining female labor participation rate which was still higher than the world average level, female wages generally lower than men but with increasingly narrowing gap, the coexistence of pressure and opportunities for women under the new normal and the new formats, the outstanding phenomenon of "employment polarization" and "informality", the improving employment security system of women workers, female managers facing promotion barriers of "glass ceiling", the easing female labor relations with regional differences, female graduates still facing many employment difficulties, and women migrants having yet to upgrade the quality of employment. Based on this, the report proposed six policies and recommendations to promote gender equality of employment: 1)to improve the legal system, and introduce "Employment Non-discrimination Law" as soon as possible; 2)to improve the employment service system to provide more opportunities of equal participation for women; 3)to increase fiscal and financial policy support to promote female employment and entrepreneurship; 4)to strengthen corporate social responsibility, and create employment environment with gender equality; 5)to improve social services to help more women step into the workplace; 6)to accelerate the transformation of the employment concept, fully aware of the advantages of female employment.

目 录

第三篇　国外女性就业扶助政策研究

Contents

Part 1. The Change in Characteristics of Female Employment and Policy Choice in China

Part 2. Special Topics on Female Employment

第一篇

我国女性劳动者就业特征的变化与政策选择

第一章

劳工世界中的性别平等：国际经验与中国道路

性别平等是现代文明社会的重要特征，是社会公平的重要组成部分。促进妇女全面发展，推进性别平等，意味着无论是在家庭生活的私人领域，还是在社会活动的公共领域，女性都有平等机会参与其中，享受自己应有的权利，共享成果。正如第三次世界妇女大会通过的《内罗毕战略》所言，“对妇女来说，平等意味着实现某些由于文化、体制、行为和态度方面的歧视而被剥夺的权利。”通过本章论述，我们希望向社会公众传递一个重要理念：即劳工世界中的性别平等是实现性别平等的重要保障。同时，本章还将对国际社会推动性别平等的就业政策与经验进行梳理评价，并对中国致力于实现性别平等的就业政策与实践进行归纳总结。

第一节　劳工世界中的性别平等是实现性别平等的重要保障

在跨越千年的农业文明时代，女性在社会生产的性别分工中处于从属地位，女性劳动的价值主要体现在家务劳动和家庭副业中，由此，女性在整个劳动力市场中居于从属和次要地位。由西方世界开始兴起的工业化大生产方式改变了这一切，一大批女性开始摆脱家庭的禁锢，以群体性姿态大规模进入劳动力市场。特别是自第二次世界大战结束以来，女性在劳动力市场中地位的提升已成全球性趋势，这一趋势改善了社会生产的性别分工格局。据世界银行《2012 年世界发展报告：社会性别平等与发展》披露，在过去 30 多年，世界很多国家和地区的劳动参与率的性别差距已缩小，累计有 5 亿多妇女加入劳动大军。

然而，全球女性在劳动力市场中寻求两性平等之路依然任重而道远。国际劳工组织 2016 年 3 月 7 日发表的题为《职场中的女性：2016 趋势》报告指出，根据

2015年的最新统计，全球雇用将近13亿妇女，而受雇的男性有20亿。女性就业人口在全球女性总人口中所占比例仅为46%，而男性则高达72%。全球范围内约有5.86亿女性为自营工作者和家庭工人，这一数字虽然与20年前相比下降了17%，但仍比男性高出1倍多。劳动力市场的性别鸿沟在过去20年间仅缩小了0.6%，这表明为女性寻找更多就业机会的努力仍有所欠缺或者进展不大，性别鸿沟在阿拉伯国家、北非和南亚地区尤为显著；同时，目前全球女性工资水平仍然只相当于男性工资的77%。报告预测，如果这一趋势持续下去，要彻底消除性别工资差距需要超过70年的时间。此外，在劳动力市场可获得工资的女性雇员中有38%没有社会保障，这一比例在撒哈拉以南非洲地区超过63%，在南亚更高达74.2%。[①] 国际粮农组织的全球数据也显示，女性在所有发展中国家的农业劳动力人口中占比为43%，然而男女经营的农场却存在20%～30%的产量差距，这不是因为女性的能力问题，而是因为她们无法平等地获取生产性资源。

以上事实表明，近几十年来，全球女性虽然已经大规模进入劳动力市场，改善了在社会生产中的性别分工格局，但是职场中的性别鸿沟仍然难以跨越，同工同酬还远未实现，女性和男性之间的不平等待遇在全球劳工市场多个方面持续存在，劳动力市场中的性别平等仍然还有很大的改善空间，这种状况，尤其是在欠发达和男权主义盛行的经济体中尤为严重。这种状况必须得到改变，而且在当前国际社会力推"性别主流化"进程的有利背景下，这种状况也能够得到改变。劳动力市场中的性别平等，不仅在很大程度上事关置身其中的女性劳动者的就业权、收入权和职业发展权的实现，而且还具有很大的"外部效应"和"溢出效应"，直接或间接地影响着在其他诸多领域实现性别平等。简言之，我们认为，劳动力市场中的性别平等是全面实现性别平等的重要保障。

第一，劳动力市场中的性别平等，是女性平等参与经济活动和公平享有经济资源的关键所在。在人类社会，经济地位是决定个体社会地位的基础性因素，而对于全球大多数女性来说，经济地位的高低往往是由劳动力市场中的地位决定的。例如，如果就业中的性别歧视依然普遍，那么即便女性已经实现了受教育方面的巨大进步，[②] 这种人力资本方面的改善并不必然会推动女性能够更快更好地找到匹配工作，也并不必然能突破横向的职业隔离，进入那些长期由男性主导的收入高、声望高的"男性职业"，也就无法使职业女性获得更高的收入，无法与男

① 资料来源：《国际劳工组织发表最新报告 女性就业形势依然严峻》，载《劳动报》，2016年3月8日。

② 这是过去几十年来发达国家和包括中国在内的新兴经济体普遍展现的趋势。关于这方面的详细讨论，可参见孙志军、彭顺绪、王骏：《谁在学业竞赛中领先——学业成绩的性别差异研究》，载《北京师范大学学报(社会科学版)》，2016年第3期。

性一样平等地参与高附加值的经济活动；如果职业晋升的"玻璃天花板"效应依然显著，那么不管女性管理者的个人能力再强抑或生产率再高，也无法突破纵向的职业隔离，只能长期滞留在中下层管理职位上，而无法与男性一样参与组织高层的重大决策活动。"平等参与经济活动和公平享有经济资源是妇女生存发展的基本条件"，[①] 这一点已成国际共识。如果没有率先实现劳动力市场中的性别平等，女性在很大程度上是无法平等参与经济活动和公平享有经济资源，无法平等享有经济和社会发展成果的。更为重要的是，劳动力市场的性别不平等还会制约和限制经济发展。根据高盛公司的估计，如果妇女参与有酬就业的就业率提高到男性目前的水平，美国国内生产总值将提高 9%，欧洲将提高 13%，日本将提高 16%。在主要的 15 个发展中经济体，人均收入到 2020 年将提高 14%，到 2030 年将提高 20%。[②]

第二，劳动力市场中的性别平等显著影响了女性家庭地位的提升。女性家庭地位主要通过女性控制家庭资源的能力，以及在家庭事务决策中所拥有的权力多少来衡量。女性家庭地位的提升需要经济基础支撑。在现代经济增长过程中，由于生产方式的变化和女性受教育程度的提高，女性已被公认为是一种重要的人力资源，女性是劳动力大军的重要组成部分。女性由就业状况、收入水平和职位序列等衡量的社会地位越高，其家庭地位越高，家庭内的性别关系越趋平等。[③] 现代家庭关系的主流为夫妻关系，因此，现代女性家庭地位也可以通过"夫妻地位差"来衡量，研究表明，夫妻在经济和社会地位方面的差距越小，夫妻角色关系越趋于平等。[④] 我们认为，虽然目前全球女性已经获得了更多的就业机会，但如果无法共享与男性一样的收入增长和晋升机会，如果无法改变女性整体上仍处于各行业最底层等级序列的现实，就不能说已经在统计意义上实现了劳动力市场中的全面性别平等。如果这种状况不发生改变，则女性的经济社会地位就无法普遍提升，夫妻地位差就无法缩小，从而使家庭决策权主要由男性主导、无酬家务劳动主要由女性承担的问题将无法得到彻底改变。

第三，劳动力市场中的性别平等，对女性政治参与以及女性享有公共生活与决策领域的发言权有重要影响。据《世界妇女发展状况的基本数据》显示，截至 2014 年 9 月，152 个国家中仅有 9 个国家元首为女性，193 个国家中也只有 15 个

① 参见《中国性别平等与妇女发展》白皮书第二章，新华网，http://news.xinhuanet.com/politics/2015-09/22/c_1116639900.htm，2015 年 9 月 22 日。

② 参见《世界妇女发展状况的基本数据》，全国妇联官方网站，http://www.women.org.cn/art/2016/1/5/art_235_103541.html，2016 年 1 月 5 日。

③ 刘启明：《当代中国妇女家庭地位的比较研究及成因探析》，载《中国人口科学》，1993 年第 5 期。

④ 林聚任、谭琳：《夫妻地位差与性别分层》，载《妇女研究论丛》，1999 年第 4 期。

政府首脑为女性。截至 2014 年 12 月，女议长、女副议长和女议员比例分别为 14.8%、26.5%和 21.9%。截至 2014 年 1 月，女部长比例仅为 17%。[①] 全球女性在政治参与中的这种低代表性，显然是与庞大的女性人口及女性就业人口数量不相称的。政治参与是一个受多种因素制约的社会进程，“在经济更发达的社会中，有更多的人得到更多的收入、更多的财富、更好的教育和技能性强的职业，这些因素之间显然密切相关。然而，研究结果表明，每一个因素也对政治参与产生不同程度的独立影响”，[②] 对女性的政治参与来说更是如此。历史经验表明，女性的政治参与进程与女性争取劳动力市场的性别平等进程——反对雇工中的女性歧视、打破职业领域中的性别隔离、争取同工同酬——息息相关，且二者往往是同步发生的。对当代中国女性政治参与的实证研究也表明，职位等级高、收入水平高的职业女性往往拥有更高的政治参与水平。[③] 通过促进劳动力市场的性别平等来提高女性政治参与水平，推动更多女性享有公共生活与决策领域的发言权，势必能增加和增强决策中的女性声音，体现女性视角，将更多女性关注的问题纳入公共事务议题中去。

第四，劳动力市场中的性别平等，直接影响了女性的家庭谈判能力和掌控家庭事务决策的程度，从而对子女，尤其是女童的未来发展有着至关重要的作用。已有大量的国内外教育经济学实证研究文献指出，母亲的受教育程度会显著地正向影响子女的教育获得，[④] 尤其是当父亲和母亲之间的受教育程度差距较小、母亲与孩子的相处时间较长的情况下更是如此。[⑤] 这是因为，母亲较高的受教育程度有助于提高她在家庭中的谈判能力——包括在子女教育问题上；父亲和母亲之间的受教育程度差距越小，母亲的意愿就越容易实现；而母亲与孩子的相处时间越长，对子女的关注度就越高，其影响也越大。同样，也有家庭经济学领域的研究发现：夫妻的社会经济资源和性别意识是婚姻权力平衡的决定性因素。当女性

---

① 参见《世界妇女发展状况的基本数据》，全国妇联官方网站，http://www.women.org.cn/art/2016/1/5/art_235_103541.html，2016 年 1 月 5 日。

② [美]塞缪尔·亨廷顿、琼·纳尔逊：《难以抉择——发展中国家的政治参与》，汪晓寿等译，北京：华夏出版社，1988。

③ 参见周云：《关于都市职业女性政治参与意识及其影响因素的实证研究——对上海市职业女性的抽样调查》，载《理论与改革》，2007 年第 3 期；梁丽霞等：《新时期女性政治参与行为及其影响因素研究》，载《山东社会科学》，2014 年第 7 期。

④ Tansel A. 1998, Determinants of School Attainment of Boys and Girls in Turkey, *Yale University Economic Growth Center Discussion Paper*, No. 789; Oreopoulos, P. and M. Page, 2003, Does Human Capital Transfer from Parent to Child ? The Intergenerational Effects of Compulsory Schooling, *NBER Working Paper*, No. 10164.

⑤ 刘泽云：《农村儿童为何失学——基于多层模型的经验研究》，载《北京师范大学学报(社会科学版)》，2007 年第 2 期。

的收入高于配偶时，她们比丈夫更有可能独立、全权掌控家庭事务。[①] 其中，当然包括有关子女未来发展的决策。在这里，我们认为还需要特别提及女性(母亲)家庭地位之于女童未来发展的重要影响。关于这方面的证据，不但能从经济学、社会学等领域的文献中获得，甚至在文学研究领域中也能发现。例如，一篇关于“女性儿童小说中母女的结盟与分立”主题的文献就论述到，“一方面，对母体与母爱的依恋，对男性的失望与反抗触动着女儿与母亲的暗中结盟；另一方面，青春期的女儿挑战包括母亲在内的权威，她们渴盼‘分娩’一个新我，她们拒斥母亲镜像，以致形成了母女之间无情的分立。”当女儿面对的是一位家庭地位不高的母亲时，“我们看到‘母亲的女儿’缺少对母体的崇敬与膜拜之情，她和她们怕去面对一个蓬头垢面的母亲、一个肮脏龌龊的家和那些女人之间鸡毛蒜皮、家长里短的事情。当她们锐利地看到并夸大和泛化母亲的丑陋、女人的卑微时，青春期的偏执最终使她们走向了与母亲的分立。”[②]的确，母亲是女儿最重要的生命镜像，母亲的境遇在很大程度上会影响女儿的性别认同。从这个意义上讲，推动劳动力市场中的性别平等，从而提高女性的家庭地位和家庭谈判能力，无疑会对子女，尤其是女童的全面发展有着至关重要的作用。

2015 年 9 月联合国可持续发展峰会通过的《2030 年可持续发展议程》，呼吁全球、区域和国家在执行议程时必须系统性地顾及性别平等因素，“妇女和女童必须能平等地接受优质教育，获得经济资源和参政机会，并能在就业、担任各级领导和参与决策方面，享有与男子和男童相同的机会”。我们认同这一呼吁，同时，我们尤为强调推动劳动力市场中的性别平等所具有的重要价值，因为，它是全面实现性别平等的重要保障。

第二节 国际社会推动性别平等的就业政策与经验

作为一个全球性问题，性别平等可以说是国际社会最为关注的议题之一。联合国前秘书长布特罗斯·加利这样评价国际社会对提高妇女地位的支持程度：“在联合国倡导的事业中，很少有比促进和保护妇女平等权利的运动赢得更强烈和更广泛的支持的。”[③]联合国在推进性别平等和妇女赋权方面发挥着关键性作用，是全球性别平等化进程的推动者、倡导者和组织者，其提出和倡导的“社会

① Treas, J. and T. Tai, 2012, How Couples Manage the Household: Work and Power in Cross-National Perspective, *Journal of Family Issues*, 33(8): 1088-1116.

② 陈莉：《结盟与分立：中国女性儿童小说作家笔下的母女关系》，载《妇女研究论丛》，2005 年第 6 期。

③ 李英桃：《全球政治与性别平等：现状与挑战》，北京：社会科学文献出版社，2007。

性别主流化”概念作为促进性别平等的全球战略，被国际社会广泛认可和接纳，正全面而深刻地指导着各国政府及国际组织推动就业领域性别平等的政策制定；以 1958 年国际劳工组织制定并通过的《消除就业和职业歧视公约》为标志，国际劳工组织最早对消除工作中所有形式的歧视和促进就业平等规定了政策框架，并在持续推动消除就业歧视、职业隔离、同工不同酬等现象，不遗余力地实现全球范围内就业中的性别平等；作为一个拥有众多成员国的区域性政治经济组织，欧盟通过实施不间断的“行动计划”推动就业性别平等的政策经验也有很多可取之处。①

>>一、联合国致力于推动性别平等的全球战略：社会性别主流化<<

自 1945 年成立以来，联合国就在推进性别平等和妇女赋权方面发挥着关键性作用，是全球性别平等化进程的推动者、倡导者和组织者。1975—1995 年是联合国推动性别平等的重要阶段。这一时期，联合国通过了《消除对妇女一切形式歧视公约》(1979 年)，并先后在墨西哥城(1975 年墨西哥)、哥本哈根(1980 年丹麦)、内罗毕(1985 年肯尼亚)、北京(1995 年中国)召开了第一、二、三、四次世界妇女大会，提升了性别平等议题的能见度，使得有关性别歧视、性别平等的讨论逐渐进入主流的国际论坛。1995 年在北京召开的第四次世界妇女大会上通过的《北京宣言》和《行动纲领》至今仍是推动全球性别平等运动的纲领性文件。②

《消除对妇女一切形式歧视公约》(以下简称《公约》)是第一个把性别平等和非歧视要求法律化的联合国条约，它建立在男女平等和保障妇女人权的原则上，被公认为“国际妇女人权宣言”，也是推动劳动力市场中性别平等的奠基性法律文书。《公约》于 1979 年 12 月 18 日由联合国大会通过。《公约》重申对各项基本人权、对人的尊严与价值及对男女权利平等的信念；解释了平等的含义以及如何去实现这一平等。《公约》不仅确立了一项国际妇女权利宪章，而且还提出了缔约各国保障享受此种权利的行动议程。它界定了对妇女歧视的定义，通过立法程序规定妇女权利，使缔约各国对妇女享有平等权利负有不可推卸的责任，并要求政府通过法律、政策和方案措施消除对妇女的歧视。③

---

① 由于本报告第三篇专辟章节对一些代表性国家的国别经验进行详细介绍，这里，我们就不再对国别经验进行梳理。

② 资料来源：《历次世界妇女大会情况》，全国妇联官方网站，http://www.women.org.cn/art/2016/1/5/art_235_103543.html，2016 年 1 月 5 日。

③ 参见《联合国促进性别平等三个重要法律文书》，载《中国妇运》，2013 年第 1 期。

如果说《公约》是一份“国际妇女人权宣言”，那么 1995 年 9 月在中国北京召开的联合国第四次世界妇女大会通过的《北京宣言》和《行动纲领》，则是指导推动性别平等、促进妇女发展和进步的纲领性文件。尤其需要指出的是，《北京宣言》和《行动纲领》中所提出的“社会性别主流化”，已被联合国确定为推动性别平等的全球战略，目前已被国际社会广泛认可和接纳，正全面而深刻地指导着各国政府及国际组织性别平等的政策制定。

“社会性别主流化”，要求将社会性别意识贯穿于整个社会政策的制定、执行和评估的全过程中，并将实现性别平等当作社会政策的目标之一。这一提法最早出现在 1985 年联合国第三次世界妇女大会的《内罗毕战略》中，集中反映在联合国第四次世界妇女大会《北京宣言》和《行动纲领》中。[①] 自社会性别主流化概念提出以来，社会性别、赋权等概念逐渐为各国政府和社会公众所接受，国际社会开始从关注“妇女地位”和“性别不平等”转向关注“性别平等”和“赋权妇女”，社会性别主流化已成为性别平等领域中的“主流”词汇。

人们认识到，在诸如经济发展、政治参与、教育公平和健康水平等所有问题中都包含性别问题，不承认性别不平等的现实，不推行社会性别主流化，不将社会性别意识置于各项政策制定的优先位置，就无法应对全球化时代性别与发展所面临的挑战，更无法推动性别平等的实现。[②] 2015 年 9 月联合国可持续发展峰会通过的《2030 年可持续发展议程》，作为全球未来 15 年发展领域的纲领性文件，同样呼吁全球、区域和国家在执行议程时，必须贯穿社会性别主流化意识，系统性地顾及性别平等因素，从而努力缩小两性差距，通过增强妇女能力来实现性别平等，因为，“实现性别平等和增强妇女和女童权能将大大促进我们实现所有的目标和具体目标”。

>>二、国际劳工组织在创造一个性别平等的劳工世界的努力中起到了领头羊的作用<<

国际劳工组织自成立以来，在保护妇女组织自由、雇用自由、社会政策、工作条件、社会保障、行业关系及劳动管理等方面为其成员国制定了一系列劳工公约和建议书，并为各成员国所广泛遵守。[③]

---

① 参见刘伯红：《联合国促进性别平等的全球战略：社会性别主流化》，载《中国妇运》，2015 年第 8 期。

② 参见章立明：《聚焦全球化时代性别与发展面临的挑战》，载《中国妇女报》，2016 年 8 月 23 日。

③ 参见邵芬、刘启聪：《妇女权利的国际法保护及其面临的挑战》，载《现代法学》，2002 年第 5 期。

国际劳工组织认为，普遍持久的和平只能在社会公正的基础上获得。1919 年通过的国际劳工组织章程的导言中明确提出了这一思想。1944 年，费城国际劳工会议通过的《费城宣言》指出，“所有人，无论是何种族、信仰或性别，在自由和人格尊严、经济保障以及平等机遇方面都有权追求自己的物质幸福和精神发展。”《费城宣言》还进一步阐述道：“任何一个地方的贫穷对于其他所有地方的繁荣都构成一种威胁。”现在该宣言已经成为国际劳工组织章程的附属文件。

国际劳工组织致力于创造一个性别平等的劳工世界，集中体现在为其成员国制定的一系列用于保障女性职工权利、促进社会性别平等的劳工公约和建议书。

为保障女性职工权利，国际劳工组织做了大量富有成效的工作。在 20 世纪初期，当时的社会主流观点认为，从身体考虑和社会考虑来说，女性比男性更为脆弱，因此参与某些工作是不合适的。在这种观点的主导下，国际劳工组织认为保障女性职工的健康，特别是孕产妇的健康是十分重要的。因此，最早在保障方法中纳入了一些有关产假和孕产妇福利的最基本标准：对女性职工产前和产后期间做出规定的《孕产妇保护公约(第 3 号)》在 1919 年制定并通过，1952 年改为《第 103 号公约》；以 1919 年和 1934 年相关公约为基础，1948 年制定并通过了禁止工业部门女性职工夜班工作的《第 89 号公约》。

从 20 世纪 50 年代早期开始，国际劳工组织将工作重点转移到了男性和女性就业平等方面，1951 年的《第 100 号公约》和《第 90 号建议书》就规定了男女职工同工同酬原则；1958 年通过了《第 111 号公约》和《第 111 号建议书》，在职业培训机会、就业机会和就业条件等方面建立了基于包括性别在内的各种因素的非歧视原则。国际劳工组织认为，通过采用下列措施可推动同工同酬原则的贯彻和施行：工作种类划分和工资结构确定应该以客观标准为基础，而不应该同从事该工作的职工的性别相关；工资标准、集体协议、工资和福利体系、工资计划、福利计划以及医疗计划中不应该含有涉及职工性别的因素；对于在某一工作种类或工资级别上对职工有按性别分类性质的工资体系或结构，应该重新审视并进行适当调整和修改，保证从事同类工作创造相同工作价值的其他职工不会被列为不同工种，也不会因此被划入不同的工资报酬级别。

之后，国际劳工组织还在促进男女之间分担家庭责任、为兼职职工争取平等待遇方面进行了不懈努力。1965 年产生了有关有家庭负担的妇女的《第 123 号建议书》，规定了一些措施以保证女性职工能够在不受歧视的情况下履行她们的各种职责；1981 年制定并通过的《有家庭责任的职工公约(第 156 号)》和《建议书(第 165 号)》，既适用于负责照料无独立生活能力子女或家庭其他直系成员责任的女性职工，也适用于同等状况下的男性职工，其目的是要保障劳动者在就业时不会因个人职责而受歧视；1994 年通过的《兼职工作公约(第 175 号)》和《建议书(第 182 号)》，以为兼职职工(多以女性为主)争取平等待遇为目标；1996 年通过的

《在家作业工作公约(第177号)》及《建议书(第184号)》，则致力于为改善数以百万计且女性成员占多数的在家作业职工的状况提供帮助。①

当前，国际劳工组织同样将社会性别主流化战略贯穿在推进劳工世界的性别平等工作中，主要的关注点包括：为所有女性和男性劳动者创造更多的机遇，以使他们都能够从事匹配工作并有充足的收入；促进社会保障的普及，提高社会保障的效果，以提高所有人的社会经济稳定性和改善他们的工作条件、安全和健康保障措施；加强社会对话，保证女性和男性的平等参与，以便于制定政策的过程能够充分反映出他们各自的利益和关注点。②

>>三、欧盟通过实施不间断的"行动计划"推动就业性别平等的政策经验<<

作为一个拥有众多成员国的区域性政治经济组织，欧盟通过实施不间断的"行动计划"来推动欧盟及其成员国的劳动力市场性别平等化进程。

为弥补既有政策的有限性，1982—1985年欧盟实施了第一个行动计划。此计划的进步意义在于，把禁止间接歧视界定为重要的法律原则，并指出了判断间接性别歧视的基本标准，从而在很大程度上消除了欧盟成员国就业中的性别歧视，提高了女性的就业机会，促进了女性的收入增长。1986—1990年，欧盟推出了第二个行动计划，该计划特别关注女性作为劳动力市场中的弱势群体在经济衰退和高失业等特殊时期的状况，号召通过提高女性受教育程度改变女性受教育中专业选择上的传统观念，平衡男女两性的家庭责任与义务来实现男女平等就业机会。第三个行动计划(1991—1995年)，则提出采取整合的途径和方法把机会平等原则普遍整合进主流政策，即成员国各种相关政策和行动计划的全过程，强调采取多种措施提高工作与家庭之间的平衡度，更好地整合和利用女性人力资源。1996—2000年的第四个行动计划更加强调社会性别主流化原则的普遍适用性，提出要在欧盟、各成员国、地区和地方四个层面，把促进机会平等整合进政策的制定、执行、监测的全过程中去。2001—2005年的第五个行动计划更加致力于促进就业机会的平等，并拨出专门预算推进计划的实施。③

从欧盟这二十多年来实施的五个行动计划及其政策着眼点来看，后一个行动

---

① 资料来源于ILO：《女性职工权利及社会性别平等基础知识》，日内瓦，国际劳工局，2000。

② 参见邵芬、刘启聪：《妇女权利的国际法保护及其面临的挑战》，载《现代法学》，2002年第5期。

③ 宁国良、李雪芹：《欧盟性别平等就业政策及其对我国的启示》，载《湘潭大学学报(哲学社会科学版)》，2013年第4期。

计划既是前一个行动计划的延续，又实现了根据经济社会发展形势的变化和新达成的国际共识进行精准调整，以持续推进、精准发力的方式促进了就业性别平等，值得包括中国在内的广大发展中国家学习。

第三节　中国致力于实现性别平等的就业政策与实践

新中国成立以来，党和政府一贯高度重视妇女发展，综合运用法律、政策、行政、教育、舆论等手段推动男女平等基本国策落实，推进性别平等进程。《中华人民共和国宪法》明确规定，“妇女在政治、经济、文化、社会和家庭生活等各方面享有同男子平等的权利。”尤其是以 1995 年在北京召开的联合国第四次世界妇女大会为标志，中国政府向国际社会庄严承诺，把实现男女平等作为促进社会发展进步的一项基本国策，男女平等由此从观念意识变为国家意志。2005 年，修订后的《中华人民共和国妇女权益保障法》首次把男女平等基本国策以法律条文形式固定下来，明确了基本国策的法律地位。2012 年党的十八大把男女平等基本国策写进全国党代会报告，更进一步将其明确为执政党的追求。

在法律层面，我国逐步完善了保障妇女权益的法律体系，从法律制度上促进实现男女平等，制定修订了妇女权益保障法、就业促进法等二十余部涉及妇女权益的法律法规，基本形成了保障妇女权益、促进性别平等的法律体系。

健全完善了致力于提高妇女地位的政府机构，为促进性别平等与妇女发展提供有力的组织保障，国务院成立了妇女儿童工作委员会，成员单位从成立之初的 19 个增至目前的 35 个，31 个省(区、市)县以上政府均成立了该机构。

同时，坚持中国基本国情，制订实施了促进妇女发展的国家行动计划，国家“十二五”“十三五”规划纲要设专节规划部署促进妇女全面发展，国务院先后颁布了三个周期的中国妇女发展纲要《中国妇女发展纲要(1995—2000 年)》《中国妇女发展纲要(2001—2010 年)》《中国妇女发展纲要(2011—2020 年)》，为促进妇女发展目标的实现提供了重要的制度保障机制。尤其是在这三个周期的妇女发展纲要中，都有专门的章节涉及如何保障女性就业权利和实现就业领域中的性别平等，具体如下：

《中国妇女发展纲要(1995—2000 年)》提出，要“组织妇女积极参与改革开放和现代化建设，推动社会生产力发展”，增加妇女就业人数，扩大妇女就业领域；不得以性别为由拒绝录用妇女或者提高对妇女的录用标准，以保障妇女与男子平等的就业权利。“切实保障妇女的劳动权益”，保护妇女在工作和劳动时的安全和健康，努力改善女职工的劳动条件；在全国城乡实现男女同工同酬；在全国城市基本实现女职工生育费用的社会统筹。

《中国妇女发展纲要(2001—2010 年)》，则更为清晰地设定了在保障女性就业权利和实现就业领域中的性别平等方面的主要目标：(1)保障妇女获得经济资源的平等权利和机会；(2)消除就业性别歧视，实现男女平等就业，保障妇女劳动权利，妇女从业人员占从业人员总数的比例保持在40%以上；(3)妇女享有与男子平等的社会保障权利，城镇职工生育保险覆盖面达到90%以上；(4)保障女职工享有特殊劳动保护。

不仅如此，这一周期的妇女发展纲要还制定了详细的策略措施，各类策略措施锁定的群体也更加精准，以确保政策目标的实现。第一，国家宏观政策。强调国家的经济和社会发展规划应体现妇女发展的主要目标，经济分析和经济结构调整应纳入性别平等观念，更细节的宏观政策包括：(1)制定妇女平等参与经济发展的方针政策，提供妇女享有与男子平等参与经济决策的机会和途径，缩小男女在分享经济决策权上的差距，提高妇女参与经济决策及管理的水平；(2)确保妇女平等获得经济资源和有效服务；(3)改善妇女经济状况，进行适当的有利于妇女生存发展的专项投资。第二，法律和部门政策。包括：(1)禁止招工、招聘中的性别歧视；(2)保障妇女享有与男子平等参与资本、技术等生产要素的分配权，保障多元化分配形式中的男女同工同酬，同工种、同类别从业人员中女性工资与男性工资相同。缩小男女收入差距；(3)拓宽妇女就业渠道，为妇女创造新的就业机会和就业岗位；(4)进一步落实女职工劳动保护政策，健全和完善女职工特殊劳动保护措施，不断改善女职工劳动条件；(5)加大劳动保障监察执法力度，切实保障妇女的劳动权利；(6)引导和扶持农村妇女富余劳动力向非农产业转移。第三，社会保障和服务。包括：(1)妇女享有与男子平等参加城镇职工基本养老保险、基本医疗保险、失业保险、工伤保险、生育保险的权利；(2)普遍建立城镇职工生育保险制度，完善相关配套措施，切实保障女职工生育期间的基本生活和医疗保健需求；(3)为妇女劳动就业提供信息、服务和培训；(4)为残疾妇女提供就业服务和职业技能培训，提高残疾妇女的就业比例；(5)鼓励和支持社会团体开展有利于提高妇女劳动生产技能的各项培训活动。

《中国妇女发展纲要(2011—2020年)》所设定的用于推进就业领域性别平等的主要目标更加具体，定量化程度也更高，主要目标包括：(1)保障妇女平等享有劳动权利，消除就业性别歧视；(2)妇女占从业人员比例保持在40%以上，城镇单位女性从业人数逐步增长；(3)男女非农就业率和男女收入差距缩小；(4)技能劳动者中的女性比例提高；(5)高级专业技术人员中的女性比例达到35%；(6)保障女职工劳动安全，降低女职工职业病发病率；(7)确保农村妇女平等获得和拥有土地承包经营权；(8)降低妇女贫困程度。

《中国妇女发展纲要(2011—2020年)》所论及的用于达到政策目标的措施可细化为12个方面：(1)加大妇女经济权利的法律保障力度；(2)消除就业中的性别歧视；(3)扩大妇女就业渠道；(4)促进女大学生充分就业；(5)为就业困难妇

女创造有利的就业条件；(6)改善妇女就业结构；(7)全面落实男女同工同酬；(8)保障女职工职业卫生安全；(9)保障女职工劳动权益；(10)保障农村妇女土地权益；(11)提高农村妇女经济收入；(12)加大对贫困妇女的扶持力度。

中国政府主导建立并大力实施的连贯一致的性别平等政策已经结出了丰硕的成果。根据 2015 年 9 月国务院新闻办发表的《中国性别平等与妇女发展》白皮书的资料，中国女性在平等参与经济活动、公平享有经济资源、平等享有改革发展成果方面已有了长足进步，主要体现在如下几个方面。

第一，妇女贫困状况显著改善。贫困妇女数量大幅减少，妇女贫困程度不断降低。在 592 个国家扶贫开发工作重点县，女性人口的贫困发生率从 2005 年的 20.3%下降到 2010 年的 9.8%；2014 年，妇女享受城乡居民最低生活保障的人数分别为 792 万人和 1 826 万人，比 2006 年分别增加了 200 万人和 1 591 万人。

第二，促进了妇女就业创业。2009 年以来向妇女发放小额贴息贷款 2 220.6 亿元人民币，扶植和带动了千万妇女创业就业。全国共建立 20 多万所"妇女学校"，近 2 亿人次妇女参加农业新技术、新品种培训，150 万名妇女获得农业技术员职称和绿色证书，创办了 5.3 万个妇女专业合作组织。自 2011 年启动"城镇百万残疾人就业工程"以来，每年新增残疾妇女就业约 10 万人。

第三，妇女就业结构不断改善。2013 年，全国女性就业人数为 34 640 万人，占就业总数的 45%。妇女从事第二、第三产业的比例比 10 年前提高了 25 个百分点，各类负责人、专业技术人员、办事人员及有关人员所占比例较 10 年前提高了 13 个百分点。2013 年女性中高级专业技术人员达到 661 万人，占中高级专业技术人员的 44.1%，比 2000 年提高了 9 个百分点。中国女企业家群体不断壮大，女企业家约占企业家总数的 1/4，促进了女性在新兴产业就业，互联网领域创业者中女性占 55%。

第四，保障了农村妇女的土地权益。中国农村妇女占农业劳动力的 70%。在全面深化农村改革和推进基层依法自治的过程中，国家落实和完善保障农村妇女土地权益的法律政策，建立健全农村集体资金、资产、资源管理等各项制度，纠正与法律政策规定、性别平等原则相冲突的村规民约，确保农村妇女平等享有土地承包经营权、宅基地使用权和集体收益分配权。在土地承包经营权确权登记颁证工作中，明确登记簿和确权证上应体现妇女的土地权益，从源头上保障农村妇女的生存发展资源。

第五，提高了妇女社会保障水平。妇女参加养老保险、医疗保险、失业保险、工伤保险和生育保险人数不断增加。2013 年，妇女参加城镇职工养老保险、城镇职工医疗保险的人数分别达到 14 612 万和 12 657 万，比 2005 年分别增加了 6 743 万和 7 282 万；妇女参加生育保险人数达到 7 117 万，比 2005 年增加了 4 844 万。2012 年 4 月《女职工劳动保护特别规定》颁布实施，法定产假时间由原来的 90 天延长到 98 天，妇女享有生育保障的待遇不断提高。

我们认为，中国女性在平等参与经济活动、公平享有经济资源、平等享有改革发展成果方面所取得的进步，既是改革发展的必然结果，也与推动性别平等进程的独特的“中国模式”有关。关于这一独特的“中国模式”，顾秀莲在为纪念联合国第四次世界妇女大会召开十周年而作的文章中已有精彩的总结，[①] 我们认为在她所论及的诸多经验中有四点是尤为重要的，也是可供其他发展中国家所借鉴的，第一，坚持从一国国情出发，根据妇女发展实际需求，制定妇女发展战略目标，是实现性别平等和妇女发展的重要前提；第二，国家的立法干预、积极的政府行为、不断调整的公共政策是实现性别平等和妇女发展的有力保障；第三，加强提高妇女地位的机构建设，完善政府部门、非政府组织和民间机构相互协调的工作机制，是实现性别平等和妇女发展的组织保证；第四，赋权于妇女，鼓励和引导广大妇女积极参与，争取自身的进步与发展，是实现性别平等和妇女发展的巨大动力。

---

① 参见顾秀莲：《促进性别平等实现共同发展——纪念联合国第四次世界妇女大会召开十周年》，载《中国妇运》，2005 年第 10 期。

第二章

中国性别平等化进程中的女性就业特征

2015年9月27日，国家主席习近平在全球妇女峰会上发表题为《促进妇女全面发展，共建共享美好世界》的讲话，明确提到：妇女参与“经济活动在法律上已经没有障碍……妇女职业自由已经成为社会共识……我们要采取措施，帮助女性适应社会和就业市场变化。”这是一个大国在特殊历史时期发出的声音。女性成为自食其力的劳动者，在社会经济生活中获得一定地位，是历史持续发展、社会不断进步、国家走向文明的标志。在这一过程中，“平等”是前提，是贯穿始终的核心。一百年前，中国有文秀与封建贵族皇帝离婚到学校当教员的传奇；二十年前，摩洛哥有信息系统工程师拉拉·萨尔玛要求国王男友废除一夫多妻制的例子；现如今，女高管、女议员、女总理、女总统在所谓“不适合”女性的岗位上发挥着越来越重要的作用，针对这些女性的歧视性言论也正在逐渐减少。站在历史的分岔口，辨别平等就业影响了制度变革还是制度变革影响了平等就业是一个很难的课题，但是不难发现“平等就业”是促进性别平等化进程的关键环节，是实现女性全面发展的重要组成部分，而女性实现平等就业需要来自社会的、政府的、法律的、女性自身的等多方力量共同发挥作用。因此，从诸多视角探求女性就业特征对促进女性平等就业具有积极意义。

本报告研究发现，我国性别平等化进程中，促进女性平等就业的法律“金字塔”已搭建完成，女性劳动参与率、女性管理者占比均高于世界平均水平，女性劳动者就业保障体系日臻完善，女性劳动关系问题有所缓解，一系列向好趋势让我们对女性就业更有信心。但同时也存在诸多问题尚待解决，新常态与新业态下女性就业压力与机遇共存，女性劳动者工资水平普遍低于男性，就业“两极化”与“非正规化”现象突出，女性劳动关系解决方式和途径存在地区差异，女大学毕业生就业依旧困难重重，流动人口中女性“随同流动”者多且“垂直性别隔离”现象显著。这些都是影响女性平等就业的障碍，本报告对其进行一一剖析。

第一节　促进女性平等就业的法律“金字塔”已搭建完成

从历史看，中国向来重视对女性劳动者的就业保护，早在国民政府时期就批准了国际劳工组织发布的《1935年井下劳动(妇女)公约》等国际文件。中华人民共和国成立以后，女性劳动者社会地位显著提高，更多的用人单位和家庭打破传统观念束缚，允许她们进入劳动市场参与各项经济活动。中国政府为了保护妇女的平等就业权，不仅批准了更多的有关保护女职工权益的国际文件，而且制定了一系列法律法规，形成了以《中华人民共和国宪法》为总纲，以《中华人民共和国妇女权益保障法》《女职工劳动保护特别规定》等为支撑，以相关国际法律、公约为参照的法律体系，无论在立法程序还是在立法内容上均能与国际同步，甚至在有些方面处于领先地位。

>>一、中国女性就业法律体系构成及特征<<

中国女性就业法律体系“金字塔”的顶端是宪法，其他相关法律都是以此为依据制定的。我国现行宪法规定了保护女性权利的政策、原则和规范。人民代表大会一直将保护女性权利的立法放在重要地位，我国相关部门制定了不少法律、条例、规章来保障女性就业权利，主要包括两类：(1)以女性为主体；(2)女性是主体中的一部分。前者主要包括：《中华人民共和国妇女权益保障法》，它是我国第一部以女性为主体、以全面综合保护妇女合法权益为主要内容的基本法，就业权益保障是其中重要的组成部分；《女职工劳动保护特别规定》，专门针对女性就业者在求职、就业、失业保护等方面的立法；《北京市企业职工生育保险规定》《哈尔滨市妇女权益保障条例》等地方性法规根据各地具体情况保障女性就业者平等就业权。后者主要包括：《中华人民共和国劳动法》《中华人民共和国就业促进法》《中华人民共和国工会法》等，各个法律侧重点不同，但都针对女性设计专门的条款，旨在从多个方面促进女性就业立法体系的完善性和合理性，如避免女性就业歧视、促进特殊群体女性就业创业、帮助女职工建立和谐劳动关系等。除此之外，在法律“金字塔”体系的外围，我国政府还会对照国际公约并根据其最新进展和我国女性职工的特殊需要调整当前条款。

(一)宪法为促进妇女平等就业立威

《中华人民共和国宪法》(以下简称《宪法》)第四十八条明确规定：中国“妇女

在政治的、经济的、文化的、社会的和家庭生活等各方面享有同男子平等的权利。国家保护妇女的权利和利益，实行男女同工同酬，培养和选拔妇女干部。”第四十九条规定：“禁止虐待妇女。”这种表述方式更多地体现了宪法在保护妇女就业权利方面的权威性，包含了平等对待、公平保护的理念，试图从本质上解决性别歧视问题。中国宪法的这种设计理念与早期那些只针对女性，不涉及男性的保护性条文有着本质差异。虽然早期条文设立的出发点是为了保护女性权益，但往往在无形中强调男性和女性在体能、传统社会分工方面的差异，不但没有起到保护女性权益的作用，还成为劳动力市场中企业分析用人成本的“提示牌”，变相造成了“二次性别歧视”。

（二）妇女权益保障法专辟章节保护女性就业

《中华人民共和国妇女权益保障法》（以下简称《保障法》）从 1992 年开始施行，是与经济改革共进的一部法律，并根据劳动力市场新变化在 2005 年进行修订（以下简称《新保障法》）。该法诞生恰逢中国经济改革关键期，大量女性加入到劳动力市场，传统观念与开放经济发生碰撞，保护女性就业权利成为司法要务。《新保障法》第四章专注妇女的劳动和社会保障权益，第二十二条明文规定：“国家保障妇女享有与男子平等的劳动权利”；第二十四条规定“实行男女同工同酬”；与劳动法类似，《新保障法》在第二十三条再次强调“用人单位不得拒绝录用女性或者提高对女性的录用标准”，同时增加了“在考虑晋级的时候不得歧视女性”的规定。这与宪法总纲和劳动法相呼应，同样包含了平等保护的理念。另外，考虑到男女差异性，保障法也针对女性进行了“特殊保护”，规定任何单位“不得以结婚、怀孕、产假、哺乳等为由”解雇女性职工等。

（三）女职工劳动保护特别规定等保障女职工身心健康

2012 年 4 月《女职工劳动保护特别规定》（以下简称《特别规定》）出台，旨在“减少和解决女职工在劳动中因生理特点造成的特殊困难，保护女职工健康”，1988 年 7 月发布的《女职工劳动保护规定》予以废止。该规定在保障女职工健康方面不仅涉及身体健康，而且包括保护人格尊严等在内的心理健康。如在附录中针对我国女性平均体力状况，规定不得让女性从事“每小时负重 6 次以上、每次负重超过 20 公斤的作业，或者间断负重、每次负重超过 25 公斤的作业”。第十一条规定用人单位有责任“预防和制止对女职工的性骚扰”，第十四条规定了女职工维护合法权益的“投诉、举报、申诉、调解、仲裁”等内容。这些规定在保护范围上、细化程度上与世界发达国家同步，甚至领先于其他国家。除此之外，国家专门发布的《女职工禁忌劳动范围的规定》《女职工保健工作规定》作为特别规定的支撑，保证了特别规定的完整性和完善性。

(四)地方法规规章因地制宜维护女职工就业保障、就业优抚等权益

《北京市企业职工生育保险规定》①旨在保障女职工的生育保险权益，并结合《北京市生育保险医疗费用支付范围及标准》②就生育保险医疗费支付范围和标准做出了详细规定。《哈尔滨市妇女权益保障条例》③是哈尔滨市首部专门维护妇女权益的地方性法规，特别强调了“针对农村妇女开展实用技术培训和职业技能培训，帮助农村妇女就业创业。”《广州市妇女权益保障规定》④则就妇女援助问题进行了特别规定，要求各级人民政府在“就业专项经费中安排专门用于援助妇女就业的资金，组织开展适合女性特点的职业培训、职业介绍等”。

(五)劳动法紧随宪法步调关注女职工就业歧视

《中华人民共和国劳动法》(以下简称《劳动法》)延续宪法“平等对待、公平保护”的理念，从细节方面对女性应有的就业权益给予保护，从求职过程(包括录用标准、录用方式等)歧视到就业过程歧视(包括岗位歧视、生育歧视、收入歧视等)都有涉及。《劳动法》第十三条规定：“妇女享有与男子平等的就业权利。在录用职工时，除国家规定的不适合妇女的工种或者岗位外，不得以性别为由拒绝录用妇女或者提高对妇女的录用标准。”另外，《劳动法》第七章对女职工和未成年工的就业问题进行规范。对女职工在生育、哺乳及其他特殊时期的特殊保护进行了规定，包括工作环境、工作时间和工作轮换等多项内容。并在第九十五条明确了触犯上述条款应该承担的法律后果。

(六)就业促进法注重发挥社会组织作用促进女性公平就业

2007年8月，第十届全国人民代表大会常务委员会第二十九次会议通过《中华人民共和国就业促进法》(以下简称《就业促进法》)，并于2015年4月第十届全国人民代表大会常务委员会第二十九次会议通过修正后的法律。该法在总则第九条特别强调了发挥工会、妇女联合会、残疾人联合会等社会组织的作用“协助人

---

① 详见《北京市企业职工生育保险规定》(北京市人民政府令第154号)。

② 详见《北京市生育保险医疗费用支付范围及标准》(京劳社医保发[2005]63号)。

③ 详见《哈尔滨市妇女权益保障条例》(黑龙江省哈尔滨市第十四届人民代表大会常务委员会第10号公告)。

④ 详见《广州市妇女权益保障规定》(广州市第十三届人民代表大会常务委员会第69号公告)。

民政府开展促进就业工作”。这就把法律的权威性与社会团体的灵活性结合到一起，对促进平等就业具有积极意义。另外，第三章“公平就业”的第二十七条专门就“国家保障妇女享有与男子平等的劳动权利”问题进行阐释，主要从拒绝和不公平录用女员工、劳动合同中涉及歧视性内容两方面给予限制和规范。

(七)工会法等相关法律条例关注女职工劳动关系

《中华人民共和国工会法》(以下简称《工会法》)于 1992 年通过，并在 2001 年和 2009 年进行修改完善。《工会法》第十条规定：“女职工人数较多的，可以建立工会女职工委员会，在同级工会领导下开展工作；女职工人数较少的，可以在工会委员会中设女职工委员。”与之相匹配，2009 年 2 月，中华全国总工会第五届女职工委员会第一次会议通过《工会女职工委员会工作条例》(以下简称《条例》)，《条例》对委员会组织制度、干部组成等细则进行了规范，涉及集体合同、帮扶救助多项内容。第六条规定：委员会“参与平等协商、签订集体合同和女职工权益保护等专项集体合同工作，指导和帮助女职工签订劳动合同”，“参与涉及女职工特殊利益的劳动关系协调和劳动争议的调解”；第八条规定：“积极发现、培养女性人才”。

(八)挂钩国际公约保障女性就业权

我国政府历来关注国际保护女性就业公约动向，早期曾有《1935 年井下劳动(妇女)公约》。改革开放以后，我国政府更加注重女性就业权的保障与国际公约的协同性。在 1990 年批准了第三十四届国际劳工大会通过的第 100 号公约《男女工人同工同酬公约》，其主要目的是要求各会员国促进并保证实行男女同工同酬，主要内容是要求通过国家法律、法规确定工资标准的办法等。虽然有些公约在我国并没有正式通过，但我国法律所涉及的相关内容已经与公约同步，甚至“超前”于公约。如自 1919 年《保护生育公约》设立以来，该公约于 1952 年、2000 年被修改，其中 183 号公约要求成员国给予产妇至少 14 周产假，我国法律与之同步；除此以外，我国劳动法规定了女职工生理期“禁忌从事的劳动范围”，包括“低温作业、《体力劳动强度分级》标准中第Ⅲ级体力劳动强度的作业、《高处作业分级》标准中第Ⅱ级(含Ⅱ级)以上的作业”，这样的规定在加入公约的国家中都属罕见。

>>二、中国女性就业立法体系存在的不足<<

所有这些法律、法规的一个共同之处在于，它们都是以宪法为基础，建立在社会性别平等基础之上。同时，中国现行的法律体系不仅为女性提供了平等权益保障，而且还对女职工的特殊需求考虑周全，但该体系也有不完善之处，具体表现在以下几个方面。

(一)部分条款的阐释方式易给民众带来“女性职工更适合低价值劳动”的误解

部分条款出现“适合女性特点”“不适合女性职业”等字眼，虽然没有原则性的错误，但给很多用人单位，甚至求职者和社会民众以“女性职工更适合低价值劳动”的误解。因为很长时间以来，我国产业以农业和工业为主，在很多以体力劳动为主的行业，如采矿业、低端机械制造业中，男性劳动者更具优势。另外，很多企业更愿意和女性劳动者签署短期、临时性劳动合同，以农业和部分受季节影响的工业领域最为明显，而针对这部分劳动者的就业保护并没有法律条文可参照。然而最近10年，产业结构发生变化，文化、健康与保健、互联网、咨询服务、高端家政等行业兴起，所谓“适合女性特点”的就业岗位越来越多。但在立法上，20世纪90年代以来一直沿用的部分字眼依然没有改变，所以女性适合低价值劳动的误解在部分群体中依然存在。同时，新兴行业也使得很多女性，特别是家庭主妇开始从事更多临时性、短期性或者非合同制工作，如借助手机APP的入户家务帮工、微信朋友圈产品销售等，很难说这些基于“互联网＋”的服务都是低价值劳动。另外，尽管法律条文中针对部分行业进行了说明，如井下作业、高空作业等，但并不全面，也不详尽，没有做到与时俱进。

(二)消除女职工在录用、就业方面性别歧视的力量不够

目前，虽然《妇女权益保障法》《促进就业法》中的许多条款都强调“不得歧视”女性劳动者，但我国还没有一部法律对“性别歧视”这一概念给出明确界定和详细解释。实践中，性别歧视的提法早已经为诸多劳动者和用人单位所了解，但大多数在求职、就业过程中遭受过性别歧视的女性劳动者并不会借助法律的武器维护其权益。另外，一些不符合法律规范、所谓被媒体炒作的维权成功案例一定程度上还可能造成“显性歧视”变“隐性歧视”的问题，比如：用人单位不会在招聘信息中说明“仅限男性”，但会在面试之后选择男性应聘者，这在一定程度上反而增加了女性应聘者的成本；用人单位不会在女职工休产假期间辞退她，但会以其他理由安排该职工换到低工资岗位。可以说，司法实践在“反推”立法改革，有关就业性别歧视的司法概念确认以及相关细则设计尚待完善，任重道远。

(三)“同价值，同报酬”在法律层面体现不充分

虽然我国已经通过男女同工同酬的国际公约，并将相关内容写入宪法、妇女

权益保障法等，但事实上，在法律实践过程中，真正意义上的“同等价值、同等报酬”并没有实现。目前取得最大进展的是“同劳同酬”，即在劳动熟练程度相同、工种相同的情况下，等量工作获得等量报酬。但是真正意义上的“同等价值、同等报酬”是指“劳动价值相同的情况下，女性在从事女性劳动者占比高的工作时所获得的报酬应该与男性在从事男性劳动者占比高的工作时获得的报酬是一致的”[①]。一方面，在法律层面，并没有对“同价值，同报酬”的具体说明，且相关法律对“报酬”的定义不规范，加班工资、福利是否计入“报酬”没有统一定论。另一方面，在具体的操作层面，做到这一点是非常困难的，因为行业差距本身就因为垄断等因素存在。比如：轻纺织行业女性多，采矿业男性多，且前者的平均工资低于后者，原因可能在于采矿业是资源垄断行业，轻纺织行业是竞争性行业。而性别歧视往往在录用之时已经存在，所以，真正做到“同等价值，同等报酬”不只是法律范畴的问题，还是劳动力市场范畴的问题。因此，同工同酬相关条款的制定受不同经济发展阶段的制约，平等就业的立法是与规范劳动力市场的相关立法相统一的。

(四)“玻璃天花板”效应没能在法律实践中被打破

宪法、妇女权益保障法等法律中明确规定适当“提拔女干部”，让女性与男性享有平等晋升机会，[②] 不过这一规定成了部分单位，特别是事业单位人事系统“凑指标”的依据，在管理层中的非关键性岗位为有管理能力的女性劳动者安排“位置”往往成为一种不言自明的“惯例”。在中国，玻璃天花板效应(Glass Ceiling)没有被打破，[③] 女性晋升的壁垒依然存在。虽然部分女性有能力作为核心管理者在单位内部发挥重要作用，高层职位对她们来说并非望尘莫及，但她们依然面临晋升困境。一个典型的案例足以证明该问题：女性官员、女性管理者在处理工作事宜的间隙给孩子喂奶的情形几乎不会出现在会议场地的母婴室内，因为大部分的会议场所并不会设置母婴室。可以说，立法尚没有彻底解决女性公平晋升难题，加之配套环境与配套设施不足，传统观念束缚，女性晋升的个人成本要远远高于男性。

---

① Chen，C.W.，2011，Compliance and Compromise：The Jurisprudence of Gender Pay Equity，Martinus Nijhoff Publishers.

② 杨慧：《女性高层人才成长面临的挑战——基于职业生涯理论的分析》，载《山西师范大学学报(社会科学版)》，2013 年第 3 期。

③ Bell，S. and S. Morse，2001，Breaking through the Glass Ceiling：Who Really Cares about Sustainability Indicators，*Local Environment*，6(3)：291-309.

>>三、完善女性就业立法的政策建议<<

女性就业权是女性所拥有的合法权利，随着国家法律的完善、监管的健全，她们的合法权益将会被进一步科学、合理地保护，这有利于女性在未来社会经济生活中发挥更加重要的作用。本报告提出以下几点建议。

(一)避免法条造成对女性的“二次性别歧视”

继续坚持“公平、平等”原则，避免法律造成的“二次歧视问题”。划清“特殊性保护”和公平、自由就业的界限，不要把女性放在法律的“金丝笼”里面。一方面，法律随社会变革和经济进步而变化，且周期在缩短。劳动环境与现代化进程息息相关，一些岗位不仅不适宜女性，如高空作业岗位，对男性也是一种挑战。然而，随着机械自动化的发展，机器人终将代替人力完成危险工作，高空作业变得更加安全，该岗位需要的劳动力从现场操作手变成后台数控技术员，法律层面的相应调整就有待跟进。另一方面，平等原则除了注重女性“特殊性保护”，也可关注男性“特殊性照顾”，以家庭为细胞考虑社会问题，以更人性化的方式考虑法律制定问题。例如，延长男性陪产假、育儿假并建立夫妻假期可替换制度，让更偏好参与家务劳动的一方有机会获得补偿，从这个意义上看，给男性足够休假时间和照顾家庭的机会就是在给女性平等就业的机会。同时，合理的夫妻假期可替换制度可以充分发挥家庭比较优势，让市场对劳动力的选择有更加合理的空间。

(二)清晰界定法律术语，细化执行原则

对容易造成误解的词汇给予合理的解释或者选择其他表述方式，对基本法律概念进行更加清晰的界定，同时给出更细化的执行原则。一方面，略去“不适合女性工作”等模糊说法，法律界联合医学界确定标准和细则，列示“影响女性职工健康”的工作岗位、工作环境、工作时段清单，减少民众对法律的误解，提高法律可操作性。需要特别说明的是，“雇主组织和工人组织(如存在此种组织)通过协商确定的为适合某些人员特殊需要而制定的其他专门措施应不被视为歧视。”① 本报告的建议是调整表述方式，但并非不关注女性特殊需求。另一方面，科学、合理地界定“性别歧视”“同工同酬”等基本法律概念。例如，在对“歧视”进行界定的时候要明确对象、形式、适用场景等，同时设计具体申诉、审理程序，明确申诉时效、最长审理时间等，尽量避免“拉锯战”。在对“同工”进行界定的过程中要

① 详见 1958 年《消除就业和职业歧视公约》，http://www.npc.gov.cn。

建立综合评价指标体系，指标体系中至少包含工时、加班强度、工作难度等评价变量，同时辅以合理的权重和解释；界定“同酬”要明确是否包含加班工资、物质福利折算等。

(三)填补法律对临时、短期就业女性群体的关注“空洞”

临时、短期就业女性群体有两种，分类对待是法律制定者需要考虑的问题。一种存在于传统行业，特别是农业领域，男性劳动者外出打工，留守女性在农忙时节从事家庭生产，在农闲时节到周边企业务工，成为“季节性非流动”农民工，她们与企业签订短期劳动合同。法律对这部分合同的规制有待加强，包括合同最短签订期限、合同期支付工资说明、合同解除、保险缴纳等问题都有待单独设计。一种存在于法律尚未触及的新兴行业、新技术的冲击速度已经超过了法律的更新速度。法律修订的前期调研工作有必要抓紧铺开，如当借助 APP 软件进行家政服务的女性劳动者在劳动过程中，因为外力或者自然力受到伤害应该如何申诉、赔偿。

(四)法律“金字塔”完善和“塔外环境”建设同步推进

中国促进女性平等就业的法律“金字塔”已经搭建成功，除了具体的“装修”工作之外，“塔外环境”建设也是需要进一步推进的。一方面，还要健全并完善国家的各种单行法律法规、地方性法规和政府各部门行政法规在内的一整套保护妇女权益和促进男女平等的法律体系。另一方面，可以通过建立促进女性就业组织对法律尚难完成的任务给予支持。如建立女性晋升渠道搭建委员会、平等就业委员会等，通过这些组织帮助女性解决就业过程中的困难，同时找到法律可以接入的基本点，然后再逐步推进法律建设。

第二节　女性劳动参与率不断下降但仍高于世界平均水平

根据国际劳工组织和世界银行数据库的指标解释，劳动参与率是指年龄在15 岁及以上的人口中从事经济活动的人口(包括就业者和失业者)占劳动年龄人口的比率，其中经济活动人口包括所有在特定阶段为货物和服务的生产提供劳力的人员。按照这一口径，本报告就中国女性劳动力参与率的特征与成因进行分析。

一、中国女性劳动参与率的特征描述

劳动参与率是衡量劳动力市场变动的重要经济指标，劳动参与率高则说明经济中劳动力资源比较丰富，劳动者参与劳动的意愿比较活跃，反之则表明劳动力资源存在一定的闲置，潜在经济产出损失较多。近十年来，我国劳动力市场变革的一大特征是劳动参与率稳步下降，女性劳动参与率相对于男性下降更快，但与世界平均水平相比，中国女性劳动参与率仍相对较高，且表现出与男性不同的特征。

(一)女性劳动参与率不断下降但仍高于世界平均水平

中国作为一个发展中大国，劳动参与率一直高于世界平均水平。伴随着人均收入水平的提高和人口结构的变化，我国的平均劳动参与率不断下降。20 世纪 90 年代以来，与中国男性劳动参与率变化特征类似，中国女性的劳动参与率也出现明显的下降趋势。从 1990 年的 72.4%下降到 2014 年的 64.0%，二十余年间下降了约 8 个百分点，尤其是在 21 世纪初下降幅度较大。尽管如此，2014 年，与世界女性劳动参与率平均水平 50.3%相比，中国女性的劳动参与率依然要高出约 14 个百分点。

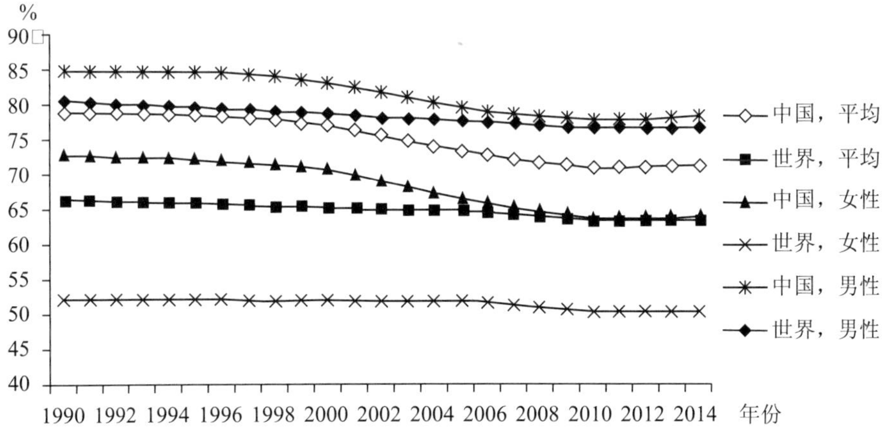

图 2-1　1990—2014 年分性别劳动力参与率

数据来源：世界银行，北京师范大学劳动力市场研究中心整理。

另外，全球性别差异报告(GGGR)的数据也足以支持中国女性经济活动参与率高的论点。2014 年全球性别差距报告显示，中国女性参与经济活动机会排名为第 76 位，决定女性参与经济活动机会排名的几个因素中较为重要的一个就是女性劳动参与率，中国的排名为 56，甚至超过日本、韩国、西班牙、意大利等部分发达国家，该指标也成为提升中国性别差异指数排名名次的主要因素。

表 2-1　2014 年全球性别差距指数排名

	女性参与经济活动机会排名	参与政治活动机会排名	接受教育情况排名	健康情况排名	女性总排名
冰岛	7	1	1	128	1
芬兰	21	2	1	52	2
挪威	2	3	1	98	3
瑞典	15	5	43	100	4
丹麦	12	7	1	65	5
德国	34	11	34	67	12
法国	57	25	1	1	16
南非	83	12	85	1	18
加拿大	17	42	1	100	19
美国	4	54	39	62	20
澳大利亚	14	53	1	70	24
英国	46	33	32	94	26
西班牙	84	23	44	87	29
新加坡	18	90	110	114	59
泰国	26	121	64	1	61
意大利	114	37	62	70	69
巴西	81	74	1	1	71
俄罗斯	42	125	28	37	75
中国	76	72	89	140	87
日本	102	129	93	37	104
印度	134	15	126	141	114
韩国	124	93	103	74	117

数据来源：《2014 年全球性别差距报告》。

(二)中国女性劳动参与率低于男性，但该差距远小于世界平均水平

从 20 世纪 90 年代以来，中国女性的劳动参与率一直低于男性，该特征和世界大多数国家类似。二十几年来，中国不同性别劳动参与率差距略有扩大趋势，

劳动参与率绝对差距从 1990 年的 12.1 个百分点扩大到 2014 年的 14.4 个百分点。不过相比世界平均水平，中国劳动参与率的性别差异要小得多。从 1990 年到 2014 年的数据来看，全球男性劳动参与率平均值比女性高出 25 个百分点以上。因此，从性别差异的视角来看，中国女性参与劳动力市场的活跃度还是较高的。

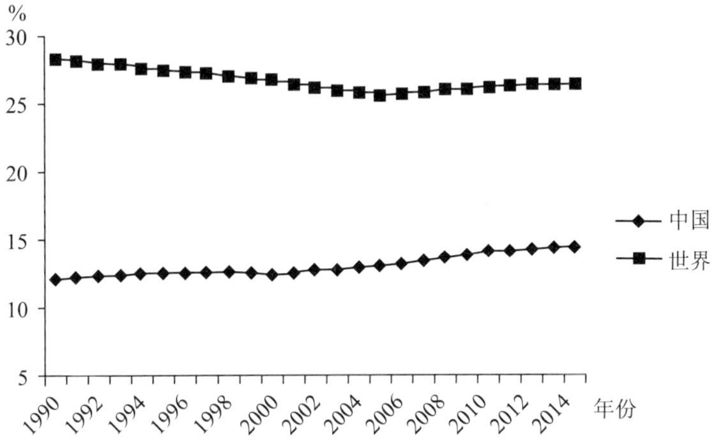

图 2-2 1990—2014 年不同性别劳动力参与率绝对差距

数据来源：世界银行，北京师范大学劳动力市场研究中心整理。

注：不同性别劳动力参与率绝对差距＝男性劳动力参与率－女性劳动力参与率。

(三)城市女性的劳动参与率远低于农村

如上文所述，我国女性劳动参与率高于世界平均水平，但是由于户籍差异所反映出来的不同性别之间的劳动参与情况则明显不同。根据 2000 年人口普查数据计算可知，我国城镇女性的劳动参与率为 59.3%，高出全世界女性劳动参与率平均水平 9 个百分点；而农村女性劳动参与率则高达 77.8%，高出全世界女性劳动参与率平均水平约 25 个百分点。农村女性劳动参与率比城镇高 18 个百分点。在之后的十年间，这种“农村高、城镇低”的特征并没有随着经济发展以及劳动力市场的变革而发生明显改变。2010 年人口普查数据显示，我国城镇女性的劳动参与率为 55.5%，高出全世界女性劳动参与率平均水平 5 个百分点；而农村女性劳动参与率则高达 72.2%，高出全世界女性劳动参与率平均水平约 20 个百分点。农村女性劳动参与率比城镇高 17 个百分点，城乡间女性劳动参与率差异与十年前相差不大。可以认为，城乡女性劳动参与情况差异明显，或者说，是农村女性的高劳动参与率提升了中国女性劳动参与率整体水平，这一特征是前面两个特征形成的原因。

以 CHIP 数据计算的城乡劳动参与率变化趋势表现出与普查数据相同的特

征。全国平均劳动参与率呈下降趋势，其中女性劳动参与率下降较快，尤其是城镇女性的劳动参与率从 1995 年的 75.8%，下降到 2013 年的 49%，下降了将近 27 个百分点，而农村女性的劳动参与率虽然也有所下降，但高于城镇女性的劳动参与率十几个百分点。

表 2-2　分城乡不同性别的劳动参与率变化趋势

年份	1995	2002	2007	2013
总体				
城镇	0.809	0.734	0.677	0.560
农村	0.858	0.812	0.728	0.743
女性				
城镇	0.758	0.661	0.592	0.490
农村	0.818	0.767	0.678	0.663
男性				
城镇	0.863	0.810	0.766	0.633
农村	0.897	0.854	0.779	0.817

数据来源：中国居民收入调查(CHIP)1995、2002、2007、2013 年的数据整理计算所得。

注：样本群体控制年龄在 16～60 岁。

(四)各年龄段女性劳动参与率不断下降，年轻女性的劳动参与率下降较快

自 20 世纪 80 年代到 21 世纪初，中国女性的劳动参与率先上升后下降。1982 年为 74.6%，1990 年上升到 81.6%，2010 年下降为 74.9%。[①] 90 年代是女性劳动参与率最高的时期，这是由当时政府主导的就业分配制度导致的，伴随着就业分配制度的取消和国有企业改革，21 世纪初期，女性劳动参与率开始下降，尤其是城镇女性的劳动参与率下降更快，这一点在前面已经提到。相比而言，中国男性的劳动参与率一直维持在稳定较高的水平，从 1982 年的 95.6%下降到 2010 年的 90.7%。

通过对各年龄段女性劳动参与率变化趋势进行分析发现，年轻女性的劳动参与率下降最快。20～29 岁的女性劳动参与率从 1990 年的 90.3%下降到 2010 年的 75%，下降了约 15 个百分点，30～39 岁的女性劳动参与率从 1990 年的 91.1%下降到 2010 年的 83.9%，40～49 岁和 50～59 岁女性的劳动参与率下降幅度不大。类似地，年轻男性的劳动参与率也出现了大幅下降，而年长男性的劳

① 这里的分析对象限定为 20～59 岁的年龄群体，和世界银行的统计口径略有出入，故此处的劳动参与率略低。

动参与率基本维持稳定。造成这一现象的原因在于1999年开始的高等教育扩张，使得人们受教育机会增加，平均受教育年限的增加延长了人们在校接受教育的时间，年轻群体进入劳动力市场的时间推迟。下面进一步分析不同受教育程度群体劳动参与率的变化趋势。

表2-3　各年龄段不同性别劳动参与率的变化趋势

年份	1982	1990	2000	2005	2010
女性(岁)					
20～29	0.899	0.903	0.825	0.791	0.750
30～39	0.887	0.911	0.881	0.844	0.839
40～49	0.770	0.866	0.843	0.825	0.826
50～59	0.426	0.582	0.649	0.563	0.580
平均	0.746	0.816	0.800	0.756	0.749
男性(岁)					
20～29	0.979	0.939	0.918	0.910	0.849
30～39	0.989	0.990	0.980	0.970	0.970
40～49	0.981	0.986	0.971	0.964	0.959
50～59	0.876	0.910	0.887	0.858	0.850
平均	0.956	0.956	0.939	0.926	0.907

数据来源：1982年和2010年为人口普查数据的汇总数据，1990、2002、2005年为根据1990、2000年人口普查和2005年1%人口抽样调查数据整理计算得到。

注：历年的年鉴汇总数据只能得到总体劳动参与率变化情况，无法进一步精确区分各年龄段劳动参与率变化趋势，需要通过微观调查数据进行整理计算，这里选用普查数据进行计算。

(五)受教育程度较高的女性劳动参与率相对较高，高学历女性成为释放“性别红利”的中坚力量

为了进一步分析不同受教育程度群体劳动参与率变化趋势的差异，将人群按照受教育程度分为初中及以下(包括文盲、小学以下、小学、初中)、高中(包括高中、中专)和大学及以上(包括大专、大学、研究生及以上)。利用中国居民收入调查(CHIP)1988、1995、2002、2007、2013年的数据进行计算发现，女性劳动参与率依然呈现下降趋势，但值得关注的是，1988—2002年，虽然女性平均劳动参与率不断下降，但大学及以上学历女性劳动参与率却有所上升，2002—2013年，所有教育程度群体的劳动参与率均在下降，但高学历女性的劳动参与率在所有女性中是最高的。因此，受教育程度较高的女性劳动参与率相对较高，高学历女性成为释放“性别红利”的中坚力量。

从数据结果中可以发现，2002年是高学历女性“性别红利”表现最突出的时

候，而到了 2013 年这一优势开始不那么明显，其原因在于高等教育扩张带来教育领域性别比例的逆转，从 2009 年开始，女大学毕业生数量超过男大学毕业生，且女生比例以每年一个百分点的速度在增长，这带来了女大学生就业难问题，表现为大学生就业的性别分层现象。用人单位更倾向于招聘优秀男性，高学历的女大学生不得不面临更激烈的竞争，而由于家庭和职场的双重压力使得一部分高学历优秀女性不得不放弃工作成为家务劳动者。

表 2-4　各受教育程度群体不同性别劳动参与率的变化趋势

年份	1988	1995	2002	2007	2013
女性					
初中及以下	0.920	0.849	0.778	0.624	0.671
高中	0.961	0.923	0.842	0.808	0.655
大学及以上	0.871	0.966	0.931	0.811	0.688
平均	0.922	0.872	0.804	0.720	0.683
男性					
初中及以下	0.990	0.966	0.944	0.834	0.867
高中	0.989	0.968	0.954	0.916	0.823
大学及以上	1.000	0.987	0.971	0.840	0.750
平均	0.990	0.968	0.949	0.867	0.834

数据来源：中国居民收入调查（CHIP）1988、1995、2002、2007、2013 年的数据整理计算所得。

注：1. 涉及各教育水平细分下的不同群体劳动参与率，无法通过统计年鉴汇总数据得到，故使用 CHIP 数据进行计算。

2. 将样本群体限定在 25～55 岁，是为了避免低于 25 岁的群体仍在接受教育，从而低估高学历者的劳动参与率。

（六）不在业女性中家庭劳动者占比不断上升

对不同年份不同性别人口的就业状态和活动类型进行分类发现，无论男性还是女性，不在业人口的主要活动类型为在校学生，占总人口的 15%～20%，女性离退休比例略高于男性，不同性别失业与丧失劳动能力的比例基本相当，但女性不在业者的构成中家庭劳动者比重不断上升，虽然 2013 年男性家务劳动者比例略有增加，但女性家务劳动者的比例仍大大高于男性。

表 2-5　不同年份不同性别人口的就业状态　（单位：%）

年份	1995	2002	2007	2013
女性				
就业	56.44	53.00	57.46	48.82
离退休	5.80	7.00	10.44	6.88
在校学生	19.60	18.64	15.91	15.43
失业/待业	0.92	3.30	1.66	1.94
家务劳动者	6.82	10.04	7.37	13.35
丧失劳动能力	1.38	2.28	2.63	0.43
其他	9.06	5.75	4.53	13.16
男性				
就业	62.24	62.07	67.91	61.37
离退休	5.09	5.12	6.91	5.67
在校学生	21.39	20.82	17.25	16.32
失业/待业	0.81	2.67	1.23	1.64
家务劳动者	0.79	1.77	1.47	3.88
丧失劳动能力	0.93	1.43	1.68	0.30
其他	8.76	6.13	3.55	10.81

数据来源：中国居民收入调查(CHIP)1995、2002、2007、2013 年的数据整理计算所得，1988 年就业状态缺失数据较多，故未使用。

从图 2-3 可以更清晰地看出导致劳动参与率下降的原因。从 2013 年不在业者的构成情况可以发现，导致女性未进入劳动力市场的原因中在校求学占 30%，家务劳动占 26%，离退休占 13%；而导致男性未进入劳动力市场的原因中在校求学占 42%，家务劳动仅占 10%，离退休占 15%。由此可见，不仅是前面提到的接受更多教育是导致女性劳动参与率下降的原因，还有内在家庭照料需求和外在市场经济形势使得更多女性从事家务劳动，从而降低了女性劳动参与率。

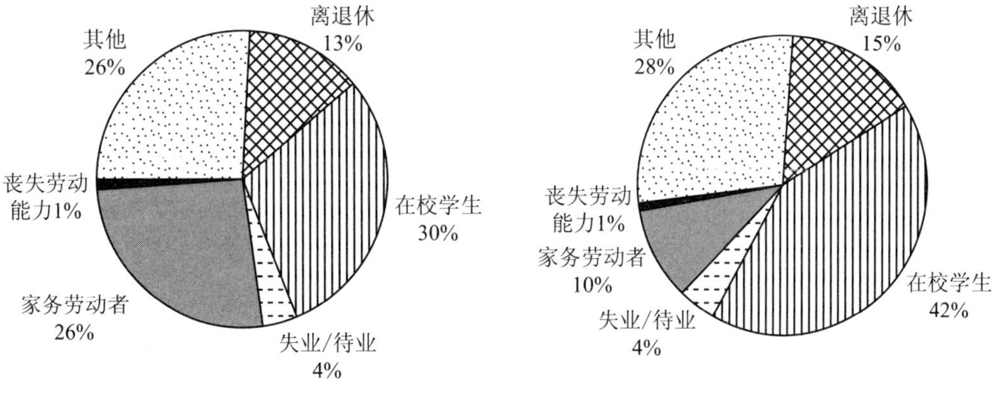

图 2-3　2013 年不同性别不在业者构成情况(左图为女性，右图为男性)

(七)女性的劳动参与率存在行业差异，但其就业结构不断改善，第三产业成为女性参与经济活动的主要“阵地”

2013 年，全国女性就业人数为 34 640 万，占就业总数的 45%。2010 年中国妇女社会地位调查数据显示，妇女从事第二、第三产业的比例比 10 年前提高了 25 个百分点，各类负责人、专业技术人员、办事人员及有关人员所占比例较 10 年前提高了 13 个百分点。2013 年女性中高级专业技术人员达到 661 万人，占中高级专业技术人员的 44.1%，比 2000 年提高了 9 个百分点。在国家统计局城镇单位就业人员情况调查表中体现的 19 个行业分类中，有五个行业的女性就业人员占比超过了 50%，分别为批发和零售业(50.10%)、金融业(50.63%)、教育(51.96%)、住宿和餐饮业(55.45%)以及卫生和社会工作(61.53%)，五个行业均属第三产业。

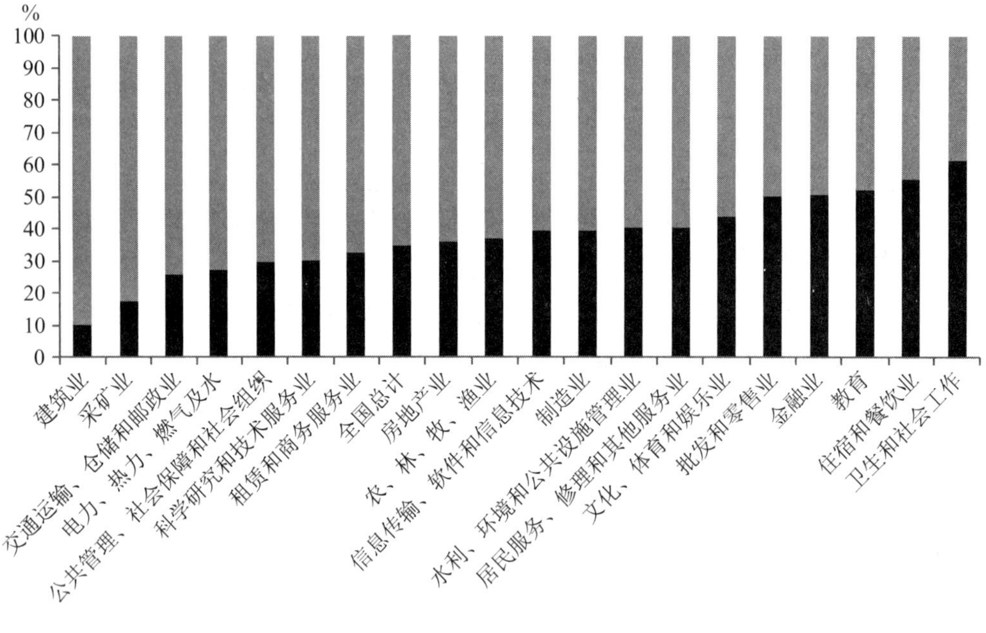

图 2-4 2014 年分行业城镇单位就业人员占比

数据来源：《中国劳动统计年鉴》2015。

二、女性劳动参与率变化的原因分析

(一)市场化改革与“统包统配”就业制度的取消

20世纪90年代以来中国女性劳动参与率出现下降趋势，从1990年的72.4%下降到2014年的64.0%，二十余年间下降了约8个百分点，尤其是在21世纪初城镇女性的劳动参与率下降幅度较大。许多学者将中国城镇女性劳动参与率的下降归因于从再分配经济到市场经济的制度变迁。①② 新中国成立以后，在“男女平等”的意识形态指导下，提高妇女地位、提倡妇女解放并最终实现男女平等是当时政府的重要议题之一。具体的做法主要包括：宣传“女性是半边天”；保障女性就业；甚至鼓励女性参与到原来主要由男性从事的职业领域。③ 另外，为适应国家经济发展的需要，适龄人口基本都要被强制参加劳动。因此，改革开放之前由政府主导的就业分配制度提高了城镇女性的劳动参与率。随着市场经济体制改革的推进，国家将劳动力配置的权力让渡给市场，20世纪90年代中后期，就业分配制度逐步取消，而这一时期城镇女性的劳动参与率开始大幅度下降。失去了国家政策的强制性保护，女性开始面临劳动力市场上的性别歧视。另一方面，市场化改革过程中我国劳动政策的急剧变化导致大量国有企业工人下岗，其中女职工受到的冲击更大。部分教育程度较低的女性在失业后很难再找到合适的工作，这些失业女性可能会对再就业失去信心，成为“沮丧的工人”，永久性地退出正式劳动力市场。④⑤

(二)经济发展带来的收入效应与替代效应

一部分学者认为女性劳动参与率的下降是世界各国在经济发展中都将经历的过程，经济发展带来城镇居民家庭收入水平的提高，收入的提高会对劳动力供给产生两个效应：收入效应和替代效应。城镇女性受收入效应的影响会更加注重对

---

① 潘锦棠：《经济转轨中的中国女性就业与社会保障》，载《管理世界》，2002年第7期。

② 丁仁船：《宏观经济因素对中国城镇劳动供给的影响》，载《中国人口科学》，2008年第3期。

③ 金一虹：《“铁姑娘”再思考：中国文革期间的社会性别与劳动》，载《社会学研究》，2006年第1期。

④ 蔡昉、王美艳：《中国城镇劳动参与率的变化及其政策含义》，载《中国社会科学》，2004年第4期。

⑤ 姚先国、谭岚：《家庭收入与中国城镇已婚妇女劳动参与决策分析》，载《经济研究》，2005年第7期。

闲暇的消费，减少劳动供给；而替代效应使得工作的回报增加可能会增加其劳动供给。因此，观测到 90 年代后期城镇女性劳动参与率的下降可能是因为经济发展带来的收入效应超过替代效应，城镇女性劳动者在选择是否进入劳动力市场时更加理性。研究发现，城镇已婚女性的劳动参与率会随着家庭收入的增加而下降，这证实了这一影响机制。① 但这一影响机制并不适用于农村群体和城镇中的外来人口，由于中国实施"先富带动后富""先城市后农村"的改革和发展策略，经济发展的成果更多地被城镇人口获得，城镇工资性收入的提高通过替代效应增加了农村劳动力向城市的流动，这部分外来务工人员的劳动参与率会随着工资水平的提高而提高。因此中国的农村劳动参与率依然维持在较高水平，并拉开了与城镇劳动参与率的差距，这一逻辑同样适用于解释 90 年代后期城乡女性劳动参与率的变化。

(三)人口结构的转变

人口结构是指一定地域空间、一定时期内，人口总体中不同属性或要素之间的比例关系。在狭义上，人口结构仅指人口的自然属性结构如年龄、性别结构等；而在广义上，还包括素质、空间分布、族群、职业分布等社会属性结构。2010 年第六次人口普查数据显示，中国的出生性别比为 1.14，高于正常水平的 1.02～1.07，劳动力结构相对合理但劳动年龄人口比例持续下降，目前中国每年劳动年龄人口维持在 10 亿人左右，但是预计到 2050 年，劳动年龄人口数量将降至 8 亿人，缩减比例达 20%。与之伴随的是日趋严重的人口老龄化问题，截至 2014 年年底，中国 60 岁以上的老年人口已经达到 2.12 亿，占总人口的 15.5%，预计到 2050 年，中国 60 岁以上老年人口比例将高达近 30%。如果劳动参与率中总劳动年龄人口按照 16～64 岁的口径定义，60 岁以上老年人口比例的上升将降低劳动参与率。2010 年与 2000 年相比，人口年龄结构变化使得劳动参与率下降了 0.22 个百分点，人口性别结构变化使得劳动参与率下降了 0.08 个百分点。②

(四)城市化带来人口流动规模扩大

改革开放以后，中国逐步放开了原有对人口流动的控制，大量农民工流向了城市，同时加快了城市化的进程。《2012 中国新型城市化报告》指出，中国城市化率突破 50%，这意味着中国城镇人口首次超过农村人口，中国城市化进入关

① 吴要武：《剥离收入效应和替代效应——对城镇女性市场参与变化的解释》，载《劳动经济研究》，2015 年第 4 期。

② 王莹莹：《人口自然结构变动对我国劳动经济参与的影响》，首都经济贸易大学硕士论文，2014。

键发展阶段。城市化伴随着大量农民工进城从事非农劳动，这部分农民工可以接受更低的工资，忍受恶劣的工作环境，比城市工人更加具有吃苦耐劳的精神，这对原有城镇工人形成了一定的冲击，尤其是城镇中的低技能工人更容易被进城务工的流动人口替代。因此，20 世纪 90 年代中期以来，随着市场经济体制改革的深化和城市化带来的人口流动规模扩大，城镇女性职工受到“下岗潮”和“民工潮”的双重冲击，其劳动参与率不断下降。

(五)教育扩展

我国在 1999 年加大了高等教育的招生规模，1999 年普通高等教育招生规模为 154.86 万人，较 1998 年增长约 43%，之后的几年中，每年也都是以接近 20%的速度增长，到 2009 年，高等教育招生数达到 690 万人。高校扩招的一个直接影响是使得年轻群体在学校接受教育的时间延长，从而推迟了进入劳动力市场的时间，引起年轻群体劳动参与率的下降，而女性受扩招政策的影响超过男性，女大学生人数的增长更快。在扩招之前的 1998 年，在校女大学生中的比例为 38.31%，大学扩招开始之后，女生比例几乎每年增长 1 个百分点，到 2009 年女生比例达到 50.48%，超过男生，之后还在不断上升。① 这构成了 21 世纪初年轻女性劳动参与率快速下降的原因，但这部分高学历的女性在进入中年之后更倾向于参与劳动，可以在一定程度上延缓女性劳动参与率的下降。另一方面，高校扩招使得教育领域性别比例发生逆转，女大学毕业生的供给大于需求，使得优秀女大学毕业生在劳动力市场上面临更加激烈的竞争，部分女生通过选择“嫁得好”退出劳动力市场成为家庭主妇，高校扩招的这一间接影响进一步降低了城镇年轻女性的劳动参与率。

(六)家庭照料时间的变化

近 20 年来，随着生育率走低、城市化加速和传统观念的改变，中国传统的家庭结构正在发生改变：直系家庭(成年子女与其老年父母组成的家庭)比例趋于下降，核心家庭(夫妇及其未成年子女组成的家庭)比例逐年上升。② 例如，中国城乡老年人口状况追踪调查显示：2000 年 60 岁以上老人与子女同住的城、乡比

① 李春玲：《“男孩危机”“剩女现象”与“女大学生就业难”——教育领域性别比例逆转带来的社会性》，载《妇女研究论丛》，2016 年第 2 期。

② 沈可、章元、鄢萍：《中国女性劳动参与率下降的新解释：家庭结构变迁的视角》，载《人口研究》，2012 年第 5 期。

例分别为56.7%和61.6%，2006年则分别下降至47.8%和60.1%。[①] 随着越来越多中青年女性与老年父母分居，老年父母在孙子女看护、家务料理等方面对女儿的协助必然会减少，这会使女性的家务劳动时间增加和市场劳动供给下降。另一方面，由于政府对学前教育投入不足，公立幼儿园数量减少且更倾向于接受高教育程度家庭的孩子，引起家庭内照料的增加，使得低学历的母亲更倾向于退出劳动力市场。[②]

(七)女性生育决策的变化

国际上的许多实证研究都发现女性生育子女的数量与其劳动力供给是负相关的，女性的生育决策会对劳动参与率产生影响。降低生育率可以减少女性生儿育女的时间，使其有更多时间接受培训，获得更高的工资收入，能够更好地平衡工作和家庭，从而更容易获得晋升。随着我国女性生育率的不断降低，应该预测出女性劳动参与率的提高，但实际观测到的女性劳动参与率却在不断下降，这可能是由于前面提到的几个影响女性劳动参与率的因素起主导作用所致。2016年1月1日起，中国全面放开“二孩”政策正式实施，标志着长达三十年的独生子女政策退出历史舞台，新政策会在多大程度上影响适龄妇女的生育决策，并进一步影响女性劳动参与率将是未来研究的一个方向。

三、“性别红利”将成为下一阶段经济增长的重要推力

新常态背景下经济增速放缓，国家一方面通过深化市场经济体制改革转变经济增长方式，从原来的要素驱动到效率驱动和创新驱动，另一方面寻找新的劳动力资源作为要素投入驱动经济发展也成为当下政策的一大目标。

过去几十年，中国经济一直是全球的增长引擎，但随着中国告别高增长时代，投资者开始寻找下一个重量级增长之源。美国银行旗下私人财富管理部门US Trust首席投资官Joseph Quinlan提出了一个出人意料的观点：如果女性在就业市场获得与男性等同的地位，到2025年每年可以为全球GDP增加28万亿美元。OECD成员国消除两性就业差距可以提升GDP达12个百分点。日本的情

① 曲嘉瑶、孙陆军：《中国老年人的居住安排与变化：2000—2006》，载《人口学刊》，2011年第2期。

② 杜凤莲、董晓媛：《转轨期女性劳动参与和学前教育选择的经验研究：以中国城镇为例》，载《世界经济》，2010年第2期。

况更是如此，缩小两性差距可以在15年内增加20%的GDP。[①] 日本首相安倍晋三于2014年6月24日召开内阁会议，射出经济改革的所谓“第三支箭”，重磅推出“女性经济学”，意在提高女性在企业中的参与度和活跃度，增加日本劳动力数量，进而帮助经济复苏。

中国目前处于人口结构转变的拐点，“第一次人口红利”逐渐消失，且面临着性别比例失衡、劳动年龄人口比例下降和人口老龄化问题。15～64岁劳动年龄人口从20世纪60年代的高速增长，进入90年代的相对缓慢增长，并从2012年开始出现下降。与此同时，65岁及以上人口占全部人口比重在2000年已经接近7%，正式进入老龄化社会。相应地，人口抚养比例将到达由下降到上升的转折点。如果遵循以往关于人口红利的定义(劳动年龄人口持续增长、比重不断提高从而保证劳动力充分供给和高储蓄率)，以及相应估算人口红利的代理变量(人口抚养比)，则上述转折点的抵达则意味着人口红利的减弱乃至消失。因此，寻找下一阶段的“人口红利”成为政府和学者不断探索的目标。

我们认为“性别红利”可以成为下一阶段经济增长的重要推力。这里的“性别红利”是指通过倡导性别平等，促进女性就业，提高女性劳动参与率和女性在工作中的技能，释放女性工作潜能从而推动经济增长。

当前人口的教育结构也在发生变化，高等教育扩张使得受过高等教育的女性数量不断增加，甚至超过了男性。可以推断，中国下一阶段的经济发展会给接受了高等教育的女性带来更多市场机会，吸引她们更多参与市场，而不是进入家庭。[②] 当这部分接受过高等教育的女性步入工作黄金时期，而未来消除性别平等的努力也将取得一定成果，使得女性在就业中受到的歧视逐渐减少，更有利于激发女性在工作中的潜能，通过“性别红利”的释放推动下一阶段经济的发展。

第三节 女性工资水平普遍低于男性但差距呈缩小趋势

讨论性别平等背景下的女性就业，一方面要关注过程平等，即男女在就业机会上的平等；另一方面要关注结果平等，即男女在相同工作岗位上获得相同的收入。这也是讨论就业性别歧视中经常提到的两个问题：女性的职业进入障碍和同工不同酬问题。这一节重点讨论收入中的性别差距，即女性劳动者的工资水平相

---

① 详见新浪财经，http://finance.sina.com.cn/world/20151008/170923420839.shtml，2015年10月8日。

② 吴要武：《剥离收入效应和替代效应——对城镇女性市场参与变化的解释》，载《劳动经济研究》，2015年第4期。

对于男性的差异，这一差异在不同行业间、不同职业间、不同性质企业间、不同地域间、城乡间、不同受教育程度年龄群体和收入群体间表现出不同的特征。

>>一、性别工资差距的总体变化趋势<<

在劳动力市场中，女性工资低于男性是世界各国普遍存在的现象。① 对性别工资差距进行量化的指标有两种：第一种是男性和女性工资对数的差距，该指标能反映男性工资相对于女性工资的百分比；第二种是女性工资占男性工资的比例，这里将用后一指标计算的性别工资差距结果进行对比。

表 2-6 转引自联合国妇女署报告《中国经济转型中的性别平等》，将文献中关于性别工资差距的结果进行汇总。由于调查数据的时间、涵盖范围、计算方法等不同，性别工资差距的计算结果各不相同，但基本可以发现，中国的劳动力市场上存在明显的性别工资差距，并且这种差距随着中国经济改革的深入不断扩大。例如，根据李春玲和李实 2008 年对中国居民收入分配的分析，1988 年女性年收入是男性的 84.0%，1995 年，该比例下降为 80.0%，2002 年，该比例继续下降到 79.0%，可见，女性年收入占男性年收入的比例在 14 年间呈下降趋势。全国妇联和国家统计局的中国妇女社会地位调查数据显示，1990 年女性年收入是男性的 77.5%，2000 年该比例下降为 70.1%，2010 年女性年收入占男性的比例城市下降到 67%，农村下降到 56%。

表 2-6　文献中关于性别工资差距的结果

时间	女/男(%)	比较指标	资料来源
1978.7	79.1	月工资	中国统计出版社，《中国妇女统计资料》
1986.7	82.3	月工资	中国统计出版社，《中国妇女统计资料》
1988	84.4	年收入	古斯塔夫森和李实(Gustafsson and Li，2000)
1988	55.3	年工资	Margaret et al. (1997)城市调查 1988—1994
1988	73.0	月工资	Rozelle et al. (2002)1996 年 8 省农村调查
1988.7	84.5	月工资	中国统计出版社，《中国妇女统计资料》
1988	84.0	年收入	李春玲和李实(2008)中国居民收入分配城镇居民户抽样调查
1989	55.0	年工资	Margaret et al. (1997)城市调查 1988—1994
1989	94.2	小时工资	张丹丹(2004)CHNS 城市地区数据
1990	48.9	年工资	Margaret et al. (1997)城市调查 1988—1994
1990.9	77.5	年收入	全国妇联和国家统计局，第二期中国妇女社会地位调查

① Altonji，J. G. and R. M. Blank，1999，Race and Gender in the Labor Market，*Handbook of Labor Economics*.

续表

时间	女/男(%)	比较指标	资料来源
1991	76.4	小时工资	张丹丹(2004)CHNS 城市地区数据
1991	50.1	年工资	Margaret et al. (1997)城市调查 1988—1994
1992	85.9	月收入	呼何等(Hughes and Margaret，2002)12 省就业调查
1992	46.8	年工资	Margaret et al. (1997)城市调查 1988—1994
1993	82.9	小时工资	张丹丹(2004)CHNS 城市地区数据
1993	47.1	年工资	Margaret et al. (1997)城市调查 1988—1994
1994	41.8	年工资	Margaret et al. (1997)城市调查 1988—1994
1995	82.5	年收入	古斯塔夫森和李实(Gustafsson and Li，2000)
1995	71.2	月工资	Rozelle et al. (2002)1996 年 8 省农村调查
1995	80.0	年收入	李春玲和李实(2008)中国居民收入分配城镇居民户抽样调查
1997	77.5	小时工资	张丹丹(2004)CHNS 城市地区数据
1999	78.0	年工资	李实等人(2006)1999 年 6 省城市收入调查
2000	70.1	年收入	全国妇联和国家统计局，第二期中国妇女社会地位调查
2001	80.3	小时工资	王美艳(2005)5 城市调查数据
2002	80.0	年收入	李实和古斯塔夫森，2008
2002	76.3	小时工资	姚先国等(2008)城镇调查数据
2002	79.0	年收入	李春玲和李实(2008)中国居民收入分配城镇居民户抽样调查
2003	68.1	年收入	王天夫等(2008)2003 年中国综合社会调查数据
2004	83.0	月工资	田艳芳等(2009)CHNS 城市地区数据
2005	78.3	月收入	陈文府(2011)2005 年中国综合社会调查数据
2006	80.8	小时工资	宁光杰(2011)CHNS 城市地区数据
2009	79.9	月收入	韩秀兰(2012)CHNS 城市地区数据
2010	60.4	月收入	邓峰等(2012)2010 年中国家庭动态跟踪调查数据
2010	67.0(城) 56.0(乡)	年收入	第三期中国妇女社会地位调查课题组(2011)抽样调查数据

数据来源：转引自联合国妇女署《中国经济转型中的性别平等》，联合国驻华系统，2015。

由于之前的研究数据基本截止到 2010 年，并不能反映劳动力市场的最新情况。因此，我们使用中国居民收入调查(CHIP)1995、2002、2007、2013 年的数据整理计算得到劳动力市场性别工资差距的最新变化趋势。这里采用衡量性别工资差距较常用的指标——女性收入占男性收入的比例进行比较。由图 2-5 可以发现，1995 年性别收入比为 85.9%，2002 年略有下降，达到 84.5%，2007 年性别工资差距进一步扩大，性别收入比下降到 73.9%，到 2013 年性别收入比上升到 78.2%。因此，我们认为，改革开放之后，中国劳动力市场上的性别工资差距呈现出先扩大后缩小的趋势。

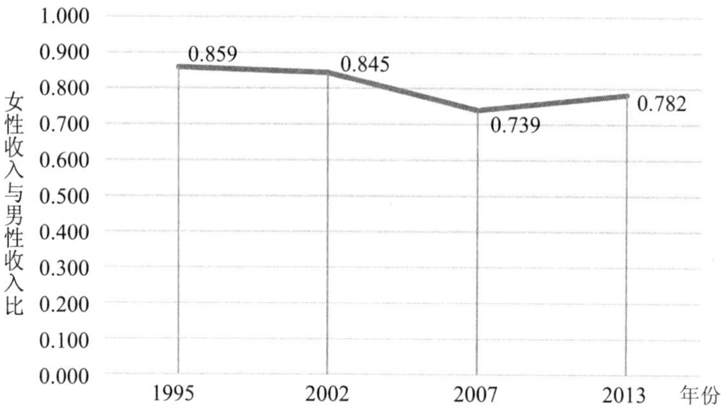

图 2-5 性别工资差距的变化趋势

数据来源：中国居民收入调查(CHIP)1995、2002、2007、2013 年的数据整理计算所得。

注：控制样本群体为 16～60 岁雇员。

>>二、组内性别工资差距的特征分析<<

(一)第三产业内部性别工资差距最大，高技能与低技能行业同时存在工资性别歧视

虽然女性在第三产业中的就业比例不断提高，但 2013 年的最新数据显示，第三产业的男女工资收入不平等却最为严重。2013 年，城镇在业女性的平均工资收入占男性的 78.2%，其中，第一产业内女性平均工资收入占男性平均工资收入的 83.3%，第二产业内占比为 81.3%，第三产业内占比为 76.4%。从时间变化趋势来看，第一产业内的性别工资差距变化幅度较大且方向不确定，第二产业内的性别工资差距略有扩大，第三产业内的性别工资差距扩大较为明显，从 1995 年到 2013 年女性平均工资收入占男性的比例从 88.2%下降到 76.4%，下降了约 12 个百分点。

表 2-7 为不同行业内的性别工资收入比，可以发现，2013 年性别工资差距较大的行业既包括需要高技能劳动力的金融、保险业，也包括需要低技能劳动力的采掘勘探业和批发零售、餐饮业。由此可见，女性从事低技能职业可能由于身体条件的限制而得到比男性更少的收入，从事高技能行业却因为职业上升的"玻璃天花板"无法做到"最优秀"，面临着一定程度的性别歧视。

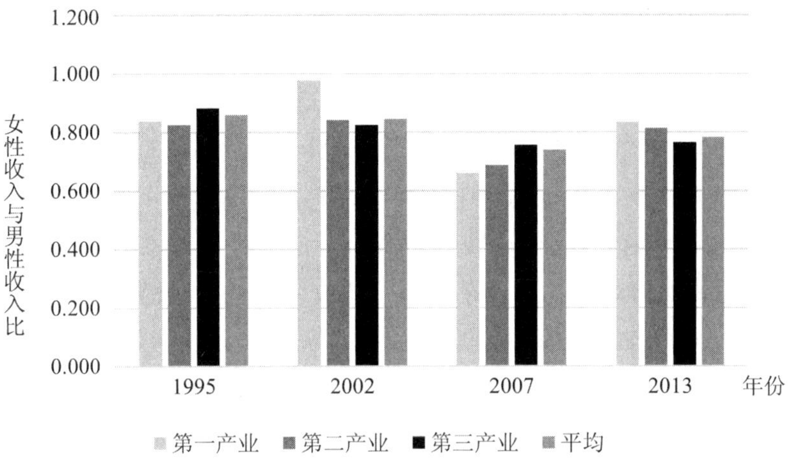

图 2-6　三大产业内部的性别工资差距变化

数据来源：中国居民收入调查(CHIP)1995、2002、2007、2013 年的数据整理计算所得。

注：控制样本群体为 16～60 岁雇员，这里仅讨论城镇群体。

表 2-7　不同年份行业内月工资收入比

年份	1995	2002	2007	2013
月工资收入比(女性/男性)				
农林牧渔	0.839	0.976	0.660	0.833
采掘勘探业	0.865	0.786	0.885	0.630
工业	0.825	0.841	0.664	0.827
建筑业	0.825	0.891	0.807	0.928
交通运输仓储通信业	0.817	0.847	0.855	0.773
计算机服务软件业	—	—	0.940	0.836
批发零售餐饮业	0.861	0.811	0.654	0.659
金融保险业	1.017	0.825	0.748	0.745
房地产业	0.789	0.792	0.990	0.896
科研	0.845	1.031	0.747	0.908
教育	0.870	0.605	0.842	0.828
健康、体育、社会福利	0.946	0.914	0.846	0.782
党政机关和社会团体	0.994	—	0.736	0.784

数据来源：中国居民收入调查(CHIP)1995、2002、2007、2013 年的数据整理计算所得。

注：

1. 控制样本群体为 16～60 岁雇员，这里仅讨论城镇群体。
2. 为了使几年的数据具有可比性，对行业分类进行重新调整，合并相似行业。

(二)不同职业内的性别工资差距不断扩大，女性在就业中面临"玻璃天花板"和"黏性地板"效应

女性在就业中面临的"玻璃天花板"一般指对女性人为设置的晋升障碍。具体表现为性别收入差距在收入分布的上端较大，它反映高收入或从事更好职业的女性群体遇到更大程度的歧视，造成她们与职业、经历、年龄类似的男性相比收入较低。① 相反地，如果处在收入分布下端的低收入女性与男性相比收入劣势更明显，则被称为"黏性地板"现象。② 分别比较 1995、2002、2007、2013 年城镇不同职业的性别工资收入发现，性别工资差距呈先扩大再缩小的趋势，1995 年女性平均工资收入占男性平均工资收入的 85.9%，2002 年占 84.5%，2007 年进一步下降到 74.1%，2013 年略有上升，达到 78%。具体而言，2007 年性别工资差距较大的职业为国家机关、事业单位和企业负责人，商业服务业人员，农林牧渔和水利生产人员以及生产运输人员；2013 年性别工资差距较大的职业同样有国家机关、事业单位和企业负责人，商业服务业人员和生产运输人员。由此可见，和行业间性别工资差距类似，女性在需要体力的低技能职业收入相对较低，存在"黏性地板"现象，而在国家机关、事业单位担任较高职位或成为企业负责人又不那么容易，在职业晋升中容易遭受性别歧视，遭遇"玻璃天花板"，专业技术人员或办事人员的性别工资差距相对较小，说明需要一定技能的脑力劳动而非体力劳动但也不是精英职业的"白领工作"或"坐办公室"对女性来说是较为理想的选择。

表 2-8　不同年份职业内月工资收入比

年份	1995	2002	2007	2013
月工资收入比(女性/男性)				
国家机关、事业单位和企业负责人	—	—	0.671	0.762
专业技术人员	0.902	0.872	0.824	0.784
办事人员和有关人员	0.898	0.876	0.792	0.853
商业服务业人员	—	0.841	0.734	0.725
农林牧副渔和水利生产人员	—	—	0.636	0.858
生产运输人员	0.806	0.797	0.726	0.757
军人	—	—	1.272	0.898

① Arulampalam W. Booth A. L. and M. L. Bryan, 2007, Is There a Glass Ceiling over Europe? Exploring the Gender Pay Gap across the Wage Distribution, *Industrial and Labor Relations Review*, 60(2): 163-186.

② Booth A. L. Francesconi M. and J. Frank, 2003, A Sticky Floors Model of Promotion, Pay and Gender, *European Economic Review*, 47(2): 295-322.

续表

年份	1995	2002	2007	2013
其他	—	—	0.720	0.840
平均	0.859	0.845	0.741	0.780

数据来源：中国居民收入调查(CHIP)1995、2002、2007、2013年的数据整理计算所得。

注：控制样本群体为16～60岁雇员，这里仅讨论城镇群体。

(三)"体制内"性别工资差距小于"体制外"

分别比较1995、2002、2007、2013年城镇不同性质企业间的性别工资收入比发现，性别工资差距同样呈先扩大再缩小的趋势，1995年女性平均工资收入占男性平均工资收入的86%，2002年占84.4%，2007年进一步下降到73.9%，2013年略有上升，达到78.2%。具体而言，1995年和2002年整体性别工资差距较小，尤其是党政机关、事业单位和国有企业对女性员工的保护较多，在这些单位的女性职工与男性职工收入差距不大。2007年，受市场经济体制改革的影响，在公平与效率的权衡之间更侧重效率，国家减弱了对劳动力市场配置的干预，加上前一阶段国有企业改革的影响，体制内女性职工的优待逐渐减少，性别工资差距开始扩大，但相对于体制外的私企、外企和个体企业来说，仍具有一定的优势。到2013年，整体性别工资差距略有缩小，但相比于体制内工作来说，在体制外工作的女性依然只能得到相对于男性更少的收入。

表2-9　不同年份不同性质企业的月工资收入比

年份	1995	2002	2007	2013
月工资收入比(女性/男性)				
党政机关团体	0.924	0.957	0.772	0.807
事业单位	0.924	0.865	0.763	0.837
国有及控股企业	0.856	0.824	0.768	0.840
集体企业	0.819	0.850	0.820	0.711
中外合资或外商独资企业	0.796	0.853	0.702	0.727
个体	0.630	0.787	0.736	0.785
私营企业	1.083	0.705	0.689	0.786
其他	0.887	0.807	0.829	0.723
平均	0.860	0.844	0.739	0.782

数据来源：中国居民收入调查(CHIP)1995、2002、2007、2013年的数据整理计算所得。

注：控制样本群体为16～60岁雇员，这里仅讨论城镇群体。

(四)中部地区性别工资差距最大，东部其次，西部最小

比较东、中、西部以女性收入占男性收入比衡量的性别工资差距可以发现，不同地域间的性别工资差距相差不大，2007 年由于调查省份与其他年份差异较大，结果略有不同，除此之外，其他各年的数据均显示，中部地区性别工资差距最大，东部地区其次，西部地区差距最小(2013 年东部和西部差距不大)，这和大部分收入差距的研究结果基本一致。不同地域间和地域内的收入差距可能与当地的自然禀赋、政府政策的制定、工业化和资源的流动情况有关，而性别工资差距作为收入差距的一部分同样也受到这些因素的影响。

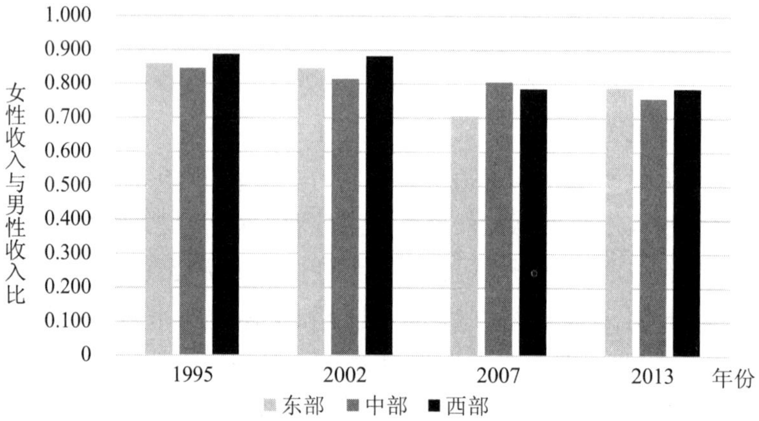

图 2-7　东、中、西部的性别工资差距变化

数据来源：中国居民收入调查(CHIP)1995、2002、2007、2013 年的数据整理计算所得。

注：控制样本群体为 16～60 岁雇员，这里仅讨论城镇群体。

表 2-10　不同年份、不同地域的月工资收入比

年份	1995	2002	2007	2013
月工资收入比(女性/男性)				
东部	0.859	0.846	0.705	0.789
中部	0.845	0.814	0.805	0.757
西部	0.888	0.881	0.786	0.786
平均	0.859	0.845	0.739	0.782

数据来源：中国居民收入调查(CHIP)1995、2002、2007、2013 年的数据整理计算所得。

注：控制样本群体为 16～60 岁雇员，这里仅讨论城镇群体。

(五)城乡内部的性别工资差距都有所扩大，外来务工女性状况堪忧

图 2-8 描述了城乡内以月工资收入比衡量的性别工资差距的变化。整体性别工资差距呈扩大趋势。其中，2007 年城镇性别工资差距最大，女性月工资收入仅占男性的 73.9%，2013 年相比于 2007 年，城镇性别工资差距缩小，女性月工资收入占男性的 78.2%，但流动人口即进城务工人员中女性的收入却相对下降了，2007 年流动人口中女性月工资收入占男性的 81%，到 2013 年下降为 69.8%，两年对比，农村性别工资差距变化不大。可以认为，相比于 2007 年，2013 年城镇女性受到了更多保护，但受政府关注较少的外来务工女性的状况更差了。

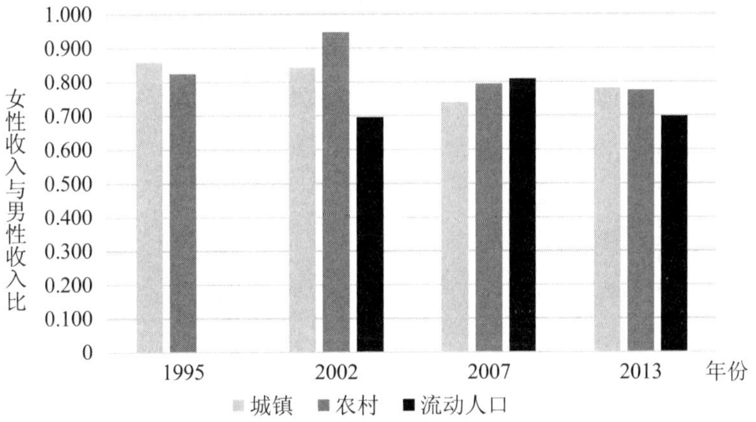

图 2-8　城乡性别工资差距变化

数据来源：中国居民收入调查(CHIP)1995、2002、2007、2013 年的数据整理计算所得。

注：控制样本群体为 16～60 岁雇员。

表 2-11　不同年份城乡内的月工资收入比

年份	1995	2002	2007	2013
月工资收入比(女性/男性)				
城镇	0.859	0.845	0.739	0.782
农村	0.825	—	0.795	0.776
流动人口	—	0.695	0.810	0.698
平均	0.852	0.726	0.791	0.805

数据来源：中国居民收入调查(CHIP)1995、2002、2007、2013 年的数据整理计算所得。

注：控制样本群体为 16～60 岁雇员。

(六)高学历女性的性别工资差距相对较小

将人群按照受教育程度分为三类：初中及以下(包括文盲、小学以下、小学、初中)、高中(包括高中、中专)和大学及以上(包括大专、大学、研究生及以上)。由图 2-9 可以清晰地看出，受教育程度越高的女性与男性之间的工资差距越小，随着经济发展、产业变革和技能偏向型技术进步带来的对技能型人才需求的增加，高学历女性与男性之间的收入差距在缩小，而受教育程度较低的女性与男性之间的收入差距却在不断扩大。2007 年，具有初中及以下学历的女性收入占同等学历男性收入的 73%，具有高中学历的女性收入占同等学历男性收入的 69.6%，而具有大学及以上学历的女性收入占同等学历男性收入的 75.7%；到 2013 年，初中及以下学历的女性与男性收入比降低到 70%，高中学历女性的比例上升到 77.4%，而大学及以上学历的女性与男性收入比提高到 80.3%，性别工资差距小于平均水平。说明性别工资差距集中体现在低学历和低技能的女性群体中，而高学历高技能的女性与男性之间虽然也存在收入差距，但相对较小。

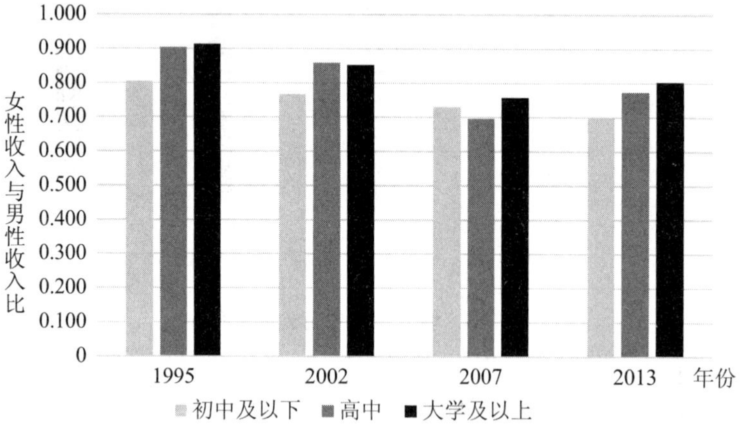

图 2-9　不同受教育程度群体间的性别工资差距

数据来源：中国居民收入调查(CHIP)1995、2002、2007、2013 年的数据整理计算所得。

注：控制样本群体为 16～60 岁雇员，这里仅讨论城镇群体。

表 2-12　不同受教育程度群体的月工资收入比

年份	1995	2002	2007	2013
月工资收入比(女性/男性)				
初中及以下	0.806	0.768	0.730	0.700
高中	0.904	0.860	0.696	0.774

续表

年份	1995	2002	2007	2013
大学及以上	0.914	0.853	0.757	0.803
平均	0.859	0.845	0.739	0.782

数据来源：中国居民收入调查(CHIP)1995、2002、2007、2013年的数据整理计算所得。
注：控制样本群体为16～60岁雇员，这里仅讨论城镇群体。

(七)性别工资差距随着女性年龄的上升而上升

比较不同年龄群体间的性别工资差距发现，性别工资差距随着年龄的上升而上升，年老女性比年轻女性在劳动力市场中得到的相对收入更低。以2013年为例，16～25岁女性的收入占相同年龄男性收入的87.8%，26～35岁女性的收入占比为82%，36～45岁女性的收入占比下降到77.9%，而46～55岁女性的收入仅占相同年龄男性收入的71.7%。可能原因在于，个体的收入生命周期曲线是“倒U形”的，收入随着年龄的增长不断增加，中年达到顶峰之后，受个人生理条件的限制，老年人在智力体力学习能力上不如年轻时，收入开始下降，而女性的收入在达到收入峰值之后的下降速度要快于男性，因此年龄越大的女性收入占男性的比例越低。另一个原因可能是年轻女性(16～25岁)与男性在劳动力市场上付出的精力几乎相同，但随着女性结婚生子，花在照顾家庭上的时间和精力要远远超过男性，这也限制了中年女性在劳动力市场上的表现。

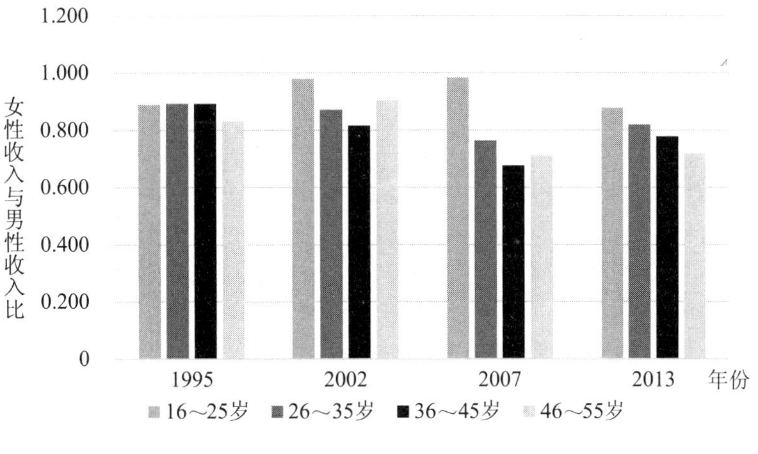

图 2-10 不同年龄群体间的性别工资差距

数据来源：中国居民收入调查(CHIP)1995、2002、2007、2013年的数据整理计算所得。
注：控制样本群体为16～55岁雇员，这里只讨论城镇群体。

表 2-13　不同年龄群体的月工资收入比

年份	1995	2002	2007	2013
月工资收入比(女性/男性)				
16～25岁	0.888	0.979	0.985	0.878
26～35岁	0.893	0.871	0.764	0.820
36～45岁	0.893	0.817	0.676	0.779
46～55岁	0.832	0.903	0.711	0.717
平均	0.859	0.845	0.739	0.782

数据来源：中国居民收入调查(CHIP)1995、2002、2007、2013年的数据整理计算所得。
注：控制样本群体为16～55岁雇员，这里只讨论城镇群体。

(八)低收入群体中女性更多，高收入群体中男性更多

通过将人群按照收入分为五等，0～20%为收入最低的人群，80%～100%为收入最高的人群，比较不同收入群体间的性别工资差距。由图2-11可以发现，最高收入人群中性别工资差距较大，最低收入人群中女性收入反而高于男性。中等收入阶层中，相同收入水平的男性和女性平均收入相差不大，这可能和我们的分类对比方式有关。因此需要进一步讨论不同性别中不同收入水平所占比例的差异。

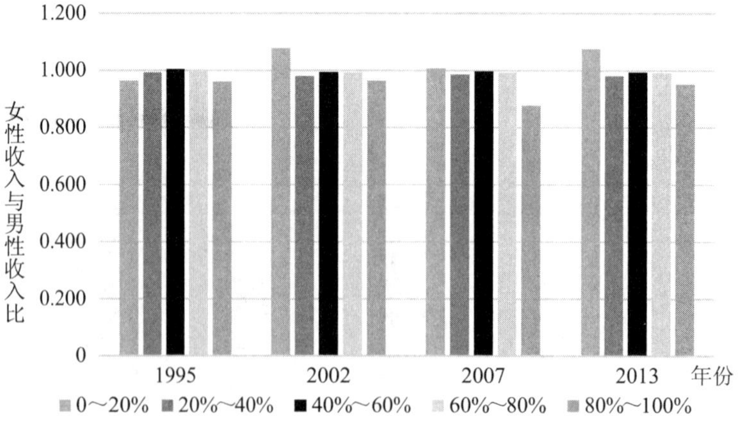

图 2-11　不同收入群体间的性别工资差距

数据来源：中国居民收入调查(CHIP)1995、2002、2007、2013年的数据整理计算所得。
注：控制样本群体为16～60岁雇员，这里只讨论城镇群体。

表 2-14　不同收入群体的月工资收入比

年份	1995	2002	2007	2013
月工资收入比(女性/男性)				
0～20%	0.963	1.078	1.008	1.077
20%～40%	0.992	0.979	0.985	0.980
40%～60%	1.005	0.994	0.997	0.994
60%～80%	0.998	0.991	0.992	0.991
80%～100%	0.961	0.964	0.877	0.951
平均	0.859	0.845	0.739	0.782

数据来源：中国居民收入调查(CHIP)1995、2002、2007、2013 年的数据整理计算所得。
注：控制样本群体为 16～60 岁雇员，这里只讨论城镇群体。

图 2-12 更加清晰地反映了收入分布的性别差异。四年数据均显示，收入最低的人(收入水平为 0～20%)中女性所占比例较高，收入次低的人(收入水平为 20%～40%)中女性所占比例仍然较高，而收入最高的人(收入水平为 80%～100%)中男性所占比例较高，收入次高的人(收入水平为 60%～80%)中依然是男性所占比例更高。由此可见，性别收入差距是收入差距的一个重要组成部分。

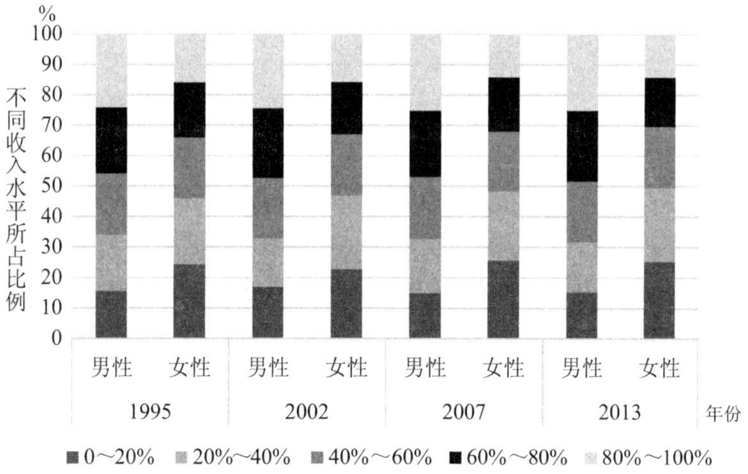

图 2-12　城镇不同收入群体所占比例的性别差异

数据来源：中国居民收入调查(CHIP)1995、2002、2007、2013 年的数据整理计算所得。
注：控制样本群体为 16～60 岁雇员。

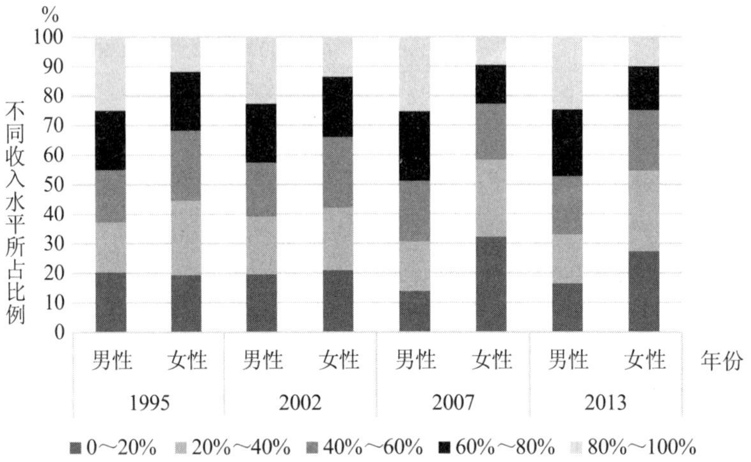

图 2-13　农村不同收入群体所占比例的性别差异

数据来源：中国居民收入调查(CHIP)1995、2002、2007、2013 年的数据整理计算所得。

注：控制样本群体为 16～60 岁雇员。

第四节　新常态与新业态下女性就业压力与机遇共存

2016 年 3 月 7 日，国际劳工组织(ILO)发表题为《职场中的女性：2016 趋势》的报告，指出女性在寻找和维持体面工作方面仍然面临巨大挑战。目前全球女性工资水平仍然只占男性工资的 77%。报告预测，如果当前趋势持续下去，要彻底消除男女工资差距需要超过 70 年的时间。该报告主要编撰者之一的约翰逊表示，全球女性在职场寻求两性平等、消除工资歧视方面依然任重而道远，过去 20 年女性在受教育方面取得的重大进步并未转化为工作职位的相应改善。

在本报告的前述内容中，我们聚焦中国的现实可以发现，目前中国女性的就业情况在不断改善，中国女性劳动参与率高于世界平均水平；性别工资差距在改革开放之后不断扩大，但最近出现缩小的趋势；国家对男女平等就业的倡导力度不断增加，并出台了一系列保障女性权益的政策法规；伴随着产业结构的调整和互联网技术的普及，女性的就业形式也越来越灵活化、多元化。

然而，正如 ILO 报告中所提到的，在职场寻求两性平等、消除工资歧视方面依然任重而道远。女性需要承担更多照顾家庭的责任，其无酬劳动时间更长，从而限制了进入某些高工资行业就业的可能。虽然《劳动法》中明确规定："妇女享有与男子平等的就业权利。在录用职工时，除国家规定的不适合妇女的工种或者岗位外，不得以性别为由拒绝录用妇女或者提高对妇女的录用标准。"但是由于缺乏相应配套政策法规，劳动力市场上各种歧视性的招聘行为没有受到有效的监督和惩罚，特定职业岗位依然存在对女性的就业歧视，大部分女性面临职业上升的“玻璃天花板”。此外，在经济新常态背景下，中国女性还面临着特有的就业压力。如教育领域性别逆转导致高学历女性就业难，供给侧改革加剧了部分行业女性职工的就业和失业压力，全面“二孩”政策增加了女性家庭与工作间的矛盾，并对企业雇用决策产生影响。因此，这一节重点讨论新业态与新常态下女性面临的就业压力与机遇。

>>一、新常态下女性的就业压力<<

(一)女性有酬工作时间低于男性，无酬劳动时间高于男性

2004—2014 年，我国男性和女性非农就业人员平均周工时分别为 46.9 小时和 44.9 小时，男性比女性高 2 小时，差异显著。但是在不同的时期，差距值略有变化，经济不景气的年份差距略大，并且差距的扩大现象出现在经济衰退期来临之前。具体地，2004—2006 年，男性和女性劳动者的平均周工时差异为 1.8 小时，2007—2009 年，平均周工时差异扩大到 2.7 小时，而 2010—2014 年又下降到 1.7 小时的平均水平上。总而言之，男性的周工作时间普遍高于女性，并且其差异随经济周期略有波动，在一定程度上，男、女周工时差异起到了经济景气前期预警的作用。

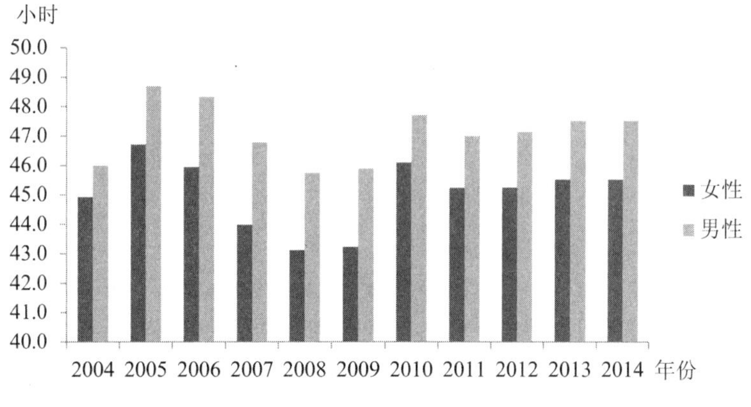

图 2-14　2004—2014 年分性别就业人员的周工作时间

数据来源:《中国人口和就业统计年鉴》(2005—2015 年)，北京师范大学劳动力市场中心整理。

虽然女性有酬工作时间略低于男性，但无酬劳动时间高于男性。2008 年《中国人的生活时间分配》调查显示，女性每天平均花在无酬劳动上的时间为 234 分钟(将近 4 小时)，其中花在家务劳动上的时间为 180 分钟(3 小时)，而男性每天平均花在无酬劳动上的时间仅为 91 分钟，占女性无酬劳动时间的 40%不到，其中家务劳动时间 62 分钟，比女性少两小时。从参与率来看，92%的女性参与无

酬劳动，只有65%的男性参与无酬劳动；91%的女性参与家务劳动，而只有59%的男性参与家务劳动。[①] 可见，虽然女性有酬工作时间少于男性，但由于承担了更多的无酬劳动，其总工作时间更长，休息时间更短。女性一方面要参与工作，另一方面要承担更多照顾家庭的责任，使其在劳动力市场面临更大的压力，并成为妨碍女性寻找长期高技术和高工资就业机会的主要障碍。

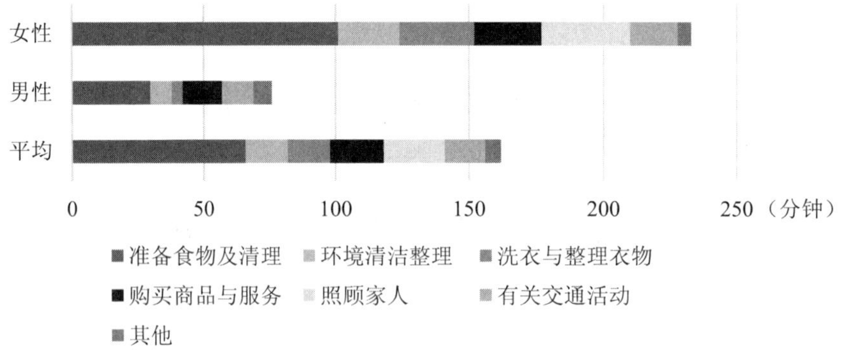

图 2-15　2008 年不同性别无酬劳动时间

数据来源：《中国人的生活时间分配：2008 年时间利用调查数据摘要》，北京师范大学劳动力市场中心整理。

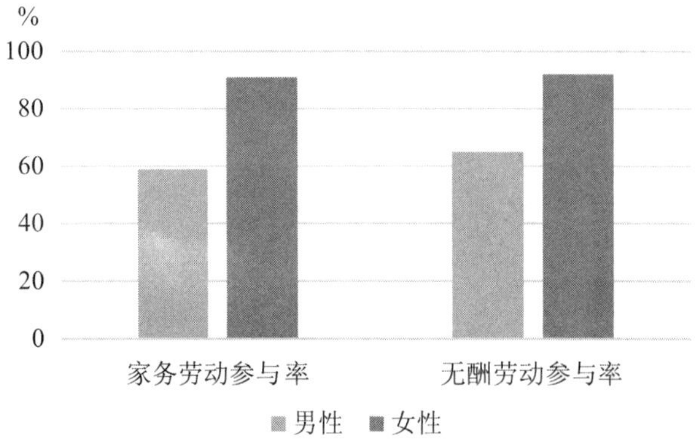

图 2-16　2008 年不同性别家务劳动和无酬劳动参与率

数据来源：《中国人的生活时间分配：2008 年时间利用调查数据摘要》，北京师范大学劳动力市场中心整理。

注：无酬劳动包括家务劳动、照顾家人、对外提供帮助、社区服务与公益活动、有关交通活动。其中，家务劳动包括准备食物及清理、环境清洁整理、洗衣与整理衣物、购买商品与服务、饲养宠物、动手修理、维护和调试、家庭事务的安排与管理。

家庭经济生产过程中部分时间投入的不可替代性也会限制家务劳动时间的减少。有些“时间密集型”商品的消费效用不可能靠家务劳动工具自动化和家务服务

① 数据来自国家统计局 2008 年的调查。

社会化来提升。例如，虽然一个“事业型”女性可以并有能力雇用保姆照顾孩子，但是她认为母乳喂养和亲子活动很重要，并预期孩子的健康成长对其个人和家庭的未来收益产生重要影响，所以理性母亲可能投入一定时间亲自照顾孩子。图 2-17 的数据也显示，高收入群体在照顾未成年家庭成员方面的时间要多于低收入群体，但在其他家务劳动方面的时间少于低收入群体。

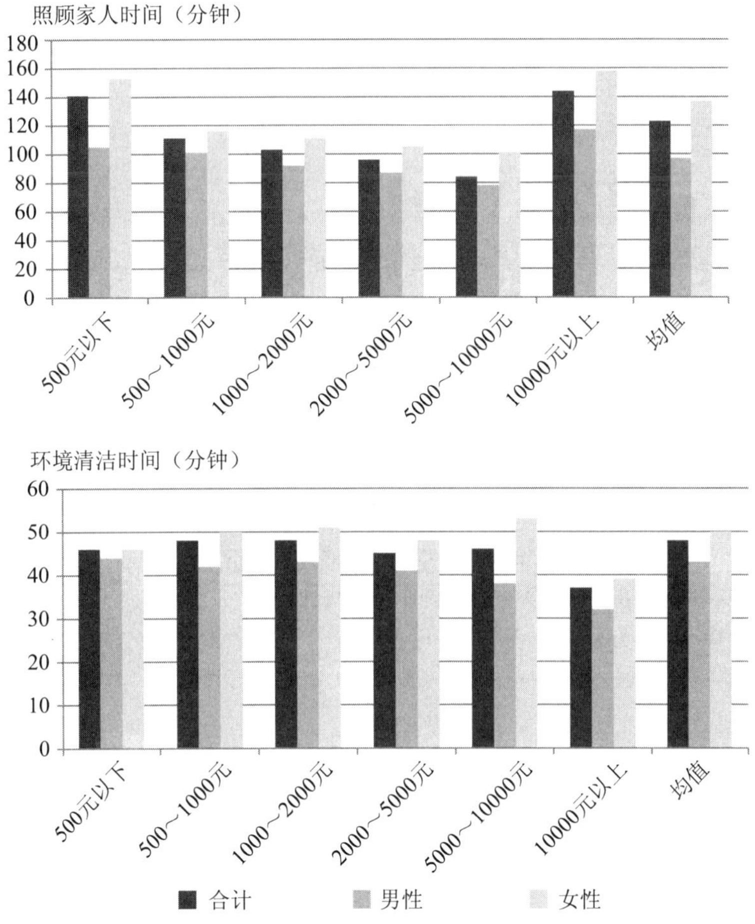

图 2-17 按收入水平分劳动者照顾家人与环境清洁时间

数据来源：国家统计局。

(二)特定职业岗位存在女性就业歧视，大多数女性在职业上升中遭遇“玻璃天花板”

女性的就业压力还体现在女性的职业进入障碍、男女职工同工不同酬、女性职业发展受阻等方面。根据中国居民收入调查 2013 年的数据，大部分行业中男性都占主导地位，只有交通运输仓储邮政业、批发零售业、商务服务业、教育和一些社会服务行业中女性劳动者超过男性，而这些行业的收入水平整体偏低，高薪行业如计算机软件业和房地产行业中男性优势明显。从职业分布来看，女性基本集中在商业服务业中，收入较高的国家机关、事业单位和企业负责人、专业技术人员仍以男性居多。

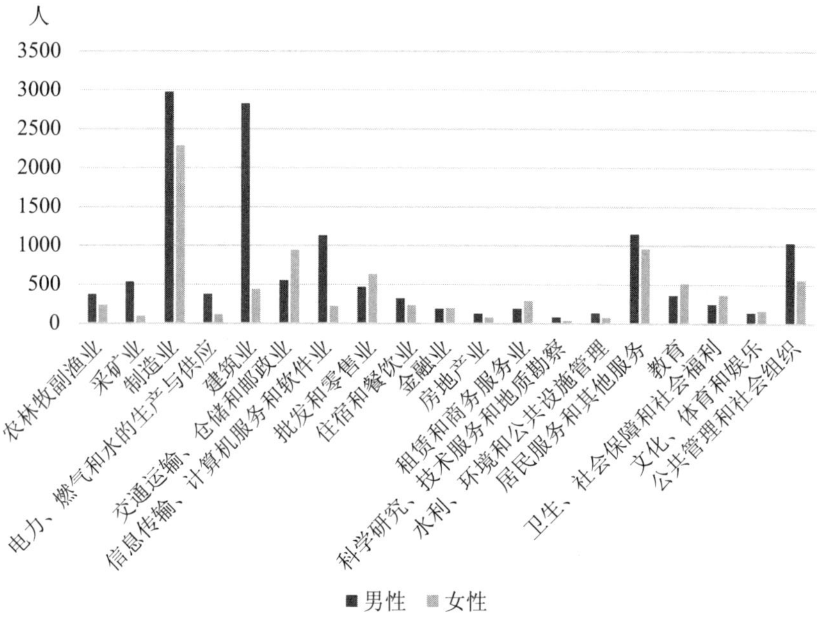

图 2-18 不同性别的行业分布

数据来源：中国居民收入调查(CHIP)2013 年的数据。

注：控制样本群体为 16～60 岁雇员。

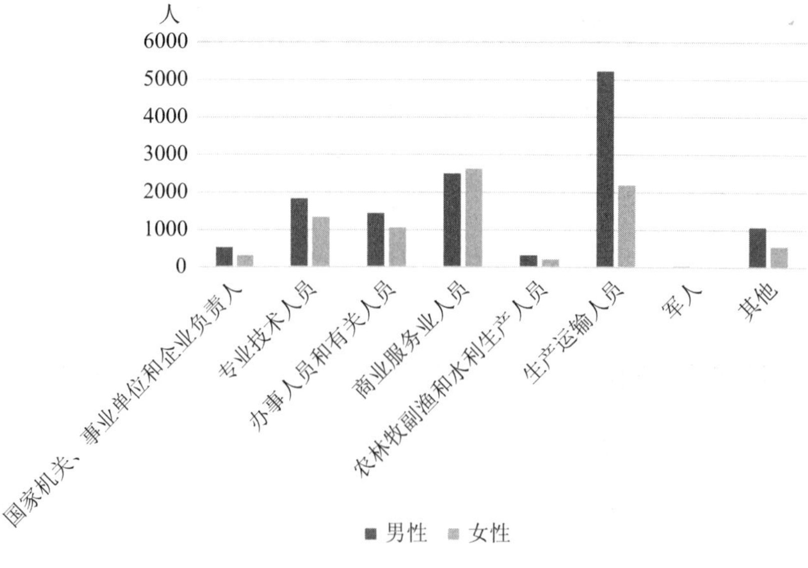

图 2-19 不同性别的职业分布

数据来源：中国居民收入调查(CHIP)2013 年数据。

注：控制样本群体为 16～60 岁雇员。

2009年9月全国妇联发布的“女大学生就业创业状况调查”显示，女大学生就业难的主要表现是遭受就业性别歧视，有91.9%的被访女大学生感受到用人单位的“性别偏见”。[①] 全国妇联和国家统计局2011年10月21日发布的全国性大型抽样调查“第三期中国妇女地位调查主要数据报告”调查显示，在就业方面遭遇过性别歧视的女性占10.0%，男性仅占4.5%；在有求职经历的女大学生中24.7%曾经遭遇过不平等对待。中国政法大学(招生办)宪政研究所2011年发布的《2011年国家公务员招考中的就业歧视调查报告》显示，2011年中央国家机关公务员招考所涉及的9 762个岗位中，性别歧视比较严重的占总职位数的15.6%，高于2010年的12.96%；而在人民代表大会、人民法院、人民检察院、妇女联合会、残疾人联合会、工会六个本应是消除就业歧视表率部门的公务员招考中，性别歧视岗位分别占到31.2%和32.7%。[②]

除了招聘过程外，性别歧视还反映在就业的整个过程中。2009年6月北京大学法学院妇女法律与研究中心发布的“中国职场性别歧视调查”表明，分别有4.1%和3.4%的女性被迫签订过“几年内不得结婚”和“几年内不得怀孕”的合同或协议；被调查者所在单位女职工在怀孕、产假及哺乳期内被单位强行降岗调薪的占20.9%；被调查女性本身曾遭遇因孕、产假及哺乳期被解雇的占6.7%；有15%的被调查者认为，所在单位存在相同工作男性比女性获得更高报酬的情况；有超过36%的被调查者认为他们所在单位存在“女职工在高薪岗位或管理层明显偏少”的状况；15.7%的被调查者认为本单位存在“女职工比男职工获得培训机会少”的情况；33.9%的被调查者认为本单位“男职工获得提拔的机会比女职工多”。[③]

北京师范大学劳动力市场研究中心借助妇女联合会的中国妇女社会地位调查数据研究发现，2010年，中国企业女性高管占比为24.3%，高于当时全球平均水平(22%)。然而男女管理层的分布并不相同，女性处于较劣势的地位，女性管理者中有58.50%处于基层管理者的位置，而男性基层管理者的占比只有54.56%；同时，女性管理者中处于高层管理者位置的比例只有13.67%，男性高层管理者这一比例为18.35%。表明相对于男性，女性更难以进入企业的高层。

综上可见，女性在职场中仍然面临诸多歧视，大多数女性面临职业上升的“玻璃天花板”。

---

① 全国妇联妇女发展部：《女大学生就业创业状况调查报告》，转引自韩湘景《2009—2010年：中国女性生活状况报告》，北京：社会科学文献出版社，2010，.第54—80页。

② 中国政法大学(招生办)宪政研究所：《2011年国家公务员招考中的就业歧视调查报告》，2011。

③ 李莹：《中国职场性别歧视调查》，北京：中国社会科学出版社，2010，第26—46页。

(三)教育领域性别逆转导致高学历女性就业难

近年来，大学生就业难问题越来越引起人们的关注，其中，女大学生就业难问题尤其突出。北京师范大学劳动力市场研究中心调查数据显示，2014 年和 2015 年，男性大学毕业生初次就业率均比女性高 10 个百分点。2015 年，男性大学毕业生的起薪为 4 351 元，女性仅为 3 896 元，90%以上的被调查高校都不同程度地出现了男性毕业生比女性毕业生签约早的现象。前面提到，全国妇联《第三期中国妇女地位调查主要数据报告》的结果显示，在有求职经历的女大学生中 24.7%曾经遭遇过不平等对待，很多女大学生面临着毕业即失业的困境。

而导致女大学生就业难的主要原因是劳动力市场上供给大于需求。从 1999 年开始，中国高等教育快速扩张，1999 年普通高等教育招生规模为 154.86 万人，较 1998 年增长 43%，之后的几年中，每年也都是以接近 20%的速度增长，到 2009 年，高等教育招生数达到 690 万人。在扩招之前的 1998 年，在校女大学生的比例为 38.31%，扩招之后，女生几乎每年增长 1 个百分点，到 2009 年女生比例达到 50.48%，超过男生，之后还在不断上升，① 女硕士毕业生占比从 1998 年的 32.5%增加到 2015 年的 52.1%，有学者把这一现象称为教育领域的性别逆转。

女性由于本身生理条件的限制和潜在的家庭责任使其在劳动力市场上的竞争力不如男性，加上由高等教育扩张导致的教育领域性别逆转，女大学生供给快速增加，超过经济发展所能创造的优质岗位的需求，相反，企业对优秀男大学生的需求越来越强烈，这进一步加剧了女性原本就存在的就业压力。新常态下经济增速放缓，就业形势更加严峻，女大学生就业难问题需要得到进一步关注。

(四)“供给侧改革”给部分产能过剩行业的女职工就业带来挑战

2015 年 11 月 10 日，习近平总书记在主持召开中央财经领导小组第十一次会议时强调，在适度扩大总需求的同时，着力加强供给侧改革，着力提高供给体系质量和效率，增强经济持续增长动力，推动我国社会生产力水平实现整体跃升。相比于需求侧，供给侧更强调从生产要素入手，比如人力、技术、土地等方面，更加注重创新、创业，通过优化资源配置、提高效率，生产出满足百姓需求的商品。具体而言，就是要求清理僵尸企业，淘汰落后产能，将发展方向锁定新兴领

① 李春玲：《“男孩危机”“剩女现象”与“女大学生就业难”——教育领域性别比例逆转带来的社会性》，载《妇女研究论丛》，2016 年第 2 期。

域、创新领域，创造新的经济增长点。因此，供给侧改革的一个直接结果就是一些产能过剩行业生产规模的缩减，如钢铁、煤炭行业。

在历史上，美、英、德等国在供给侧改革的推行中都遭遇了很大的阻力，因为改革的阵痛损害了一部分人的利益，尤其是对过剩产能行业的就业产生不利影响。如河北的一些钢厂，在2014年就开始减产裁员，很多企业职工即使没有下岗，也是处于停薪待业状态，包括附属于钢厂的其他服务性工作也受到了一定的影响。东北作为老工业基地，存在大量僵尸重工业国企，在这次供给侧结构性调整中也将面临考验。传统行业一方面面临着供过于求的销售困境，另一方面面临土地、原材料、劳动力等要素成本的快速上升，再加上高杠杆下沉重的利息负担，利润空间不断压缩，很多企业面临被市场淘汰的危险。为了降低成本，企业雇用需求减少，首当其冲的就是女性职工，不同于男性职工比较容易再就业，女性职工中年失业后很难再找到合适的工作。因此，传统行业的女性职工将面临更大的就业压力，需要相应的配套安置措施，以避免她们如20世纪90年代国企改革时成为“沮丧的工人”，从而永久退出劳动力市场。

(五)“全面二孩”政策增加了女性家庭与工作间的矛盾，并对企业雇用决策产生影响

我国从20世纪80年代起开始执行计划生育政策并作为一项基本国策，但由于长期计划生育政策导致出生人口数量下降，中国目前的人口红利逐渐消失且面临着日益严重的人口老龄化问题，在这一背景下，国家2013年开始启动“单独二孩”政策，并于2016年1月1日实施“全面二孩”政策。在当前的劳动力市场环境下，女性在求职就业的过程中，已然未能与男性站在同一条起跑线上，而生育二孩可能使得女性的就业雪上加霜。从传统视角看，再生一个孩子可能增加用人单位的成本，从而进一步加剧女性在职场中的相对弱势和不公平待遇。已婚未育的女大学生在毕业找工作时很容易被歧视，导致很多女大学生在求学期间生子，甚至已经生育了一胎的女性在初次就业时也面临着隐性歧视，很多用人单位在招人时会委婉地问求职女性“是否有生育打算”或“打算要几个孩子”。面对家庭和就业的双重压力，很多女性不一定做出生育选择，政策的效果可能受到影响。由于“全面二孩”政策刚刚落地，政策究竟会给女性就业带来多大的负面影响，带来哪些方面的影响以及影响的机制值得深入研究。

>>二、新业态下女性的就业机遇<<

虽然“供给侧改革”给第二产业的女性带来就业压力，但该过程会给第三产业

的发展带来更多机遇，而第三产业是女性就业的主要“阵地”，因此，伴随着产业结构的调整和互联网技术的普及，女性的就业形式也越来越灵活化、多元化。此外，女性劳动者受教育程度不断提高、女性创业者人数不断增加也为女性创造了更多就业机遇。

(一)产业结构调整增加了女性就业机会

克拉克定理表明随着社会经济的不断发展，一个国家的劳动力构成会由农林水利等第一产业部门占优势而逐渐向工业、制造业等第二产业部门占优势转变，最后向服务业等第三产业部门占优势转变。因此，一个国家经济的整体就业结构受到产业结构变化的影响。随着经济的不断发展，第三产业规模的扩大能够分化出许多新的领域，创造更多的工作岗位，且第三产业通常采取的是根据业务繁忙程度来灵活雇用劳动者的雇用方式，所以打零工、兼职、劳务派遣等非正规就业形态不断扩张，使女性劳动者获得了更多的灵活就业机会。[①] 随着第三产业部门的迅速发展，适宜女性从事的职业和行业越来越多，女性参与劳动就业的人数不断增加，这已经成为许多国家的共同现象。如随着第三产业的发展，日本女性的劳动参与率从1975年的45.7%上升到1990年的50.1%，尤其是1985年之后上升幅度更大。2013年，我国第三产业城镇女性就业人数达到3 638.9万人，比2012年上升了12.8%，其中批发零售业、金融、教育、卫生、公共管理五大行业就业人数为2 534.5万人。由此可见，“供给侧改革”一方面会加剧落后产业中女性职工的就业失业压力；另一方面促进了第三产业的发展，可以为广大女性劳动者创造更多的就业机会。

(二)“互联网+”和“共享经济”为女性创造更多弹性工作岗位

“互联网+”是创新2.0背景下互联网发展的新业态，是一种运用互联网技术改变传统行业的商业模式。从狭义来讲，“共享经济”是指以获得一定报酬为主要目的，基于陌生人且存在物品使用权暂时转移的一种商业模式，其本质是整合线下的闲散物品或服务者，而要素的重新组合一般是由互联网平台实现。“共享经济”不仅极大地提高了资源的利用效率，也为女性灵活就业创造了条件。数据显示，2015年下半年，仅上海一地，优步(Uber)平台上的女性车主增长就已超过1倍，就业时间灵活、低成本、能够平衡工作和生活是越来越多女性车主选择优步平台就业的原因。中国优步战略负责人柳甄透露，2015年优步已在中国创造了数百万个就业岗位，其中注册女司机有30多万人。另外一个典型的手机应用软

① 赵敬：《当代日本女性劳动就业问题研究》，北京：中国社会科学出版社，2010。

件河狸家，整合线下手工艺人，为消费者上门提供美容美甲等服务，为大城市的女性手艺人创造了弹性工作岗位。此外，淘宝店主和微店店主也以女性居多，很多家庭主妇都会选择在网上开店作为兼职，极大地提高了家务劳动女性的经济参与程度。淘宝、优步、滴滴、河狸家等互联网科技公司基于共享经济的商业模式及互联网科技，是释放中国女性生产力、直接或间接创造就业岗位、帮助女性改善生活和获得各种机会的有效平台。

(三)"大众创业，万众创新"浪潮下女性创业者数量不断增加

"大众创业，万众创新"是我国创新创业的新特征、新趋势。过去20年间，在传统商业领域的创业者中，男性占比达80%，其中个体和私营经济中的女企业家占所有女企业家总数的41%。近十年来，中国妇女创业的进程明显加快，据2009年《2008—2009年度中国百姓创业致富调查报告》调查显示，2009年中国妇女自主创业的比例达到了27.96%。在快速增长的新经济领域，女性创业者占比正快速增加，特别是在互联网领域，女性创业者占比已达55%。[①] 2014年《中国女企业家发展报告》显示，女性创业继续处于高峰期，女性企业家已占到企业家总数的1/4。

目前，女性投资创业的主营阵地多集中在第三产业。与男性相比，女性更善于合作，更善于处理各种人际关系，情商更高，所以女性创业者大多把自己的眼光放在了专门与人打交道的服务业。《2015年中国劳动力市场发展报告》的研究结果显示，女性创业者普遍受教育程度较高，工作学习时间长且更能得到社会的认可。值得关注的是，女性创办的企业总体更有利于女性获得平等发展机会。因此，"大众创业，万众创新"浪潮下女性创业者数量不断增加也为女性平等就业创造了机遇。

(四)非正规灵活就业改变了女性的时间配置方式

在传统观念中，女性的主要职责是生养孩子、照顾家庭，上文的数据也显示，女性花在家务等无酬劳动上的时间比男性更多，同时，女性也要承担一部分家庭经济压力，随着经济发展和社会进步，女性在劳动力市场上的地位日益重要，但花在家庭上的时间却并未减少，使得她们在平衡家庭与工作间遇到更多挑战。值得庆幸的是，伴随着产业结构的调整和互联网技术的普及，女性的就业形式也越来越灵活化、多元化。如很多家庭主妇通过在淘宝、微信等平台开网店做微商兼职赚钱，工作时间比上班自由，甚至能得到比正规就业更高的收入。阿里巴巴集团公司政策研究室研究员郝建彬提到，在淘宝交易平台上，活跃店铺女性店主超过一半，而且逐步从服装、化妆品等领域向数码、家具等男性擅长的行业渗

① 顾一琼：《互联网领域女性创业者达55%》，载《文汇报》，2014年9月26日。

透。如前所述，第三产业的发展创造了很多灵活就业岗位，使得原来只能把时间配置在家庭方面的女性可以兼顾家庭和工作，提高了其劳动参与率和经济独立性。

第五节　就业“两极化”与“非正规化”现象突出

随着社会经济的迅速发展，越来越多的女性进入了劳动力市场，然而女性在劳动力市场上的发展并非一帆风顺，也出现了一些值得关注的问题。首先城乡差异、户籍差异和学历差异的扩大，使得就业女性内部出现“两极化”倾向：一方面，以知识女性、女企业家、女领导干部等高素质女性群体为代表的知识女性在各行各业的发展过程中发挥着重要的作用；另一方面，越来越多的女性集中在技术含量较低、收入水平较低的劳动密集型行业中，结果很多行业出现了较为严重的性别隔离问题。另外一个重要现象就是女性就业“非正规化”：即女性更多地从事兼职等灵活性程度较高的职业，导致在非正规部门就业的女性越来越多，另外非正规就业者中女性的比例也不断上升，结果女性就业的职业层次、稳定性及福利保障均有下滑的趋势。以上两个问题都对女性在劳动力市场上的发展有着一系列的影响，进而影响了女性在社会中的地位和影响力，本节就以这两种现象为出发点，对中国行业性别隔离问题和女性非正规就业问题进行分析。

一、就业“两极化”现象明显

在劳动力市场上出现的女性就业“两极化”现象反映了劳动力市场中女性就业的行业结构不甚合理的问题，这也导致了劳动力市场中逐渐严重的行业性别隔离情况。行业性别隔离是指在劳动力市场上某一性别的行业分布与另一性别的行业分布出现较大差异，这种隔离会使得劳动力市场上的人才流动出现障碍，影响了资源的有效配置，接下来就中国当前的性别行业结构以及行业性别隔离的现状进行描述性分析。

(一)女性更多集中在进入门槛、技术含量和收入水平均偏低的行业

女性更多地集中在进入门槛、技术含量和收入水平均偏低的行业，而且这种情况在2005年到2014年并没有得到较大的改善。在19个行业大类中，[①] 制造业

① 《中国劳动统计年鉴》中并没有国际组织这一行业的相关数据，本节讨论了其他19个行业大类的情况。

是吸纳中国女性就业的最主要行业，在 2005 年和 2014 年分别有 32.32%和 32.37%的女性在该行业就业，而且可以看出在这 10 年内女性就业分布在制造业的比例还有所上升。教育是中国女性就业的第二大行业，在 2005 年和 2014 年分别有 16.49%和 13.93%的女性在该行业就业，值得一提的是在教育这一大行业中，有 37%的女性分布在初等教育中，仅有 11%分布在高等教育中，而男性对应的比例分别是 31%和 15%，可以看出即使在同一行业中女性也可能在进入门槛、技术含量和收入水平偏低的部门。其他女性比较集中的部门是批发和零售业(6.88%)，卫生社保和社会福利业(7.72%)以及公共管理和社会组织(7.38%)。该差异性既充分反映了女性就业领域的行业聚集情况，又反映了女性就业质量偏低的特征。

总体来看，在这 10 年内女性就业分布变化较大的行业有：农林渔牧业、采矿业和教育业出现较大幅度下降，与此同时信息传输计算机服务和软件业、金融业、房地产业以及租赁和商业服务业出现较大幅度的上升。表明随着经济发展，总体来说，女性渐渐地从第一产业转移到了第三产业，与此同时制造业等传统工业中的女性也占有较大的部分，这样也就出现了一部分高技能和教育程度高的女性在第三产业中发展良好，成为职场白领和女性管理者；另一部分教育程度较低的女性仍然处于进入门槛、技术含量和收入水平均偏低的行业，即女性“就业两极化”问题突出。

表 2-15　2005 年和 2014 年城镇女性就业人员的行业结构　　(单位:%)

行业	2005 年	2014 年
农、林、牧、渔业	3.83	1.60
采矿业	2.61	1.68
制造业	32.32	32.37
水电气生产供应业	2.11	1.72
建筑业	3.10	4.83
交通运输、仓储和邮政业	3.95	3.43
信息传输计算机服务和软件业	1.13	2.03
批发和零售业	5.60	6.88
住宿和餐饮业	2.29	2.48
金融业	3.98	4.40
房地产业	1.12	2.28
租赁和商务服务业	1.71	2.26
科研和技术服务及地质勘查业	1.66	1.90
水利环境及公共设施管理业	1.70	1.66
居民服务和其他服务业	0.50	0.47

续表

行业	2005 年	2014 年
教育	16.49	13.93
卫生社保和社会福利业	6.96	7.72
文体娱乐业	1.16	0.99
公共管理和社会组织	7.79	7.38
合计	100	100

数据来源：各年《中国劳动统计年鉴》，北京师范大学劳动力市场研究中心计算整理。

(二)行业性别隔离程度逐年扩大

关于行业性别隔离情况与变化趋势，本报告用邓肯指数进行分析。该指数是指为了使男女两性在各个行业的分布相同，假如某一性别的人继续从事目前行业，另一性别的人有多大比例需要变换行业。如果所有行业完全是性别隔离，该指数为 100，如果所有行业的性别分布完全相同，该指数为 0，即该指数介于 0～100，指数越大，说明需要换行业的人越多，性别隔离程度越大；指数越小，需要换行业的人越少，性别隔离程度越小。

总体而言，中国 19 个行业大类的性别隔离指数自 2005 年开始呈现上升的趋势，从 2005 年的 20.50 上升到 2013 年的 25.69，到 2014 年缓慢下降到 25.56，以 2014 年为例，如果使男女两性在各个行业的性别分布相同，则有 25.56％的男性或女性需要变换目前的行业。表明近 10 年以来，劳动力市场中行业性别隔离程度越来越严重，由此可能带来男女收入不平等程度的不断提高，与此同时，诸如工作条件、家庭地位、生活方式等非经济报酬的分配也会随之出现性别差异。

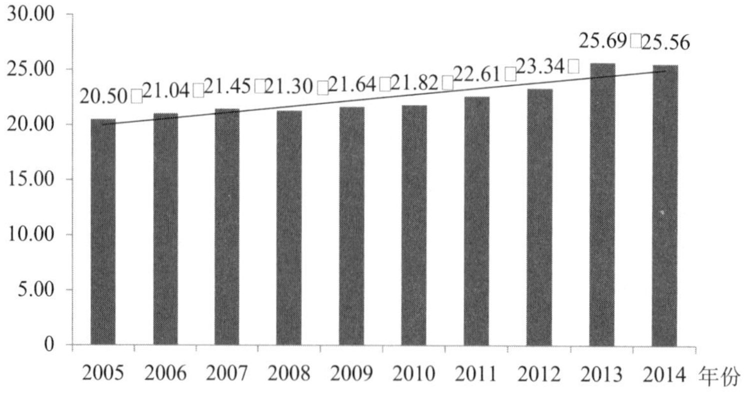

图 2-22　各年中国城镇行业性别隔离指数

数据来源：《中国劳动统计年鉴》，北京师范大学劳动力市场研究中心计算整理。

(三)不同行业性别隔离程度差异大，其中建筑业最为严重

上面已经就中国19个行业大类的整体性别隔离指数进行了分析，接下来就各行业本身的隔离指数的变动趋势进行分析。数据表明各行业中性别隔离问题最为严重的是建筑业，2005年为4.05，到2014年达到了8.69，在2014年其他隔离程度较高的行业还有制造业(2.87)、教育(3.49)、卫生社保和社会福利业(2.56)以及批发和零售业(1.57)；性别隔离程度较低的行业有农林渔牧业(0.03)、房地产业(0.06)、居民服务和其他服务业(0.04)以及信息传输计算机服务和软件业(0.14)。可以看出不同行业的性别隔离程度差异非常大。另外在2005年到2014年这10年间有9个行业的隔离程度出现了下降，下降幅度较大的是公共管理和社会组织(1.42)、制造业(0.48)和采矿业(0.36)，这有利于男女平等参与制造业和采矿业等非农行业的就业；另外有10个行业的隔离程度出现了上升，其中上升幅度较大的是建筑业(4.64)、批发和零售业(0.90)以及教育(0.68)。另外女性在垄断程度高的房地产业、交通运输、仓储和邮政业中就业人数仅占全部女性从业人员的10.54%，远远低于男性的29.79%，不仅如此，十年来，女性在上述三个行业的增加幅度也远远低于男性，由此导致了这些行业性别隔离程度进一步扩大，该变化无疑限制了女性在更加广阔的行业领域施展才能和个人自由发展的机会，扩大了收入性别差异，不利于男女在劳动力市场上的平等发展。

表2-16 2005年和2014年分行业性别隔离指数

行业	2005年			2014年		
	男性	女性	隔离指数	男性	女性	隔离指数
农林牧渔业	3.96	3.83	0.07	1.53	1.60	0.03
采矿业	5.60	2.61	1.49	4.15	1.68	1.23
制造业	25.62	32.32	3.35	26.63	32.37	2.87
水电气生产供应业	2.95	2.11	0.42	2.48	1.72	0.38
建筑业	11.19	3.10	4.05	22.21	4.83	8.69
交通运输、仓储和邮政业	6.26	3.95	1.15	5.43	3.43	1.00
信息传输计算机服务和软件业	1.15	1.13	0.01	1.74	2.03	0.14
批发和零售业	4.26	5.60	0.67	3.74	6.88	1.57
住宿和餐饮业	1.16	2.29	0.56	1.08	2.48	0.70
金融业	2.65	3.98	0.67	2.37	4.40	1.01
房地产业	1.39	1.12	0.14	2.16	2.28	0.06
租赁和商务服务业	2.04	1.71	0.17	2.57	2.26	0.16

续表

行业	2005 年			2014 年		
	男性	女性	隔离指数	男性	女性	隔离指数
科研和技术服务及地质勘查业	2.21	1.66	0.27	2.42	1.90	0.26
水利环境及公共设施管理业	1.51	1.70	0.09	1.37	1.66	0.14
居民服务和其他服务业	0.46	0.50	0.02	0.38	0.47	0.04
教育	10.88	16.49	2.81	6.95	13.93	3.49
卫生社保和社会福利业	2.94	6.96	2.01	2.60	7.72	2.56
文体娱乐业	1.02	1.16	0.07	0.69	0.99	0.15
公共管理和社会组织	12.77	7.79	2.49	9.51	7.38	1.07
合计	100	100	20.50	100	100	25.56

数据来源：历年《中国劳动统计年鉴》，北京师范大学劳动力市场研究中心计算整理。

(四)不同省市、区域性别隔离情况不同，北上广隔离程度最低

各省市总体发展水平、各行业发展均衡程度都不尽相同，使得各省市的行业性别隔离程度出现差异。在 2014 年，各省市性别隔离指数差异较大，其中较高的有浙江(38.68)、江苏(36.33)重庆(31.42)和福建(30.57)，较低的省市有北京(18.84)、广东(19.21)、上海(19.45)、西藏(19.63)和天津(19.89)，可以看出浙江的隔离指数是北京的两倍以上，从上面的分析可以得知，各行业中隔离程度最为严重的是传统工业中的制造业和建筑业，而第三产业中大多行业的隔离程度较低，因此，建筑业和制造业比较发达的江苏、浙江、福建等省的隔离程度自然就较高，而北京、上海、广东的隔离程度较低也可以得到解释，因为北上广等地发展较好的都属于第三产业，比如金融业、房地产业以及信息传输计算机服务和软件业性别隔离程度较低。另外，分区域来看，三大区域的隔离程度相差不大，全国隔离程度较高和较低的省市都分布在东部，结果东部的隔离程度与中部差距并不明显，东部还要略高一些，西部的隔离程度最低，西藏更是可以排到全国第四，仅次于北京、上海、广东。

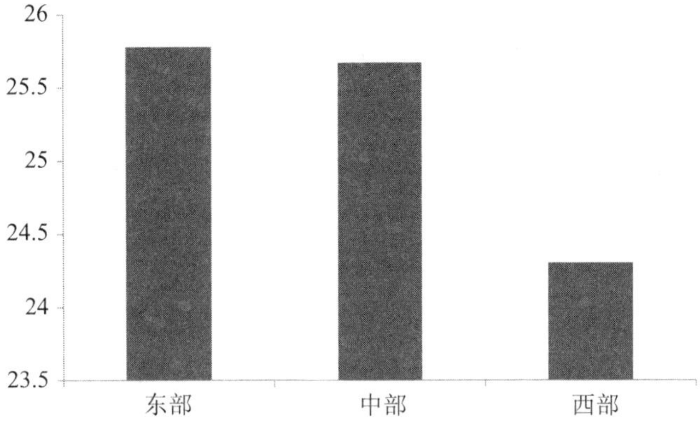

图 2-23A　2014 年分区域行业性别隔离指数

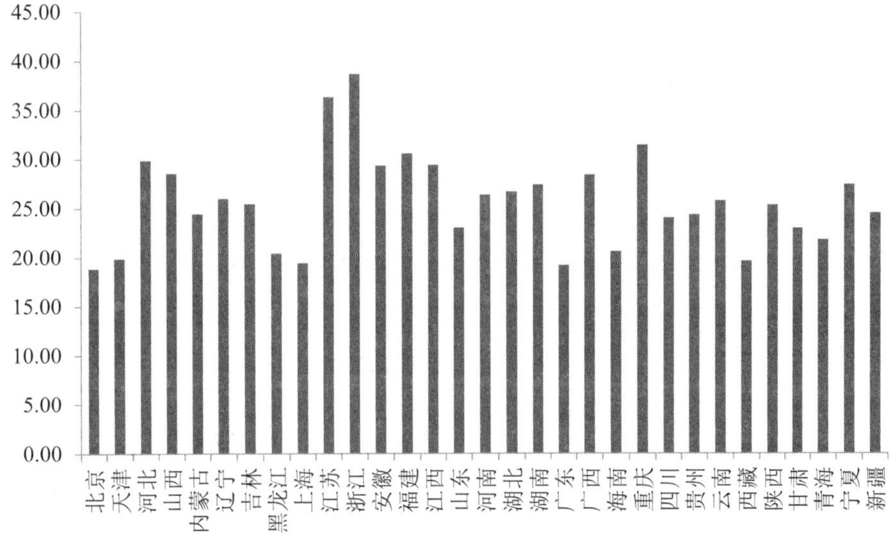

图 2-23B　2014 年各省市行业性别隔离指数

数据来源：北京师范大学劳动力市场研究中心根据 2015 年《中国劳动统计年鉴》计算。

>>二、就业"非正规化"现象突出<<

近年来女性参与劳动力市场的数量不断上升，但据国际劳工组织指出，全球非正规就业者中女性占比超过男性，包括临时工、非全日制工作、家庭工人等；目前在中国尚无有关女性非正规就业总体规模的精确统计数字，且非正规就业中女性所占比例受到多个因素的影响，一部分是拥有城市户籍的非正规就业群体，主要是受教育程度较低且没有专业技能的下岗女工；另一部分是农村转移劳动力，即农民工群体。一般来说非正规就业的工作收入、工作保障等都低于正规就业，是劳动力市场上的弱势部门，而女性是劳动力市场上的弱势群体，这也导致了女性非正规就业者成为劳动力市场上最为弱势的群体，接下来我们将对中国城镇女性非正规就业的总体规模和特征进行描述。

(一)女性非正规就业规模不断扩大，女性就业非正规化趋势增强

本报告利用历年的《中国劳动统计年鉴》数据并使用规模插值法可以大略估计出中国城镇男女非正规就业的总量及比例。《中国劳动统计年鉴》中的女性城镇单位就业人数可作为城镇女性正规就业人数的准确估计，本报告利用世界银行提供的中国男女劳动参与百分比对中国城镇男女就业人口分别进行估算，① 然后用估算的女性城镇就业人口总数减去女性城镇单位就业人数作为中国城镇女性非正规就业人数的估计。

根据数据结果可以明显看出，女性非正规就业的人数从 2005 年的 7914 万人增长到了 2014 年的 10 711 万人，在 10 年内增长了 35%。并且在非正规就业中女性的比例也有上升的趋势，从 2005 年的 49.69%增长到了 2014 年的 50.93%。自 2013 年之后非正规就业中女性比例就超越了男性，成为非正规就业中的主力军。可以看出，不只是女性非正规就业的规模不断增加，女性就业非正规化的趋势也在增强。

表 2-17　各年中国城镇女性非正规就业规模与比例估计

年份	非正规女性就业(万人)	非正规就业中女性比例(%)
2005	7 914	49.69
2006	8 229	49.58
2007	8 611	49.70
2008	8 930	49.56
2009	10 196	49.14
2010	10 608	48.95
2011	10 538	49.01
2012	10 829	49.52
2013	10 449	51.90
2014	10 711	50.93

数据来源：历年《中国劳动统计年鉴》，北京师范大学劳动力市场研究中心计算整理。

① 世界银行网站：http://search.worldbank.org/data?qterm=labor%20force%20participate&language=EN。

(二)非正规就业人群中，女性较男性年轻且受教育程度低

随着时间推移，无论男女，非正规就业人员的平均年龄都出现了上升的趋势，以女性为例，1997 年非正规就业人员的平均年龄为 35.6 岁，而 2011 年达到 38.8 岁；但无论哪一年，女性非正规就业人员的平均年龄都较男性低。原因可能是女性更早地离开学校(甚至没有进入过学校)进入劳动力市场，尤其是在农村，女性的辍学率远高于男性，而这些辍学的女性由于受教育程度较低，又没有相应的专业技能，更多地进入非正规就业部门。

另外，女性非正规就业人员的平均受教育程度较低，平均的受教育年限从 1997 年的 8.19 年增长到 2011 年的 9.37 年，这意味着到了 2011 年大部分女性非正规就业者达到了九年义务教育的水平；随着经济和教育的不断发展，女性非正规就业人员中高中及以上学历的比例从 1997 年的 12%增长到了 2011 年的 34%。另外从分布上来看，女性非正规就业的主力大多为初中毕业水平，其次是高中和中专水平，小学及以下的占比逐年减少，到 2011 年降到了 10%以下，与此同时，大专及以上学历的比例逐渐增加。

表 2-18　各年中国城镇非正规就业人员平均年龄　　(单位：年)

年份	1997	2000	2004	2006	2009	2011
男性	35.6	37.8	38.5	38.1	38.5	38.8
女性	38.6	39.9	40.1	40.7	40.8	41.0

数据来源：1997—2011CHNS 数据，北京师范大学劳动力市场研究中心计算整理。

表 2-19　女性非正规就业人员的受教育程度分布

年份	1997	2000	2004	2006	2009	2011
受教育年限(年)	8.19	8.54	8.8	9.07	9.2	9.37
大专及以上(%)	4.22	5.58	7.75	8.06	8.27	8.65
高中和中专(%)	15.13	16.32	19.18	21.86	23.39	25.23
初中(%)	67.59	66.02	61.09	58.75	57.67	56.34
小学及以下(%)	13.05	12.08	11.98	11.33	10.67	9.78

数据来源：1997—2011CHNS 数据，北京师范大学劳动力市场研究中心计算整理。

(三)非正规就业人员行业分布差距大，女性处于弱势地位

对下表进行分析之前，首先阐述一下非正规就业人员的分类，可分为在非正规部门工作的人员以及在正规部门的非正规就业人员，比如说企业长期雇用的保洁、保安人员。那么在分析时对于不同行业的数据要区别对待。从下表可以看出非正规就业中女性在行业分布上也处于不利地位，女性比例较高的行业有制造业

(55.5%)，批发和零售、餐饮业(62.2%)以及社会服务业(60.9%)。职位分布上，女性非正规就业者更多从事家政、保洁等社区服务业，这是由女性自身的特点和优势所决定的，在某种程度上也是女性传统性别分工在社会上的延伸，为其他工作繁忙无力承担家务劳动或不愿意做家务的女性承担了部分家庭劳动。也就是说，中国非正规就业市场中的劳动力分工比较强地受到了传统性别角色的影响，男女两性各自集中于某些特定的行业与职业，形成所谓的“女性行业”“女性岗位”，而这些行业与职业又会影响男女非正规就业者的收入、社会地位等。这种看似符合生理特征的分工，往往会把女性推向就业市场中层次较低、边缘化的位置。

表 2-20　非正规就业人员的行业分布

行业	男性比例(%)	女性比例(%)
农林牧渔业	28.6	71.4
采矿业	70.9	29.1
制造业	44.5	55.5
水电气生产供应业	60.7	39.3
建筑业	85.3	14.7
交通运输、仓储和邮政业	80.1	17.9
地质勘探业、水利管理业	25.1	74.9
批发和零售、餐饮业	37.8	62.2
金融保险业	32.3	67.7
房地产行业	66.5	33.5
社会服务业	39.1	60.9
卫生、体育和社会福利业	37.6	62.4
教育、文化艺术业	55.0	45.0
科学研究和综合技术服务业	75.0	25.0
国家、党政机关和社会团体	38.2	61.8
其他	54.6	45.4

数据来源：2010 年中国妇女社会地位调查数据，北京师范大学劳动力市场研究中心计算整理。

(四)非正规就业女性收入较男性低

最近几年，基本上所有行业和部门的工资都在不断增长，但增速显然有较大的不同，导致不同就业类型、不同性别劳动者的工资差异越来越大，其中工资最高的是正规就业的男性，其次是正规就业的女性，再次是非正规就业的男性，最低的是非正规就业的女性。平均来说非正规就业者的工资低于正规就业者，男性的工资也要高于女性。在 1997 年这四种人员的工资差距并不明显，正规就业的男性工资为556.86元，比非正规就业的女性工资高出21.4%，这种差距逐渐增大，到了2011年，正规就业的男性工资为3522.10元，比非正规就业的女性工资超过100%。非正规就业的女性即使跟同为非正规就业的男性相比，工资差距也从1997年的16.27%增长到28.53%。工资的差距不断扩大，而且扩大的速度也未见放缓，导致女性非正规就业者的经济收入远低于男性，这种低工资的现象可能使得女性的经济地位低于男性。女性非正规就业者收入偏低一方面是由于非正规就业中的行业和职业性别隔离所致，另一方面是由于非正规就业领域缺乏法律、法规及政策保障，更可能产生工资、福利、社会保障方面的性别歧视现象。

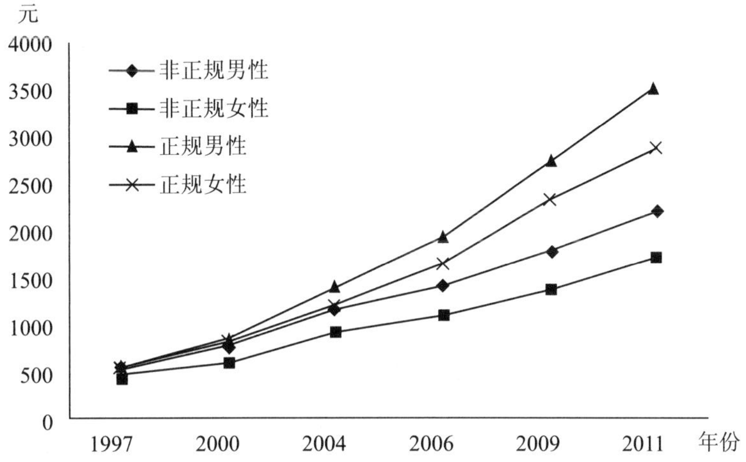

图 2-24　分性别和就业类型月工资水平

数据来源：1997—2011CHNS数据，北京师范大学劳动力市场研究中心计算整理。

>>三、就业"两极化"和"非正规化"现象原因分析<<

(一)女性就业"两极化"原因分析

从上述分析可以看出，女性就业"两极化"现象所反映的问题是劳动力市场行业性别隔离程度的不断增加，而行业性别隔离以及更为细化的职业性别隔离是衡量一国劳动力市场发展、性别平等水平的重要指标。一国性别隔离程度高不仅会扩大男女性别工资差异，同时还会影响一些非经济报酬的分配，更会导致整个劳动力市场生产效率的下降；另外，长期的性别隔离会使得女性在劳动力市场上逐渐被边缘化，最终导致性别分层，影响社会和谐。要解决这一问题，就要先分析产生这一问题的原因，对症下药。

新古典经济学家从劳动力供给的角度对这个现象进行了分析，认为这是双向理性选择的结果。[①] 一方面，因为家庭内部分工，女性更多地投入家庭生产之中，在人力资本的投资上就少于男性；另外，即使男性与女性拥有同样的经验和技能，女性也由于要分一部分精力在家庭生产上，导致生产效率低于男性。结果就是企业理性地选择女性从事对技能和经验要求较低的工作，女性也会理性地选择从事那些可以兼顾家庭的工作。另一方面，"统计性歧视"现象的存在，即在一个信息不对称的劳动力市场上，企业很难对男性和女性的生产效率进行细致区别，但由于男性的平均生产效率要高于女性，加上女性由于生育和照顾孩子等家庭因素更容易退出劳动力市场，因此企业往往将那些替换和培训成本较高的职业留给男性，而这些职业也往往是发展前景较好，收入较高的。

社会心理学家则认为性别隔离产生的主因并非经济因素，而是社会和文化因素；[②] 我们所处的社会在观念、规范甚至制度的层面上对男女的性别角色存在不同的认知和定位，而且这些观念、规范或制度是通过长期的家庭教育、社会教育、工作和生活的各个方面形成、维持而且不断强化并传承，导致在当今社会，男女在消费偏好、学习兴趣、发展方向和价值观等方面产生了差异，并从小对于未来自身的发展就有着不同的预期，进而产生了行业间的性别隔离。

(二)女性就业"非正规化"原因分析

通过以上分析可知女性就业"非正规化"现象反映了中国女性非正规就业的发展，现实中产生这一现象的原因较为复杂。首先在经济转型和结构调整的过程中，女性较男性更容易受到影响和冲击，也就是说在结构调整过程中，女性更容易从正规就业中被排挤出去，且很难再从非正规就业回归。下岗女工往往受教育程度较低，而且也往往是处于经济和家庭双重压力的年龄段。正规部门的劳动力需求萎缩时，这些下岗女工往往还要面临劳动力市场上其他弱势人群的排挤，导致女性从正规部门退出之后很难再返回正规部门，与此同时，她们还要为家庭提供助力，唯一的选择就是进入非正规就业市场。另外，由于目前中国对劳动力市场中存在的性别歧视问题缺乏较为有效的监管制约制度，而且监督和查处力度不足，导致企业并不愿意雇用女性，并且可以人为地提高雇用条件、设置性别就业障碍，女性进入正规部门的难度也就被人为地提高了，为了不失业，她们也就进入了非正规部门。

以上原因只能解释那些非自愿女性非正规就业者的选择，然而在当今社会

---

① Polachek, S. W., 1979, Occupational Segregation among Women: Theory, Evidence and a Prognosis, *Women in the Labor Market*.

② Marini, M. M. and Fan, P. L., 1997, The Gender Gap in Earnings at Career Entry, *American Sociological Review*, 62(4): 588-604.

中，有一部分女性是自愿选择非正规就业的，比如在互联网领域工作的女性，淘宝活跃店铺店主中女性比例超过了 50%，[①] 这也是“互联网＋”对劳动力市场产生的影响之一。随着互联网的发展和普及，女性在家中就可以进行工作，而且这样的工作让女性能够较为自由地分配时间在工作、家庭和休闲上，与传统非正规就业相比更为灵活，另外这些工作的收入也不低，有些比在正规就业时的工资还要高，因此越来越多的女性自愿进入这一非正规部门就业。

第六节　女性劳动者就业保障体系日臻完善

女性劳动者的就业保障主要是指为女性求职者或在职者提供的包括就业信息、专业技能培训、法律指导、失业保险与失业救济、职业安全和职业健康等在内的社会服务。劳动者就业服务和保障体系从本质上讲是一种社会支持体系，该体系是由社区、社会网络和亲密伙伴提供的具有工具性、传递性或宣传性的资源，[②] 而女性劳动者就业保障体系就成为支持女性就业、创业的资源。1995 年，第四次世界妇女大会上通过的《北京宣言》和《行动纲要》明确提出通过向妇女提供培训，“促进以人为中心的可持续发展，包括持续的经济增长。”[③]同时强调“确保妇女有平等机会取得经济资源，包括土地、信贷、科技、职业培训、信息、通信和市场”，增强“她们享有以平等机会获得这些资源的能力”。经过 20 余年的实践，我国女性劳动者就业保障体系已经日臻完善。

>>一、中国女性劳动者就业保障体系发展历史<<

从历史来看，以改革开放为分水岭，中国女性劳动者就业保障体系沿革历程大致可分为两个阶段。

第一阶段：从中华人民共和国成立到改革开放。国家实行“统包统配”制度，几乎所有未丧失劳动能力的人都参与劳动，获取均等报酬，女性被安排在所谓的“适合”岗位进行劳动，失业率低。因此，很难借助市场力量评判哪些劳动者需要技能培训，也无法辨别女性劳动者有什么样的劳动兴趣和工作需求。1952 年 7

---

① 详见 2015 年全球女性创业者大会中阿里巴巴发布的《“互联网＋”她时代：女性创业者报告》。

② Lin, N., 1999, Social Networks and Status Attainment, *Annual Review of Sociology*, 25: 467-487.

③ 详见《北京宣言》(1995 年 9 月)附件 1 第 27 条。

月，国家发布的《关于就业问题的决定》，[①] 特别提到："对于失业的和在业的职工家属中之劳动妇女及其他家庭劳动妇女，应尽可能根据原料和销路的条件，组织她们替工厂加工或进行其他手工业生产，并依据需要和可能吸收她们参加其他工作。"当时的就业保障体系仅限于单位和部分学校的就业培训，且大多针对即将上岗的劳动者，在同一单位内，男性和女性劳动者差异不显著。而针对特殊人群，如女性残疾人、女性创业者、贫困女性的社会保障项目更是少之又少，且不存在现代失业保险制度。这种就业保障体系看似保护了女性平等就业的权益，但同时也从本质上掩盖了女性劳动者的优势，不利于人力资本潜力的释放。

第二阶段：从改革开放至今。改革开放之后，国家开始鼓励"自主择业"，女性失业劳动者经历了从"坐等政府安排"到"积极自谋职业"的过程。更多女性劳动者能选择自己喜欢的职业，也诞生了不少女性企业家。通过参加招聘会、借助招聘广告进行工作搜寻的女性失业者从无到有，并大幅度增加。在 20 世纪 90 年代初，"自谋职业"的概念开始在劳动者，特别是城市劳动者意识中形成，但是"包分配""计划就业"的"历史惯性"使然，有很大一部分失业者选择"等待安置"。1995—2000 年，城镇失业人员中，"失业等待安置"者占比超过 20%，女性更高，甚至超过 25%。随着人们意识的转变，失业者在家"等待政府安置"的占化开始有所下降。2003 年，男性"失业等待安置"失业者占比为 16.2%，女性为 18.7%。[②]

过去很长时期内，中国经济落后，产业结构不够合理，以第一和第二产业为主，从事体力劳动的男性劳动者更具竞争优势，加之改革开放前被计划市场暂时遮蔽的就业性别歧视问题开始凸显，女性劳动者失业率上升速度快。

国家层面，政府对这一问题进行了正确分析，在保证市场机制顺利运行的同时，多管齐下，积极应对"市场失灵"，采取措施为女性劳动者，特别是为弱势女性劳动者提供就业保障服务，初步建成多元化的就业保障体系。与此同时，基于政府行为和民间行为的社会服务项目日益增多，服务方式日益科学化，给女性劳动者更多提升技能和适应市场的机会。政府介入的效果颇佳，2005 年，执行了《女职工劳动保护特别规定》的企业比重只有 34.9%，到了 2014 年，该比重已经接近 70%。

政府方面的努力一直没有停止，2016 年人社部正式成立职业能力建设领域专家智库。智库中有职业培训、职业资格和技能人才评价、职业技能竞赛等相关领域专家百余名，参与研究职业能力建设、出台发展规划、起草法律草案、制定规章(草案)、重大政策和行动计划，并进行必要性、可行性论证；参与有关科技

---

① 详见《政务院关于劳动就业问题的决定》(1952 年 7 月 25 日政务院第 146 次政务会议通过，1952 年 8 月 6 日发布)。

② 数据来源：2004 年《中国劳动统计年鉴》。

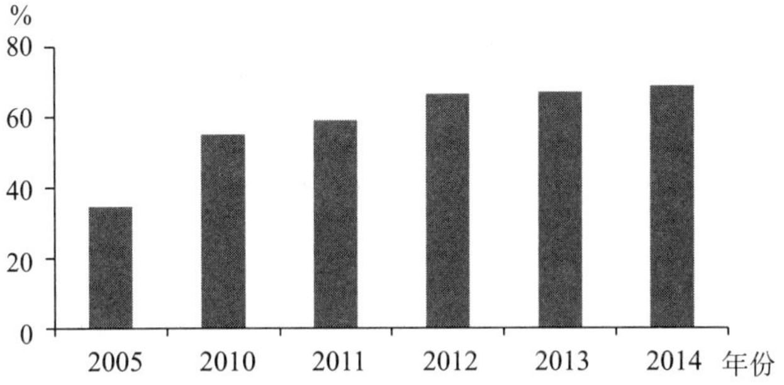

图 2-25　执行了《女职工劳动保护特别规定》的企业比重

数据来源：《中国妇女儿童状况统计资料》《中国工会统计年鉴》，北京师范大学劳动力市场研究中心计算整理。

成果的咨询和评审；受委托承担有关政策法规出台后的宣传、解读工作，正确引导社会舆论；承担有关课题研究、项目评审等工作；参与相关政策调研工作，为职业能力建设工作建言献策。①

个人层面，随着市场经济的深化，很多女性劳动者也开始转变观念，不再"坐等"政府提供工作岗位，加之政府和民间中介机构的引导，失业劳动者的工作搜寻方式更加多样化，通过招聘会、浏览和刊登招聘广告等多种方式找工作。2003 年，女性失业劳动者中，通过参加招聘会、浏览招聘广告的方式找工作者均不足 0.5%，到了 2013 年，其占比分别达到了 6.7%、11.3%。

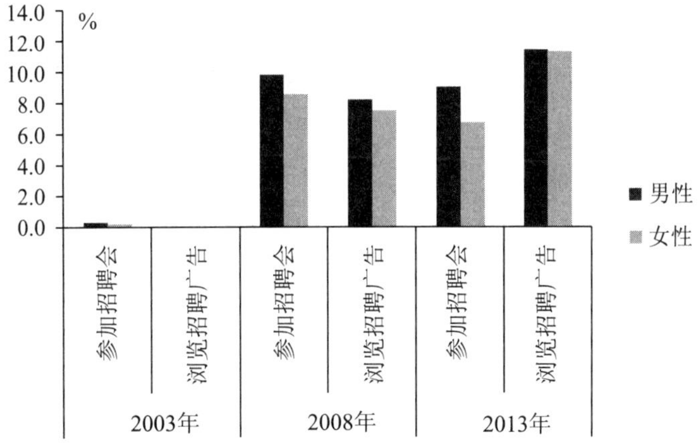

图 2-26　2003、2008、2013 年城镇失业人员工作搜寻方式构成变化

数据来源：《中国劳动统计年鉴》2014，北京师范大学劳动力市场研究中心计算整理。

① 详见中国劳动保障新闻网，http://www.clssn.com/，2016 年 3 月 30 日。

>>二、劳动者就业保障体系建设成果与问题并存<<

(一)女性公共就业服务工作从“扶持就业为主”到“就业、创业服务双管齐下”

从公共就业服务工作情况数据统计结果不难发现，2010—2014 年，登记求职、职业指导和介绍成功的女性劳动者总量变化不大，从 2013 年开始略有下降。本期登记求职人数从 2010 年的 2 275.7 万减少到 2014 年的 1 906.0 万，本期职业介绍成功人数从 2010 年的 1 106.6 万减少到 2014 年的 8 281.6 万，本期职业指导人数从 2010 年的 1 080.9 万减少到 2014 年的 782.8 万。但三个指标下降缓慢，平均下降速度都不足 1%。与之形成鲜明对比的是，女性创业服务人数呈现逐年递增的趋势。从 2010 年的 211.2 万人增加到 2014 年的 414 万人，五年间平均增速为 12.6%。可见，随着经济“新常态”的到来，国家推出“万众创业，大众创新”的战略之后，就业服务部门加大了对女性创业方面的扶持力度。

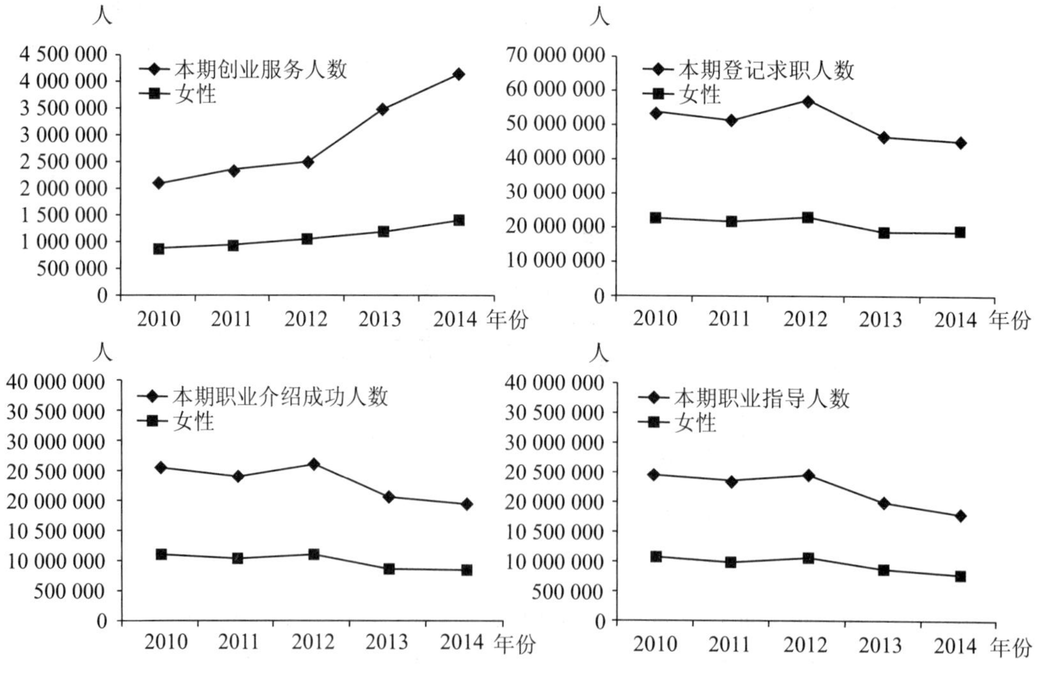

图 2-27　2010—2014 年公共就业服务工作情况

数据来源：《中国劳动统计年鉴》2015，北京师范大学劳动力市场研究中心计算整理。

(二)女性受益于创业服务的程度低于男性

尽管国家对女性劳动者创业的扶持力度加大，但是相比男性，就业服务机构服务的女性创业劳动者人数占比呈现递减趋势，女性受益于创业服务的程度低于男性。2010年，国家公共服务机构服务女性创业人数占创业服务总人数的41.9%，2014年，该指标下降至34.3%，相比2010年同期下降了7.6个百分点。结合上文所述，公共服务机构服务女性创业人数呈现绝对量增加，相对量减少的态势。从两组数据对比来看，女性创业者只是搭乘了“大众创业”的顺风车，她们真正成为“大众创业”的“弄潮儿”甚至“主导者”尚待时日。

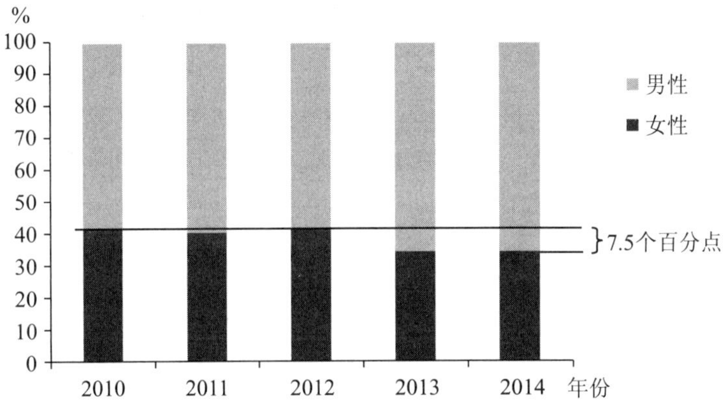

图 2-28 2010—2014 年公共就业服务机构服务女性创业人数占比

数据来源：《中国劳动统计年鉴》2015，北京师范大学劳动力市场研究中心计算整理。

(三)女性劳动者参加就业培训人数呈现递增趋势，但增速不及男性

就民办职业机构培训情况来看，2005年，全国民办职业培训机构培训人数为804.4万，到2014年增至1 214.1万，年均增速为5.0%。其中，培训女性人数从2005年的363.9万增加到2013年的507.9万，10年净增量为139.5万，年均增速为3.7%；培训男性人数从2005年的440.4万增加到2013年的710.7万，10年净增量为270.2万，年均增速为5.8%。显然，培训女性人数绝对量增加，但是增加速度要低于男性。

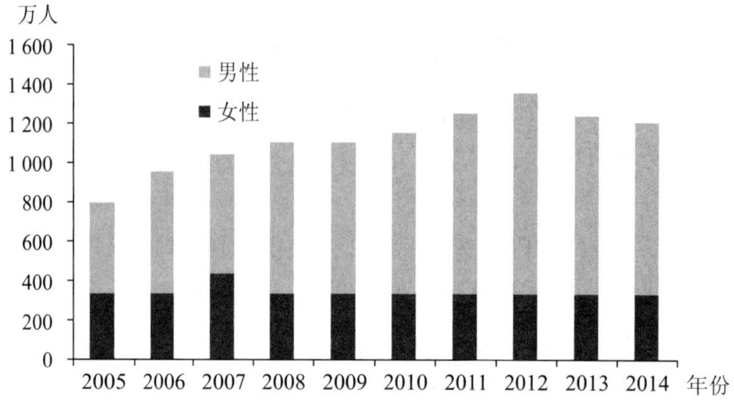

图 2-29　2005—2014 年全国民办职业培训机构培训人数

数据来源：《中国劳动统计年鉴》2015，北京师范大学劳动力市场研究中心计算整理。

从就业训练中心①综合情况来看，2008、2009 年经济危机期间，在就业训练中心参加培训的人数较多，其他年份较为稳定。2005—2014 年，女性接受就业训练中心培训人数年平均占比为 44.7%。

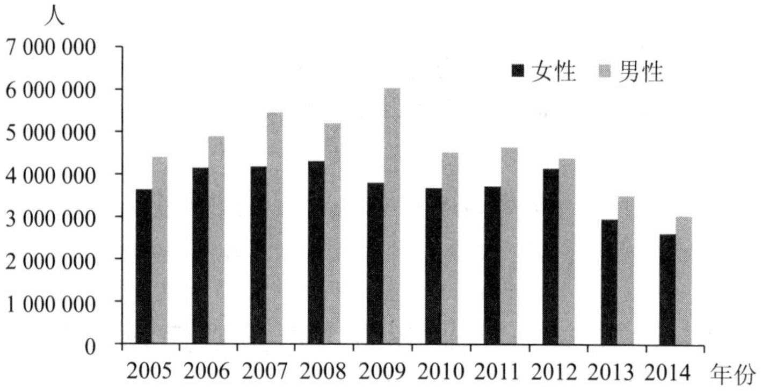

图 2-30　2005—2014 年全国就业训练中心培训人数

数据来源：《中国劳动统计年鉴》2015，北京师范大学劳动力市场研究中心计算整理。

(四)农村成人文化技术培训成效显著

农村成人文化技术培训学校旨在围绕农业和农村产业结构战略调整，提高农村劳动者实用技术技能，开展农村剩余劳动力转移培训，开展多种形式的时事政治、民主法制、人口环境、科学普及以及社会文化生活等多方面教育活动。2002

① 就业训练中心是培训失业人员的重要基地。其培训对象主要是待业青年和下岗失业人员。就业训练中心组织就业前训练和转业训练，多以实用技术和适应性培训为主，学制灵活，少到 1～3 个月，多到 6～12 个月。

年11月，《教育部关于进一步加强农村成人教育的若干意见》①发布，从2003年开始，针对女性劳动者群体知识技能不足，向城市流动能力弱，科学、法制等基本知识欠缺的问题，农村成人文化技术培训学校加大了对女性的培训力度。近年来，一方面，在学校注册和培训女性劳动者人数绝对量在减少，注册女性劳动者人数从2003年的2 000万减少到2014年的1 500万，结业女性劳动者人数则从2003年的2 530万减少到2014年的1 640万。两方面原因使得对农村女性劳动者的培训任务在减轻：一是城市化进程推进，留在农村的女性劳动人口在减少；二是农村女性劳动者各方面知识技能，特别是基础知识和基本技能在提升。另一方面，注册女性劳动者人数占比从2003年的44.2%增加到2014年的47.8%，结业女性劳动者人数占比则从2003年的43.9%增加到2014年的48.4%。显然，尽管农村女性劳动者的培训任务在减轻，但针对女性群体的特殊培训在加强。

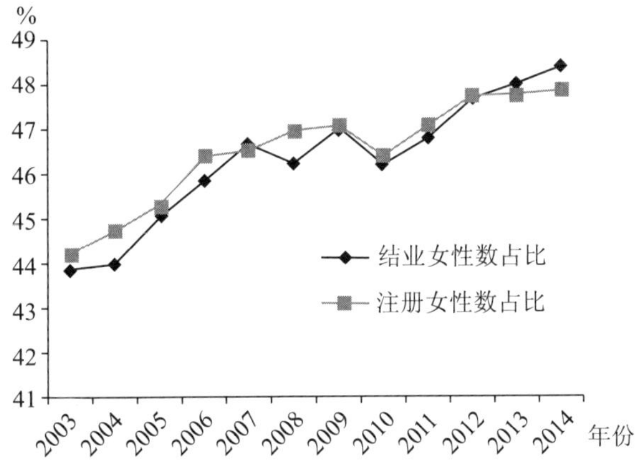

图2-31　农村成人文化技术培训学校结业和注册女性数量占比

数据来源：《中国教育统计年鉴》，北京师范大学劳动力市场研究中心计算整理。

(五)年轻女性工作搜寻方式更加多样化，但大多数女性劳动者没有摆脱委托亲友找工作的传统方式

数据显示，年轻女性找工作的方式更加多元化。在16～19岁、20～24岁、25～29岁几个年龄段的女性失业劳动者中，在职业介绍机构登记的女性劳动者占比分别为7.7%、10.2%和9.9%，而男性分别为4.1%、10.2%和9.9%。另外，其他组别也有类似的结果。以21世纪开始兴起的招聘会形式为例，在16～19岁的女性失业劳动者中，10.2%的人会去招聘会找工作，而男性只有7.1%。16～19岁

① 详见《教育部关于进一步加强农村成人教育的若干意见》(教职成[2002]13号)，“要进一步加强农村成人文化技术学校建设……农村成人文化技术学校应积极推广‘学校、公司(基地)+农户’等模式，把教育培训与开展多种经营结合起来，增强自我发展的能力。”

的失业劳动者中，女性和男性去招聘会找工作的占比分别为 17.1%和 19.6%。事实上，这一差距在 25 岁以上人群中才逐步拉大。值得关注的是，16～19 岁的女性失业劳动者中，有 3.1%的人为自己经营做准备，与男性的 3.5%差异不大；20～24 岁的女性失业劳动者中，有 5.0%的人为自己经营做准备，高于男性的 4.5%。但是，这一差异在 25 岁以上人群中发生逆转，有创业意愿的男性失业者占比高于女性。与上述几组数据形成对比的是委托亲友找工作这一方式，16～19 岁女性失业劳动者中，有 50.3%的人通过该方式搜寻工作，略低于男性的 51.9%；20～24 岁的女性失业劳动者中，有 41.7%的人委托亲友找工作，与男性的 41.6%差异不大。

表 2-21　分年龄段不同性别工作搜寻方式占比(%)　　(单位:%)

工作搜寻方式	性别	年龄段(岁)											合计
		16～19	20～24	25～29	30～34	35～39	40～44	45～49	50～54	55～59	60～64	65+	
在职业介绍机构登记	女	7.7	10.2	9.9	6.3	6.0	6.7	4.9	5.0	4.7	—	0.8	7.2
	男	4.1	10.2	9.9	12.7	8.6	6.3	8.3	6.9	7.9	5.8	—	8.6
委托亲友找工作	女	50.3	41.7	43.7	49.3	53.8	53.8	63.0	60.0	66.2	74.5	63.8	51.7
	男	51.9	41.6	38.5	37.8	47.4	49.7	52.0	57.0	62.3	70.7	67.2	48.0
参加招聘会	女	10.2	17.1	8.6	4.9	4.5	4.5	2.1	1.0	0.9	—	—	6.7
	男	7.1	19.6	12.7	8.3	4.5	3.7	4.3	1.6	3.0	0.6	—	9.0
应答或刊登广告	女	2.2	1.4	1.4	0.5	0.4	0.8	0.7	0.6	—	0.9	—	0.9
	男	1.2	0.5	2.0	1.4	1.6	0.2	0.9	0.7	0.5	0.4	0.2	0.9
浏览招聘广告	女	14.6	11.8	13.3	16.9	9.6	11.2	7.5	8.0	8.0	1.6	0.7	11.3
	男	14.3	13.9	14.9	14.3	11.5	12.0	9.7	7.5	4.5	3.0	5.1	11.5
为自己经营做准备	女	3.1	5.0	7.0	7.2	6.7	6.7	4.9	5.0	5.1	4.5	9.4	6.1
	男	3.5	4.5	9.1	11.2	13.8	13.6	8.9	7.4	5.3	3.8	8.8	8.1
其他	女	12.1	12.6	16.1	14.9	18.9	16.2	16.8	20.2	15.1	18.5	25.3	16.1
	男	17.8	9.7	13.0	14.4	12.6	14.6	15.9	18.9	16.4	15.6	18.6	14.0
合计	女						100.0						
	男						100.0						

数据来源：《中国劳动统计年鉴》2015，北京师范大学劳动力市场研究中心计算整理。

大多女性劳动者没有摆脱委托亲友找工作的传统方式。值得关注的是，在统计局调查统计的几种工作搜寻方式中，男性失业者参与率大多高于女性。根据《中国劳动统计年鉴》2015 年数据，失业男性劳动者中，通过在职业介绍机构登记、参加招聘会、应答或刊登广告、浏览招聘广告四种方式搜寻工作者占比分别为 8.6%、9.0%、0.9% 和 11.5%，而女性失业者相应指标分别为 7.2%、6.7%、0.9%和 11.3%。另外，也有部分劳动者选择创业，“为自己经营做准备”者占比为 6.9%。而男性失业者中准备创业者占了 8.1%，女性比男性低 2 个百分点。可以判断，无论是“抛头露面”搜寻工作，还是“下定决心”准备创业，男性积极性都高于女性。但是，值得注意的是，女性虽然“羞于抛头露面”找工作，但却利用其他“低调”途径摆脱失业。51.7%的女性失业劳动者委托亲戚朋友找工作，比男性高约 3 个百分点。这表明，有相当比例的女性失业者并非“心甘情愿失业”，只不过她们往往通过委托亲友这种更传统的途径去搜寻工作。

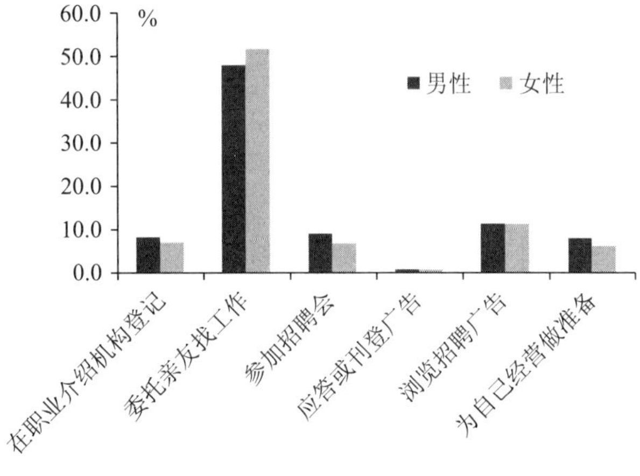

图 2-32　2014 年城镇失业人员寻找工作方式构成

数据来源：《中国劳动统计年鉴》2015，北京师范大学劳动力市场研究中心计算整理。

(六)女性劳动者就业保险体系逐步建立

在保险制度尚待完善的时期，往往只强调失业保险制度与积极就业政策的结合，忽视劳动者的职业安全和职业健康，在最近十年，这种状况有所好转，但依然存在问题。2005 年，原劳动和社会保障部失业保险司发布《2005 年失业保险工作要点》,[①] 国有企业不再设立新的再就业服务中心，我国全面推行失业社会保险。截至 2005 年年底，失业保险参保总人数为 4 026 万，其中，女性参保人数占比仅为 37.8%；2014 年年底，增加至 17 043 万人，其中，女性参保人数占比增

① 详见《2005 年失业保险工作要点》(劳社失业司函〔2005〕1 号)。

至 42.3%。另外，相比 2005 年，2014 年女性和男性失业保险参保人数定基增速分别为 79.0%和 49.3%，女性参保人数定基增速明显快于男性。

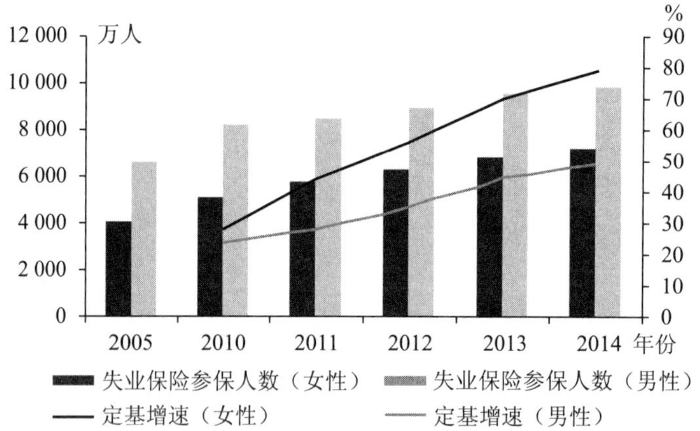

图 2-33 分性别失业保险参保人数及定基增速(2005 年=100)

数据来源：2013 年及以前数据来自《中国妇女儿童状况统计资料 2014》，2014 年数据来自《中国社会保险发展年度报告 2014》，北京师范大学劳动力市场研究中心整理。

截至 2005 年年底，我国工伤保险参保总人数为 8 478 万，其中，女性参保人数占比仅为 32.0%；2014 年年底增加至 20 639 万，其中，女性占比增至 39.2%。截至 2005 年年底，我国生育保险参保总人数为 17 039 万，其中，女性参保人数占比仅为 42.0%；2014 年年底，增加至 20 639 万人，其中，女性占比增至 45.4%。相比 2005 年，2014 年女性工伤和生育保险参保人数定基增速分别为 314.4%、285.5%；而男性工伤和生育保险参保人数定基增速分别为 219.1%、150.3%。女性参保人数增速明显快于男性。

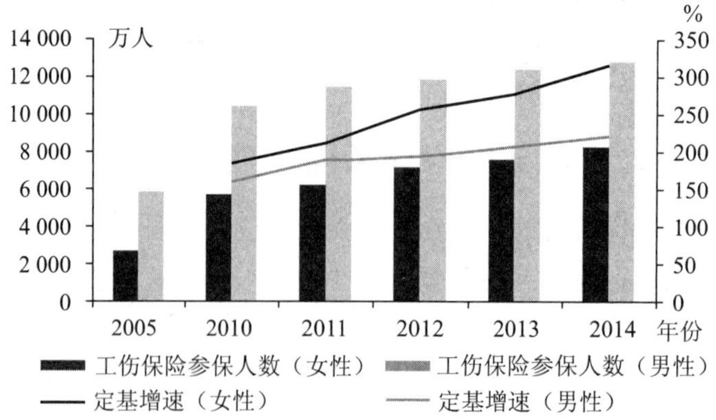

图 2-34 分性别工伤保险参保人数及定基增速(2005 年=100)

数据来源：人力资源和社会保障部统计资料，《中国妇女儿童状况统计资料 2014》，北京师范大学劳动力市场研究中心整理。

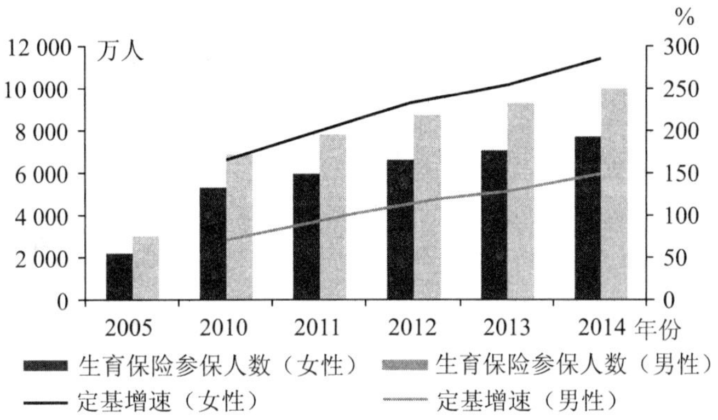

图 2-35　分性别生育保险参保人数及定基增速(2005 年＝100)

数据来源：人力资源和社会保障部统计资料，《中国妇女儿童状况统计资料》，北京师范大学劳动力市场研究中心整理。

>>三、完善女性劳动者就业保障体系任重道远<<

本报告研究发现，改革开放以来，中国女性劳动者的就业保障体系日臻完善，但是依然存在许多问题。主要包括：针对女性劳动者的创业服务不够完善，与男性差距较大；女性劳动者参加就业培训人数的增速低于男性，女性参与就业培训的积极性尚待提升；针对农村女性的就业培训已经取得一定进展，但是针对非正规就业女性劳动者的普惠性就业保障体系建设尚待加强；基础数据库平台不够完善导致女性就业保障体系建设技术基础不牢。不妨从以下几个方面做出努力。

第一，加强针对女性创业者的就业保障体系建设。尽管在“大众创业，万众创新”背景下，不少女性开始积极参与创业活动，且互联网行业的兴起①造就了大批女性创业者，但是本报告研究发现，尽管政府做出了努力，但针对女性创业者的服务和培训还是要少于男性。针对这一现状，首先，国家在建设小企业创新创业服务和培训体系的过程中，可以挑选女性创业积极性高的行业，适当扩大针对女性创业的服务和培训项目。例如，依托妇联等组织开展更多针对女性创业者的讲座和课程，为她们提供顾问服务。其次，建立女性创业者互助体系，帮助那些市场前景好、技术含量高的女性中小企业扩大联络平台，可以考虑建立以资金融通、项目合作、产品对接等为活动内容的女性企业家联盟。

第二，非正规就业女性劳动者的就业保障体系建设有待加强。第三产业，特

① 详见国务院新闻办公室 2015 年 9 月 22 日发布的《中国性别平等与妇女发展》白皮书数据：在互联网领域创业者中，女性占 55%。

别是服务业的发展创造了很多适宜女性就业的岗位，更多女性劳动者可以选择在家就业，兼顾家庭的同时实现劳动力资源的有效配置。多样化、个性化是非正规就业的主要特征，然而，正是因为这样的特征导致非正规就业女性劳动者的就业保障体系建设更加困难，不易统一管理。一方面，要确定非正规就业用工制度、认定办法、失业保险缴费标准，[①] 保证非正规就业劳动者的失业保险、生育保险和工伤保险有据可循。另一方面，还要保证非正规就业人员有唯一、统一的个人培训，接受社会服务的保险账户，无论女性劳动者流动到任何地方，户口、居住地是否更改，其基本就业保障情况能够"事随人迁"，方便政府管理，为女性提供有效就业服务。

第三，打好女性劳动者就业保障体系"技术"地基，建立便捷、科学的数据库系统。首先，在物质成本和人力成本允许的情况下，统计部门与妇女联合会、工会等组织有必要建立可持续、时间周期为年(甚至更短)的数据库，对女性劳动者的就业保障提供可实时监测的动态数据。目前可以查到的最短时间间隔的、较为完整的数据库不多，如《中国妇女统计资料》[②]《中国妇女儿童统计资料》[③]等。这些资料中的很多指标往往不具有连续性，建议依照《中国统计年鉴》标准研发持续可查的数据资料。其次，做好与国际劳工组织、国内其他研究机构的数据对接与数据放开，以开放、包容的心态面对学界内部无国界、少行政导向性的、纯粹以女性劳动者利益为出发的学术研究，方便更多的学者为女性劳动者就业保障献计献策。即便是目前正在进行的工作也有待加强，例如，《2014 中国工会统计年鉴》中只列示了中国大陆 2000、2007、2008 年的失业人数，而没有像表中出现的其他国家那样，列示其他年份女性失业人数数据；2014 年开始发布的《中国社会保险发展年度报告》中并没有单独列示女性数据。总之，数据库建设任重道远。

第七节　女性管理者晋升存在"玻璃天花板"障碍

在中国传统文化和观念中，女性的社会角色定位是"贤妻良母"，而不是职场和政坛的"女强人"。虽然随着社会进步，女性地位和受教育程度不断提高，"女子无才便是德"的说法渐渐被人们所抛弃，但是大部分人仍认为女性应当更多地去承担家庭责任而不是社会经济责任。受这种文化观念的影响，中国商业领域也

① 尽管 2011 年 7 月实施的《中华人民共和国社会保险法》只规定了"独立个体工商户、非全日制工作人员以及其他灵活就业人员可以参加法定的基本养老保险和基本医疗保险"，并没有对生育、工伤等其他项目进行说明。

② 陶春芳、高小贤等：《中国妇女统计资料(1949—1989)》，北京：中国统计出版社，1991。

③ 国家统计局社会科技和文化统计司：《中国妇女儿童状况统计资料》，北京：中国统计出版社，2015。

表现出明显的男性主导特征，很少有女性成为行业领军者。中国的女性劳动者在职业发展中也常常遇到“玻璃天花板”问题，即女性职业级别到一定水平之后很难再有突破。但是随着社会发展以及女性人力资本的提高，也有越来越多的女性打破“玻璃天花板”进入企业的管理层，成为女企业家，取得了不逊于男性同行的成绩；根据致同会计师事务所2015年发布的《国际商业调查报告》,① 2014年我国拥有女性领导者的企业占了68%，其中在高活跃度或者说发展较好的企业中该比例达到了74%。本节就女性管理者的作用和影响、中国当前女性管理者的现状以及女性职业发展受限的原因等问题进行讨论。

>>一、女性管理者对于企业发展的作用<<

女性管理者对企业发展有多大的积极作用？这种效应是否可以持续存在？作用机制又是如何？回答这些问题对于企业发展具有重要意义，因为对管理人才的有效发现及培养是增强企业竞争优势的关键手段。如果说女性管理者确实能够显著地、可持续地提升企业的竞争力和价值，那么企业就理当设计出一套有效的高级管理人才聘任系统，积极地吸纳和培养女性管理者。为了解答这些问题，国内外学者进行了全方位深入地研究。

资源依赖理论认为任何组织都不能封闭发展，必须处于较为开放的环境中，为了自身的生存和发展，组织必须从环境中获得特定的资源或者与环境进行特定的资源交换。② 作为企业的高层管理者，团队成员中不同类型的领导者为企业提供的资源是不同的。因此女性管理者的存在扩大了领导层的多样性，对于企业发展有重要作用。首先，多样化的管理者团队在决策能力和企业治理能力方面更有优势，同时多样化的团队搜集信息的能力比单一同质的团队要强，搜索范围也更广。③ 因此，在面对相同问题时，这样多样化的团队能够提出更多的备选方案，解决问题的可能性也会提高。这种多样化在性别角度就表现为不同性别在思考方式、对待问题的态度和理念等方面的差异，从而影响企业管理层的决策过程和方式，进而促进整个团队的效率。其次，女性作为管理者加入企业能够增强企业获得投资的可能性。整个社会的外部环境以及企业的内部环境都要求企业增强管理者团队的性别多样性，有些机构和投资者尤其是女性投资者会把管理者团队中女

---

① 详见致同会计师事务所发布的2015年《国际商业调查报告》。

② Pfeffer J. 1972, Size and Composition of Corporate Boards of Directors: the Organization and its Environment, *Administrative Science Quarterly*, 17(2): 218-228.

③ Watson W. E. Kumar, K. and L. K. Michaelsen, 1993, Cultural Diversity's Impact on Interaction Process and Performance: Comparing Homogeneous and Diverse Task Groups, *Academy of Management Journal*, 36(3): 590-602.

性的比例作为其是否投资的参考因素。因此，增加企业中女性在管理层中的占比能够帮助企业获得更多的外部支持。最后，女性参与管理层的事务可以帮助企业获得消费者尤其是女性消费者的支持，同时提高企业内部员工尤其是女性员工的积极性。具体来说，女性管理者更了解消费者尤其是女性消费者的消费心理和行为，从而可以设计更为精确和细致的经营和销售策略。对于企业内部员工而言，管理层中有较大比例的女性也会发出积极信号，使得她们认为在该企业能有较好的发展空间，降低了员工流失造成的成本损失，同时增强了在职员工的积极性。

人力资本理论也提出女性管理者拥有其独特的、不同于男性管理者的特质，可以为企业绩效做出贡献。贝克尔①指出，个人在教育技能和经验上的储备能够为企业所用，并对企业的生产能力有积极作用。女性的人力资本及社会技能和经验也可以为企业带来收益，当然，作为管理者的女性能发挥的作用也就更为明显。

但是并非所有的研究都认为女性管理者有积极作用，也有理论认为女性管理者的存在对于企业发展的作用有限甚至是负面的。首先，资源依赖理论认为管理者团队的性别多样性会增加达成共识的难度，② 因此性别多样性会造成团队的意见不一致和内部冲突，从而降低决策效率并对团队绩效形成潜在威胁。其次，女权主义理论认为，女性在接受教育和获取重要的商业技能等方面往往受到歧视，其结果是男性比女性更能胜任企业高管一职，女性担任企业高管不会对企业绩效产生积极影响，另外女性更多地被赋予养育子女、照顾家庭的责任，而在工作上投入的精力和时间会减少，在工作能力方面会不如男性，因此，对企业绩效的贡献也不如男性。③ 最后，社会认知理论认为群体中会出现少数服从多数的现象，群体内产生冲突时往往是多数一方较有优势，且较容易获胜，因此女性管理者在团队中属于少数群体，势单力薄，有可能发挥不了积极作用。④

尽管各方学者存在争议，但总体上可以认为女性管理者对企业发展有促进作

① Becker G. S. 1964, Human Capital: A Theoretical and Empirical Analysis, with Special Reference to Education, *Chicago: The University of Chicago Press*.

② Pelled, L. H and K. R. Xin, 1999, Exploring the Black Box: An Analysis of Work Group Diversity, Conflict, and Performance, *Administrative Science Quarterly*, 44(1): 1-28.

③ Fischer, E. M., Reuber, A. R. and L. S. Dyke, 1993, A Theoretical Overview and Extension of Research on Sex, Gender and Entrepreneurship, *Journal of Business Venturing*, 8 (2): 151-168.

④ Westphal, J. D. and L. P. Milton, 2000, How Experience and Network Ties Affect the Influence of Demographic Minorities on Corporate Boards, *Administrative Science Quarterly*, 45 (2): 366-398.

用，中国学者所做的实证研究也证明了这一观点。任颋、王峥(2010)[1]通过对2008年中国民营上市公司的数据进行分析，发现女性在管理者团队中的参与能够提升企业绩效，这种效果随着女性管理者的人力资本和社会资本的提高而增强。曾萍、邬绮虹(2012)[2]对2009—2010年深圳证券交易所上市的所有创业板企业的数据进行分析表明，女性管理者的参与对于企业技术创新具有显著的促进作用，且不同行业企业的技术创新存在显著差异，在科技与电信行业企业中，女性管理者的参与对于企业技术创新的积极作用更为明显。在中国"大众创业，万众创业"的大环境下，该结论为那些希望提高创新能力的企业提出了新的思路，即科技创新型企业清除企业内部女性职业发展的障碍，同时承担培养女性管理者的人力资本是有积极意义的。

二、中国企业女性管理者现状

(一)中国内地企业女性管理者占比略高于世界平均水平

我们借助妇女联合会发布的中国妇女社会地位调查数据研究发现，2010年，中国企业女性管理者占比为24.3%，高于全球平均水平(22%)。74.2%的女性管理者集中在教育和社会服务、健康保健、餐饮、金融、零售等行业的行政部门、财务部门或者销售部门。另外，各个行业的女性管理者比例差距较大，女性管理者占比较高的行业为文体娱乐业(40.6%)、房地产业(37.5%)、卫生社保和社会福利业(29.0%)，占比较低的行业为采矿业(15.0%)、水电气生产供应业(16.1%)和交通运输仓储和邮政业(17.4%)。

最新的调查也显示了相似的结果，致同会计师事务所2016年发布的《国际商业调查报告》[3]显示，中国内地企业女性管理者占比为30%，与2015年相比上升了5个百分点，高于24%的全球平均水平，在全球36个主要经济体中位居第12位。同时，没有女性管理者的企业比例也从2015年的25%下降到2016年的16%，低于33%的全球平均水平。

① 任颋、王峥：《女性参与高管团队对企业绩效的影响——基于中国民营企业的实证研究》，载《南开管理评论》，2010年第5期。

② 曾萍、邬绮虹：《女性高管参与对企业技术创新的影响——基于创业板企业的实证研究》，载《科学学研究》，2012年第5期。

③ 详见2016年致同会计师事务所发布的《国际商业调查报告》。

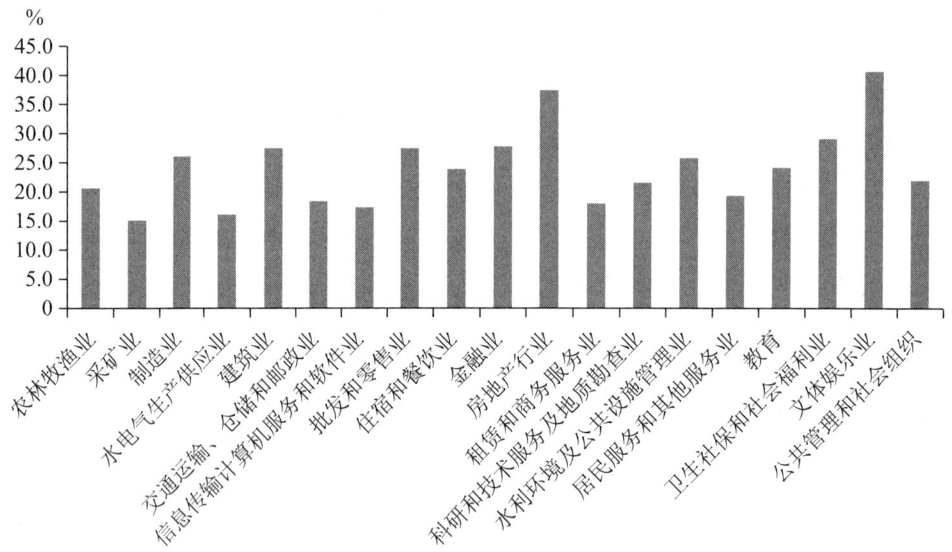

图 2-36　2010 年中国内地企业各行业女性管理者占比

数据来源：2010 年中国妇女社会地位调查数据，北京师范大学劳动力市场研究中心计算整理。

(二)国有企业女性管理者占比低

国有企业是中国经济中的重要组成部分，其女性管理者的占比呈现截然不同的特征。2010 年，在非国有企业中，女性从事管理岗位的比例为 28.4%，在国有企业中，该占比为 17.9%，前者比后者高出 10 个百分点。另一项研究也支持了上述结论，中欧国际工商学院管理学教授张燕新进行的一项研究显示，2010 年女性在非国有企业担任董事长的比例为 5.4%，但在国有企业中这一数字仅为 2.9%；在非国有企业中担任公司董事的女性比例为 13.7%，但在国有企业中仅为 10%。这种差距在 CEO 层面能够更清楚地看出：1997—2010 年，非国有企业中女性 CEO 的占比从 5.1%升至 8.2%。同期在国有企业中，这一比例则从 4.3%下降至 3.6%。

(三)女性管理者更多地处于中层和基层的位置，核心管理层中女性偏少

2010 年中国内地企业中，男女管理者在管理层的分布也不相同，① 女性管理者更多地处于中层和基层位置。女性管理者中基层管理者的占比为 58.50%，男

① 本报告对于管理者采用了 2010 年中国妇女社会地位调查问卷中的负责人/高层管理人员、中层管理人员和基层管理人员分类。

性管理者中基层管理者的占比为 54.56%；女性管理者中高层管理者的占比只有 13.67%，男性管理者中高层管理者的占比为 18.35%。另外高层管理人员中男性占比超过 80%。这表明女性管理者在企业管理层中处于弱势地位，女性更难进入企业的高层，“玻璃天花板”问题突出。

另外，在岗位分布上女性也处于不利地位。据 2016 年《国际商业调查报告》① 调查显示，女性在人力资源、财务管理等支持类岗位上占据较强的优势，倾向于担任高级辅助角色而非领导管理者。2016 年女性担任最多的管理者职务与上年相同，仍为人力资源总监(23%)、首席财务官(21%)、首席市场官(11%)，仅有 9%的女性担任首席执行官或总经理。这表明在内地企业的核心管理层中男性依旧占绝对主导地位。

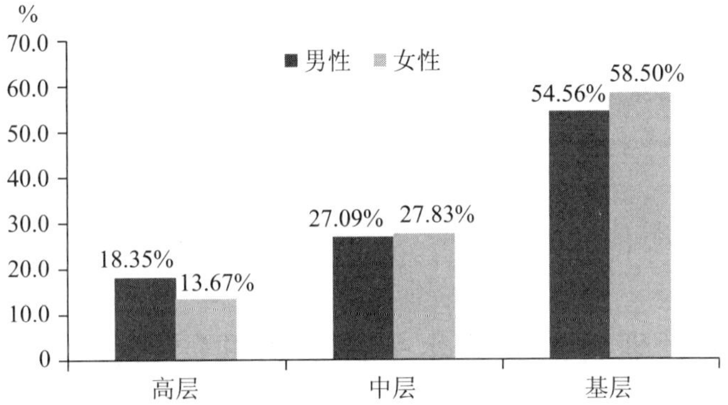

图 2-37 2010 年中国内地企业管理层性别分布

数据来源：2010 年中国妇女社会地位调查数据，北京师范大学劳动力市场研究中心计算整理。

(四)女性管理者收入低于男性管理者，但差距并不明显

女性管理者不仅在分布和岗位上处于劣势，在收入方面也不如男性。总体而言，2010 年中国内地企业女性管理者收入为男性的 93.04%，虽然女性管理者的收入水平低于男性，但差距要小很多。另外从管理层分布上来看，女性中层管理者劳动收入高于男性，而女性高层和基层管理者的劳动收入都低于男性。高层管理人员性别收入差距最大，女性管理者的收入仅为男性的 85.9%。这意味着，女性可能付出了同等的劳动，得到的收入却比男性要低。原因在于：第一，女性管理者更多地处于辅助型而非领导型或研发型岗位，工资较低。第二，性别歧视的作用，同岗不同酬。女性中层管理者的收入高于男性的原因可能是这一部分女性

① 详见致 2016 年同会计师事务所发布的《国际商业调查报告》。

能力突出，本应进入高层管理岗位，但由于“玻璃天花板”的存在使得她们被迫留在中层，这样一来她们的收入就比男性同僚要高。

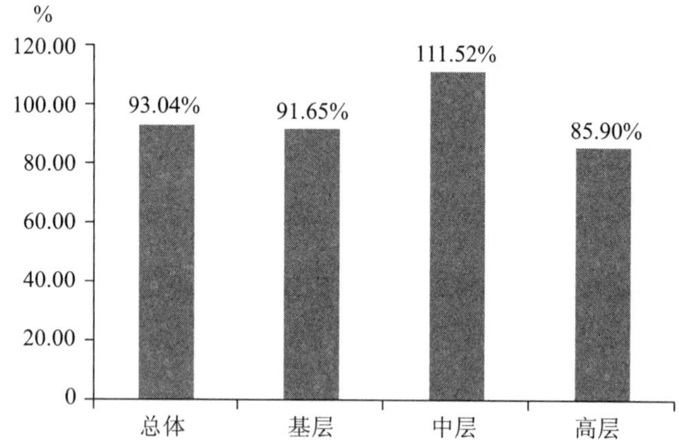

图 2-38　2010 年中国内地企业管理层劳动收入比(女性/男性)

数据来源：2010 年中国妇女社会地位调查数据，北京师范大学劳动力市场研究中心计算整理。

注：劳动收入包括了工资奖金、津贴补贴、经营性收入和农林渔牧收入等。

(五)女性管理者受教育水平高于男性管理者

从上文可以看出女性管理者在分布、岗位和收入等方面都不如男性，然而女性管理者的受教育水平却高于男性。2010 年，中国内地企业女性管理人员中具有大学本科及以上学历的占 81.4%，比男性高 7.1 个百分点。2010 年女性管理者的平均受教育年限为 11.79 年，男性为 11.54 年。另外从管理者分布上来看，无论是高层、中层还是基层管理人员，女性的受教育水平均比男性高，而且在中层和高层管理人员中，这一特征尤其明显。这就意味着女性在职场上要获得跟男性相等的地位，她必须要接受更多的教育，积累更多的人力资本。另外，无论男女，高层管理人员的受教育年限(10.78 年)反而较中层(12.19 年)和基层(11.54 年)管理人员低，可能是由于社会资本对于高层管理人员的作用更大。

表 2-22　2010 年内地企业管理层受教育年限性别差异　　(单位：年)

级别	平均	男性	女性
高层	10.78	10.84	11.11
中层	12.19	12.10	12.46
基层	11.54	11.52	11.62
总体	11.60	11.54	11.79

数据来源：2010 年中国妇女社会地位调查数据，北京师范大学劳动力市场研究中心计算整理。

三、女性职业发展受限原因

随着社会经济发展和女性人力资本不断提高，有一部分女性打破了“玻璃天花板”成为管理者，但仍然有很多女性面临职业发展受限的问题，即使是女性管理者在晋升过程中也会遭遇“玻璃天花板”的问题。为了解决这一问题，本报告先对产生这一问题的原因进行分析，进而提出相对应的解决方案。产生这一问题的原因可以分为四个层面：社会层面、家庭层面、企业层面以及个人层面。

（一）社会观念和传统文化

长期以来，“男主外、女主内”思想导致了“社会性别角色”的产生，即认为男性和女性在社会中的角色分配存在一种固定模式，某些行业、职业只适合男性，并形成女性不适合成为领导人等错误的认识。一旦现实中出现了与传统观念不同的所谓“性别错位”现象，人们往往很难接受，这些女性的社会认同感较低，使得她们在职业发展中承受更大的压力。这种观念的影响现在依旧存在，并且已经内化成了一种性别文化。根据 2010 年中国妇女社会地位调查数据显示，54.6%的女性认同“男人应该以社会为主，女人应该以家庭为主”的观点，男性这一比例为 61.4%，而在 2000 年这两个指标分别为 50.3%和 53.7%。可以看出传统观念的影响不仅没有减弱，反而有加强的趋势。

（二）家庭和工作的矛盾

时代的发展使得女性不再局限于家庭生产中，女性也出现在劳动力市场中，她们在面对事业和家庭时又会陷入一种两难的境地。女性在事业上有所成就的同时，还必须尽到妻子和母亲的义务，尤其是中年职业女性，她们中许多既是组织的骨干，又是家庭生活中的顶梁柱，因此承受着更多的压力，这也使得她们处于一种高度紧张的精神状态。另外，生养抚育后代与工作时间往往产生冲突，这可能会导致女性工作参与度和劳动效率降低，也会造成女性事业发展的暂时性中断。2010 年中国妇女社会地位调查数据显示，选择“承担全部和大部分家务”的女性比例有 72.3%，男性这一比例仅为 15.7%。家庭和工作的矛盾使得女性在与男性竞争时处于劣势地位，这严重影响了女性的职业发展。

（三）企业制度和企业文化

企业组织制度和组织文化往往影响着女性的职业行为。对于职场女性来说，企业不同的制度和文化会对女性的职业发展发挥着巨大的影响力。由于绝大部分组织制度是由男性设计的，并没有考虑到女性领导者面临的特殊挑战，而在这种以男性作为主导的企业制度和文化中，女性就会处于相当不利的地位。另外，人们更倾向于在同类人群中进行交流和分享，男性占据着绝大多数的管理职位，因此女性与管理网络的交集很少。社会网络也是一种社会资本，有利于促进交流、拉近距离，而男性更倾向于提拔跟自己相似性程度更高的男性员工，而不愿意将机会留给与自己存在较多差异的女性员工，从而男性担任企业管理者的"惯性"容易一直延续下去，女性向上发展的机会减少。

(四)女性个人主观愿望和预期

受传统文化的影响，女性在事业发展上自信心不足，认为先天弱于男性，因此对职业发展的期望低于男性。心理学家研究认为，女性拥有比男性更为突出的"成功恐惧感"，因此女性有可能在职场中的目标先天低于男性，限制自身的发展，害怕超越自身的"社会角色定位"而来的社会反抗心理。另外进取心不足也是阻碍女性职业发展的一个重要因素，匹兹堡大学的利思·维斯特朗德和斯坦福大学的谬罩尔·尼德尔对40对男女进行过一项研究发现，男性和女性在对抗测试中的成绩不相上下。但是，如果要求受测试者自己选择游戏方式，只有35%的女性选择对抗模式，而男性选择这一模式的比例高达75%。这表明女性虽然在能力上不弱于男性，但不太愿意选择竞争，在进取心方面弱于男性，女性职场进取心不足带来的后果是上升动力不足，这样成功突破"玻璃天花板"的概率也就会减小。

那么为了解决"玻璃天花板"的问题，也应当从社会、家庭、企业和个人四个层面入手。首先，在社会层面，政府要充分发挥公共教育和信息传播的作用，通过宣传男女平等、相互尊重、协调发展的性别文化，为女性职业发展提供积极的社会氛围，帮助女性逐渐树立性别自信，引领整个社会逐步改变落后的性别分工模式，打破"男主外、女主内"的旧俗，同时给予更多的立法支持，比如设计合理的男性陪产假制度、弹性工作制等。其次，在家庭层面，男性要消除性别偏见，帮助女性一起完成家务，有意识地帮助女性提高自身的人力资本。再次，在企业层面，企业需要充分认识到女性管理者在企业发展中的重要作用，消除企业内部女性职业发展的障碍。最后，在个人层面，女性要主动抛弃"女子无才便是德"等限制女性发展的陈旧观念，打破性别角色的束缚，对自身价值进行正确评价，进而提高工作积极性和自信心，通过强化自身的主体意识和独立精神，有效提升内在动力。只有多方面一起发力，才能有效地解决女性职业发展受限的问题。

第八节　女性劳动关系问题有所缓解但存在地区差异

劳动关系是指用人单位和劳动者之间依法确立的劳动过程中的权利义务关系，主要涉及工作时间、休息时间、劳动报酬、劳动安全、劳动卫生、劳动纪律及奖惩、劳动保护、职业培训等方面。随着社会和经济的发展，越来越多的女性加入了劳动力市场，2014 年中国女性的劳动参与率在经历了数年的下降之后仍有 64%，但女性依然是劳动力市场上的弱势群体，女性劳动关系从一定程度上反映了她们在劳动力市场上的地位，因此，该问题值得我们进行深入分析。

>>一、中国女性劳动关系中遇到的主要问题<<

党和政府历来重视女性劳动权益，目前施行的《劳动法》《妇女权益保障法》《女职工劳动保护特别规定》等都规定了女性所享有的劳动权益。女性的劳动权益可以分为一般权益和特殊权益：一般权益通常指平等就业权、同工同酬权、职业培训权、职业安全权、休息权、社会保障权、民主管理权等，这是女性同男性平等的权益；特殊权益是指女性由于其身体特殊性和社会责任要求政府从法律制度上对其实施的特殊保护，主要包括“四期”[①]保护、生育保险等。但是，现行法律对女性劳动权益保护的立法聚焦在女性特殊生理需求，且以男性为立法标尺，过度强调自然保护，这些保护性规定可能成为女性参与劳动力市场的阻碍。当前女性在劳动关系方面出现了以下的问题。

第一，性别歧视问题。性别歧视体现在就业准入、劳动报酬、退休年龄和解除劳动关系等方面。比如在很多招聘会中“仅限男生”“男生优先”等字眼出现频率很高，有的企业甚至为了自身利益，要求职工保证几年之内不结婚、不生孩子，这些就业准入条件提高了女性的就业门槛，损害了女性劳动者的合法权益；在劳动报酬方面，男女同工不同酬的现象时有发生，女性与男性做相同的工作，获得的工资却低于男性；在解除劳动关系方面，企业裁员时，女性往往首当其冲，并且在再就业过程中，女性职工由于年龄、家庭等因素再就业要困难得多。

第二，女性非正规就业者的劳动权益难以保障。《妇女权益保障法》第二十八条规定：“国家发展社会保险、社会救助、社会福利和医疗卫生事业，保障妇女享有社会保险、社会救助、社会福利和卫生保健等权益。”第二十九条规定：“国家推行生育保险制度，建立健全与生育相关的其他保障制度。”《劳动法》也明确规

① “四期”即经期、孕期、产期和哺乳期。

定："建立劳动关系，应当订立劳动合同。"但是，民营企业在用人上有较大的自主权，为了节省成本对于女性劳动权益的保护就比较薄弱，劳动合同也不规范，有些企业没有与女职工签订公平的劳动合同；还有的企业存在雇用关系不明确、工资报酬不稳定、社会保障水平低、特殊劳动权益保障差等问题，而女性作为劳动力市场中的弱势群体，这些问题就显得更为突出。

第三，女性特殊权益得不到落实。劳动安全卫生保护直接关系到劳动者的生命安全和身体健康，《劳动法》第五十二条规定："用人单位必须建立、健全劳动安全卫生制度，严格执行国家劳动安全卫生规程和标准，对劳动者进行劳动安全卫生教育，防止劳动过程中的事故，减少职业危害。"然而部分非公有制企业尤其是中小私营企业，单纯追求经济利益而不顾女职工身体健康，很多女性的工作环境很差，主要是噪声和粉尘。另外女职工特殊劳动保护是针对女职工的生理特点和抚育后代的需要，对女职工在劳动过程中的安全和健康依法加以特殊保护，但仍然有女职工在经期、孕期、产期和哺乳期没有受到特殊保护。

第四，女性维权意识薄弱，维权成本高。大部分基层女员工受教育程度较低，法律意识淡薄，对于自己所拥有的劳动权益不明晰，主动维权的意识较弱，在自身劳动权益受到侵犯时，一部分女性职工选择忍耐，有些因此失业也往往选择忍气吞声而不会主动保护自己的合法权益。在中国解决劳动争议实行"一裁两审"，程序复杂、时间长，主张劳动权益受损的女性难以承担仲裁费、诉讼费、律师费、误工费、交通费等高成本支出，这导致了女性劳动权益受侵害后，不敢、不愿为自己的权益抗争。

>>二、中国女性劳动关系现状分析<<

(一)近年来中国劳动人事争议案件数量呈现上升趋势

2006 年到 2014 年中国劳动人事争议仲裁案件受理数量呈现上升趋势，从 2006 年的 31 万件增长到了 2014 年的 71 万件，增长了近 1.25 倍，这些案件主要涉及劳动报酬、解除和终止劳动合同以及社会保险等方面。另外，劳动人事争议仲裁案件受理数量从 2007 年的 35 万件陡增到 2008 年的 69 万件，增长了近 100%，可能是在金融危机的影响下，很多企业选择了大规模裁员，因此劳动人事争议的案件出现翻倍增长。接下来，从 2008 年到 2011 年，劳动人事争议的案件数量持续下降。然后随着经济增速放缓，从 2011 年开始，劳动人事争议的案件数量又略有上升。劳动关系争议案件数往往与经济发展呈正相关，经济发展状况好，劳动关系就良好，经济发展受阻，劳动关系问题也就比较突出。除此之外，劳动关系争议案件数还与宏观法律、政策相关。2008 年，新劳动法出台，在一定程度上促使劳动者“为权益而战”。

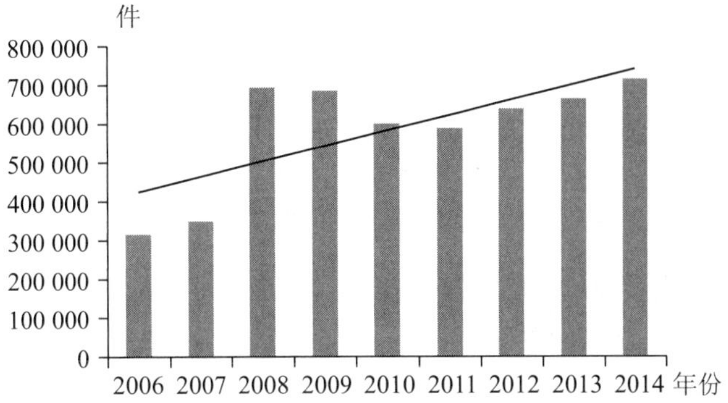

图 2-39　2006—2014 年劳动人事争议仲裁案件受理情况

数据来源：《中国劳动统计年鉴》2015，北京师范大学劳动力市场研究中心计算整理。

(二)基于女性特殊保护的劳动争议问题有所缓解

在整体劳动争议案件呈现增长态势的背景下，基于女性特殊保护的劳动争议问题却有所缓解。2006—2014 年，女职工特殊劳动保护监察案件结案数量呈现递减趋势，从 2006 年的 1600 余件减少至 2014 年的 300 余件，减幅接近 77%。20 世纪初，社会主义市场经济体制刚刚建立，市场机制导致不同性别人力资本竞争加剧，而女性劳动关系保护措施尚待完善，女职工特殊劳动保护监察案件增加。随着国家加强对女职工权利的保护，案件数量有所减少。

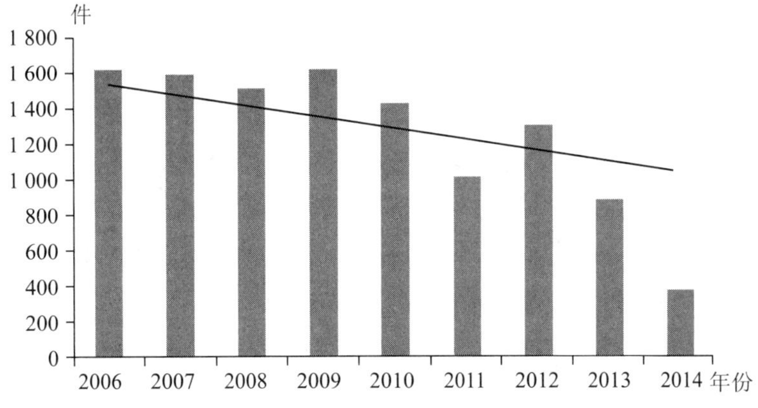

图 2-40　2006—2014 年女职工特殊劳动保护监察案件结案情况

数据来源：《中国劳动统计年鉴》2015，北京师范大学劳动力市场研究中心计算整理。

注：《中国劳动统计年鉴》中部分年份，女职工特殊保护监察案件数和未成年特殊保护监察案件数合并统计，这里用非合并统计年份(2006、2011、2012、2013 年)女职工特殊保护监察案件数和未成年特殊保护监察案件数的比值推算合并统计年份(2007—2010 年)。

(三)东部地区职工代表大会女性代表占比高

经济发展带来的女性劳动关系缓和还体现在不同空间职工代表大会的人员配置上。2015 年《中国劳动统计年鉴》数据显示，不同省份和地区的职工代表大会中女性职工的比例差异较大，比例较高的为浙江(37.03%)、上海(36.94%)和北京(36.50%)。分区域分析，无论从绝对量还是从相对量上来看，东部地区女性职工代表人数都高于中西部地区。具体的，东部地区女职工代表人数为 402 万，而中部和西部地区分别为 199 万和 96 万。即便扣除劳动力人口总量的影响，东部地区的职工代表人数依然较高。另外，从相对量上来看，东部地区女职工代表占比为 30.8%，而中部和西部地区分别为 27.3%和 27.4%，均低于东部地区。不难看出，经济发展水平与职工代表大会的女职工代表占比具有一定的相关性。当一国经济发展到一定水平而女职工就业保护体系不完善时，女职工占比会下降；当一国经济发展到更高水平，且有能力建立起女职工就业保护体系时，女职工占比机会上升。

表 2-23 职工代表大会的职工代表情况

地区	合计(万人)	女性(万人)	女性占比(%)	男性占比(%)
东部地区	1304.25	402.15	30.83	69.17
中部地区	730.50	199.63	27.33	72.67
西部地区	350.28	96.21	27.47	72.53

数据来源：《中国劳动统计年鉴》2015，北京师范大学劳动力市场研究中心计算整理。

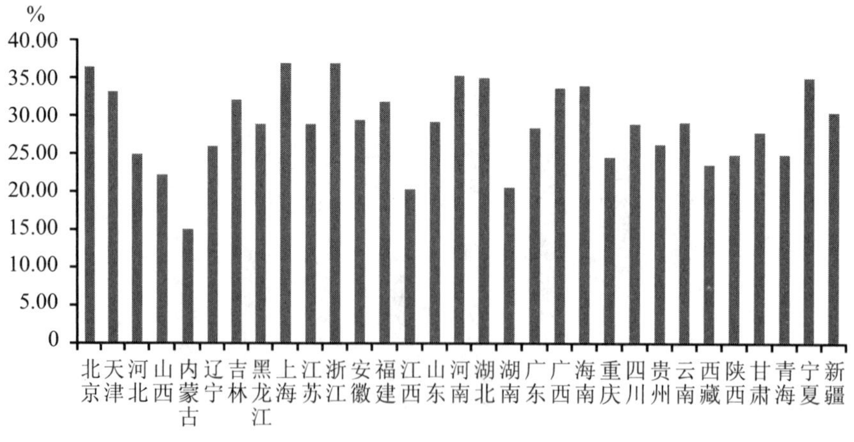

图 2-41 2014 年分省市职工代表大会中女性职工比例

数据来源：《中国劳动统计年鉴》2015，北京师范大学劳动力市场研究中心计算整理。

(四)女性没有签署书面劳动合同的占比较高但加入工会意愿强

根据2010年妇女社会地位调查数据，2010年女性没有签署正式劳动合同的比例为16.82%，这一比例高于男性的14.82%。没有签署书面合同的这一部分女性在劳动权益受损的时候很难去维权，不能依法得到权益保障。在劳动报酬方面，无劳动合同的女性劳动者平均工资低。另外，女性加入工会的比例要高于男性，表明女性更愿意去接受工会的保护。总而言之，女性作为劳动力市场上的弱势群体，容易在签署合同方面受到区别对待，很多企业不愿意和女性签署劳动合同，而这些女性只能被动接受这一现实。因此，女性更愿意加入工会组织，从而更好地保护自身劳动权益。

表 2-24　2010年分性别签署正式合同和加入工会情况

性别	无正式合同比例(%)	加入工会比例(%)
男性	14.82	51.40
女性	16.82	54.71

数据来源：2010年中国妇女社会地位调查数据，北京师范大学劳动力市场研究中心计算整理。

(五)女性工作满意度略高于男性

根据2010年中国妇女社会地位调查数据，2010年女性对于当前工作的满意度高于男性。其中，对于工作条件的满意度最高，达到了65.37%，其次是劳动强度和工作稳定性，也都超过了50%。女性工作满意度高的原因可能是女性对于工作的预期低于男性，如前文所述，受社会观念的影响，女性更多地将精力放在家庭中，更容易接受当前的工作。另外，满意度较低的是收入水平(37.92%)和发展前途(36.47%)，两者都不足40%。也就是说有超过60%的女职工对于当前收入的水平和发展前途不甚满意，这也从侧面说明，企业需要在收入水平和发展前途方面给予女性劳动者以激励。

表 2-25　2010年分性别对于工作满意度情况　　(单位:%)

性别	工作条件	劳动强度	工作稳定性	收入水平	发展前途
男性	62.87	52.27	56.04	37.63	34.86
女性	65.37	53.41	57.77	37.92	36.47

数据来源：2010年中国妇女社会地位调查数据，北京师范大学劳动力市场研究中心计算整理。
注：表中数据是选择“很满意”和“比较满意”的人群占比。

（六）女性遭遇性别歧视比例高于男性

如前文所述，性别歧视问题是当前女性劳动关系最严重的问题之一，企业中主要的性别歧视集中在就业准入、同工不同酬和违法解除劳动关系等方面。根据2010年中国妇女社会地位调查数据，女性在工作中受到歧视的比率高于男性，大约有3.45%的女性遭遇过因性别歧视造成的不被录取或提拔的问题，这一比例在男性劳动者群体中仅为2.73%。另外，有6.65%的女性在工作中遭遇了同工不同酬的待遇。还有1.93%的女性因为结婚生育被解雇。总的来说，同工不同酬是女性在工作中受到的最主要的性别歧视，其次是录用或提拔的问题。

表 2-26　　2010 年分性别遭遇歧视情况　　（单位：%）

性别	因性别原因而不被录取或提拔	同工不同酬	因结婚生育而被解雇
男性	2.73	5.17	1.39
女性	3.45	6.65	1.93

数据来源：2010年中国妇女社会地位调查数据，北京师范大学劳动力市场研究中心计算整理。

>>三、解决女性劳动关系问题的路径选择<<

虽然近年来女性劳动关系问题有所缓解，但女性在劳动力市场上仍然处于弱势地位，歧视问题时有发生，女性该有的合法权益不能得到很好的保障，这严重影响到了女性在劳动力市场上的发展和女性的社会地位。产生上述问题的主要原因可以归结为以下四个方面：一是法律法规体系不甚完善；二是政府监管力度不够；三是女性法律意识不强；四是维权成本过高、周期过长。具体的，针对以上问题，本报告提出以下几点建议。

第一，完善法律体系，加强立法可操作性。中国在保护女性劳动权益方面提供了大量的法律支持，如《宪法》《劳动法》《女职工劳动保护特别规定》《妇女权益保障法》等，但大多偏重原则性的规定，对于具体的相关行为和程序并没有给出详细的解释，这就给了部分企业钻法律漏洞的机会。比如《妇女权益保障法》第四十八条第二款规定："妇女的合法权益受到侵害时，被侵害人可以向妇女组织投诉，妇女组织应当要求有关部门或者单位查处，保护被侵害妇女的合法权益。"但是并没有指出是哪个或者哪些相关部门，那么在具体操作过程中很容易出现部门间相互"踢皮球"的现象。

第二，政府应加强监管力度，规范企业用工制度。如前文所述，政府的监督执法力度不足是产生女性劳动关系紧张的重要原因之一，改革开放初期，政府工作的重心放在了企业的经济效益方面，对于职工劳动权益的保护力度不够，对处于弱势地位的女性职工权益的保护更为薄弱。因此，政府要加大在职工劳动权益方面的监管和惩处力度，尤其是要注重保护女性职工的劳动权益，此外还要督促企业尽快完善相应的监督和调节机制，进一步规范企业的用工制度。

第三，加强普法力度，增强女性职工法律意识。政府应当加强职工的法律意识，增强普法意识，政府以及各社会组织要加强对《宪法》《劳动法》《女职工劳动保护特别规定》《妇女权益保障法》等的宣传力度，使得女性职工尤其是基层女工对相关法律法规和政策有更深地了解，进一步了解自身拥有的合法权益，学会在合法权益受到侵犯的时候如何维权。另外，女性职工也要主动提升自身素质，学习相关法律法规和政策，了解维权路径，增强法律意识和维权意识。

第四，发挥工会、妇联等组织的作用，帮助女性维权，降低维权成本。在中国，由于劳动诉讼的成本较高，周期较长，很多女性职工在合法权益受到侵犯时不会选择主动维权，这个时候就需要发挥工会、妇联等社会组织的作用。《劳动法》规定，用人单位解除劳动合同，工会认为不恰当的，有权提出意见；如果用人单位违反法律、法规或者劳动合同，劳动者申请仲裁或提起诉讼，工会应当依法给予支持和帮助。因为工会对单位和行业的情况比较了解，在维护女性劳动权益方面具有优势，应当成为职工维护自身合法权益的重要桥梁，为合法权益受到侵犯的女性职工提供相关服务。随着社会和经济的发展，工会和妇联等组织应该在维护女性劳动权益、解决女性劳动关系方面发挥重要作用。

女性职工在社会和经济发展过程中扮演的社会角色越来越重要，维护女性劳动权益，构建和谐劳动关系需要个人、企业、政府以及整个社会的共同努力。应该加大力度完善相关的法律法规、建立健全社会保障体系，保障女性的劳动权益。同时，利用媒体加大宣传力度，形成尊重女性、关爱女性的社会氛围，联合各方力量，共建和谐的劳动关系。

第九节 女大学毕业生就业依旧困难重重

大学生“就业难”问题从扩招后第一批毕业生走向劳动力市场之时就成为社会焦点，女大学毕业生“就业更难”问题则在最近几年成为群众关心的热点。最近，随着“二孩”政策放开，女研究生上学期间集中生子现象开始成为媒体的关注点，在舆论效应、用人单位隐性歧视等多方因素的影响下，该现象愈演愈烈，甚至已经扩展到本科生群体。正如社会学家 Thurston 所言：教育并不会令女性“鄙视家庭生活”，但同时也要看到女大学毕业生就业面临的重重困难。除了从媒体关注的家庭分工视角剖析女大学毕业生就业难问题之外，本报告还从高等教育现状、劳动力市场、政府职责、历史文化等方面探寻该问题的症结，以期找到解决途径。

>>一、女大学毕业生人力资本供给特征和趋势分析<<

(一)女性大学毕业生已成“半边天”态势

从绝对量上看，女大学毕业生数量连年增加。1990 年，大学毕业生人数为 61.4 万，其中，女性 20.8 万，男性 40.6 万。2009 年，大学毕业生人数为 611.0 万，其中，女性 305.9 万，男性 305.0 万。1990—2009 年，女性大学毕业生平均增速达到 34.8%，而男性仅为 25.1%，二者相差 9.7 个百分点。2008 年，教育部首次表示 1999 年开始的扩招过于急躁，并开始逐渐控制扩招比例。但女大学毕业生绝对数量依然在增加，到 2015 年已经接近 400 万人。同时，由于政策影响，2010 年以后，大学毕业生数增速开始放缓，加之毕业生基数更大，2010—2015 年，女性大学毕业生数平均增速降至 3.1%，男性降至 2.7%，二者相差 0.4 个百分点，女性依然快于男性。①

从相对量上来看，最近三年，女性大学毕业生占比在 51%左右徘徊，略高于男性，女大学毕业生“半边天”之势已然形成。事实上，1977 年恢复高考以后，女大学毕业生占比曾一度不足 1/3，这种状态一直持续到 20 世纪 80 年代末期。1999 年，女性大学生人数占大学生总数的比为 33.8%；2009 年，女性大学生人数占大学生总数的比为 50.1%，首次超过男性。

上组数据表明，封建时期留存下来的“女子无才便是德”“女孩读书无用”的思想在恢复高考初期对女性接受高等教育造成了一定的负面影响，但这主要限于出生于 20 世纪 40 年代之前的人对其后代的滞后影响，持续期并不长。中华人民共和国成立后，政府大力宣传男女平等，鼓励女性参加劳动，女性解放、社会开化，民众意识也发生了巨大变化，很多家庭不仅不再排斥女孩读书，而且开始鼓励其接受高等教育，以保证她们在将来的家庭和社会生活中获得更多尊重。特别是最近二三十年，女性接受高等教育的比率大幅度提升，女性上大学已经成为常态。如上文所述，女性劳动者为社会创造了大量财富，也是重要的人口红利，而女性大学毕业生的增加为社会高层人力资本储备奠定了基础。可以说，女大学毕业生是女性人口红利中最重要的组成部分之一。

① 数据说明：报告撰写期间，2015《中国教育统计年鉴》尚未发行，2015 年数据根据中国教育统计年鉴预计研究生毕业人数统计，与实际数据略有差异。

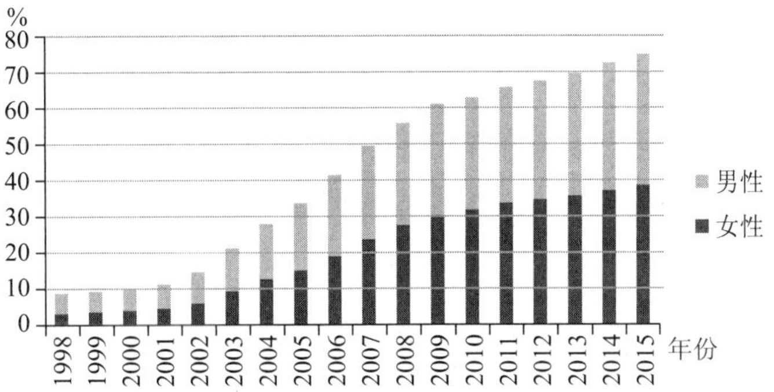

图 2-42　2003—2014 年女性毕业生占比

数据来源：《中国教育统计年鉴》2014，北京师范大学劳动力市场研究中心整理。

(二)女性专科生增速稍快于女性本科生，但有趋同特征

2003 年，也就是扩招后第一批本科生就业年，女性本科毕业生占毕业生总数的比为 41.5%，而女性专科毕业生占比为 47.0%，二者相差 5.5 个百分点。之后，两个指标开始出现趋同趋势，2013 年，女性本科毕业生占毕业生总数的比为 50.7%，而女性专科毕业生占比为 51.8%，二者基本持平。2014 年和 2015 年，该趋势依然持续。

产生这一现象的原因在于：第一，劳动力市场问题。女性对就业的预期更加悲观，她们希望获得优异成绩，提高学历水平以弥补就业劣势，增强在未来劳动力市场上的竞争力。第二，教育体制问题，目前的教育体制不是非常适合男生的培养。女生大多严谨缜密，对需要反复记忆的知识掌握得较好，而男生大多动手和实践能力强，但无论是高考还是大学中的学科考试，往往以书本知识的检测为主，男生的优势无法得到充分发挥。另外，很多大学设置了不少偏重实践操作的课程，却依然采取课堂灌输的模式进行教学，掩盖了女生动手能力差的劣势，打消了男生的学习兴趣。事实上，这样的教学方法对男生和女生的影响都是消极的。

不过需要特别说明的是，从性别比率来看，就中国目前情况来看，接近 1∶1 的男女毕业生占比是符合人口学规律的。这里对该问题进行解释说明，目的是提请有关各方关注女性高等教育与就业问题。在美国、英国等发达国家的大学，男女生比例失衡问题甚至更为严重，“男孩危机”已经成为社会学和教育学领域专家关注的热点，这些国家甚至在采取增加课外实践项目的方式“讨好”男性学生以期解决大学男女性别比例失衡问题，所以，分析趋势、做好“事前防范”工作是有积极意义的。

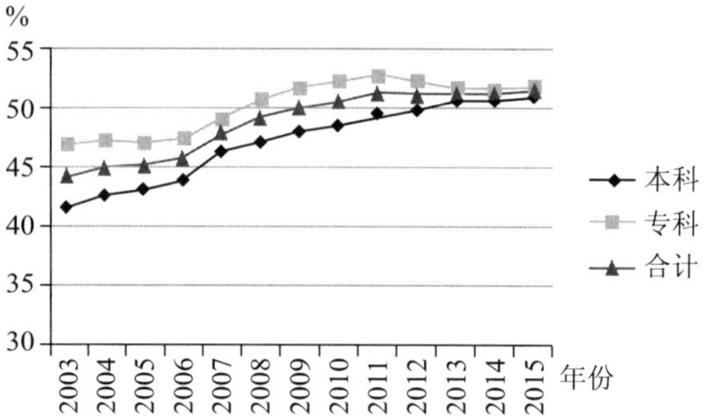

图 2-43　2003—2014 年普通本科、普通专科女毕业生占比

数据来源：《中国教育统计年鉴》2014，北京师范大学劳动力市场研究中心整理。

(三)硕士及以上女性毕业生群体正在壮大

硕士及以上女性毕业生人数在最近十几年内迅速增加，该群体的壮大与扩招有直接关系。从绝对量上来看，1998 年，女硕士毕业生有 1.2 万人，2015 年达到 25.4 万人，年均增速为 17%；1998 年，女博士毕业生有 1277 人，2015 年接近 2.0 万人，年均增速为 20%。可以认为，高学历女性人力资本的积累已经颇具规模。当然扩招的作用也体现在男性毕业生群体上，不过女性高学历群体壮大速度之快是男性群体无法比拟的。1998 年，男博士毕业生数为 6258 人，是女性的 5 倍；男硕士毕业生人数为 2.4 万人，是女性的 2 倍。2015 年，男博士毕业生人数达到 3.1 万人，是同年度女博士毕业生人数的 1.6 倍；男硕士毕业生人数达到 24.1 万人，比同年度女硕士毕业生人数少 6.7%。不过同时也要看到，尽管女博士毕业生在逐年增加，但其占比依然远低于男博士毕业生。

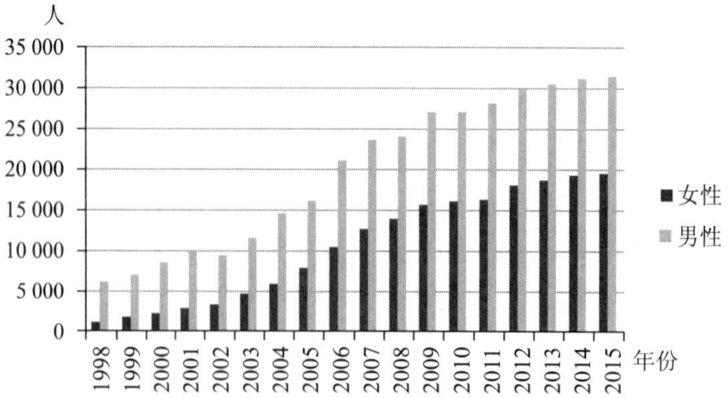

图 2-44　1998—2015 年分性别博士毕业生数

数据来源：《中国教育统计年鉴》2014，北京师范大学劳动力市场研究中心整理。

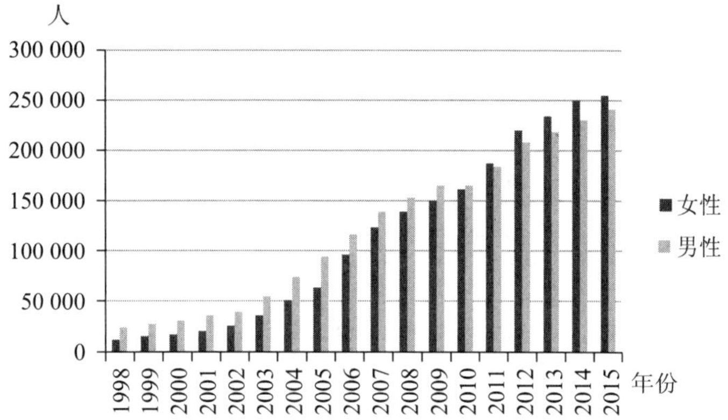

图 2-45 1998—2015 年分性别硕士毕业生数

数据来源：《中国教育统计年鉴》2014，北京师范大学劳动力市场研究中心整理。

从相对量上来看，硕士及以上毕业生群体中，女性占毕业生总数的比从1998年的29.8%增加到2015年的50.9%。其中，女博士毕业生占比从1998年的16.7%增加到2015年的38.5%，女硕士毕业生占比从1998年的32.5%增加到2015年的52.1%。上述两组数据证明了“男孩”危机不仅体现在本科和专科教育阶段，而且体现在硕士研究生教育阶段。

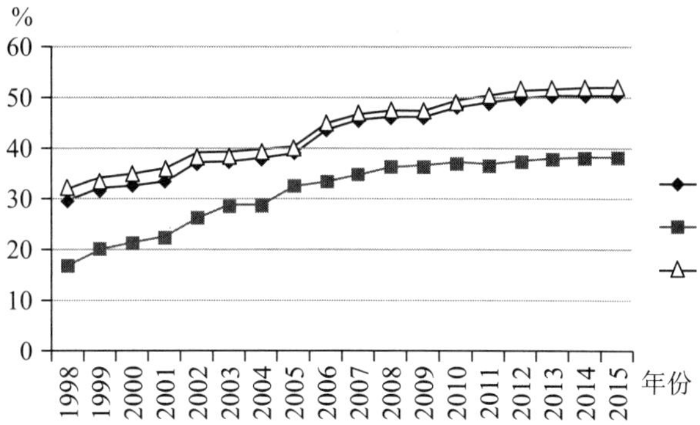

图 2-46 1998—2015 年分学历层次女大学毕业生占比

数据来源：《中国教育统计年鉴》2014，北京师范大学劳动力市场研究中心整理。

(四)不同地区男女大学生分布特征差异显著，发达地区高学历女性毕业生占多数

从上文描述的全国数据来看，无论是本、专科毕业生，还是硕士学历毕业生，女性大学毕业生人数占比高于男性，但分区域来看，东中西地区不尽相同。东部地区，女性大学毕业生占比为52.9%，而中部地区和西部地区较低，均为50.8%。女大学毕业生在东部沿海地区集中的现象已经开始显现。

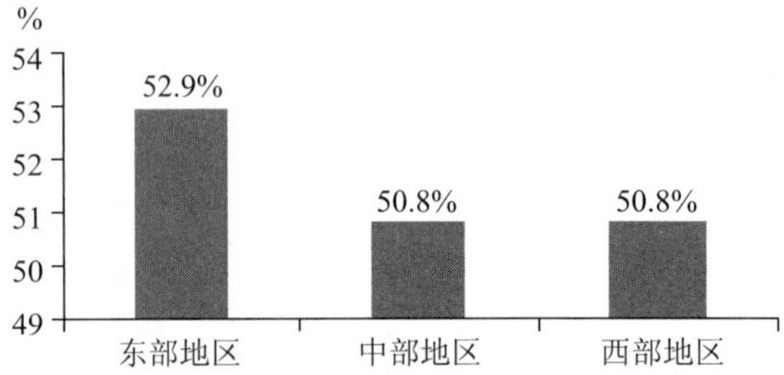

图 2-47　2015 年分地区女大学毕业生数占比

数据来源：《中国教育统计年鉴》2014 预计毕业生数。

研究不同地区不同学历层次男女大学生分布特征，依然可以得出类似的结论：女生“爱上学”，且读研者大多爱到中东部地区读研。2015 年数据显示，中东部地区硕士及以上女性毕业生占比高，均为 50.5%，而西部地区仅为 48.3%；东部地区本、专科女性毕业生占比高，为 53.1%，中西部地区较低，分别为 50.8%和 50.9%。

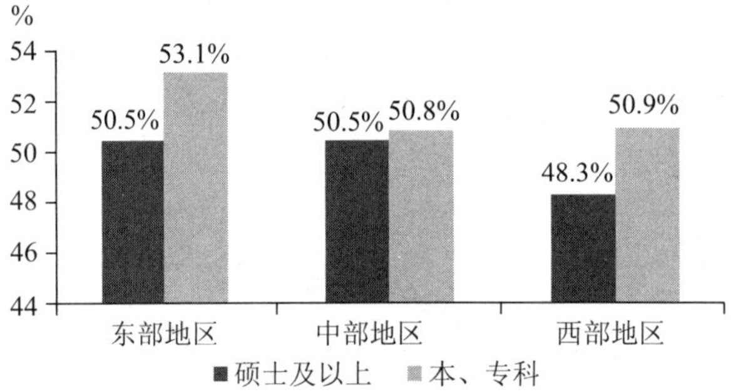

图 2-48　2015 年分性别、地区及学历层次高等教育学校(机构)研究生占比

数据来源：《中国教育统计年鉴》2014 预计毕业生数。

总之，上述两组数据表明，一方面，东部地区有更多的高等教育资源，且设置有博士、硕士点的院校多，所以读研的学生往往选择东部地区；另一方面，越是经济发达的地区，女性毕业生占比越高。经济的发达程度与女性教育水平呈现正相关关系，借助女性毕业生占比数据和当地 GDP 指标计算相关系数同样发现，二者在 1%的水平上呈现显著正相关关系，相关系数为 0.76。很多女性希望通过高等教育这一途径实现区域流动，提高就业质量。

>>二、女大学毕业生人力资本需求特征和趋势分析<<

(一)女性大学毕业生初次就业率比男性低，半年后就业率差异不大

北京师范大学劳动力市场研究中心调查数据显示，2014 年和 2015 年，男性大学毕业生初次就业率均比女性高 10.1 个百分点。① 然而，男性大学生毕业半年后就业率与女性差距明显缩小，2014 年和 2015 年，二者差距均在两个百分点以下。

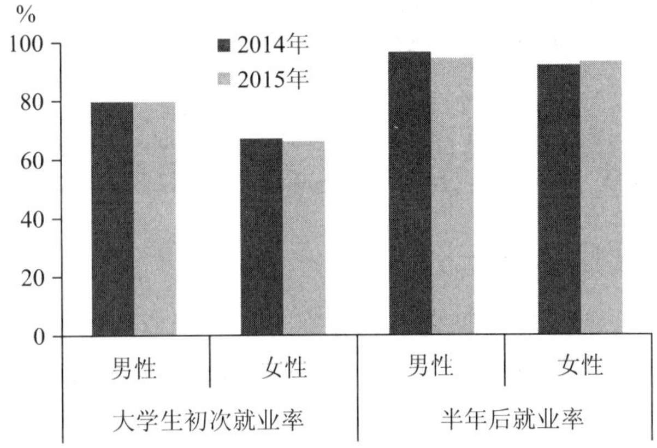

图 2-49　2014、2015 年分性别大学毕业生初次就业率和毕业半年后就业率

数据来源：北京师范大学劳动力市场研究中心。

劳动力市场上针对大学毕业生群体的性别歧视问题突出。一个典型的现象是：当大学毕业生在应聘薪酬高、福利好、未来职业发展更具竞争力的发达地区的优质岗位时，资方力量明显强于劳方，很多用人单位进行多次笔试、面试，先挑选男性毕业生，即便有些女性毕业生在校成绩比男性更优异，也不会被划入企业的首次招聘计划范围内，如果这些男性毕业生不与该企业签约，再考虑女性。所以 90%以上的被调查高校都不同程度地出现了男性毕业生比女性毕业生签约早的现象。毋庸置疑，大学毕业生尚属优质人力资本，女性毕业生经过稍长时间搜寻或是“降工资”搜寻也能凭借其技术和知识优势找到工作，因此，男性和女性学生毕业半年后就业率差异明显缩小。

① 该数据结果与北京大学教育学院调查结果差异不大，2014 年，北京大学教育学院调查数据显示，男性大学毕业生初次就业率比女性高约 11.4 个百分点。另外，有学者 2011 年发文估计该指标值约为 9.6，详见刘伯红、李亚妮：《中国高等教育中的社会性别现实》，载《云南民族大学学报》，2011 年第 1 期。

(二)女性大学毕业生薪酬低于男性

2015 年，大学毕业生平均起薪为 4 052 元，高于全国有收入劳动者平均水平(2 671 元)。但如果借助 CHIPs 数据，按照大学生就业去向占比加权计算对照组“标准平均工资”,① 大学生就业所在地平均工资水平为 4 483 元。这意味着，初次就业大学毕业生起薪比其就业所在地平均工资低 431 元。

分性别来看，2015 年，男性大学毕业生薪酬的算术平均值为 4 351 元，女性为 3 896 元，两者相差 495 元。② 男性大学毕业生薪酬的中位数为 4 269 元，女性为 3 771 元，两者相差 498 元。性别工资差异一方面证明了劳动力市场性别歧视的存在，另一方面与男性和女性大学生的专业选择有关，男性学生选择理工类专业者占比高，女性学生选择文史经管类专业者占比高，而劳动力市场对理工类专业大学毕业生的需求量要高于文史经管类大学毕业生。

(三)女大学生更希望在国有企事业单位就业；就业行业主要集中在教育、医疗等第三产业

北京师范大学劳动力市场研究中心分别对就业行业期望和就业实际去向进行了调查，研究发现：从期望就业行业来看，“希望进入国有企事业单位”的女大学毕业生比例为 38.7%，比男大学毕业生高出 7.1 个百分点；从实际就业去向来看，分别有 31.2%和 29.6%的男性和女性大学生进入了国有企事业单位，男性略高于女性。该组数据表明，女大学毕业生就业愿望和就业结果并不匹配。尽管国家不断推进国有企事业单位改革，减少所谓隐性收入带来的劳动力市场非公平竞争，让工资和福利“晒在阳光下”，如已经初步完成国有企事业单位与其他企业社保金缴纳并轨，但是民营企业对女大学毕业生的吸引力依然较弱，政府机构、科研等事业单位的工作相对稳定是很多女性大学毕业生更加青睐的主要原因。另外，目前中国的国有企业主要集中在第一、第二产业，对理工科大学毕业生的需求量更高，而女性大学毕业生中，主修文史经管类者占比高，所以国有企业单位招聘男性大学毕业生占比高。

从就业行业来看，女性大学毕业生就业率最高的四个行业依次为教育、医疗与护理、住宿和餐饮、商业零售；男性大学毕业生就业率最高的四个行业依次为

---

① 计算方法：标准平均工资 $= \dfrac{\sum_{i=1}^{32} \text{到 } i \text{ 地工作的大学生人数} \times i \text{ 地平均工资水平}}{\text{大学毕业生总人数}}$

② 北京师范大学劳动力市场研究中心测算数据与 2013 年北京大学教育学院调查数据结果差异不大。

计算机与信息通信、建筑、金融、电子产品制造。一方面，思维模式和专业特长差异导致男女大学毕业生就业去向差异大。另一方面，产业结构特征变化导致女性大学毕业生就业去向发生变化，如 1998 年，也就是扩招前，纺织行业女大学毕业生就业率高，但现在已经发生了变化。

(四)女大学生更希望在接受高等教育所在地或更发达城市就业

北京师范大学劳动力市场研究中心调查数据显示，2015 年，女大学生更希望在接受高等教育所在地或更发达城市就业。有 84.2%的硕士及以上女性毕业生希望在学校所在城市或是更发达城市就业，而硕士及以上男性毕业生做出该选择的占比为 80.1%；67.3%的本专科女性毕业生希望在学校所在城市或是更发达城市就业，相应的，男性毕业生做出该选择的占比为 63.1%。就业压力大、生活成本高成为很多男生不选择学校所在城市或更发达城市的原因。

该组数据与大学生就业率和薪酬数据形成鲜明对比，如前文所述，男性大学生更容易在劳动力市场上搜寻到工作，且在薪酬方面占优势，但是面对比女大学毕业生更容易的竞争环境，很多男性大学毕业生反而不会选择在大城市“扎堆”。这说明不少男性大学生所谓的就业压力大主要是指就业质量(主要是薪酬)不足以满足他们的生活成本预算。调查发现，传统婚恋观影响了男性大学毕业生的选择，他们认为在大城市结婚买房、买车成本高，其隐含观念是“结婚的成本投入很高，房子、车子已经成为必需品，并且主要的成本投入应该来自于男方”。婚姻市场竞争压力大已经影响到了男性大学生选择劳动力市场的策略，这意味着“女性就业歧视”问题已经间接引发了“男性婚姻歧视”问题，这也就从劳动力市场层面找到了“剩女现象”在大城市集中的原因。

除此以外，结合毕业大学生的生源地进行抽样调查和分析发现：2015 年，生源地是县级以下(包含县级)地区的女大学毕业生中，79.6%希望并认为有能力在学校所在城市或是更发达城市就业，该指标比生源地是地级及以上城市的女大学毕业生占比高 4.3 个百分点。这表明，越是来自农村的女大学毕业生向大城市流动的愿望越强烈。一方面，她们希望通过接受高等教育实现阶层流动。另一方面，来自农村的高学历女性面临的是分割的城市婚姻市场和农村婚姻市场，她们选择回乡就业则很难在婚姻市场搜寻到匹配度较高的伴侣。

(五)女大学毕业生创业比率低于男性

北京师范大学劳动力市场研究中心数据显示，2015 年，全国高校毕业生创业率为 2.6%，较 2014 年提高 0.3 个百分点。男性大学毕业生自主创业率为

3.4%，而女性仅为 2.0%。

事实上，政府和各组织机构对女大学毕业生创业的支持力度在最近几年有所加强。在创建女大学生创业实践基地的基础上，2009 年，全国妇联、教育部、人力资源和社会保障部以及中国女企业家协会开展了全国女大学生创业导师行动。2015 年，创建女大学生创业就业实践基地 8 100 个，累计帮助近 5 万名女大学生实现了创业梦想。[①] 2014 年，四部门进一步开展了"女大学生创业扶持行动"，发布《关于实施"女大学生创业扶持行动"的通知》，为女大学生自主创业提供创业支持和指导服务。2015 年，妇联又推出了"创业创新巾帼行动"旨在激励女大学毕业生创业。

尽管如此，女大学生创业比率依然较低，产生这一现象的原因主要在以下几个方面：第一，传统观念和惯性思维，女性要"守拙，不露锋芒"的传统观念禁锢她们的思维方式，本身创业愿望低于男性。第二，劳动力市场对女性的歧视，创业者需要与金融机构、房屋租赁商、客户等各方打交道，由于存在性别歧视，这些机构或个人对女性有隐形的不信任感，导致她们比男性更难于在社会网络中形成优势。第三，女性会预计在生育期出现高成本付出，女大学毕业生恰好处在生育期，在没有特殊保护措施的情况下，创业风险大、成本高，所以很多早期参与创业并已经有创业成绩的女大学生会在生育期主动退出创业团队。

>>三、解决女大学毕业生就业难的路径选择<<

在探寻解决女大学毕业生就业难的路径过程中，我们首先要承认：教育使得"经济上独立自主的女性大量出现是一件值得庆幸的事。"[②]毋庸置疑，女大学毕业生群体扩大对提高女性自身及后代劳动力素质、增加人力资源储备、改善劳动力结构有积极意义。女大学毕业生是"女性红利"中的重要组成部分，只不过在当前历史阶段，就业难问题依旧存在。其主要原因在于：一是高等教育体系对女学生的培养方式尚待改进；二是劳动力市场供求矛盾；三是传统观念和性别歧视；四是女性生育成本没有得到适当弥补。针对以上问题，本报告提出以下几点政策建议。

第一，依托学科建设，提高女大学生在所谓的弱势学科领域的竞争力，寻找女大学毕业生"未开发"的就业潜力。在专业技能培养方面，应用型学科与产业人

---

① 详见 http://www.women.org.cn，全国妇联副主席、书记处第一书记宋秀岩在 2015 年 6 月 16 日"创业创新巾帼行动"发布会上的讲话。

② Thurston, M. L., 1916, The Higher Education of Chinese Women, Aims and Problems, *Educational Review*, 15(10): 23-41.

才结构需求匹配是关键。一方面，分就业领域和性别考察大学毕业生就业情况不难发现，女大学生在 STEM① 学科方面处于弱势，正如男大学生在学习小语种等学科方面处于弱势一样。很多大学会针对个别专业男生“匮乏”的问题降低分数线招生，旨在保持男女生性别比例均衡，却很少针对学科女生“匮乏”问题采取类似措施。因此，重视性别差异教育有必要延展到女大学生群体，从学科视角出发，消除学校层面的性别偏见，提高女性对 STEM 学科的认同感。另一方面，从中国的产业特征来看，第三产业中有很多行业需要具备交叉领域专业知识的劳动者，最典型的是“互联网＋”，原本基于计算机、通信等理工科知识的互联网行业，与教育、医疗、商业等这些所谓“适合女性”的行业相结合的特征越来越明显，所以人力资本供给端——高等教育机构的学科调整也是与产业结构相适应的过程。

第二，高等教育机构须加强女大学生社会参与意识的培养和性别平等观念的灌输，提高其就业自信心。事实上，一些高校已经开始注意这方面的教育工作，截至 2015 年，有百余所高校开设了 440 余门女性学和性别平等课程。② 另外，一些师范类院校课程中还增加了性别平等内容，增强未来教育工作者的性别平等意识。这些工作还有待继续推进，一方面，相比全国约 2 000 所院校的规模，开设相关课程的院校占比仅为 5%，从相对量上来看并不充足。另一方面，课堂教学模式过于单一。传统观念依然左右着女大毕业生的就业选择，该观念“毒瘤”不仅来自于女大学生自身，而且来自于她们的教育环境。两个典型的例子是，在女生居多的文科大学中，男学生担任学生干部或社团领导的占比要高于女学生；部分男博士研究生在选择婚恋对象的过程中不会选择具有同样教育经历的女性，他们更喜欢学历层面的“向下匹配”。解决课堂层面的观念灌输与校园实践层面的行为异位问题也是增强女大学毕业生社会参与意识的重要途径。

第三，优化人才需求环境依然是解决女大学生就业难的重要途径。“男孩危机”出现在人力资本供给端，也就是高等教育层面，而人力资本需求端却出现“女孩弱势”现象，这一对矛盾更多源自市场层面。首先，制定男女职工通用的工作时间制度③和薪酬制度，让有能力的女性劳动者有更多机会进入主要劳动力市场就业，降低企业对聘用女大学毕业生的预期成本，保证女大学毕业生就业起点公

---

① 美国国家科学基金会在 2001 年首次提出 STEM 的概念，具体指 Science，Technology，Engineering，Mathematics 四门学科。STEM 教育的性别差异研究项目日益引起了学界重视，详见 Kimberly，W.，2010，STEM Intervention Programs：the Shift from Opportunity to Merit，2010 Annual Conference Association for the Study of Higher Education，Indianapolis.

② 详见中华人民共和国国务院新闻办公室发布的《中国性别平等与妇女发展》白皮书，http://www.women.org.cn。

③ 如推动女性及其配偶享有相同产假、育儿假。

平。其次，建立私营企业、外资企业以及国有企业、事业单位统一的福利制度，降低垄断造成的劳动力市场分割导致的大学毕业生就业歧视与就业寻租。最后，推进产业结构调整，未来第三产业和新兴产业的发展趋势将会弱化岗位性别差异，在体力劳动方面不占优势的女大学毕业生就业率会随着产业结构的优化而不断提升。

第四，完善社会服务机制和相关环境建设。一方面，接受了大学教育的女性，在抚养孩子时，需要更多的社会服务的支持。第三期中国妇女地位调查数据显示，20～49 岁的已婚妇女对 3 岁以下婴幼儿照料模式为："大专及以上"群体中，"本人或配偶"照料的只有 23.7%；在"中专及以下"群体中，"本人或配偶"照料者则达到 62.2%。[①] 因此，建立完善的社会服务体系是保证女大学毕业生，特别是高学历、适婚适育年龄大学毕业生的重要举措。在社会服务机制尚待进一步完善的情况下，可以适当引入市场机制，如鼓励全托机构发展，同时做好法律和行政监督，保证这些机构的服务质量。另一方面，家庭支持也是提高女大学毕业生就业自信的重要途径。各组织机构有必要加强包括平等婚姻观、平等家庭分工观等在内的人文宣传。

第十节　女性流动人口就业质量尚待提升

近些年，随着我国城镇化进程的不断推进，城镇之间的人口流动日趋活跃。特别是近 10 年以来我国乡村人口数量不断下降；与之相反，我国城镇人口却在逐年增加；这表明近 10 年间我国的城镇化进程不断加快(图 2-50)。伴随着城镇化发展的是劳动力迁移数量的不断增多。2015 年 11 月 11 日，国家卫生与计划生育委员会发布了《中国流动人口发展报告 2015》。报告指出，"十二五"时期，我国流动人口年均增长约 800 万，并于 2014 年年末达到 2.53 亿人。这一报告表明，流动人口已经成为我国社会群体中不可忽略的重要组成部分。其中女性群体作为社会关注的热点，在流动人口这一特殊人群中，她们的就业状况会如何？值得我们探讨。本节将运用国家卫生与计划生育委员会 2014 年的流动人口动态监测数据，对我国现阶段流动人口这一特殊群体中女性的就业特征进行描述。

---

① 吴要武：《提高女性市场参与率的积极因素与制约因素——中国经济转型与女性市场参与思考之二》，载《中国妇女报》，2016 年 3 月 22 日。

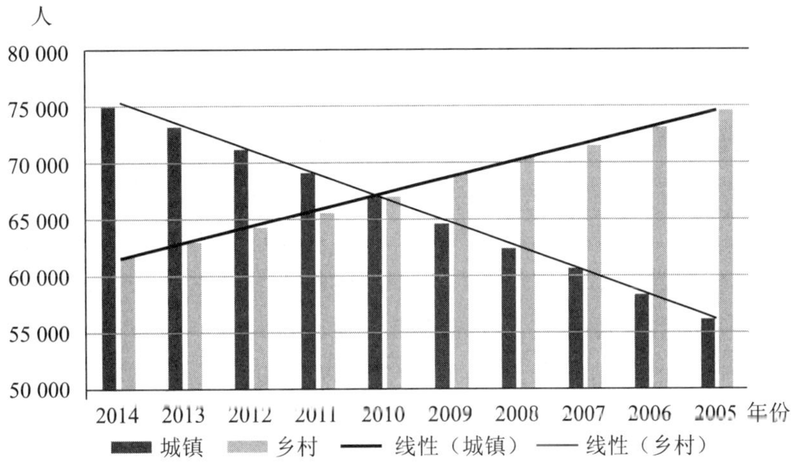

图 2-50　近 10 年我国城镇与乡村人口数对比

数据来源：国家统计局。

一、流动人口的基本状况

(一)我国流动人口流动方式的性别差异并不显著

图 2-51 显示了流动人口不同流动方式的性别比较状况。如图所示，男性的跨省流动比例为 51.57%，要略高于女性的 50.1%。而女性(19.24%)在“市内跨县”的比例则要高于男性(18.34%)。最后，男性和女性在“省内跨市”的比例几乎没有差异，都稳定在 30%左右。数据表明，以 2014 年流动人口的监测数据为例，我国男性与女性在流动方式中并没有显著差异。

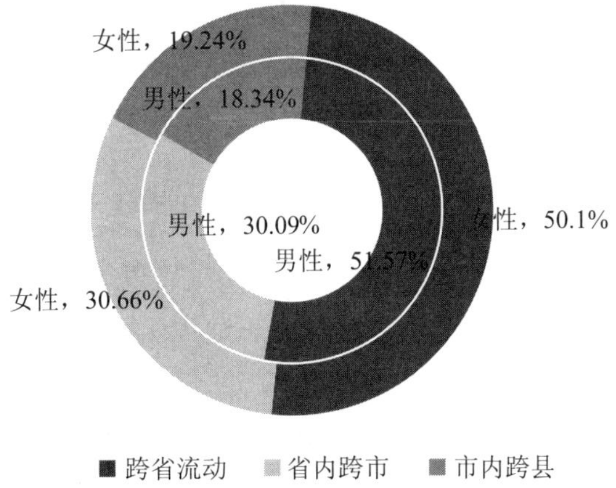

图 2-51　不同流动范围的性别比较

数据来源：国家卫生与计划生育委员会，2014 年流动人口动态监测数据。

为了对流动人口的流动范围做进一步的探讨，本节分区域对流动人口的流动范围进行了考察。如图 2-52 所示，总体而言，在东部地区不论是男性还是女性其跨省流动的比例均要显著高于中部与西部地区。导致这一现象产生的原因可能源于跨省流动的流动成本要普遍高于省内跨市和市内跨县两种流动方式。由于在中西部地区各省份间的经济水平差异不大，使得流动者对于进行省际流动而能够获得的额外劳动报酬预期较低。相对而言，东部地区各省份间的经济水平具有较大的差异性，特别是江苏、浙江和广东等地区经济发展水平较高、平均工资也较高，对于迁移者的吸引力较大，使迁移者认为通过跨省流动获得的劳动报酬能够涵盖跨省流动产生的流动成本，从而导致了东部地区较高的跨省流动。

从性别差异的角度来看，中西部地区男性的跨省流动比例要高于女性，这可能与男性的工资水平较高，从而减缓了流动成本给男性带来的冲击有关。但在东部区域，女性的跨省流动比例为 58.91%，比男性高 2.25 个百分点。导致东部区域出现异常的原因可能源于东部区域的女性工资收入与中西部地区相比相对较高，从而降低了流动成本在女性流动决策中的权重，换言之，由于跨省流动而产生的流动成本已经不再是东部女性首要考虑的主要因素了。此外，总体来说，女性的“市内跨县”比例要高于男性。就这一现象而言，东部地区呈现出其特殊性，在该地区，流动范围为“市内跨县”的男性比例为 15.42%，高于女性的 14.36%。

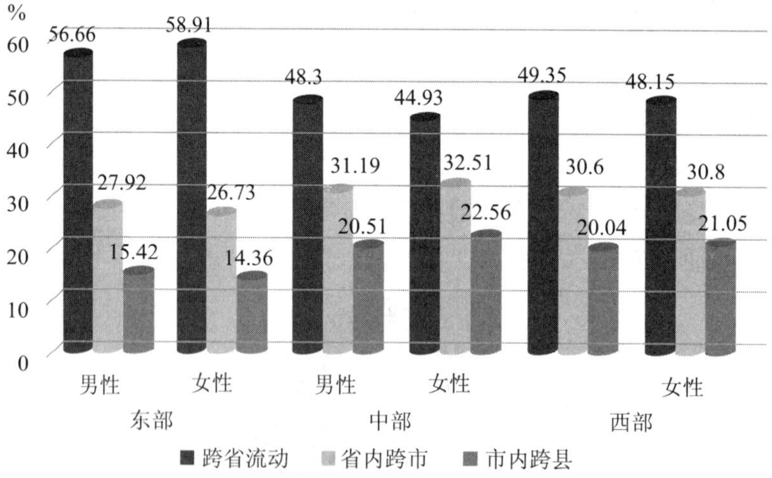

图 2-52　不同区域间流动范围的性别差异比较

数据来源：2014 年流动人口动态监测数据。

(二)流动人口中女性“随同流动”比例远高于男性

图 2-53 给出了流动人口流动原因的性别比较。在被调查的流动人口中，不论男女其流动的主要原因都是“务工经商”，其中，男性因“务工经商”而选择流动

的比例高达94.28%，比女性的79.3%高了15个百分点。这一数据实际上给出了“主动”迁移与流动的性别差异，显然女性自发性的流动比例要低于男性。

在出于“随同流动”原因而进行的人口流动中，女性的比例为17.61%，远远高于男性的3.88%。由此可以看出，我国依旧是以男性为主导的社会，女性对于男性的依附现象仍然存在，家庭中男性的选择将直接影响到女性。此外，由于“婚嫁”这一原因而进行的人口流动，也印证了上述观点。虽然仅有1.05%的女性由于婚嫁而迁移，但该比例已经是男性比例的13倍。这也表明，即便在经济和文化高度发达与开放的今天，女性在社会分工中的地位也没有得到彻底改变；男性依旧是整个家庭甚至社会的中心。由“拆迁”“投亲”“出生”和“其他”等因素导致的人口流动在性别上并没有显著差异，且其所占比例均较小。

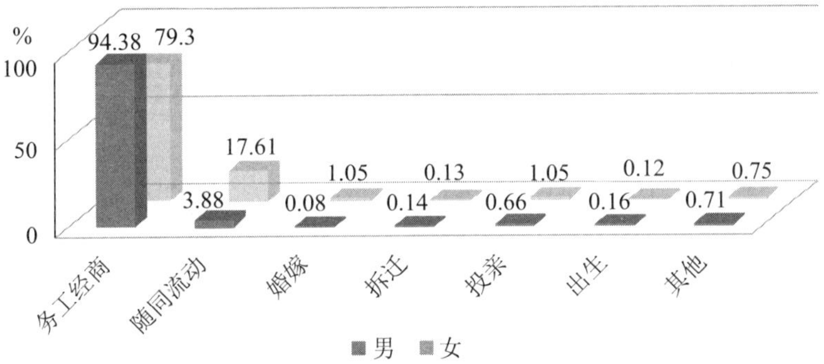

图 2-53　不同流动原因的性别比较

数据来源：2014年流动人口动态监测数据。

>>二、流动人口中女性的基本就业与失业状况<<

总体而言，2014年参与调查的流动人口为200 937人；其中女性为83 290，占总样本的41.55%。从就业情况来看：2014年在被调查的流动人口中女性的就业人数为65 735人，就业率为78.92%；男性的就业人数为110 662人，就业率为94.06%。显然从2014年的流动人口就业率而言，男性的就业率显著高于女性的就业率。

(一)女性流动人口中的“水平性别隔离”现象并不明显

随着我国经济改革的深化，女性的就业人数在不断增加。但新时代的女性已经不仅仅满足于单纯的就业，她们对自己适合的职业也有所追求。性别的水平隔离(horizontal sex segregation)是指女性难以进入某些被视为是为男性“量身打造”的工作，但我们在2014年的流动人口调查中发现这类现象并不明显。如图2-54

所示。从流动人口从事的职业种类划分来看，女性的就业者主要从事商业服务行业，比例为 68.56%；男性在此行业的从业比例为 56.99%。产生这一现象的原因可能是，服务业的行业要求与女性性格特点的契合度较高。由于女性相对于男性而言更具有耐心与亲和力，在服务业行业中与客人交流的过程中相对于男性而言更易取得客人的信任，因此女性在商业服务行业的占比要高于男性。但男性作为专业技术人员和进行生产运输设备操作中的就业比例则高于女性。这一描述符合常识，由于生产运输业对体力与精力要求较高，女性在这方面显然不如男性。在被调查人员中作为办事人员、农林牧渔水利业从业人员及国家、党群、企事业负责人的就业比例并没有显著的性别差异。

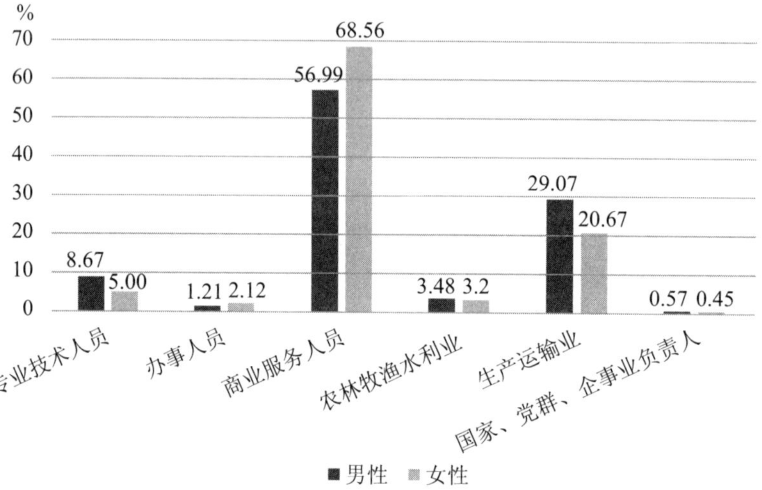

图 2-54　不同职业种类的男女就业状况比较

数据来源：2014 年流动人口动态监测数据。

从被调查流动人口的工作单位性质来看，男性和女性的工作单位性质以个体工商户为主，女性有 45.76%的受访者供职于此；男性的比例为 41.48%，稍低于女性。此外，由该数据我们还可以得出如下结论：女性受访者在机关事业单位、港澳台企业、日韩企业和中外合资企业的比例均要高于男性。这一现象表明，外资企业对于女性雇员并不歧视。但女性在国有及国有控股企业和集体企业的供职比例则要显著低于男性，分别为 3.68%和 1.41%，即女性在公有制企业(包括集体和国有)中工作的受访者比例(5.09%)总体低于男性(7.86%)。而在私营企业、土地承包者和其他企业中，男女就业比例则趋近相同。最后，对于无单位这一指标而言，男性远远高于女性，这表明女性更追逐工作的稳定性，而男性相对偏好于更好的工作机会，使得跳槽的可能性更高。

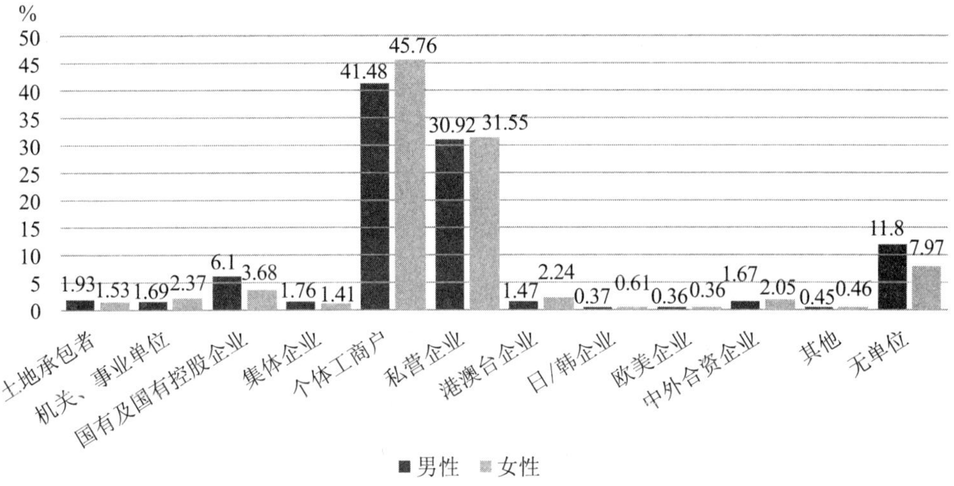

图 2-55　不同工作单位性质的男女就业状况比较

数据来源：2014 年流动人口动态监测数据。

从流动人口工作所属的产业分布来看，女性劳动者更多的供职于第三产业，比例高达 71.25%，高出男性 8.53 个百分点。第一产业中，男性与女性的就业比例则基本平均在 4%。第二产业中，男性的就业比例为 32.98%，要显著高于女性的 24.71%。这一现象也符合常识，第二产业对劳动者的体力要求较高，显然男性在这方面更占优势。

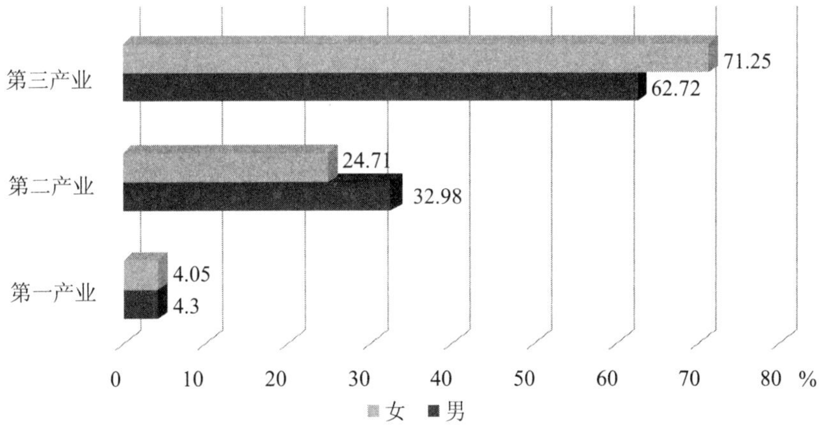

图 2-56　不同产业的男女就业状况比较

数据来源：2014 年流动人口动态监测数据。

图 2-57 显示了不同就业身份的性别差异比较。可以看出，女性作为雇员身份出现的比例为 60.15%，要高于男性的比例(56.36%)。这一现象产生的原因可能源于女性对于风险的偏好程度要普遍低于男性，而作为雇员其承担的责任与压力要远远低于雇主。此外，男性作为雇主和自营劳动者的比例分别为 9.51%和

32.13%，比女性略高。这可能表明，男性作为社会发展的中坚力量，更倾向于富有挑战性的工作。作为雇主需要有较强的逻辑思维、理性的抉择和敢于担当的勇气，这些要求都更加符合男性的特征。

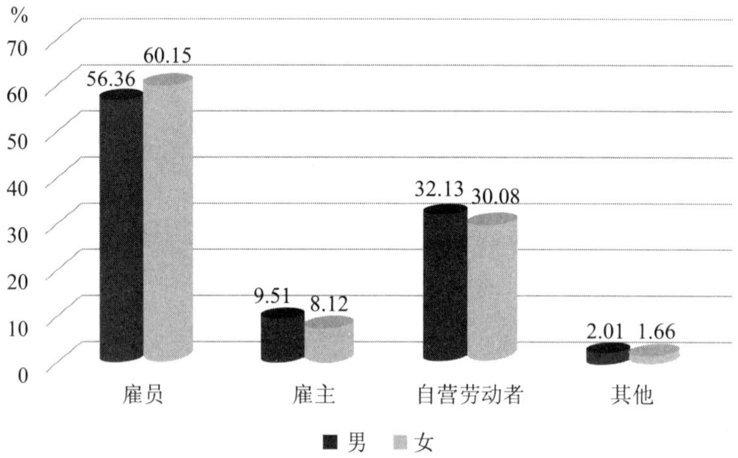

图 2-57　不同就业身份的性别差异比较

数据来源：2014 年流动人口动态监测数据。

此外，从被调查流动人口的工作区域划分来看，女性工作者多供职于市区，比例达到 45.43%。在其他工作区域，诸如城乡结合部、县城、乡镇和农村的男女性别比例都十分接近，没有显著差异。

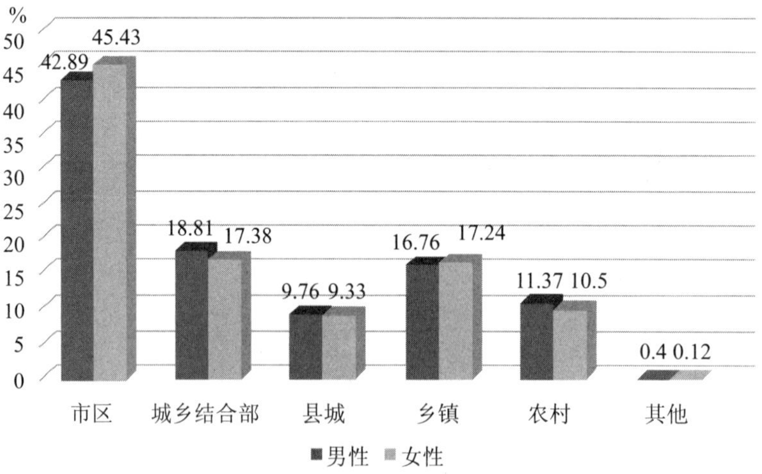

图 2-58　不同工作区域的男女就业状况比较

数据来源：2014 年流动人口动态监测数据。

图 2-59 显示了被调查流动人口中男女未找工作的原因对比分析。如图所示，女性未找工作的原因最主要是料理家务和带孩子，这一比例达到了 65.49%。反

观男性，只有7.8%的男性因为要照料家务和带孩子而选择不找工作。这一数据显示我国长久以来的“男主外，女主内”现象依旧存在。此外，13.54%的受访女性表示其未找工作的原因是找不到工作，而男性找不到工作的比例则高达51.51%，几乎是女性的4倍。由于怀孕或哺乳而不找工作的女性占到了未找工作女性总数的9.13%。而“因本人或单位原因失去原工作”的女性比例分别为2.27%和0.69%，均低于男性比例(7.66%和3.51%)。最后，由于“丧失劳动能力”“退休”和“其他”原因导致受访者未找工作的比例，男性均高于女性。

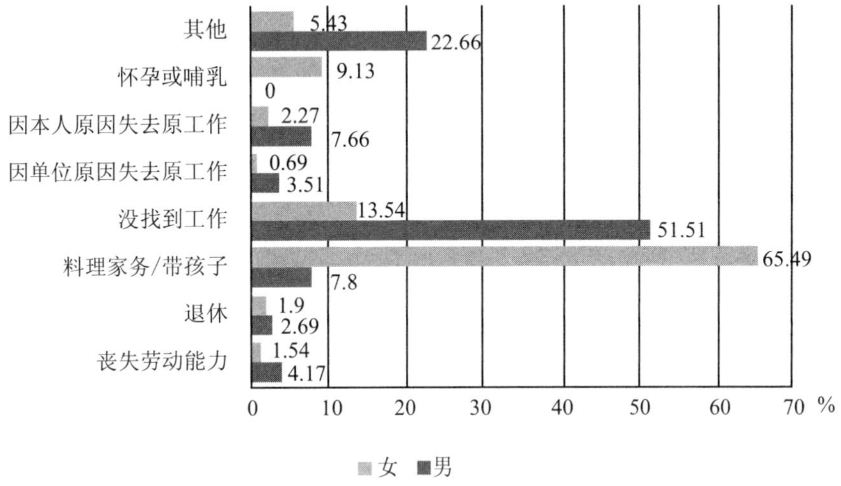

图 2-59　未找工作原因的性别差异比较

数据来源：2014年流动人口动态监测数据。

图2-60给出了流动人口中是否拥有失业保险的性别差异状况。如图所示，女性拥有失业保险的比例为13.12%，与男性相比低了1.3个百分点。女性没有

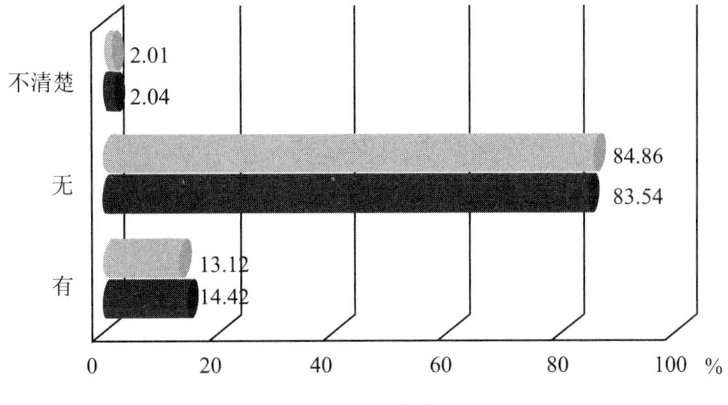

图 2-60　是否拥有失业保险的性别差异比较

数据来源：2014年流动人口动态监测数据。

失业保险的比例为 84.86%，与男性相比高了 1.32%。男性与女性“不清楚”自己是否拥有失业保险的比例分别为 2.04%与 2.01%。总体而言，在此次的流动人口调查中，男性在失业保险的保障上要略强于女性。

(二)流动人口就业性别差异的现状探讨

导致这一现象产生的原因很多，本研究认为主要在于：第一，统计歧视问题。正如“统计歧视理论”所述，商品市场具有功利性，雇主的雇用决策主要以是否能够实现最大化的利润或最大化的边际生产力作为标准。该理论认为雇主对于女性“生产力”总体上低于男性具有前置假设。第二，生育负担问题。通常而言企业雇主不愿意承担女性员工由于生育产生的附加成本，例如，带薪休假、四期保护等。从而使得女性由于自然属性的分工影响了女性平等就业的权利。第三，人力资本投资问题。布劳格根据美国经济学家西奥多·舒尔茨的人力资本理论对该现象进行了阐释。他认为“男性或女性之所以对自己的时间和收入采取不同的分配方式，是因为她们不仅仅考虑到当前的就业，而且还为了将来能持续地就业以及获得更多的报酬”。① 具体而言，由于社会属性的限制，导致大部分人都认为女性应该把大部分精力投入到家庭中。换言之，女性对自己的人力资本投资普遍低于男性，所以其在职场的性别差别待遇问题也就随之出现。第四，女性的互动问题。斯坦福教授理姬薇认为，人们在日常的生活与交往中存在直接或间接的互动。在互动交往中，人们对于性别的识别是第一位的，并以此作为有效的前提条件，通过两性间的显著差异，从而形成了两性间不同的地位信心。在中国由于传统封建思想的束缚，人们普遍认为男性优于女性，加之女性在自我实现预言效应的暗示下，承认自身能力低于男性，从而导致具有同等能力水平的两性拥有不同的期望值；此外，男性为了维护自身的优势地位，利用占据权利位置的机会，刻意忽略女性，使得女性在职场中难以改变受歧视的状况。第五，职业决策问题。戈萨德从社会学模式对该现象进行了解释。他认为，影响职业选择的因素包括社会、性别、智力、种族、身体、职业知识、就业可能性以及职业指导。他认为，社会因素对于职业设计有着不可低估的影响，不仅影响招聘入职时对女性的外貌、学历、婚恋状态具有特殊要求，还影响女性在职时遭遇的同工不同酬、晋升缓慢、待遇偏低以及四期保护不到位等问题。因此尽可能地为女性构造良好的外部环境，能尽量减少这种差异。

① [美]布劳格：《人力资本理论的经验研究：一个回顾》，载《经济文献杂志》，1976 年第 9 期。

(三)流动人口中的工资“垂直性别隔离”现象显著

总体而言，在所有被调查流动人口的平均月工资为3 721.87元。其中，男性的月平均工资为4 062.54元，而女性的月平均工资则仅为3 149.34元，比男性的平均工资低了913.2元。为进一步了解男性和女性之间的工资差异，我们将通过不同职业种类、单位性质、工作所属产业、就业身份、工作区域等方面考察男女之间的性别工资差异。总体上，在2014年流动人口动态监测数据中，我国流动人口的工资“垂直性别隔离”现象较为显著。所谓垂直性别隔离(vertical sex segregation)是指在同一行业中，男性通常能获得更高的职位与薪资，女性则处于较为边缘化的职位，薪资低且不易升迁。

首先，我们对不同教育程度下的男女性别工资差异进行了刻画。由图2-61可知，从绝对量上看，随着受教育程度的不断提高性别工资差异的绝对量不断扩大。当男性和女性的受教育程度为“研究生”时，男性的工资为8 182.73元，女性的工资为6 274.13元，其差异为1 908.61元。而当男性和女性的受教育程度均为“未上过学”时，性别工资差异为634.83元。在“小学”“初中”“高中”“大学专科”和“大学本科”等受教育程度上的性别工资差异分别为719.25元、878.12元、862.47元、1 128.44元和1 259.06元。从相对量上看，在不同受教育程度上性别工资差异最小的仍是“未上过学”，男性比女性的工资高20.07%。但性别工资差异最大的受教育程度不再是“研究生”，变成了“大学专科”：其男性比女性的工资高24.39%。此外，从“小学”“初中”“高中”“大学本科”和“研究生”等不同受教育程度上看，其性别工资差异的相对量分别为20.38%、22.44%、20.73%、22.47%和22.32%，基本稳定在20%的水平上。综上，不论是从绝对量的角度还是相对量的角度，不同受教育程度的男性与女性在工资上的确存在差异。

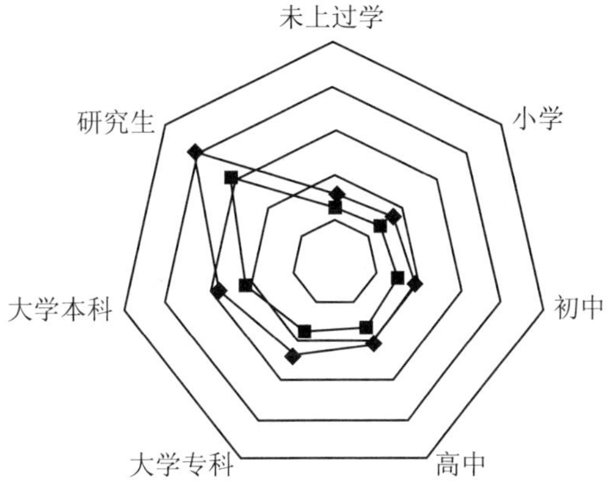

图2-61　不同教育程度的性别工资差异

数据来源：2014年流动人口动态监测数据。

其次，我们对三大产业的性别工资差异进行了描述。由图 2-62 可知，男性在第一、第二和第三产业的月平均工资均高于女性。具体而言，在第二产业中，男性与女性工资差异最大，男性比女性工资高了 1 051.08 元。在第三产业中，男性受访者的平均工资为 4 125.22 元，也比女性的工资高 897.57 元。三大产业中性别工资差异最小的是第一产业，第一产业工作的男性工资比第一产业工作的女性工资高 559.97 元。

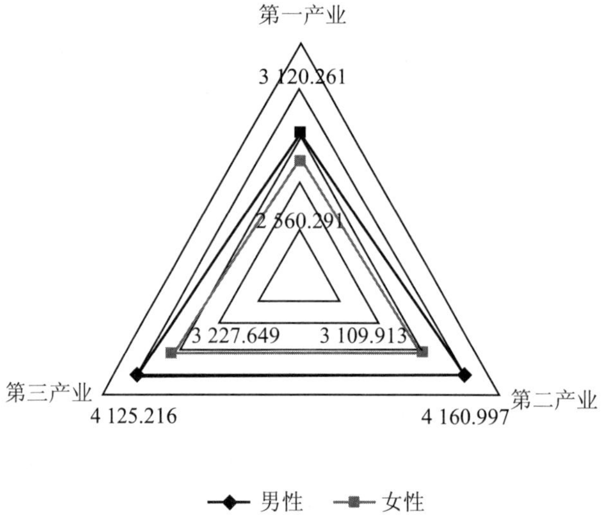

图 2-62　不同产业间的性别工资差异(元)

数据来源：2014 年流动人口动态监测数据。

再次，图 2-63 给出了男性与女性在不同工作单位性质中的工资差异。由图可知，在所有不同工作单位性质下，男性的月平均收入均要高于女性。图中深色区域表示男性与女性在不同工作单位下的工资差异。不难发现，男女收入差距最大的工作单位性质为“欧美企业”：在欧美企业中，男性的月平均工资达到了 6 718.09元，而女性则只有 5 158.20 元。男性月工资收入比女性高了 1 559.89 元。男女收入差距最小的工作单位性质为“机关、事业单位”：在被调查人口中，在机关事业单位工作的女性月平均工资为 2 805.93 元，男性收入为 3 338.17 元；收入差距仅为 532.24 元。此外，工作单位性质为“港澳台企业”的受访者的性别工资差距也较小，为 599.92 元。同时我们还发现：“公有制企业”与“私有企业”相比其性别工资差异基本趋同。在公有制企业中，女性受访者工作单位性质为“国有及国有控股企业”和“集体企业”的月平均工资为 2 984.69 元和2 847.19元，而男性在这两种工作单位性质的月平均工资分别为 3 826.29 元和 3 766.70 元，与男性相比女性在这两种性质的工作单位中工资分别低了 21.99%和 24.41%。在私营企业和个体工商户企业中，女性的月平均工资为2 969.76元和 3 426.62

元，与男性的工资相比分别低了 25.66%和 21.56%。

在所有外资企业中，“欧美企业”中的性别工资差异最大，女性工资比男性工资低了 23.22%。性别工资差异最小的是“港澳台企业”，男性工资“仅”比女性工资高了 16.13%。“日韩企业”的工资性别差异居中，男性比女性工资高了 20.04%。

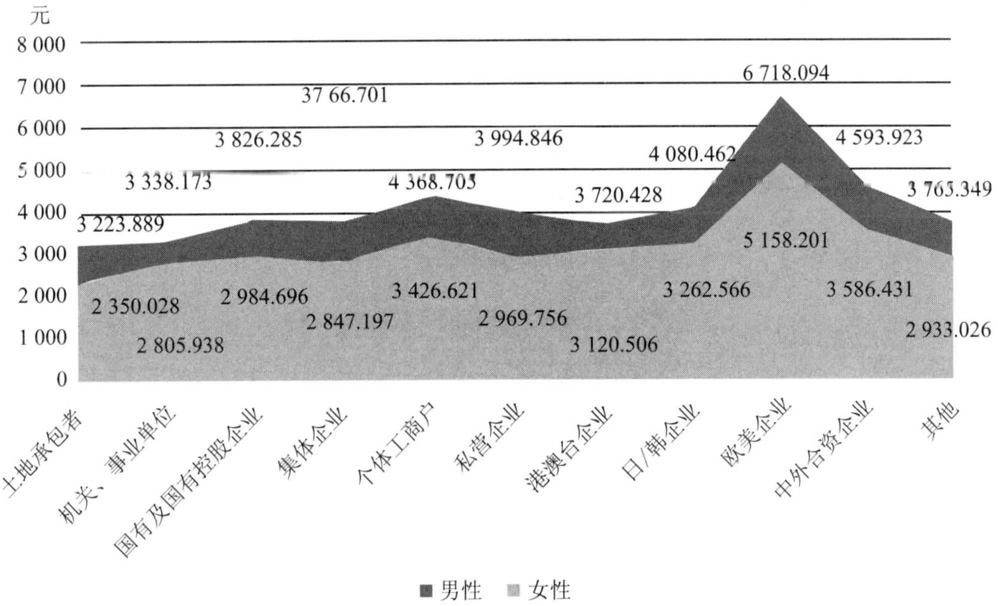

图 2-63　不同工作单位性质的性别工资差异

数据来源：2014 年流动人口动态监测数据。

图 2-63 列出了不同工作单位性质的性别工资差异。图 2-64 则给出了不同职业种类的性别工资差异。由图可知，在受访者中从事商业服务职业的男性(4 221.87 元)和女性的工资(3 234.98 元)差异最大，达到了 986.89 元。除了“商业服务业”外，被调查人员在“生产运输业”中的性别工资差异也较大，达到了 909.61 元。而作为“国家、党群、企事业负责人”的受访者中，男性和女性的工资差异最小为 567.03 元，其工资分别为 5 730.93 元和 5 163.90 元。与“国家、党群、企事业负责人”同为政府工作人员的“办事人员”，其性别工资差异也较小为 606.89 元，男性月平均工资为 3 941.76 元，女性为 3 334.86 元。最后受访者作为“专业技术人员”的性别工资差异为 836.55 元。

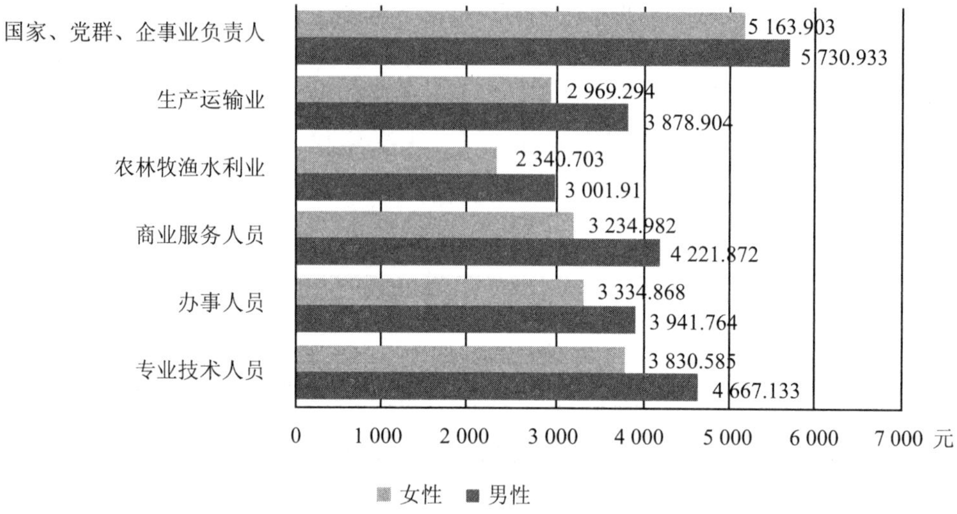

图 2-64 不同职业种类的性别工资差异

数据来源：2014 年流动人口动态监测数据。

此外，图 2-65 给出了不同就业身份的性别工资差异。由图可知，在"雇员""雇主""自营劳动者"及"其他"四种就业身份下，男性的工资均要高于女性工资。其中，作为"雇主"的性别工资差异最大，达到了 1 490.40 元。"其他"就业身份的性别工资差异最小为 561.98 元。"雇员"和"自营劳动者"的性别工资差异分别为 864.99 元和 715.41 元。

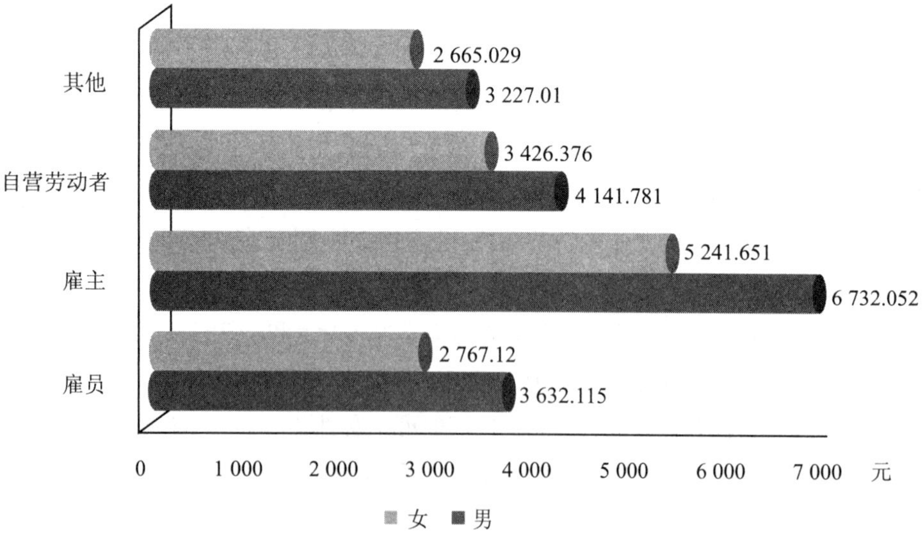

图 2-65 不同就业身份的性别工资差异

数据来源：2014 年流动人口动态监测数据。

在被调查的流动人口中，东部地区的男性与女性的收入差距最大，达到了

1 082.75 元。中部地区的性别工资差异为 844.48 元。而在西部地区，男性和女性的工资差异最小为 795.96 元。在东部地区由于经济水平较高，平均收入水平较高，从而导致其工资差异也较大。而在西部地区，由于本身经济水平较低，性别工资差异也不就那么明显了。

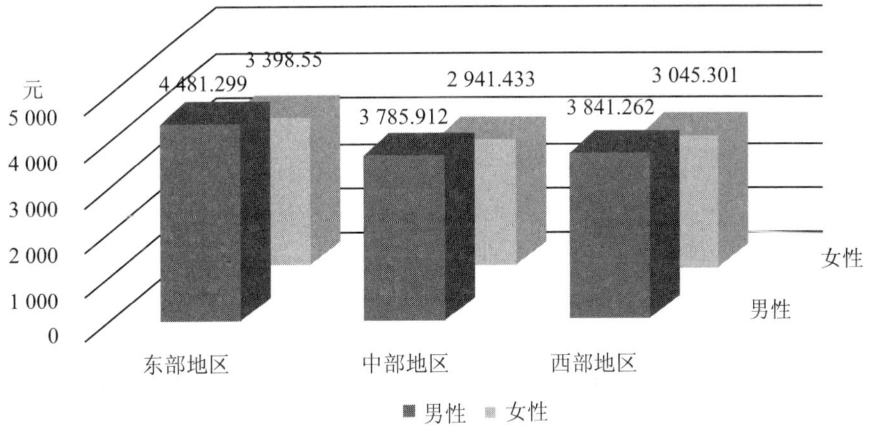

图 2-66　不同区域的性别工资差异

数据来源：2014 年流动人口动态监测数据。

图 2-67 给出了不同户籍身份的性别工资差异。由图 2-67 可知，当受访人员的户籍为非农业时，男性与女性的工资差异较大，达到了 1 130.63 元。其中，男性的工资收入为 4 898.34 元，女性的工资收入为 3 767.71 元。而当受访人员的户籍为农业户口时，男性与女性的月工资收入差距变小，仅为 875.69 元。这一

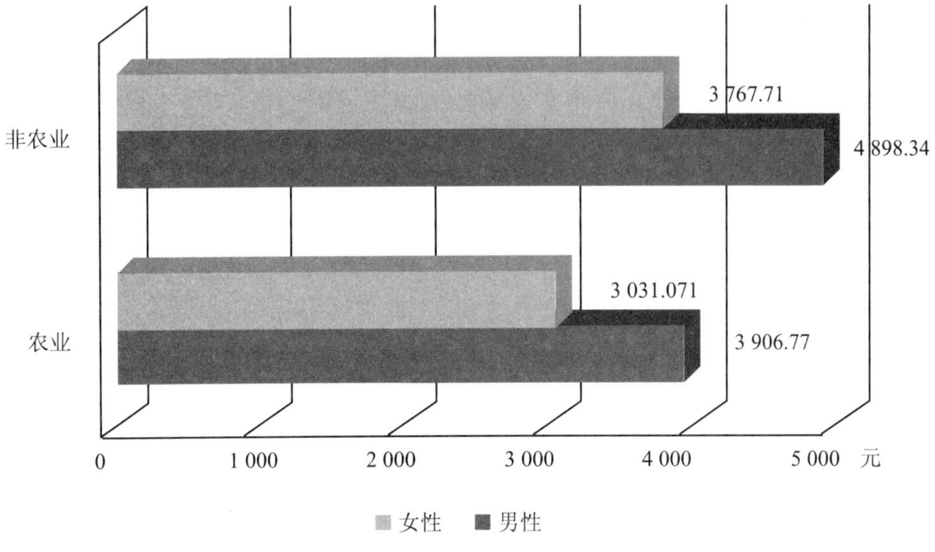

图 2-67　不同户籍性质的性别工资差异

数据来源：2014 年流动人口动态监测数据。

现象的产生可能是由于拥有农业户口的流动人口从事的工作层次较低，男女的性别差异并不大。而非农业户口的流动人口工作层次较高，对性别的要求也就较高。

（四）流动人口性别工资差异的现状探讨

正如上文所述，我国的流动人口群体中存在较为显著的性别工资差异。导致该现象产生的主要原因有以下四个方面：第一，女性流动人口的“职业拥挤”现象严重，女性经常会被刻意地分割在某些特定的职业范围内，这些职业由于过多的女性劳动供给量会形成所谓的“职业拥挤”，而这种拥挤状况会导致女性职业工资水平的不断降低，进而使得女性工资低于男性。第二，自古以来形成的习俗与公众舆论认为，女性就业具有从属性特征，被认为劳动生产率低下，缺乏工人组织的支持，生活标准较低，受教育程度低等都造成了女性流动人口的收入偏低。第三，女性流动者就业主要集中于“二级劳动力市场”。劳动力市场可以被分割为一级市场和二级市场，处于一级劳动力市场中的员工具有较高的工资率，较为宽松的就业环境和相对轻松的升迁机会。而在二级劳动力市场中，由于缺乏制度保障，劳动力往往面对较差的工作环境、有限的发展空间与较低的工资收入。从历史的轨迹来看，由于女性出入劳动力市场的频率较高，因此她们的工作大多不够稳定，不具有连续性，使得女性大部分受雇于二级劳动力市场。反观男性，则多处于一级劳动力市场，这两种劳动力市场所存在的内在差异，进一步放大了男性与女性的工资收入差异。第四，女性流动者的人力资本较低。在做人力资本投资决策时，男性与女性所受到的激励具有差异性。虽然近些年我国国民经济快速发展，女性在劳动力市场中的地位也有所改变，但就平均情况来说，女性从事带薪工作的年限比男性短。此外，由于女性的社会属性，她们需要将一部分精力转移到养育孩子与从事家庭生产中去，从而降低了女性在劳动力市场中的工作时间与工作效率。

第三章 促进性别平等的就业政策选择

在当前我国的劳动力市场中，就业性别不平等现象依然比较严重。从理论上来说，就业歧视现象的产生主要源于人们的性别偏好。我国就业性别平等中存在的主要问题包括性别工资差异明显、行业职业分割现象严重、就业机会的不均等、职业发展机会存在差异、工作生活不平衡程度较高、女性劳动保护存在不足等多个方面。性别歧视不仅会给个人带来损失，也会使社会福利受到损失。当前我国女性就业面临着多重压力，包括经济增长不断下行、去产能去库存任务艰巨以及“全面二孩”政策的实行等。基于此，本章提出了促进性别平等的就业政策选择。

第一节　当前就业性别平等中存在的主要问题

一、就业性别歧视现象的理论探讨

劳动力作为推动经济增长的最基本要素之一，其数量、质量和结构的变化无疑是影响未来经济长期增长的重要变量，而劳动力市场的公平状况不但会对劳动者本身造成影响，更会对国民经济的可持续增长产生重大冲击。因此，消除就业歧视，构建统一、公平的劳动力市场，是保证经济可持续增长的“必修课”。

长期以来，由于种种原因，我们都否认就业歧视问题的存在，认为在公有制的体制下已经实现了劳动者的“真正”平等。但不可否认的是，随着不平衡发展战略的实施和市场化改革的深入，劳动力市场的歧视现象开始显现，并逐渐演变成为经济社会进一步发展的重大障碍之一。

早期的学者就已经认识到，歧视现象不仅仅是一个社会问题，同时也是一个经济问题。不过，早期的歧视理论较多关注的是性别歧视现象。较早论述歧视问题的经济学家是詹姆士·穆勒(J. S. Mill，1869)①。他认为，对妇女合法权利的种种限制，实质上是既为男子在劳动力市场获得了更多的报酬，又在家庭内获得了更高权威的政策组成部分。在19世纪与20世纪之交，英国在公平报酬问题上产生了争论，其中的焦点在于妇女的低工资问题，这场争论首次产生了大量关于歧视经济学的文献。

不过，真正用规范经济学的框架来分析歧视问题的，则是诺贝尔经济学奖获得者加里·贝克尔(1957，1971)。② 1957年，贝克尔在其博士论文的基础上出版了《歧视经济学》一书，用微观经济学的研究方法，首次构建了歧视经济理论的分析框架。贝克尔认为，歧视最直接的表现就是会导致部分群体“身心不悦”(physical disutility)，用经济学的术语来讲，其含义是某些人宁肯承担一定的费用，也不愿意与某个群体的成员打交道。而这种不愉悦的感觉主要来自于个人的偏好。在完全市场竞争的假设前提下，贝克尔模型隐含的一个重要结论就是，竞争性的市场力量将减少并最终消除歧视现象。此后，在贝克尔的基础上，阿罗(Arrow，1972)③提出了雇员歧视模型，卡恩(Kahn ，1991)④提出了顾客歧视模型，克鲁格(Kruger，1963)⑤提出了歧视的经济动机模型，等等。这些包括贝克尔在内的模型由于其基本假设是完全市场竞争和信息充分，因而被称为“完全市场竞争的歧视理论”。

实际上，由于信息不完全或者市场制度性缺陷导致的市场不完全竞争是经济生活中的常态。因此，有一些经济学家放弃了完全市场竞争假设，开始探讨市场不完全状态下的歧视问题。比如修罗(Thurow ，1969)⑥提出了多种歧视类型相互作用的垄断模型，认为歧视的竞争理论与其说是歧视理论，倒不如说是分隔理论；布莱克和丹(Black，Dan H.，1995)⑦提出了买方垄断情况下的搜寻成本歧视理论，他们指出，只要存在歧视性的雇主，被歧视群体的工作搜寻成本就会上

---

① J. S. Mill，1869：*The Subjection of Women*. New York：Stokes，1911.

② Becker，Gary S：*The Economics of Discrimination*，2d edition. The University of Chicago Press，1971.

③ Arrow，K. J：Some Mathematical Models of Race Discrimination in the Labor Market，*in a Pacal(ed.)*，1972.

④ Kahn，L. K：Customer Discrimination and Affirmative Action. *Economic Journal*，Vol. 41.

⑤ Kruger，A. O：The Economics of Discrimination. *Journal of Political Economy*，LXXI (5)，October，1963.

⑥ Thurow，L.：Poverty and Discrimination，*Washington DC*：*Brookings*，1969.

⑦ Black，Dan H. 1995，Discrimination Equilibrium Search Model，*Journal of Labor Economics* 13，No. 2(April 1995)，pp. 309-334.

升，而这会使他们的流动次数要比没有歧视的群体少；费尔普斯(Phelps，E. S. 1972)①提出了统计性歧视理论。他认为，统计性歧视的根源在于信息的不完全，以及获取信息需要支付成本，企业在劳动力市场上雇用时，往往将求职者的群体特征推断为个体特征，这种做法会使不利群体遭受统计性歧视；冈纳·缪尔达尔(Gunnar Myrdal，1991)②提出了前劳动力市场歧视理论，强调了被歧视者目前相对较低的劳动生产率是由于在进入劳动力市场之前就遭受到歧视的结果，这方面尤其表现出人力资本投资的差异性。

>>二、就业性别不平等可能带来的损失<<

就业性别歧视带来的经济社会成本主要有两类：首先是个人成本，包括被歧视者成本和歧视者成本。对于被歧视者来说，将得到更低的工资，被雇用的机会较少，致使生活水平下降；对于歧视者来说，也许获利也许受到损失。这主要取决于劳动力市场的完善与否。

其次是社会成本。歧视会导致社会总产出的减少。根据对美国的研究，由于垄断导致的歧视会造成GDP每年约1%的损失。一项研究估计，由于种族歧视而造成的GDP损失是每年4%。另一项分析性的研究则证明，由于性别歧视使得整个美国的GDP减少5 000多亿美元。再加上同性恋歧视、年龄歧视、体质歧视和其他形式的歧视，美国社会每年的GDP损失将大大超过5 000亿美元。

女大学生就业歧视是当前我国就业领域中的一个突出问题。大学生是我国经济建设的重要人才队伍，是科学研究的主力。现代经济增长理论已经证明，在一国的经济增长中，人力资本的贡献率已经占到60%以上，在发达国家甚至达到80%。大学生作为人力资本的重要承载者，歧视的存在必然会使人力资本的功效大打折扣，抑制其真实效能的发挥。如果歧视现象长期而广泛地存在，最终会对经济增长造成损害。不仅如此，对大学生就业的歧视还会对大学生的心理造成严重伤害。特别是女大学生的心理承受能力相对较弱，有时可能还会引发心理失衡；而且，由歧视所造成的劳资纠纷增加，也会对社会的稳定带来不利的影响。

(一)歧视行为的个人成本

由于遭受歧视给被歧视者(女性)带来的成本是显而易见的。表面上来看，在

① Phelps，E. S. 1972，The Statistical Theory of Racism and Sexism'，*AER*，LXII，September，pp. 659-661.

② [瑞典]冈纳·缪尔达尔：《世界贫困的挑战：世界反贫困大纲》，北京：北京经济学院出版社，1991。

我国劳动力市场不完善的情况下，雇主能够从对女性的歧视中获利，因为压低工资的结果能够增加自己的利润。但是，长期来看，由于女性的工资福利待遇不能得到提高，他们的生产积极性就会受到极大影响，劳动态度就会转为消极，产出效率和产出质量就不能得到提高，最终受到损失的还是歧视者本人。

其实，劳动力市场的歧视行为不仅给女性造成了福利损失，也会给企业和雇主自身带来很大的损失。因为劳动力需求方在对女性工资保持压制的同时，也使劳动力的工资水平保持在高于劳动力市场均衡水平的状态。这其实也就是劳动力雇用者为自己的歧视行为付出的代价。

(二)歧视的社会福利成本

从经济学的角度来看，无论是由于人们的个人偏见还是由于劳动力市场的缺陷所导致的歧视，如果受益者主体的受益额不能抵补受损者的损失，那么，歧视就会给被歧视者本人和整个社会福利带来损失。由于歧视现象的存在，国民经济就会偏离帕累托最优标准，就不是一个最优的经济体制。事实上，所有的歧视经济理论都做出了这样的预期：不管模型中的特殊假定是什么，歧视肯定会导致福利的损失。

Pike(1982)①和 Tzannatos(1989)②提出了总产出变化(效率增进)的估计值。其测算的机理是，如果对两类不同群体(比如说男女)劳动力资源进行重新配置，总产出将会发生怎样的变化。男女劳动力的替代弹性是模拟过程中最重要的一个因数，但这一弹性估计值很难直接获得，因此，他们采用不同的替代弹性值，以观测它对总产出数量(福利增进)的影响。Pike 采用的弹性估计值是 3，对应的社会福利大约可以增进 3 个百分点。而 Tzannatos 拓展了这种分析，他所采用的替代弹性值是 10。实证研究表明，替代弹性值要比 1 大得多，通常在 3～9。Tzannatos 发现，如果不考虑资本利用状况，社会福利可以增进 10 个百分点，如果将资本利用变动状况考虑在内，社会福利可增进 5～6 个百分点。

---

① Pike M：Segregation by sex，Earnings Differentials and Equal Pay：An Application of a Job Crowding Model to UK Data. *Applied Economics* 1982，14(5)：503-514.

② Tzannatos Z. The Long-Run Effects of the Sex Integration of the UK Labor Market. *Journal of Economic Studies*，1989，15(1)：5-18.

第二节　促进就业性别平等的政策建议

>>一、完善法律体系，尽快出台《反就业歧视法》<<

就业是民生之本。在经济发展方式转变、建设和谐社会的关键时期，消除就业歧视现象就显得格外紧迫。《就业促进法》专设“公平就业”一章，强调男女平等就业权利。《劳动合同法》对企业订立女职工权益保护专项集体合同做出明确规定，为保障女职工合法权益提供了法律依据。制定、修订和实施《女职工劳动保护特别规定》、机关事业单位处级干部和高级职称专业技术人员男女同龄退休、支持女性科技人才成长及促进女大学生平等就业等一系列法规、政策及措施，为妇女就业和职业发展创造有利条件。

目前，我国反就业歧视的法律体系已经基本成型，但专门的“公平就业法”仍未出台。此外，劳动监察领域有法不依、执法不严的问题依然突出，增强了一些不法雇主的侥幸心理。因此，应尽快制定具有可操作性的《反就业歧视法》，明确歧视的具体定义，明确禁止就业性别歧视的法律原则；明确性别歧视行为判定标准，规定违法用人单位应承担的、具体的法律责任；明确政府相关部门对劳动力市场性别歧视行为的监管职能，加大对侵权行为的惩处力度。设立反性别歧视专门机构。在反就业歧视立法较完善的国家，均已设立了专门机构，并在禁止就业歧视、保护平等就业方面发挥了重要的作用。建议我国借鉴英、美、挪威、瑞典等国经验，设立类似于国家机会平等委员会、性别平等司的反就业性别歧视专门机构，受理被歧视女性的申诉、调解与裁决，并代表女性向法院提起诉讼。当然，从我国产生就业歧视的制度性根源角度出发，推进户籍制度改革，尽快弥合劳动力市场的分割，创造公平就业的制度性环境，这才是实行劳动者的“体面就业”、保障经济可持续增长的根本之道。

>>二、完善就业服务体系，为女性提供更多平等参与机会<<

强化公共就业服务，维护女性公平就业的权利。加大妇联、工会的维权参与力度。在积极推动《反就业歧视法》出台方面，加强妇联组织源头参与力度；加强部门合作，充分发挥妇联是妇女“温暖之家”、工会是“职工之家”的作用，积极配合人力资源和社会保障部门，为消除就业性别歧视、保障职业女性的平等就业权做出各方应有贡献。充分发挥职业培训学校和社会办学力量在师资、设备、场地等方面的优势，整合培训资源，全面开展妇女再就业培训，注重强调对女性求职者的职业指导、职业介绍等公共就业服务。同时，注重发挥妇女劳务竞争优势，努力推动妇女在家政服务以及电子商务等新兴产业和行业就业，通过政府购买公益性岗位、发放小额担保贷款、就业见习、劳务输转等方式，积极扶持女性下岗失业人员、返乡农民工创业再就业。

>>三、加大财政金融政策扶持力度，促进女性创业就业<<

近年来，我国政府高度重视包括女大学生在内的妇女就业创业，出台了多项支持性政策。2009 年，财政部、人力资源和社会保障部、中国人民银行以及全国妇联共同制定出台了《关于完善小额担保贷款财政贴息政策推动妇女创业就业工作的通知》，为包括女大学生在内的妇女创业提供了资金支持。同年，全国妇联、教育部、人力资源和社会保障部与中国女企业家协会共同启动“女大学生创业导师行动”。为了提升大学生创业意识，使大学生掌握创业的基础知识和基本理论，熟悉创业的基本流程和基本方法，2012 年教育部把创业教育纳入高校课程体系，提高大学生的创业能力。包括女大学生在内的女性创业者难以获得充分的融资是制约创业和企业成长的重要因素。最新一期中国妇女社会地位调查数据显示，女性创业者在最需要的帮助或支持中，选择最需要创业资金支持的占 55.71％，比同类男性高出 3.57 个百分点。2015 年 6 月，国务院常务会议再度推进关于创新和创业的扶持政策，出台了《关于大力推进大众创业万众创新若干政策措施的意见》。在加大财政资金支持和统筹力度、创新银行支持方式中，可以融入社会性别视角，创新针对女性创业者的金融产品和金融服务，切实为促进女大学生创业创造条件。同时，应加大促进创业扶持政策宣传力度，将政策宣传方式与大学生获取信息的常用途径相匹配，可以通过微信、短信等方式点对点传递给女大学生，便于大学生实时获得就业、创业政策。

>>四、加强企业社会责任，营造男女平等就业的环境<<

企业是用工主体，在消除女性就业歧视方面承担着不可推卸的重大责任。2000 年 7 月，“全球契约”在联合国总部正式启动，强调企业承担社会责任。中国现有 240 多家企业加入，“杜绝任何在用工与行业方面的歧视行为”是“全球契约”10 项基本原则之一。现实中未完成生育任务的女大学生、研究生屡遭就业性别歧视，怀孕妇女往往面临“孩子与位置”的艰难抉择，一些企业胁迫孕妇辞职的现象，就是企业社会责任严重缺失的主要表现之一。2005 年 10 月，中国立法首次提及“社会责任”。2007 年 12 月，首个要求企业履行社会责任的部门规章出台。

2013年11月12日，中央文件首次将承担社会责任作为深化国企改革的重点之一，并首次提出“规范招人用人制度，消除城乡、行业、身份、性别等一切影响平等就业的制度障碍和就业歧视”。这种对企业社会责任，包括就业歧视的空前高度关注，为女职工权益实现提供了契机。政府要加大引导企业制订男女平等的就业计划，在招聘、晋升、培训中促进男女平等，同时积极培育男女平等的组织文化，鼓励有条件的单位为有家庭责任的男女职工提供灵活的工作时间，利用互联网远程技术开展家庭办公，缓解工作—家庭冲突。

>>五、提高社会服务水平，助推更多女性走向职场<<

由于女性在家庭分工中承担了更多的责任，因而社会服务的专业化和服务体系的完善程度会对女性劳动参与形成影响。比如家政公司的出现不仅为女性创造了更多的就业岗位，而且还由于其专业化的服务使不少女性从家务劳动中解放出来。根据商务部流通服务业典型企业统计数据测算，2014年，全国家政服务业企业60多万家，从业人员2034万人，同比增长13.0%，比第三产业就业人数增幅高7.2个百分点，比全社会就业人数增幅高12.6个百分点，占全社会就业总人数的3.0%。商务部流通服务业典型企业统计系统中将家政服务业经营业态划分为母婴护理、养老看护、小时工及其他四类。据测算，2014年家政服务业营业收入中，母婴护理占比30.5%，养老看护占比19.4%，小时工占比27.0%，其他占比23.1%。与2013年相比，母婴护理营业收入占比提高2.5个百分点，养老看护营业收入占比提高3.6个百分点，小时工营业收入占比下降4.9个百分点，其他类收入占比下降1.2个百分点。

幼儿园承担着婴幼儿托管和早期教育的功能，其发展程度对解放女性具有重要意义。教育部在2015年11月公布的学前教育中期评估报告显示，2014年我国学前3年的毛入园率达到70.5%，提前完成了2015年要达到65%的目标。但客观地说，这个数据并不高，70%的入园率其实意味着仍然有近30%的孩子没有获得学前教育的机会，入托问题还没有解决。在“全面二孩”政策下，各地要未雨绸缪，新建、扩建托幼园所，满足人们对公共服务的需求。

>>六、加快用工观念转变，充分认识女性就业的优势<<

在传统的以简单的劳动体力投入为主要要素的社会经济中，男性在劳动力市场中占据了统治地位，女性只能从事从属性的服务工作。但在网络经济时代和信息经济时代，特别是随着服务业在国民经济中的比重快速上升，许多就业岗位已经突破了性别的差别，为女性更平等地参与经济社会活动提供了契机。比如根据阿里巴巴的统计数据显示，在淘宝平台上，女性卖家的比例为55%，要明显高于男性卖家。在女装、美容护肤类产品上她们有更明显的优势，以“女装/女士精品”类目为例，女性卖家超过100万人，比男性卖家多出20多万。而且女性卖家的店铺好评率也略高于男性。相比男性，女性卖家因为资质更好、更加谨慎还更容易获得网络小额贷款，她们还款也更加及时，阿里小贷的统计显示女性客户的逾期率为0.52%，比男性低了23%。不仅如此，企业在聘用员工时合理考虑女性比例，能够很好地发挥“男女搭配、干活不累”的效果。现有研究还发现，由于女性在财务决策时风险偏好比男性更趋于谨慎，因而更能够使企业在激烈的市场竞争中规避风险。女性在企业高管中的比例与企业业绩、社会责任呈正相关，这就是说，如果企业在高管中更重视提拔女性的话，那么对提高企业的业绩与社会责任感是有好处的。[①] 在硅谷，Twitter、雅虎和谷歌等科技公司的女性高管比例一般在20%上下。以谷歌为例，其整体员工中的女性占比是17%，管理岗位中的女性比例为21%。而阿里巴巴则是一个更为典型的案例，在其集团的30位合伙人中，女性就占据了9位，并且她们都在非常关键的岗位起到了关键的作用。[②]

① Adams，R. B.，and D. Ferreira. 2008. Do Directors Perform for pay? Journal of Accounting & Economics(JAE)，46(1)：154-171.

② 马云：中国女性是超级女人 淘宝女卖家好评率高于男性，网易财经，http://money.163.com/14/0925/09/A6VQ2CQR00253B0H.html。

第二篇

女性就业问题专题研究

第四章

供给侧改革背景下的女性就业

我国经济发展过程中存在着日益突出的结构性不合理问题。为了研究我国经济性改革及城市工作，2015 年 11 月 10 日，国家主席习近平主持召开中央财经领导小组第十一次会议，首次提出“供给侧改革”，强调“在适度扩大总需求的同时，着力加强供给侧结构性改革，着力提高供给体系质量和效率，增强经济持续增长动力”。相对于需求侧改革来说，供给侧改革是一个难度大、发力慢的过程，面临着打破旧的要素配置模式、重组生产要素的艰巨任务，而新的生产要素配置模式的形成还需要一段时间，因此，要强有力地推行供给侧改革，保证实施效果，需要做好迎接转型期阵痛的准备。要规避在这个阵痛期可能会出现的失业风险问题，尤其是那些本来就面临着“就业困境”的人群，如学术界一直关注的女性就业问题，更应该在当前转型期得到重视。如果没有有效把握和应对供给侧改革带来的一系列变化，由此产生的就业问题将会成为危及社会稳定和经济发展的潜在因素。根据国际历史经验，推行供给侧改革并非一帆风顺，会遇到很多困难和挑战，美国的里根、英国的撒切尔夫人以及德国的施罗德都在推行供给侧改革政策的过程中遭受到了很强烈的质疑和阻碍，甚至面临着民众示威游行的巨大压力。随着政府部门在中国实施“供给侧改革”这一理念的首次提出，各界关心的问题集中在供给侧改革实施的效果上，如会对就业产生怎样的影响？是否会对就业造成不可预估的冲击？作为世界人口大国，我国始终面临着巨大的就业压力，文章基于性别视角对牵动社会敏感神经的就业问题进行了分析，以期在供给侧改革背景下，结合学术界一直关注的女性就业问题，对当前形势下女性就业结构的转变形势进行梳理和判断。最近网络、媒体、报纸等频频曝出的企业倒闭、裁员等问题，已经敲响了改革带来失业的警钟。随着改革的实施，本就面临着诸多就业困境的女性将会何去何从？就业结构将发生怎样的变化？又有哪些措施可以应对改革背景下的女性就业问题？供给侧改革大幕正式拉开之前，认真考量上述问题，确保改革过程中的性别差异不会进一步拉大，保障女性就业进而维护其社会地位，从而维护经济发展和社会稳定，具有非常重要的现实意义和政策价值。

第一节　供给侧改革、结构性调整与就业调整

要理解什么是供给侧改革，必须探索支撑其发展的理论来源。19 世纪初，古典自由主义思想被作为供给学派最重要的思想源泉，其中，法国经济学家萨伊提出供给自动创造需求的理论，即所谓的“萨伊定律”，成为古典经济学对供求问题及其之间关系最为重要的表述，主要倡导坚持市场绝对主体地位、放任自由与不干预的经济政策，该思想对 20 世纪初主要资本主义国家相关经济政策的制定和实施产生了非常重要的影响，在很大程度上促进了这些国家的经济发展。然而，资本主义国家在 20 世纪 30 年代爆发的经济大萧条使之前坚持“市场自动出清”的经济政策受到很大程度的挑战。从此，凯恩斯倡导的有效需求理论逐步发展成为统治资本主义国家的主要思想，强调推行以国家干预和控制为特征的需求管理政策，1933 年实施的“罗斯福新政”就是比较典型的政策实践。20 世纪 70 年代，石油危机的爆发使资本国家经济发展严重受阻，严重的“滞胀”现象使“有效需求不足”理论广受质疑，甚至有的经济学家将“滞胀”的产生归因于凯恩斯主义经济政策的实施。之后，以蒙代尔等为代表的供给学派所倡导的经济发展思想重新得到重视，其中，非常典型的是美国里根政府以此思想为依据制定了一系列倡导市场自由竞争和放松管制的经济政策。

推行供给侧改革的过程中主要通过三种手段进行：一是通过减税等措施增加企业盈利空间，进而调动其生产积极性，达到扩大要素供给总量的目的，比如，20 世纪 80 年代美国里根时期推行的供给侧改革就是以减免企业与个人的所得税作为其核心；二是通过减少政府干预、弱化政府对劳动力市场的管制力度，将劳动资源的配置权交还给市场，放开市场准入、改革国有企业甚至私有化等措施，达到提高要素配置效率的目的，比如，英国撒切尔夫人时期和 21 世纪的德国施罗德政府就是以这些提高要素配置效率的措施作为其供给侧改革的主要内容；三是通过抑制货币发行量、节约政府财政开支等方式控制需求的无度扩张，加速僵尸企业退出市场的速度，将生产要素从落后产业中强制剥离出来，达到封堵落后产能的目的，同时，辅之以较高利率水平，使得过剩产能企业自生自灭的同时，又可以提高对国际资本的回流吸引力，从而使得更多投资投入到新兴产业建设中，驱动新生产力的迅速崛起，各国在推行供给侧改革时均采用过这一手段。[①]

我国供给侧改革的核心在于促进经济结构的调整，实现经济发展方式的转变，从这个意义上讲，既要完成短期改革任务，也必须立足长远，制定长期改革

① 丁守海、沈煜、胡云：《供给侧改革与就业转换的三阶段论》，载《教学与研究》，2016 年第 3 期。

战略。为了形成供给侧改革方案，2016 年 1 月 27 日，习近平总书记主持召开了中央财经领导小组第十二次会议，提出供给侧结构性改革的根本目的在于“提高社会生产力水平，落实好以人民为中心的发展思想”，推进供给侧改革旨在“适度扩大总需求的同时，去产能、去库存、去杠杆、降成本、补短板，从生产领域加强优质供给，减少无效供给，扩大有效供给，提高供给结构适应性和灵活性，提高全要素生产率，使供给体系更好适应需求结构变化。”[①]当前，中国经济正处于经济结构转型的关键时期，去产能与供给侧改革引发了失业风险，大量研究对失业风险进行了识别。曲玥识别了产能过剩行业的失业风险，发现产能过剩主要集中在资本密集度高的中西部国有企业，而与此对应的冗余就业数量达到了 2 700 万人，更多的是由受教育程度低、工资待遇差的脆弱群体构成。[②] 丁守海、沈煜估算的“钢铁、煤炭、有色金属、石油、石化、玻璃、水泥和铁矿石”八大产能过剩行业，去产能可释放出 284 万～459 万的总劳动量，约为 2015 年全国总体就业人数的 0.37%～0.59%，失业风险总体不大。[③]

经济结构转型的过程往往伴随着就业结构的转变，二者联系紧密。供给侧和需求侧的转型是经济结构转型的根本动力。从供给侧来看，要素供给结构、生产技术结构和全要素生产率的结构变化，产业部门间生产率的非平衡增长，都构成了供给侧推动经济结构转型的动力。而人力资本积累和创新，是供给侧推动结构转型的核心。从需求侧来分析，社会投资和消费需求结构的转型，对第一、第二和第三产业部门产品或服务的需求结构转型，同样是推动经济结构转型的动力。经济现象纷繁复杂，很难判断经济结构转型是由哪一类因素独立推动，更多情况下是由多种因素综合作用的结果。从根本上来说，实现劳动要素的技能升级，并且将劳动要素从低生产率的部门转移到高生产率部门，是推动经济结构转型和实现可持续增长的关键，劳动要素在部门间的再配置进程影响经济结构转型进程。当前，我国经济正处于结构性下行的阶段，而且经济走势很可能呈现出长期的 L 型，而经济下行阶段引发的失业危机无疑将制约经济结构转型的进程。因为经济结构转型期所消灭的工作岗位，必须要由新产业部门崛起所创造的工作岗位来补充，岗位创造过程一旦遭遇失业问题的干扰而受阻，经济转型过程也将受到限制。

---

① 资料来源：http://gz.bendibao.com/news/201632/content212262.shtml。

② 曲玥：《产能过剩与就业风险》，载《劳动经济研究》，2014 年第 5 期。

③ 丁守海、沈煜：《去产能的失业风险究竟有多大——兼论两次去产能周期的比较》，载《中国经贸导刊》，2016 年第 19 期。

第二节　供给侧改革前期女性就业特征

供给侧改革概念在2015年11月第一次被正式提出，然而，实际上我国政府此前就已经着手推动这一改革，最典型标志就是2012年的营改增试点、2013—2014年的减免税、2014年公司注册制度改革。① 因此，本章基于2012年的数据对典型的供给侧改革政策实施以来女性就业形势进行了分析，发现随着改革步伐的不断加深，我国女性就业总量、结构等都发生了明显变化，就总体而言，主要表现为以下三个特征。

第一，我国女性就业总量整体呈现较为稳定的发展态势，但在职业类型上的性别差异逐渐拉大。根据《中国人口和就业统计年鉴》的相关数据，2011年，我国女性就业占比为44.7%；2012年女性就业占比为44.8%；截至2013年年底，该比重已经升至45%。可以看出，女性就业人数在全国总就业人数中的占比逐年增长，与男性就业规模之间的差距正在明显缩小。就职业构成而言，男性和女性具有一定的相同之处，如2011—2013年，男性和女性所从事的三种主要职业类型重合，均为商业及服务业人员、农林牧渔水利业生产人员和生产运输设备操作人员及有关人员，无论是男性还是女性，均显现出农林牧渔水利业生产人员占有最高比重。同时，这三种职业类型均占男性和女性总就业人数的绝大多数比重，其中，女性相对更高一些，占比分别达83.5%、83.1%和83.1%。以上数据分析说明，从2012年开始经历一系列供给侧改革之后，我国女性在职业类型上虽然显现出一定的变化(三种主要职业人数占比有轻微下降)，但变化幅度并不是很大。

尽管如此，男性和女性的职业类型还是呈现出了明显差异。2011年男性和女性就业人员中农林牧渔水利业生产人员占比分别为34.7%和45.1%，女性高于男性达10.4个百分点，而在生产运输设备操作人员及有关人员这一职业类型上，男性比例则比女性高12.5%。2012年这两个比例的差距进一步拉大，其中男性和女性就业人员中农林牧渔水利业生产人员占比表现为女性高于男性11.5%，生产运输设备操作人员及有关人员占比表现为男性高于女性13.9%；2013年，男性和女性就业人员中农林牧渔水利业生产人员占比差距再次扩大，表现为女性高于男性11.6%，而生产运输设备操作人员及有关人员占比差距则与2012年一样，也表现为男性高于女性13.9%。此外，女性就业人员中单位负责人和专业技术人员两种职业类型的比重也在增加，分别由2011年的1%和

① 丁守海、沈煜、胡云：《供给侧改革与就业转换的三阶段论》，载《教学与研究》，2016年第3期。

10.9%增长至2013年的1.2%和11.2%。可见，随着供给侧改革制度的实施，女性就业总体呈现稳态发展形势，在就业规模上与男性的差距不断缩小，然而不能忽略的是，随着改革步伐的不断加快，女性所从事的职业类型将逐渐发生变化，而男性与女性的职业类型差异也在明显增加。

第二，我国女性就业人员受教育水平明显提高，但在不同职业类型下呈现出较大差异。2012年和2013年，我国女性就业人员中大学及以上学历占比分别为13.6%和14.3%，较2011年(未推行典型的供给侧改革政策之前)而言，该比重的增长幅度分别为7.09%和12.60%。2011—2013年，我国女性就业人员的受教育水平有非常明显的提高，可以推测，这与我国在该阶段推行一系列改革，改善市场经济运行环境，促进劳动力市场的不断升级和转型，进而对劳动者提出了更高的要求有一定的关联性。

进一步根据职业类型对女性就业人员的受教育情况进行分析可知，我国女性专业技术人员、女性商业及服务人员和女性生产运输设备操作人员及相关人员，女性的受教育水平提高程度相对更大，其中，2012年和2013年具有大学及以上学历的女性专业技术人员分别占其总数的为59.2%和59%，均明显高于2011年的水平，增长幅度分别为7.05%和6.69%；2012年和2013年具有大学及以上学历的女性商业及服务人员占其总数的比例分别为12.2%和13%，与2011年的水平相比分别增长2.52%和9.24%；2012年和2013年具有大学及以上学历的女性生产运输设备操作人员及相关人员占比为6.6%和6.4%，分别比2011年的水平高8.20%和4.92%。然而，在有些职业，女性就业人员的整体受教育水平并未提高，甚至出现了高水平受教育者比重下降的情况，如2011—2013年我国女性农林牧渔水利业生产人员中拥有大学及以上受教育水平的人员比重均为0.5%，并未出现波动；而女性单位负责人中拥有大学及以上学历的人员比重则从2011年的36.1%降至2013年的33.3%。关于女性就业人员在不同职业中呈现出的受教育水平变动情况请见下表。

表4-1　女性就业人员各职业中大学及以上学历情况　　(单位:%)

总体		专业技术人员		商业、服务业人员		生产运输设备操作人员及有关人员	
年份	比例	年份	比例	年份	比例	年份	比例
2011	12.7	2011	55.3	2011	11.9	2011	6.1
2012	13.6	2012	59.2	2012	12.2	2012	6.6
2013	14.3	2013	59	2013	13.0	2013	6.4

续表

单位负责人		办事人员和有关人员		农林牧渔水利业生产人员		其他	
年份	比例	年份	比例	年份	比例	年份	比例
2011	36.1	2011	56	2011	0.5	2011	16.7
2012	34.5	2012	56.7	2012	0.5	2012	12.1
2013	33.3	2013	55.7	2013	0.5	2013	15.1

数据来源：根据 2012 年、2013 年和 2014 年《中国人口与就业统计年鉴》中相关数据计算得出。

第三，我国女性的就业结构向第三产业调整转变，流通部门就业比重增长最快。根据《中国劳动统计年鉴》中城镇单位就业人员有关数据进行计算可知，2011 年，我国城镇女性就业人员 5 228 万人，其中第三产业从业人数比重为 58.61%。2012—2014 年，我国城镇女性从事第三产业的人数大幅度增加，与 2011 年相比，增加幅度分别为 5.32%、18.77%和 27.08%。与此同时，2012—2014 年，我国女性就业人员中第三产业比重也呈现了明显的增加趋势，截至 2014 年年底，该比重已经增加至 59.48%。

为了更好地把握我国女性就业人员的基本情况，根据国家统计局对第三产业的划分层次进行了进一步计算和分析。按照国家统计局规定，第一产业指的是农业，具体包括农、林、牧、渔业；第二产业指的是工业和建筑业，其中，前者具体涉及采矿业、制造业、电力、热力、燃气及水生产和供应业；第一产业和第二产业以外的所有其他行业合称为第三产业。国家统计局又将第三产业划分为流通部门、为生产和生活服务的部门、为提高科学文化水平和居民素质服务的部门、为社会公共需要服务的部门四个层次。根据《中国劳动统计年鉴》中对城镇就业人员分行业、分层次计算得出，2011 年，我国城镇女性在第三产业就业的人员中有 42.09%在为提高科学文化水平和居民素质服务的部门，是第三产业中占比最高的一个层次，流通部门、为生产和生活服务的部门和为社会公共需要服务的部门三个层次的就业比率分别为 22.9%、21.03%和 13.91%。具体情况请见图 4-1。

从 2012 年开始实施典型的改革政策之后，直到 2014 年年底，随着我国城镇女性进入第三产业的规模不断增大，具体的层次结构也发生了明显变化，其中变化最为明显的就是为提高科学文化水平和居民素质服务的部门和流通部门。这两个层次的部门呈现出完全相反的变化趋势，前者包括教育、卫生、社会保障和社会福利业、文化体育和娱乐业等，一直以来作为我国城镇女性在第三产业的主要就业领域，随着时间的变迁和改革的实施，其主导地位仍然存在，然而吸收女性就业的功能却在不断削弱，与 2011 年相比，2012—2014 年我国进入为提高科学文化水平和居民素质服务的部门的女性占第三产业女性就业总数的比重分别减少

0.82%、7.58%和9.54%。可以看出，女性就业人员在该层次部门中所占比重迅速减少，意味着随着一系列供给侧改革政策的实施，这些行业正在不断调整其结构，一方面所提供的女性岗位数量已经使其传统吸收女性劳动者就业的能力明显减弱；另一方面该层次下的用人单位应改革需求进行岗位供给要求变更，甚至提供一些全新的符合改革需求的就业机会，这使得一些女性劳动者难以立刻改变自身人力资本及技能水平，从而不得不在该层次部门退出进而转向其他部门。

然而，在交通运输、邮电通信以及商业饮食等行业组成的流通部门却发生了与之完全相反的情况。相比较 2011 年的情况，2012—2014 年我国进入流通部门的女性占第三产业女性就业总数的比重呈现逐年增长的趋势，截至 2014 年年底，该比重增长幅度达 3.42%。可以看出，女性就业人员在流通部门中所占比重迅速增长，意味着随着改革政策的实施，这些行业吸收女性劳动者就业的能力明显增强，这与该层次下的用人单位提供的岗位供给要求变更幅度不大有关，即使用人单位应供给侧改革需求提供一些全新的就业岗位，考虑到该层次部门“流通性”较强的特点，女性劳动者也可以较快地在该部门内部转换岗位，而不一定非要从该部门劳动力市场上退出。

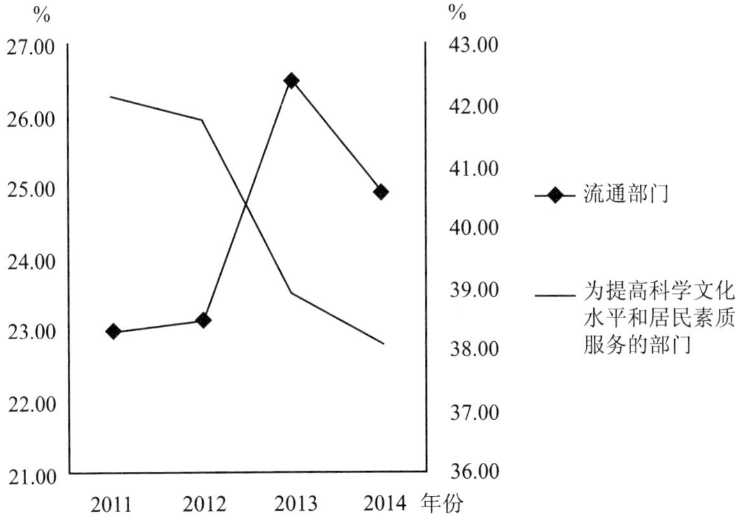

图 4-1　我国城镇女性在第三产业某些部门的就业情况

第三节　现阶段供给侧改革背景下女性就业困境分析

关于女性就业的问题，一直都是劳动经济学领域众学者关注的焦点，随着供给侧改革的序幕逐渐拉开，在该背景下研究女性就业问题是一项具有现实意义的事情。在以往研究中一些学者对某一特定女性群体的就业环境和状况进行分析，如提出“女大学生就业难”问题、女性流动人口就业问题并分别进行相关政策的研究。在当今时代背景下，需要针对女性就业困境有一个整体的认识和分析。总体来说，当前我国推行供给侧改革的大背景下，女性就业困境主要有两个层次的含义：一是从女性就业人员自身出发，供给侧改革的实施提高了对劳动者素质的要求，而一些女性就业人员因其人力资本及技能水平不能及时与劳动力市场中的岗位实现有效地匹配，出现就业岗位变换、待遇降低甚至下岗，满意度较低的情况；二是从用人单位态度出发，为了响应供给侧改革的号召，减少生产成本，保证有效产能和库存，用人单位往往倾向于管理和培养成本较小的男性员工，本就在体力方面占据劣势的女性，随着二胎政策的实施可能会增加用人单位雇用女性员工的用人成本，因此，在招聘和雇用劳动者的时候用人单位持有一定的性别偏好，女性劳动者就业机会少、择业时间长、福利待遇低于男性。由以上分析可知，女性就业问题既是劳动就业问题，在一定程度上还是劳动力市场中就业性别差异问题。[①] 综合来看，当前形势下，我国女性就业困境形成的原因主要有以下几个方面。

第一，随着供给侧改革的实施，大量僵尸企业和产能过剩部门关闭，就业岗位骤减。根据供给侧改革政策的要求，那些产能过剩、库存积压的部门需要削减成本，落实中则面临着人工成本的节约，即就业岗位的削减。在这个背景下，就业岗位缩减与劳动力供给增加不能有效协调，则必然造成失业，而此时的女性就业人员则面临着上述两个方面的就业困境，与男性相比，失业的风险可能更大。我国当前处于经济下行的新常态，GDP 增速放缓，经济结构逐步调整，与此同时还要面临着即将全面拉开序幕的供给侧改革，所有这些结合起来会对劳动力市场上的总体就业规模产生挤压效应，劳动力市场上始终未能改变供大于求的格局，同时，用人单位的性别歧视使得女性处于劣势地位，因此对其就业挤出效应可能更强，导致女性劳动力供给增速高于有效需求增速，加之我国一直以来严重的二元劳动力市场分割现象缩小了女性就业人员的就业空间，结构性就业难将成为供给侧改革背景下需要面临的突出问题。

第二，去产能的政策性倾向使钢铁和煤炭业就业人员受到相对更严重的冲击。2004—2014 年，中国的房地产和基础设施进入建设高峰期，在大规模投资的驱动下，煤炭和钢铁等行业得以飞速发展。然而，近几年中国楼市进入“滞销”期，随之而来的钢铁和煤炭行业产能严重过剩。2016 年年初，人力资源和社会保障部部长尹蔚民透露，中央正以钢铁和煤炭两个行业作为切入点化解产能过剩，根据这两个系统下岗职工分流的具体数据初步统计，钢铁和煤炭两个系统分别涉及下岗职工为 50 万人和 130 万人。作为昔日国民经济的两个主要推力行业，

---

① 仪富强：《女大学生就业困境的现状分析》，载《劳动保障世界》，2016 年第 8 期。

如今陆续出现企业进入停产和破产状态。在这种形势下，全国各地的钢铁和煤炭企业都在降薪，根据中国煤炭工业协会对85家煤炭企业的调查数据结果可知，其中40%的煤炭企业难以支付员工薪酬，许多煤炭行业的用人单位无法为员工缴纳法定养老金和医疗保险；由于煤价暴跌，超过80%的煤矿都处于赔钱状态。作为中国主要煤炭产地的黑龙江鸡西和钢材产地的河北唐山，就成为当下这一行业惨淡困境的缩影。

鸡西的国有煤矿企业龙煤集团自2012年以来便一直亏损。龙煤集团是东北地区最大的煤炭企业，拥有鸡西大部分的煤矿，包括正阳煤矿。2016年2月，龙煤集团自称将要进入"战时状态"，在年底前转岗分流10万人。值得一提的是，龙煤集团员工共24.8万人，而美国煤矿业的全部劳动力还不到10万人。

业内有句行话，中国钢铁看河北，河北钢铁看唐山。2015年以来，河北唐山地区已有松汀钢厂等多家民营钢铁企业陆续停产，截至2016年3月初，估计有近1 500万吨钢铁产能退出。在钢价和原材料价格纷纷跌创新低的背景下，唐山地区的部分钢铁企业困境可能是全行业的一个缩影。据报春钢铁网统计，2015年来，唐山地区高炉检修座数由11座增加至最新统计的27座，检修容积由6 540立方米增加至16 300立方米，开工率由2016年1月初的95.56%降至3月初的89.04%，降幅高达6.25个百分点。钢铁制造曾是唐山最主要的收入来源，这些钢铁厂的产量比全美国的产量还要高，在中国经济处在10%以上增长水平的那些年，钢铁厂为这一地区带来了史无前例的繁荣，然而经济的疲软改变了一切。受到钢铁厂倒闭的影响，周围的小商店也纷纷关闭。2015年，唐山地区的成联、粤丰、安泰、兴隆、建邦、松汀等多家民营钢铁企业陆续停产，最大的原因就是全行业亏损压力下资金链难以为继，而一旦生产线停止，重新开启的压力就会更大。①

伴随着钢铁和煤炭企业各种形式去产能而来的是工人减薪甚至失业。2015年11月，唐山松汀钢厂宣布停产，据其工人们反映该企业已有7个多月未发工资，工人们得知停产消息后情绪激动，甚至发生了跳楼讨薪事件，随后矛盾不断升级，甚至发展成为上千名员工齐聚迁安市政府门前讨薪的事件。2015年11月下旬，唐山佳华煤化工有限公司濒临破产，工人集体齐聚厂区门口要说法。2015年12月，遵化港陆钢铁有限公司最后一条生产线停产，数百名工人罢工与厂方谈判。② 上述事件表明，在当前供给侧改革的推动下，中国钢铁和煤炭行业面临产能过剩与价格暴跌的挑战，必定带来这两个行业就业岗位的裁减，站在工人角度，这样的突变会造成不小的冲击。虽然这两个行业的女性就业人员相对男性而

---

① 资料来源：http://mt.sohu.com/20160303/n439278225.shtml。

② 资料来源：http://www.cbfau.com/cbf-201525828.html。

言占有较小比重，然而不得不承认的是，随着男性的减薪甚至下岗，家庭生活压力就会在一定程度上转移到女性身上，从而使得女性家庭成员不得不增加劳动力市场参与度，以增加家庭收入来源，弥补因在这两个去产能行业就业的男性面临减薪甚至失业而带来的生存压力。当然，对于在这两个行业就业的女性和在钢铁煤炭企业周边从事小商品买卖等相关工作的女性而言，供给侧改革则会给其带来直接的冲击，随着钢铁厂和煤炭企业的裁员甚至倒闭，内部女员工往往会成为首选裁员人群，而周边贩卖小商品的自雇女性则面临着因客流量骤减而难以存活的风险。

第三，法律和社会保障体制的不健全加剧了供给侧改革过程中的女性就业困境。当前我国现有法律体系正在趋于完善，《宪法》《劳动法》《劳动合同法》《妇女权益保障法》和《女职工劳动保护规定》等法律中均涉及对于女性劳动权益保护的条款。然而，必须认清的一个事实是，长期以来，我国针对性别歧视问题制定的法律规范比较不足，目前，中国还未形成一部专门致力于消除就业性别歧视的基本法，而《劳动法》等现有的单行法中虽然有涉及相关内容，但也仅仅是做出一些原则性的规定，不具备较强的操作性。根据现有法律法规条款，对女性就业权益的法律保护主要通过掌握着劳动力使用权的用人单位实现。正如上所说，女性就业人员面临着在就业岗位上请婚假和产假的问题，存在着自然附着成本，尤其是伴随着“二胎政策”放开，用人单位在聘用女性员工时需要考虑比男性员工更高的成本。鉴于当前我国社会保障机制中并未涉及女职工生育基金补偿制度，用人单位在雇用女性员工后需要负担其在生育期间的工资及福利，还要承受因休假或子女问题带来的诸多工作不便。综合上述考量，用人单位往往会降低聘用女性员工的偏好，导致女性的就业机会减少。因此，完善健全的社会保障体制的缺乏是造成女性就业困境的重要原因之一。

第四节　供给侧改革下解决女性就业困境政策建议

根据我国政府对供给侧改革的最新定义和要求，在接下来的发展中，女性就业既会拥有新的机遇，同时也将面临更多挑战，要减少供给侧改革带来的一系列负面效应，需要对这些机遇和挑战有一个清晰的认识和把握，以便及时应对女性就业安置问题。综合以上对供给侧改革背景下的女性就业状况和就业困境成因分析可知，在改革的同时兼顾女性这一特殊群体的就业问题是非常重要的现实问题，需要再出台一系列措施配合供给侧改革以避免女性就业困境的进一步加剧，具体来说，应该大力发展门槛低、效益显著的第三产业，鼓励私营企业和中小企业的发展，为其提供一个减税、免税的良好运营环境，从而为女性增加更多的就业机会。[①] 与此同时，还可以从以下几个方面采取相应措施保证女性就业的稳定发展。

一、兼顾学校教育和职业教育等多渠道方式千方百计提升女性就业人员的人力资本水平

伴随着知识经济时代的到来，智力资源成为经济发展中必不可少的元素，新产品的研发和生产、企业竞争力的提升和国家综合国力的增强都依赖于科学知识和先进技术。商品价值的提高、企业间的竞争乃至国家竞争力的增强，都必须依赖于知识和掌握先进知识的人力资源。对于个体发展而言，占有和配置智力资源，参与科学技术知识的生产和使用过程也是十分必要的。掌握科学知识和运用先进技术既可以帮助个体提升在劳动力市场中的竞争力，也可以增强其家庭资源配置能力，进而在家庭决策过程中占据有利地位。因此，要想提高女性家庭地位，首先需要提高女性文化素质，可以通过增加多方面教育投入的方式实现。可以通过全日制、在职培养、夜大学、岗前培训以及在岗培训等多种形式提高已婚女性的受教育水平。根据以往研究，受教育程度作为人力资本水平主要的衡量指标，影响着女性地位的高低，很多学者甚至直接使用受教育水平作为其中一个维度的指标对女性家庭谈判能力进行测量。由此可以看出，要提升女性家庭地位，增加其在家庭决策中的话语权，改善其受教育状况是很重要的一种方式。

（一）为女性提供教育补贴

“男尊女卑”的传统文化导致很长一段时期内中国女性的教育投资水平明显低于男性，即使是当今时代也存在着一些经济发展相对落后的地区在教育投资选择时往往倾向于男性而忽略女性，究其根本原因在于，女性教育具有非常明显的外部性，导致其私人利益小于其社会收益，而且，该外部性是客观存在的，难以通过政治手段、道德规范等加以解决。因此，要克服和解决该外部性问题，政府、社会必须提供一定数量和规模的公共资源，通过有效渠道对女性接受教育进行补贴，增加物力和财力的支持力度，创造更多教育机会。政府和社会对女性教育的补贴可以在一定程度上降低家庭投资女性教育的费用和成本，从而促使家庭在做子女人力资本投资决策时乐于而且有实力进行女孩教育投资。具体的补贴方法可以借鉴其他发展中国家已有的较为成功的经验，如适度免除女童和女性的学杂

① 梅嘉、丁福兴：《新常态下大学生就业难问题应对策略》，载《现代商贸工业》，2016年第17期。

费，为女童和女性提供一定数量的可以顶替学费等成本的教育补贴券，在一定程度上补贴女性接受教育产生的机会等。中国儿童少年基金会于 1989 年在全国妇联的领导下发起和组织了“春蕾计划”(Spring Buds Project)，致力于对贫困地区女童的救助，使其脱离失学和辍学境况，完成基础教育。该计划的资金通过海内外各界力量募集，截至 2007 年年底，累计筹集资金超过 6 亿元，完成了对 170 多万女童重返校园的资助，并为 40 多万女童提供了实用技术培训。

(二)推出符合女性教育立场的教育活动

作为教育活动重要的参与者，女性应该接受考虑其主体地位而存在的教育内容。一方面，改变无性别意识的教育，促进教育主体从忽略人的存在向重视人的存在的转变，进而关注女性在教育活动中的存在。这种改变既可以在一定程度上改善女性入学率和促进教育机会的平等，又形成一种性别理念从而时刻提醒教育者女性的存在。另一方面，通过教育引导女性进行自我探索，而并非寻求被关注或增加权力意向，强化全社会的性别意识，认同女性能实现自我价值，促使女性积极运用性别气质，为其获得性别优越感提供一定的空间。一般而言，符合女性教育立场的教育活动主要涉及面向家庭生活、认知女性特质、个体性和情境性差异三个方面内容。面向家庭生活的教育致力于建立性别平等的新型家庭关系，旨在打破由女性作为家庭生活和劳动完全责任人的传统，通过教育让男性也参与到关怀、养育、照顾等家庭生活和劳动中来，提倡在学校课程中既包含助于职业发展的内容，也涉及利于家庭生活的内容；在教育中加入对女性特质的积极认知，强化女性的独特性和中心性，为女性特质的恰当表现创造机会，打破传统对女性的刻板认知，让女性能够以一种全新的姿态和视角重新认识世界；在不同个体和情境下推出差异化教育，无论出于何种目标，以谁作为服务对象，教育活动都应该考虑和结合个体原有知识经验，与实际情境相关联，进而实现对不同身份和境况的个体的引导。

(三)完善女性职业教育体系

从宏观层面而言，女性职业教育在经济发展和城市化进程中发挥着不容忽视的作用；从微观层面说，女性职业教育有助于其自身获得较好的工作机会，拥有体面的职业，享受丰厚的收入，从而改善整体家庭经济状况，同时也提高自己的家庭地位。职业教育成为女性实现职业发展和提升家庭地位的重要途径。女性职业教育的获得是一项系统性工程，需要政府、企业等积极响应，提供多方面的支持。其一，需要强化职业教育立法，促进有关女性职业教育的相关法律法规的完善，通过规范作用保障女性职业教育的获得。其二，完善职业教育管理体系，包括管理机构的建立。其三，创新女性职业教育模式。改善职业教育课程设置与劳动力市场需求错位的情况，促进由以教师讲授为核心向以学生为核心而教师引导的教学模式的转变，大力推动职业院校与企业的合作模式，增加学生的实践机会。另外，职业教育中应该设置具有女性特色的课程，把女性培养成符合经济发展需求的高素质综合型人才。

>>二、增加配套基础设施为女性提高劳动参与率创造有利条件<<

通过对女性就业人员就业困难原因分析可知，用人单位往往拒绝聘用女性劳动者的一个很重要的原因在于，相对于男性而言，女性在工作过程中要投入更多的精力和时间兼顾家庭、孩子等诸多方面的责任，难以全身心有效率地从事工作，为此，政府部门应该创造更好的环境帮助女性拥有更多时间参与到劳动力市场之中。落实到具体政策上，可以从以下两个方面入手。

(一)解决迫使女性分配大量时间从事家庭生产的服务性设施供应短缺问题

增加儿童保育服务机构和设施应该得以优先考虑。对于已婚女性而言，其能否顺利进入到劳动力市场以及在劳动力市场中停留的时间长短都与其照顾子女的责任息息相关，子女照料事务得不到有效解决，她们就不能安心进入就业岗位。对于 3 周岁以上儿童的照顾相对好解决一些，可以送到幼儿园，尤其是近些年来随着中国幼儿园数量和规模的不断拓展，使得拥有 3 周岁以上儿童的女性选择进入或者返回劳动力市场的可能性增加。为了有效提高女性劳动力市场参与率，需要增加针对 3 岁以下幼儿的托管服务机构，以减轻女性家庭照顾责任。同时，还需对家政服务行业进行整顿和规范，促使其提供满足实际需求的专业服务，形成合理的市场价格，拓展其业务范围以适应社会发展需求，而不是仅仅局限于简单的家务劳动。例如，增加系统有效的孩子上下学接送业务，在其费用支出低于女性劳动收益的前提下，会对女性增加就业起到一定的刺激作用。

(二)在完善社会保险制度的基础上增加符合已婚女性需求且灵活多样的就业形式

在劳动力市场适当增加临时性、季节性、兼职性等灵活多样的就业岗位是促进已婚女性参与到劳动力市场中的一种有效方式。随着经济全球化形势的加剧，科学技术的飞速渗透和发展，劳动力市场上的竞争日益激烈，要提升女性劳动力市场参与程度，不能仅仅局限于传统的全职岗位的增加，可以考虑处于生命周期中特殊阶段的已婚和已育女性需要平衡工作和家庭的需求和程度，为其提供合适的兼职机会。同时，推动灵活就业的过程中，应该建立与之配套的社会保障制度。中国社会保险制度的设计主要以劳动力市场中的正规劳动关系为基础，忽略了灵活就业形式下劳动者权益的保障问题，导致人们倾向于找寻正规就业岗位，尽量规避兼职等灵活就业形式。政府部门应该进一步对社会保障制度进行完善，在设计上实现正规就业与灵活就业即非正规就业保障工作的一体化。应该实施灵活的社会保险政策，可以根据灵活就业者各自的收入确定社会保险费用应该缴纳的基数；同时，允许缴费基数随着收入变化进行变更；灵活就业者可以自主选择缴费方式，并且允许其累计缴费，可以中断后进行补缴；为灵活就业者社会保险关系的顺畅转移和接续提供相应服务。

（三）完善反歧视法律体系，实现对女性就业权的有效法律保护

首先，在基本法中对“就业性别歧视”概念进行明确，并列出反就业歧视的适用范围，增强就业歧视行为判定的可操作性。结合中国国情，除了性别还应该在反歧视规定中涉及禁止在民族、身份、年龄、残疾等方面的歧视行为。规定中同时涉及对直接和间接歧视行为的禁止，前者主要是在具有可比性的异性比较中女性受到较少利益对待，而这种区别对待来源于性别的差异；后者指表面上看并无歧视，实质上对性别占比较高的一方产生不利影响的行为。其次，应该在就业歧视法中明确“就业”概念及其详细过程。用人单位进行劳动雇用选择行为时须证明其提出的求职者应聘资格以及相关限制条件与招聘岗位相关。最后，应该尽量实现法律责任的具体化。现行相关法律法规中有关对歧视主体的处罚措施和力度相对不足，救济和补贴受害者的方法也十分有限，根本无法保证反歧视效果。因此，应该在反就业歧视基本法中尽量将用人单位需要承担的法律责任具体化。[①]

① 高春雷：《家庭谈判能力与子女人力资本投资》，北京师范大学博士学位论文，2016。

第五章
“二孩”对城镇青年平衡工作家庭的影响

工作家庭冲突不仅影响员工的工作情绪和精力分配，甚至还会对劳动参与率产生重要影响。近年来，社会支持不足增加了女性的家庭负担，有婴幼儿的职业女性容易产生家庭冲击工作的矛盾。“全面二孩政策”的实施，是否会给符合二孩政策的城镇青年女性平衡工作家庭带来更多挑战？究竟哪些因素会影响有两个孩子的城镇青年工作家庭平衡？按照《北京行动纲领》和《中国妇女发展纲要（2011—2020年）》的目标要求，为了给职业女性创造良好的发展环境，政府需要采取哪些积极措施？如何才能促进男女平衡工作与家庭？对以上问题进行深入研究，无论对于促进女性职业发展，还是对于推动“全面二孩政策”顺利实施，都将具有重要的现实意义。

本章运用中国妇女社会地位调查数据和二元 Logistic 回归分析方法，对生育二孩给城镇青年平衡工作家庭带来的影响进行了深入研究。发现孩子数量和孩子年龄对城镇青年平衡工作家庭具有显著影响：在公共托幼服务短缺情况下，与参照组相比，生育二孩和有3岁以下孩子的城镇青年女性，家庭冲击工作的比例更高，性别差距更大，甚至有部分青年女性被迫中断工作。该发现对“全面二孩政策”的启示在于，增加公共托幼服务对于促进符合政策的城镇青年生育二孩、平衡工作家庭具有重要现实意义。

第一节　“二孩”对工作家庭冲突的理论探讨

女性既是生育的主体，又是重要的人力资源。“全面二孩政策”的实施将会对女性就业产生重要影响。本节分别从二孩政策对女性就业影响和平衡工作家庭两个方面进行探讨。

>>一、有关“二孩政策”对女性就业影响的文献梳理<<

有学者认为，与独生子女政策相比，单独二孩政策必将给女性带来更大的生育压力，使女性发展机会受限和劳动权益受损。① 很多用人单位基于对女职工生育二孩会增加用人成本的担心，使女性在入职、升迁和终身发展过程中雪上加霜。②③ 实证分析表明，生育二孩会显著降低城镇妇女的就业可能性，④ 已婚已育、有工作经验的职业女性，在单独二孩政策实施前，曾经是企业招聘中的强势群体；在单独二孩政策实施后，这些女性重返劳动力市场时，由于存在再生育的可能，面临更加严峻的就业挑战和性别歧视。⑤ 不仅如此，单独二孩政策还加大了用人单位对应届女大学生的就业性别歧视，2014 年针对招聘性别歧视行为的平等就业监管机制研究课题组在北京、河北、山东调查发现，有 58.48%的女大学生"被问及是否独生子女或生育二孩事宜"，被问及次数平均达到 2.88 次。⑥

对于如何消除二孩政策给职业女性带来的不利影响，有学者建议提高生育成本社会化程度，减轻二孩政策给用人单位带来的生育负担，加强对劳动力市场和用人单位招人用人的监管力度。同时，政府应将托儿服务纳入公共服务范畴，减轻二孩政策给职业女性带来的育儿负担，推动男女两性共同发展。⑦

>>二、有关平衡工作家庭的研究回顾<<

20 世纪 60 年代以来，国内外已经围绕工作家庭冲突开展了很多研究。凯恩(Kahn)等学者认为工作与家庭领域的需求在客观上互不相容，导致相互冲突。⑧ 格林豪斯(Greenhaus)等认为，个体在同时扮演不同角色时，一种角色的责任可能会影响其他角色，来自工作和家庭的压力会使工作、家庭角色难以协调；同时他们基于压力的来源不同，分别提出了工作冲击家庭和家庭冲击工作两种具有指

---

① 林建军：《从性别和家庭视角看"单独两孩"政策对女性就业的影响》，载《妇女研究论丛》，2014 年第 4 期。

② 杨菊华：《"单独两孩"政策对女性就业的潜在影响及应对思考》，载《妇女研究论丛》，2014 年第 4 期。

③ 耿兴敏：《陈秀榕代表和甄砚委员建议：加强劳动力市场监管 消除就业性别歧视》，载《中国妇女报》，2015 年 3 月 5 日。

④ 宋健、周宇香：《中国已婚妇女生育状况对就业的影响——兼论经济支持和照料支持的调节作用》，载《妇女研究论丛》，2015 年第 4 期。

⑤ 叶文振：《消除"单独二孩"政策对女性就业的负面影响》，载《福建日报》，2014 年 6 月 30 日。

⑥ 杨慧：《大学生招聘性别歧视及其社会影响研究》，载《妇女研究论丛》，2015 年第 4 期。

⑦ 杨慧、林丹燕：《如何化解二孩政策带来的"生"与"升"的纠结》，载《中国妇女报》，2015 年 8 月 24 日。

⑧ ③Kahn R L，Wolfe D M，Quinn R P，et al，1964，*Organizational Stress：Studies in Role Conflict and Ambiguity*，New York：Wiley. 转引自邱林：《国外工作家庭冲突研究综述》，载《华南理工大学学报(社会科学版)》，2012 年第 3 期。

向性的冲突方式。①

国内调查发现，家电行业销售人员的工作安排和家庭支持，对工作家庭平衡具有显著影响。② 在工作家庭冲突的性别差异方面，陆佳芳等学者对北京部分需要照料孩子的员工调查发现，男性员工的工作冲击家庭比例和家庭冲击工作比例均大于女性。③ 而格瑞兹瓦兹(Grzywacz)等研究则发现，女性的工作冲击家庭比例高于男性。④ 佛斯曼(Fursman)认为虽然美国女性在工作领域取得了诸多成就，但其社会文化仍然要求女性首先应扮演好母亲角色，⑤ 女性照料孩子并承担家务劳动比职业发展更为重要。⑥ 正是基于这种文化要求，美国职业女性经常被塑造成既能出色工作又能很好地平衡工作家庭的超级妈妈。⑦ 实际上，女性参与社会劳动后，其配偶并没有相应地加入到家务劳动的大军，⑧ 职业女性承担了更多劳动。与配偶相比，女性除了承担有酬劳动外，还要承担更多家务劳动；⑨ 与家庭妇女相比，职业女性照料孩子的时间并未因工作而减少，为此她们只能通过压缩睡眠时间来应对工作和家庭的双重负担。⑩

实际上单纯依赖个人或家庭力量，难以解决工作家庭冲突问题。虽然美国中产阶级可以把孩子送到日托机构或日托中心，通过购买孩子照料服务来缓解工作

---

① Greenhous J H. Beutell N J，1985，Sources of Conflict between Work and Family Roles，*Academy of Management Review*，(10)：76-88.

② 房祥翠：《家电行业营销人员工作家庭平衡研究——来自山东省 4 城市的数据》，扬州大学硕士学位论文，2012。

③ 陆佳芳、时勘、John J L：《工作家庭冲突的初步研究》，载《应用心理学》，2002 年第 2 期。

④ Grzywacz J G. Almeida D M. Mcdonald D A，2002，Work Family Spillover and Daily Reports of Work and Family Stress in the Adult Labor Force，*Family Relations*，51(1)：28-36.

⑤ Fursman L，2002，Ideologies of Motherhood and Experiences of Work：Pregnant Women in Management and Professional Careers，*Berkeley Collection of Working and Occasional Papers*.

⑥ Johnston D D. Swanson D H，2003，Invisible Mothers：A Content Analysis of Motherhood Ideologies and Myths in Magazines，*Sex Roles*，49(1/2)：21-33.

⑦ Sharon H，2003，The Mommy wars：Ambivalence，Ideological Work，and the Cultural Contradictions of Motherhood，In：*Family in Transition*，edited by Skolnick A S. Skolnick J H，Boston：Allyn and Bacon. 40-56.

⑧ Hochschild A. Machung A，1989，*The Second shift：Working Parents and the Revolution at Home*，New York：Penguin. 转引自刘爱玉、佟新、付伟：《双薪家庭的家务性别分工：经济依赖、性别观念或情感表达》，载《社会》，2015 年第 2 期。

⑨ Craig L. Mullan K，2010，Parenthood，Gender and Work-Family Time in the United States，Australia，Italy，France，and Denmark，*Journal of Marriage and Family*，72(5)：1344-1361.

⑩ Maume，D J. Sebastian R A. Bardo A R，2010，Gender，Work-Family Responsibilities，and Sleep，*Gender and Society*，24(6)：746-768.

家庭冲突。[①] 但是，在美国低收入家庭中，单身妈妈比例较高，她们不但没有经济条件购买照料服务，而且还因其工作缺乏灵活性和稳定性，进而加剧工作家庭相互冲突的矛盾。[②③] 在中国现阶段托儿所短缺、社会支持不足的情况下，部分无法协调工作家庭冲突的职业女性，只能中断工作，回归家庭。在 2010 年城镇 18～29 岁女性中，有 0～6 岁孩子的女性就业率比未婚或已婚未育女性低 8.4 个百分点。八成未就业女性不是不想工作，而是由于需要照料 3 岁以下孩子而不得不放弃工作。[④]

近年来，国外很多雇主已经认识到雇员在较好平衡工作家庭后，能够为雇主带来更多利益，增加工作场所的育儿辅助设施，有助于改善员工情绪、减少生产事故和缺勤情况。[⑤⑥] 在职场或职场附近提供婴幼儿照料服务，也能减少工作家庭冲突。[⑦⑧] 此外，带薪休假、在家工作或提供灵活的工作时间，[⑨] 以及来自上司和同事提供的支持，[⑩] 不但有助于平衡工作家庭，而且还有助于提高工作效率，

---

① Erica O. Gail R，2007，Difficult Children and Difficult Parents ：Constructions by Child Care，*Journal of Family Issues*，28(6)：827-850.

② Kathryn B M. Airey L. Mckie L，et al，2008，Family Comes First or Open all Hours? How Low Paid Women Working in Food Retailing Manage Webs of Obligation at Home and Work，*The Sociological Review*，6(3)：474-496.

③ Lieras C，2008，Employment，Work Conditions，and the Home Environment in Single-Mother Families，*Journal of Family Issues*，29(10)：1268-1297.

④ 蒋永萍、杨慧：《妇女的经济地位》，载宋秀岩：《新时期中国妇女社会地位调查研究》(上卷)，北京：中国妇女出版社，2013。

⑤ Sahibzada K. Hammer L B. Neal M B，et al，2005，The Moderating Effects of Work-Family Role Combinations and Work-Family Organizational Culture on the Relationship between Family-Friendly Workplace Supports and Job Satisfaction，*Journal of Family Issues*，26(6)：820-839.

⑥ Bloom N. Kretschmer T. Reenen J V，2011，Are Family-friendly Workplace Practices a Valuable firm Resource，*Strategic Management Journal*，32(4)：343-367.

⑦ Payne S C. Cook A. Diaz I，2012，Understanding Childcare Satisfaction and its Effect on Workplace Outcomes：The Convenience Factor and the Mediating Role of Work-family Conflict，*Journal of Occupational and Organizational Psychology*，85(2)：225-244.

⑧ 阮班红：《员工工作与家庭冲突的管理方式探究》，载《中国科技投资》，2013 年第 17 期。

⑨ Singley S G. Hynes K，2005，Transitions to Parenthood：Word-Family Policies，Gender and the Couple Context，*Gender and Society*，19(3)：376397

⑩ 唐汉瑛：《企业员工的工作与家庭平衡——基于组织非正式工作—家庭支持的视角》，华中师范大学硕士学位论文，2008。

减少误工风险。[①②]

以上研究对于本研究具有很好的借鉴意义。然而，有关二孩政策对女性就业的影响，因缺乏相关实证调查数据，已有研究多为理论性探讨。有关平衡工作家庭的研究，以往多使用区域性调查数据，缺乏对全国的代表性。此外，以往研究对象的年龄从 18～60 岁不等，实际上生命周期和职业生涯不同，在平衡工作家庭时面临的问题各异，特别是对于 40 岁以下、已生育一孩或二孩的城镇青年女性，其工作家庭平衡状况如何？哪些因素影响了她们的工作家庭平衡？政府需要采取什么措施促进城镇青年女性平衡工作家庭？研究这些问题对于顺利实施全面二孩政策，解决职业女性“生”与“升”的纠结，具有参考价值。

第二节 “二孩”对妇女平衡工作家庭影响的研究设计

本节分别从理论研究假设、数据来源与研究方法三个层面，对本章的研究主题进行了系统设计。

>>一、研究假设<<

角色冲突理论认为，职业女性在工作和家庭领域扮演不同角色，个人时间精力的有限与人们对不同角色的期待，致使不同角色间发生冲突。同时受“男主外，女主内”传统性别角色分工的影响，男性作为主要养家者，更多在外边打拼而很少管家里的事情；而女性即使就业，也要承担大部分或全部子女照料责任。据此提出研究假设 1：二孩对女性平衡工作家庭的冲击大于男性。

时间是稀缺资源，职业女性照料孩子的时间越长，越有可能产生家庭角色对职业角色的冲突。“别让孩子输在起跑线上”等商业宣传，进一步加重了父母对子女的照料与养育负担。据此提出研究假设 2a：城镇青年家庭冲击工作的风险与孩子的数量相关，与只有一个孩子的城镇青年相比，生育两个孩子需要的照料和养育时间更长，家庭冲击工作的风险更大。特别是随着中国市场化程度不断提高，托幼机构福利性质淡化，0～2 岁孩子的照料责任几乎全部由家庭承担。据此提出研究假设 2b：城镇青年家庭冲击工作的风险与孩子的年龄相关，孩子的年龄

① Hill E J. Erickson J J. Holmes E K. Ferris M, 2010, Workplace Flexibility, Work Hours and Work-life Conflict: Finding an Extra Day or Two, *Journal of Family Psychology*, 24(3): 349-358.

② Hammer L B. Bauer T N. Grandey A A, 2003, Work-Family Conflict and Work-Related Withdrawal Behaviors, *Journal of Business and Psychology*, 17(3): 419-436.

越小，需要的照料和养育时间越长，城镇青年的家庭冲击工作风险越大。

>>二、数据来源<<

中国妇女社会地位调查是全国妇联和国家统计局联合开展的重要的国情、妇情调查，最新一期中国妇女社会地位调查以2010年12月1日为调查时点，在全国范围内采用省、县、村/居委会三阶段PPS抽样方法，通过调查员和被访者面对面的问卷调查，共获得来自31个省区市的29 696份有效问卷。此次调查的个人主问卷被访者年龄在18～64岁，调查内容除了样本群体的人口、经济、社会等信息外，还提供了样本群体的生育数量、最小孩子年龄、最小孩子3岁前白天的主要照料者、家务劳动时间、平衡工作家庭、“男主外，女主内”传统性别分工观念等信息。调查内容丰富，数据质量高、代表性强，能够较好满足本研究的需要。

本章的研究对象需要同时满足以下三个条件：一是年龄在18～39岁；二是孩子数量为1～2个；三是调查地点在城镇。据此共筛选出符合条件的城镇青年3815人，其中，有两个孩子的被访者583人，占符合筛选条件的15.28%，低于宋健和周宇香(2015)的最新研究发现，即在18～49岁城镇女性中，有两个孩子的比例为19.51%。样本基本特征见表5-1。

表5-1　样本基本特征

(单位:%)

	样本群体		二孩样本群体	
	男	女	男	女
平均年龄(岁)	34.00	33.51	35.21	34.48
受教育程度				
初中及以下	33.61	39.97	63.98	70.89
高中/中专	30.20	29.88	22.03	19.02
大专及以上	36.19	30.15	13.98	10.09
生育状况				
有1个孩子	85.12	84.43	—	—
有2个孩子	14.88	15.57	100.00	100.00
就业状况				
目前在业	95.46	73.76	94.49	60.52
曾经在业	3.53	18.48	5.08	25.65
从未在业	1.01	7.76	0.42	13.83
单位类型				

续表

	样本群体		二孩样本群体	
	男	女	男	女
机关事业单位	25.73	20.86	9.75	11.82
企业及其他	74.27	79.14	90.25	88.18
单位所有制				
国有(含国有控股)	33.86	28.22	16.53	16.43
其他所有制	66.14	71.78	83.47	83.57
户口性质				
非农业户口	79.24	79.23	52.54	55.91
农业户口	20.76	20.77	47.46	44.09
乡城流动经历①				
有	5.55	5.20	13.56	10.66
无	94.45	94.80	86.44	89.34
样本量(人)	1 586	2 229	236	347

数据来源：根据第三期中国妇女社会地位调查数据库计算得来。

由表 5-1 可见，与样本群体相比，二孩样本群体同时具有“三高三低”的特征：“三高”表现在平均年龄较高、农业户口比例偏高、城乡流动人口比例较高；“三低”特征表现在受教育程度偏低、国有单位比例偏低、机关事业单位比例偏低。此外，在二孩样本群体中，既有非独生子女被访者生育双胞胎情况，② 也有双独被访者生育第二胎情况，同时也可能存在违反计划生育政策的超生现象。

>>三、研究方法<<

在测量工作家庭平衡方面，最新一期中国妇女社会地位调查包含了工作冲击家庭和家庭冲击工作两个方面的内容，调查问题为：“近年来，下列情况在您身上发生过吗?”选项见表 5-2。

表 5-2 工作家庭冲突问题与选项

	从不	偶尔	有时	经常
A. 因为工作太忙，很少管家里的事	0	1	2	3
B. 为了家庭而放弃个人的发展机会	0	1	2	3

数据来源：第三期中国妇女社会地位调查问卷。

---

① 在最新一期中国妇女社会地位调查中，乡城流动人口需要同时满足以下两个条件：一是户口性质为农业户口；二是从农村流动到城镇时间达到或超过 6 个月。

② 在 583 位有两个孩子的城镇被访者中，两个孩子年龄相同、子女属于双胞胎的被访者共 38 位，占 6.52%。

结合本章研究主题，本节将工作家庭冲突进一步聚焦在为了家庭而放弃个人发展机会方面。同时，考虑到“有时、经常”为了家庭而放弃个人的发展机会，容易给个人和职业发展带来较大不利影响，本节将“有时、经常”选项进行合并，赋值为1。将“偶尔”和“从不”进行合并，赋值为0。

在研究方法中，首先使用分性别比较分析方法，展示城镇青年男女在不同生育状况下家庭冲击工作的现状；其次使用二元 Logistic 回归分析方法，研究城镇青年的性别、孩子数量、孩子年龄对平衡工作家庭的影响。同时，为了考察个人因素、经济因素和家庭因素对工作家庭平衡的影响，本节构建了如下回归分析模型：

$$FWC=\alpha_1+\beta_1 PF_i+r_1 EF_i+\delta_1 FF_i+\varepsilon$$

模型中的因变量 FWC 为虚拟变量家庭冲击工作。PF_i 为个人因素，包括性别、年龄、受教育程度、户口性质4个子变量。EF_i 为经济因素，包括单位类型、所有制两个子变量。FF_i 为家庭因素，包括孩子数量、孩子年龄、家务劳动时间和孩子在3岁前的主要照料者4个子变量。模型的自变量为性别、孩子数量、孩子年龄，控制变量为年龄、受教育程度、孩子数量与户口交互项等8个变量。

相关分析表明，因变量家庭冲击工作既与性别、孩子数量、孩子年龄这3个自变量显著相关，也与其他8个控制变量显著相关。表明上述自变量和控制变量适合纳入模型并进行回归分析。

第三节　主要研究结果

本节分别从描述性研究发现和模型回归分析两个层面，对生育二孩给城镇青年平衡工作家庭带来的影响，逐层进行抽丝剥茧式分析。

>>一、描述性研究发现<<

(一)家庭冲击工作的性别差距显著

超过1/4的城镇青年男女因为家庭而影响工作，女性比例高于男性。在城镇青年中，有26.67%的人有时或经常“为了家庭而放弃个人的发展机会”，城镇男女青年因为家庭冲击工作的比例分别为13.37%和36.20%，女性“为了家庭而放弃个人的发展机会”的比例是同类男性的2.71倍，男女具有显著性差异(Pearson $\chi^2=226.255$，渐进 Sig.(双侧)=0.000)。

(二)二孩家庭对工作冲击比例更高

二孩女性家庭冲击工作的比例超过半数，性别差距悬殊。如图 5-1 所示，有两个孩子的城镇青年女性“为了家庭而放弃个人的发展机会”的比例高达50.98%，比只有 1 个孩子的城镇青年女性家庭冲击工作比例高 17 个百分点以上。与有两个孩子的同类男性相比，城镇青年女性“为了家庭而放弃个人的发展机会”的比例是同类男性的 3.35 倍，性别差距非常悬殊。从家庭冲击工作带来的就业影响看，在有两个孩子的城镇青年女性中，有过工作中断经历①的比例超过半数，达到50.33%，其中非农业户口和农业户口城镇青年女性有过工作中断经历的比例分别为 53.09%和 47.18%。从工作中断原因看，因结婚生育、照顾孩子而中断工作的占 73.86%，非农业户口和农业户口的二孩女性分别为 70.93%和 77.61%。二孩对城镇青年女性的平衡工作家庭的影响之大可见一斑。②

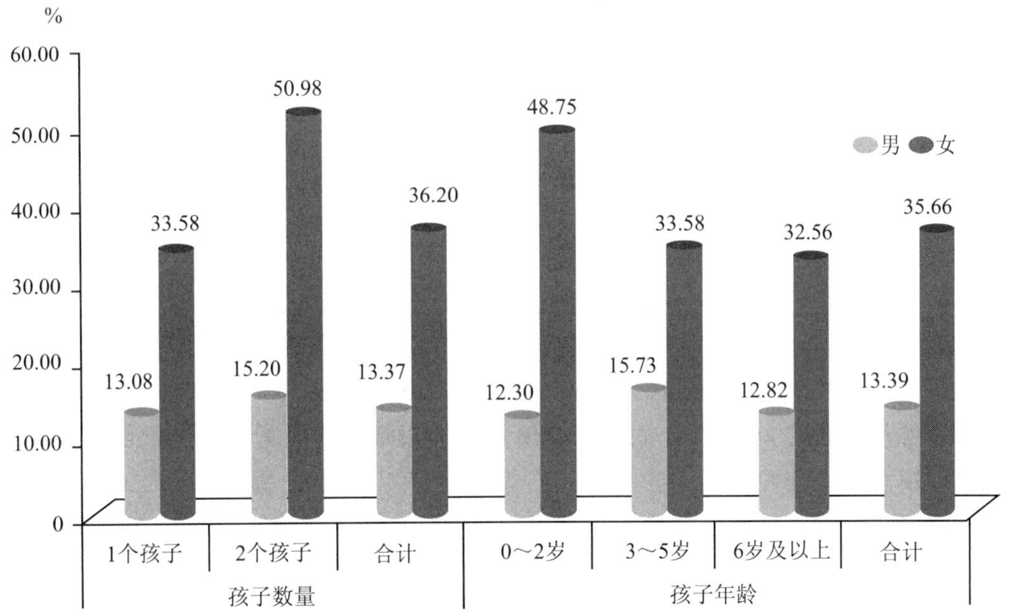

图 5-1　分性别“为了家庭而放弃个人的发展机会”的比例

① 在最新一期中国妇女社会地位调查中，工作中断经历是指半年及以上既不工作，也没有劳动收入的情况，带薪产假不属于工作中断。

② 从有两个孩子并且有工作中断经历的城镇青年女性单位类型和所有制看，在企业、民办非企业、社会团体和个体工商户等单位就业的比例达到 92.81%，在机关事业单位就业的比例占 7.19%；在国有含国有控股单位就业的比例为 11.76%，在其他所有制单位就业的女性占 88.24%。

(三)有 3 岁以下孩子的家庭冲击工作比例最高

城镇青年女性在孩子 3 岁以前家庭冲击工作的比例最高，性别差距最大。在公共托幼服务短缺的情况下，孩子年龄越小，需要的家庭照料越多，城镇青年女性“为了家庭而放弃个人的发展机会”的风险越大。由于我国缺乏公办托儿所，0～2 岁孩子无法获得公共照料服务，高达 48.75％的年轻妈妈在孩子 3 岁以前，不得不“为了家庭而放弃个人的发展机会”，比同类男性高 36 个百分点以上。特别值得注意的是，城镇青年女性在孩子 3 岁以前，曾经有过半年以上工作中断经历的比例达到 42.93％，其中由于结婚生育、照顾孩子导致的工作中断比例高达 80.86％。随着孩子年龄增加，需要家庭照料的时间减少，城镇青年女性“为了家庭而放弃个人的发展机会”的比例明显减少。但对于有 6 岁以上孩子的城镇青年女性，其家庭冲击工作的比例有所提高的原因，主要与孩子放学时间较早、部分城镇青年女性因接送和照顾孩子而放弃个人发展机会有关。

>>二、回归分析结果<<

本节通过二元 Logistic 回归分析方法，在控制其他因素的影响后，研究了城镇青年男女、孩子数量、孩子年龄等因素对平衡工作家庭带来的净影响。

(一)城镇青年女性家庭冲击工作的风险是男性的 2 倍

如表 5-3 所示，在控制其他因素的情况下，模型中城镇青年女性家庭冲击工作的风险是男性的 2.07 倍。表明在其他条件都相同的情况下，仅由于性别差异，城镇青年女性家庭冲击工作的风险比同类男性高 1.07 倍，验证了第二节提出的第一个研究假设。之所以存在城镇青年女性家庭冲击工作的风险显著高于同类男性现象，主要与“男主外，女主内”的传统性别分工有关。其中，越是认同“男主外，女主内”传统性别分工的城镇青年女性，其家庭冲击工作的比例越高，反之，其家庭冲击工作的比例越小；而同类男性则无论是否认同“男主外，女主内”的传统性别分工，其家务劳动时间都较少，反映了家务劳动女性化，女性因照料孩子而影响工作的现实情况。

表 5-3　工作家庭平衡的影响因素回归结果

	B	S. E	Sig.	Exp(B)
性别(男)				
女	0.7257	0.1032	0.000	2.0662
孩子数量(1 个孩子)				

续表

	B	S. E	Sig.	Exp(B)
2个孩子	0.3213	0.1600	0.045	1.3789
孩子年龄(6岁及以上)				
孩子0～2岁	0.2668	0.1436	0.063	1.3057
孩子3～5岁	0.0964	0.1245	0.439	1.1012
年龄	−0.0049	0.0139	0.724	0.9951
受教育程度(初中及以下)				
高中/中专	−0.0951	0.1105	0.389	0.9092
大专及以上	0.0269	0.1316	0.838	1.0273
单位类型(企业及其他)				
机关事业单位	−0.6123	0.1343	0.000	0.5421
所有制(非国有)				
国有	−0.1284	0.1135	0.258	0.8795
孩子3岁前的照料者(不是孩子的妈妈)				
女性被访者本人或男性被访者的妻子	0.5347	0.0920	0.000	1.7069
家务劳动时间	0.0051	0.0004	0.000	1.0052
常量	−2.108	0.520	0.000	0.1214
Nagelkerke R^2 * 100		22.25		
N		3416		

数据来源：根据回归模型和第三期中国妇女社会地位调查数据库计算得来。

注：括号内为参照组。

(二)二孩带来的家庭冲击工作风险大于一孩

在 $p<0.05$ 水平下，孩子数量会显著影响家庭冲击工作的风险。与只有1个孩子者相比，有2个孩子的城镇青年家庭冲击工作风险比只有1个孩子的高37.89%。有2个孩子的城镇青年家庭冲击工作的风险更大，验证了第二节提出的研究假设2a。该发现同时表明，伴随“全面二孩政策”的实施，可以生育2个孩子的夫妇将会面临更大的家庭冲击工作风险。同时，结合性别对家庭冲击工作的影响可见，“全面二孩政策”，特别是生育二孩对城镇青年女性职业发展带来的冲击更大。

(三)孩子年龄越小家庭冲击工作的风险越大

在 $p<0.1$ 水平下，与有6岁及以上孩子的城镇青年相比，有0～2岁孩子的家庭冲击工作风险可显著提高30.57个百分点。即家中有3岁以下孩子的城镇青

年，其家庭冲击工作的风险会增加三成以上，验证了第二节提出的研究假设 2b。虽然有 3～5 岁孩子的城镇青年家庭冲击工作的风险也会增加，但是由于这个年龄的孩子可以送幼儿园，因此家庭冲击工作的风险不具有显著性。该发现表明，与独生子女政策相比，伴随“全面二孩政策”的实施，0～2 岁、3～5 岁孩子的数量将会不断增加，对公共托幼服务的需求也会与日俱增。在公共托幼服务得不到满足的情况下，符合二孩政策的城镇青年要么选择放弃生育二孩，要么再次承担家庭冲击工作的风险。由此可见，只有增加公共托幼服务，才能化解夫妇、特别是符合二孩政策职业女性“生”与“升”的纠结，才能提升“全面二孩政策”的实施效果。

（四）经济因素对家庭冲击工作具有显著影响

在控制变量中，个人因素对家庭冲击工作没有显著影响，经济因素对家庭冲击工作具有显著影响。所有制层次越高，单位类型越好，家庭冲击工作的风险越小。与在私营、个体或外商投资企业就业者相比，在国有（含国有控股）单位就业的城镇青年，家庭冲击工作的风险可降低 12 个百分点以上（但统计上不显著）；与在企业或其他单位类型就业者相比，在机关事业单位就业的城镇青年，家庭冲击工作的风险可显著降低 45.79 个百分点。

（五）家庭因素对家庭冲击工作具有显著影响

家务劳动时间越长，家庭冲击工作的风险越大。家务劳动时间每增加 100 分钟，家庭冲击工作的风险可显著增加近 1 个百分点。此外，孩子在 3 岁以前由谁来照顾，也会对城镇青年的家庭冲击工作产生显著影响。孩子 3 岁以前由城镇青年女性或同类男性的妻子照料者，城镇青年产生家庭冲击工作的风险可显著增加 70.69 个百分点，即在公共托儿所缺位的情况下，3 岁以下孩子不仅对城镇青年女性职业发展产生影响，也会对城镇青年男性职业发展产生影响（见表 5-3）。

第四节　研究结论与政策启示

在前述研究的基础上，形成了本章的研究结论，并较为详尽地讨论了本研究发现对“全二两孩政策”与促进城镇青年平衡工作家庭的政策价值。与此同时，也谨慎地指出了本研究可能存在的不足。

>>一、研究结论<<

对最新一期中国妇女社会地位调查数据分析发现，在城镇青年中，“为了家庭而放弃个人的发展机会”者超过 1/4，城镇青年女性家庭冲击工作的风险是同类男性的 2 倍以上，二孩对城镇青年女性平衡工作家庭带来的冲击更大。

孩子的数量和年龄与平衡工作家庭密切相关。生育二孩以及有 3 岁以下孩子的城镇青年女性，家庭冲击工作的比例更高，性别差距更大。在控制了其他变量后，孩子数量、孩子年龄对城镇青年平衡工作家庭具有显著性影响。孩子数量越多、年龄越小，家庭冲击工作的风险越大，部分城镇青年女性因此而被迫中断工作。此外，单位类型、所有制、家务劳动时间、孩子 3 岁以前由谁照顾等控制变量，也对城镇青年平衡工作家庭具有显著性影响。

>>二、政策启示<<

“全面二孩政策”实施后，将会有越来越多的家庭生育二孩，孩子数量和年龄对家庭冲击工作的影响，将会减少夫妇、特别是符合二孩政策的城镇青年女性的工作投入。在劳动力市场竞争激烈，公共托幼服务紧缺的情况下，部分城镇青年女性可能因此而中断工作。根据《北京行动纲领》和《中国妇女发展纲要(2011—2020 年)》的目标要求，政府应该从支持女性平衡工作家庭层面，重新审视公共托幼服务政策及其实施效果。在制定公共托幼政策时纳入性别视角，既要考虑儿童的发展，又考虑母亲的发展，为减轻青年女性育儿负担、促进女性职业发展、增进家庭和谐提供社会支持。

首先，政府提供年幼子女的照料服务。建议政府加强公共托幼服务的顶层设计，对托幼机构的政府监管部门、硬件设立标准、保育人员资质、收费标准等做出具体规定；政府通过新建扩建公办托儿所、幼儿园，增强托儿所、幼儿园的服务与福利功能；在公办托幼机构无法满足需求的情况下，通过政府购买服务方式，为有 3 岁以下孩子的城镇青年女性提供质优价廉的托幼服务，为职业妇女平衡工作和家庭提供社会支持，解决二孩家庭特别是生育二孩的城镇青年女性在平衡工作家庭中面临的突出问题。

其次，鼓励用人单位创造家庭友好型就业环境。政府应增强用人单位履行社会责任的意识和能力，倡导用人单位善待有家庭照料责任的男女员工，鼓励有条件的用人单位为有家庭责任的男女职工提供灵活的工作时间，创造远程办公的条件，缓解工作家庭冲突；鼓励用人单位实施家庭友好型人力资源战略，在可能条件下推行弹性工作制度，为城镇青年特别是为生育二孩的城镇青年提供照料孩子的缓冲时间；政府相关部门定期表彰促进男女平等就业、创造家庭友好型就业环境的用人单位，树立促进男女平等就业、平等承担育儿责任的榜样。

最后，倡导男女共同承担育儿责任。政府相关部门及各主流媒体通过开展多种形式的宣传教育活动，弘扬男女平等的家庭美德，打破“男主外、女主内”的传统性别分工，树立男女平等的先进性别文化，为落实《中国妇女发展纲要(2011—2020年)》中“为妇女更好地平衡工作和家庭责任创造条件”的目标创造有利的条件。在全国28个省份设立配偶陪护假的基础上，在国家层面设立分别由父亲、母亲专享的育儿假，提倡男女共同承担孩子照料责任，为城镇青年女性平衡工作家庭创造有利条件，降低城镇青年女性因生育而中断工作的风险，促进城镇青年男女共同发展。

第六章 互联网时代的女性创业与就业

互联网市场创造了人类新的需求，改变了人与人、人与世界互动的方式，越来越多的人开始承认互联网对于社会的深刻重塑作用，其中，一项重大的重塑就是女性在劳动力市场上的地位。本章分别介绍互联网时代的就业环境变迁、女性创业的新优势和女性就业的新环境三个部分。

第一节 互联网时代的就业新背景

互联网技术在很长一段时间内，在研究者眼中，仅仅是一项技术进步。然而，随着“互联网＋”等概念的提出，中国的互联网市场发展迅猛，已经成为世界第一大互联网市场。中国互联网络信息中心日前发布的《中国互联网网络发展状况统计报告》显示，截至2015年12月，中国网民数达到6.88亿人，其中农村网民为1.95亿人。移动互联网正塑造着全新的社会形态。被誉为“互联网女皇”的凯鹏华盈(KPCB)合伙人玛丽·米克(Mary Meeker)公布了2016年《互联网趋势》(Internet Trends)报告，这是她第21次公布这一年度互联网报告。报告中特别强调在很多方面，中国已经成为全球互联网领袖。阿里巴巴、百度和腾讯三家公司占据了中国网民71％的移动互联网使用时长；中国互联网的附着力主要来自广告、商务、旅游和金融；2015年中国在线广告花费已经超过电视广告；2015年中国七大零售公司均以电子商务为主，美国则还是传统零售巨头；中国在按需交通服务领域已经成为全球领导者，在全球市场份额中占比70％。

>>一、互联网的发展推动信息技术革命，全面升级就业市场<<

第一，互联网时代的“全面性”和“去中心”特征有利于信息技术的全面发展，推动劳动力市场的全面匹配。互联网的传递模式从传统的“点一点”转变为“链条—链条”的模式，信息在空间范围内以一种近乎无限的方式全面传播，在传播过程中脱离了某个信息中心限制，这种新的信息传播模式在劳动力市场正在改变斯蒂格利茨等经济学家假设的“信息不完善”问题。第二，新技术带来短期失业问题，技术不可避免地缩减了传统行业的用工需求，但同时创造了大量的新行业。毫无疑问，技术进步会造成一些传统行业消失，并带来部分人员的短期失业问题，当下中国的国有企业改革也是受到互联网等技术进步发展的冲击。美国青年企业家委员会(YEC)的报告显示，到 2020 年，出租车、邮政、造纸、固定电话等行业将会消失。但同时，新的行业、就业手段、就业结构将会出现。据麦肯锡统计，到 2025 年互联网新应用最多可以创造 4 600 万个新的工作机会，但是带来的生产力提升将减少 1.3%～4.0%的用人需求，相当于 1 000 万～3 100 万个岗位(McKinsey，2014)。[①] 可见，新技术的发展总体是有利于扩充就业空间的。第三，新行业对于女性就业更加有利。随着互联网的发展，现在有越来越多元的就业岗位出现，大量人员成为“自由职业者”。统计显示，欧洲拥有近 1 000 万的自由职业者，美国更多，有超过 4 000 万自由职业者。在中国，在欧美已流行的联合办公(Co-working)产业正在蓬勃发展。在美国有 Elance、Freelancer、Guru、oDesk 等提供自由职业者工作的平台，在中国有猪八戒网、智城、有鱼网等平台。据统计，这些自由职业者们所创造的经济价值已达 4 000 亿美元，美国约有 90%的企业招收非正式员工。[②] 自由职业者包括家庭办公型(SOHO 族)、互动商务办公型(MORE 族)、移动办公型(MO 族)等，大多数的自由职业者从事着网站开发、UI 设计、摄影、剧本创作等工作，其中，根据美国 oDesk 的统计，在美国，科技类占总工作数量的 60%。随着中国高校的扩招，中国的青年劳动力中高素质女性就业者的数量显著上升，互联网技术的发展为女性就业提供了更大的平台。

>>二、互联网时代的“零工经济”或“共享经济”，催生劳动力市场新的用工形式<<

互联网时代，一种新的用工形式正在流行，这就是“零工”。德勤《2016 年全球人力资本趋势》的报告中指出，为应对数字化技术、商业模式和劳动力人口的快速变化，为了满足不断增加的人才需求，组织需要不断学习和整合并充分利用兼职和临时雇员。超过 70%的人力资源高管(71%)认为这个趋势极为重要，也宣告着“零

---

① 纪雯雯、赖德胜：《从创业到就业：新业态对劳动关系的重塑与挑战》，载《中国劳动关系学院学报》，2016 年第 4 期。

② 参见：《美国正走向自由职业者时代》，http://www.bwchinese.com/article/1058689.html。

工经济”(the economy of short-term hire labour)时代的到来。兼职和临时雇员是当前劳动力市场新生的用工模式,企业组织需要更好地利用和整合外部雇员力量提升组织效率和盈利率,需要通过灵活用工的方式引入外部技能更高的员工。在人才分析中,一个明显大的趋势也开始呈现:企业需要利用外部数据。比如,来自社交网络平台的数据、人才流失率以及人口数据,从而预测劳动力趋势以及锁定顶级人才。

“零工经济”也称“共享经济”或“对等经济”。“零工经济”是与“全职工作”相对应的概念,是指由工作量不多的自由职业者构成的经济领域,利用互联网和移动技术快速匹配供需方,主要包括群体工作和经应用程序接洽的按需工作两种形式。如果你有一项技能,通过网站或 APP 就能找到愿意为之付钱的用户。自此,在全职工作之外,你也就新增了一项临时工作,这种经济形态被称为“零工经济”。如活跃在“猪八戒网”之类网站上的人,被网民称为“威客”,这是英文“witkey”的音译,是指通过互联网把自己的智慧、知识、能力、经验转换成实际收益的人。美国的优步,中国的滴滴、快滴、易到用车、神舟专车等,都是互联网专车的倡导者,同时也是“零工经济”的实践者。其意义在于,劳动者可以根据自己的选择自由安排工作时间,接受不同的工作。

在经济新常态下,“零工经济”对稳定就业将具有一定的积极作用。麦肯锡的报告表明,2025 年,各种在线人才平台有望贡献约 2%的世界生产总值,并创造 7 200 万个就业岗位,“零工经济”发展增速明显。[①] 互联网时代下的“零工经济”为女性提供了创业和就业的机会,增加了女性创业和就业的比例,拓展了女性创业和就业的平台和空间。但是,也有研究者认为,尽管零工经济表面上似乎为人们提供了更多的就业机会,对经济增长没有什么作用。伦敦大学劳动经济学家盖伊·斯坦丁(Guy Standing)称为“危险无产阶级”。美国《福布斯》杂志则直言,“分享经济”不会创造任何经济增长,因为同时做几份兼职并没有提高劳动生产率,所有回报都是由更长时间的工作带来的。

>>三、第二次全球性“平权运动”,激发女性工作热情<<

第一,女性在合意的文化环境下,所展现出的竞争意识是强烈的。Uri Gneezy 和 John List 的实验发现,坦桑尼亚马赛部落的女性虽然生活在一个极度重男轻女的社会,但是其竞争意识与西方世界的女性是相当的。可见,女性的竞争意识虽然略弱于男性,但是在合意的文化环境下,任何女性都会有强烈的竞争意愿和竞争能力。第二,全球展开广泛的平权运动,呼吁男女用工平等。世界经济论坛、世界银

① 叶健:《“零工经济”:依靠网络打零工,也能赚些钱》,载《决策探索》,2015 年第 11 期。

行等机构先后多次发表性别平等报告，指出全球在教育和健康上的两性平等方面已经取得长足进步，但在经济参与和政治活动等方面还有待提高，各国也在积极改善女性的就业地位和就业条件。

第二节 女性创业新优势

对于女性创业者来讲，创业相对于就业行为的主要区别在于：创业活动让女性有了更多的就业机会，有大量研究（刘斌、李磊，2012；赖德胜、孟大虎、王琦，2015）证明，由于劳动力市场分割、岗位灵敏度、第二轮班等要素制约了女性在劳动力市场上搜寻到与其能力相匹配的工作机会，而创业则没有这些制约，相反，给予女性更多的自由和发挥空间。在强调去中心化和情感体验为核心的信息经济时代，女性感性化、乐于分享等特性成为女性的创业优势，另外，由于女性在合适的工作岗位中面临更高的竞争，在过去的十几年，越来越多的女性转向创业，根据 The Global Entrepreneurship Monitor（GEM）的统计，2012 年，全球 67 个国家的 1.26 亿女性正在开创或经营自己的新创企业。

全球女性创业发展指数（Gender-GEDI），综合全面地评估了影响女性创业潜力的多个因素，涵盖创业环境、创业生态系统、创业意愿在内的 30 个指标，是世界上第一个全面识别和分析促进高潜力女性企业家发展条件的诊断工具。2013 年的全球女性创业发展指数（Gender-GEDI）研究报告提供了 17 个国家的比较分析。2014 年，又增加了 13 个国家，区域覆盖非洲、亚洲、欧洲、拉丁美洲和加勒比地区。这 30 个国家的总和，代表了世界 66％的女性人口和 75％的 GDP。2014 年，全球女性创业发展指数（Gender-GEDI）更关注高潜力女性企业家及影响创业潜力的因素。2014 年报告对 30 个国家在 30 个指标的得分进行排名显示，美国以 83 分排在第一位，巴基斯坦获得 11 分排在最后一位。排在前 10 位的国家依次是美国、澳大利亚、瑞典、法国、德国、智利、英国、波兰、西班牙、墨西哥。我国的女性创业发展系数得分为 42，排在第 11 位。这主要源于“大众创新、万众创业”的双创背景和国内日渐合理的商业环境。尤其是我国当前的政策环境、经济环境和日臻完善的法律环境，激发了女性的创业激情，坚定了女性参与创业活动的决心。

>>一、消费中心主义为女性创业提供认知优势<<

互联网时代是消费时代，也是需求导向时代。从消费需求来看，我国的生活消费量主要集中在服装、母婴等领域，而这一领域正是女性创业者最擅长的商机。从淘宝店主来看，女性创业者的主要领域是：美妆、母婴、服装、珠宝配饰、百货、箱包鞋帽六大领域。[1] 在工业时代，经济发展以"规模经济"和"范围经济"作为基本的指导方向，而在互联网时代，经济和商业导向更加强调精准定位客户。因此，女性所拥有的更加感性的思维模式更有利于服务于客户的个性化需求，强调借助于技术进步，尤其是日渐成熟的虚拟现实（VR）等技术帮助客户进行"分享体验"，这正是女性创业者的优势所在。

>>二、低廉的技术和资本门槛让女性获得创业契机<<

传统经济以大公司、高资本及高昂技术产品驱动，互联网经济则以信息为驱动源，以"分布式多元协同"为特征。政府为企业免费铺设电了通信设备，而创业者以近乎零的技术投入成本进入创业领域，创业门槛降低。有大量研究表明，现在的行业和职业樊篱正在被打破，部分女性创业者甚至进入传统的男性主导行业，传统的"职业天花板效应"正在消失。随着电商经济的成熟，女性创业者的年龄结构也在发生变化（图 6-1），传统的青年群体创业优势正在衰减，成熟劳动力市场上的女性正在大规模转向电商经济，成为独立经营的女性创业者。2014 年，30～45 岁年龄段的女性创业者比例相较于十年前上升了 8 个百分点。

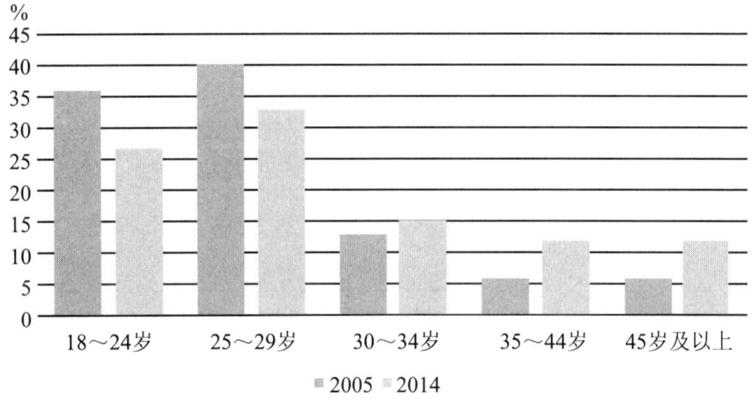

图 6-1　2005 年与 2014 年女性店主年龄分布情况对比

数据来源：笔者根据阿里巴巴研究院郝建彬《中国女性网络创业就业的富生态——以阿里巴巴为例》数据，重新整理所得。

① 数据来自阿里研究院《女性创业者报告（2015）》，http://www.aliresearch.com/blog/article/detail/id/20444.html。

>>三、良好的社会环境有利于进一步发挥女性人力资本优势<<

我国的女性保护性立法工作远高于国际水平，而且随着社会的发展和各级教育领域女性的结构性优势发挥，越来越多的女性有能力投入创业领域。我国女性创业发展指数在东亚地区名列前茅，女性在社会地位和经济能力等方面取得显著进步。从图 6-2 可以看出，2012 年中国女性创业比例与美国持平，远高于法国、德国、俄罗斯，并且与中国男性创业比例相差不大，可见中国女性的创业环境适宜。

与此同时，我国女性创业者的人力资本优势是非常明显的，女性创业者教育水平为大专、本科、研究生及以上的占比分别为：36.8%、33.8%、16.7%，①这与中国高等教育扩张密切相关，也为女性创业的未来提供良好的人力资本优势。阿里巴巴的报告指出，2015 年我国女性群体中，女性大学生群体的创业比例已经略高于非大学生群体，未来这种趋势将会更加显著。

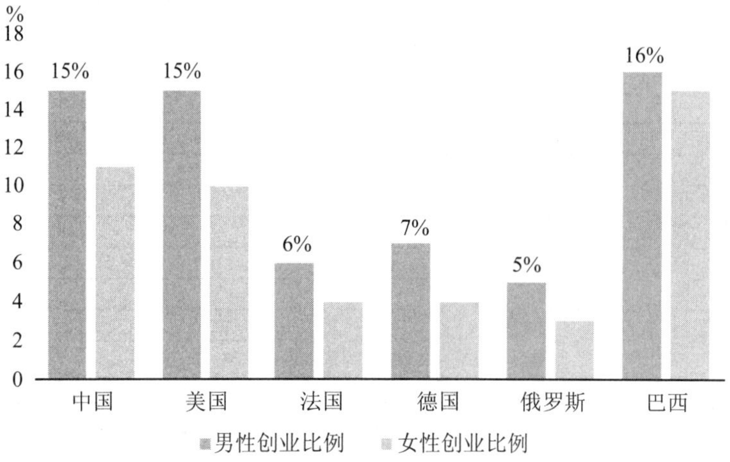

图 6-2　2012 年各国男、女性创业比例

数据来源：《女性创业者报告》，阿里研究院，2015 年。

>>四、女性创业提高了女性的议价能力和就业环境<<

创业者在挑选员工的时候，往往会看重雇员的忠诚度、专用型技能等。但是由于初创阶段在薪酬、奖金、保险等生存性人力资源指标上没有优势，又有明显

① 数据来自阿里研究院《女性创业者报告(2015)》，http://www.aliresearch.com/blog/article/detail/id/20444.html。

的高风险与高不确定性，因此，创业型企业面临更高的人才流失可能性，迫使其把更多的心思花在人员留任上，各种新型人力资源技能被创业公司开发，并被其他公司吸收、利用。近年来，越来越多的研究人员开始承认创业型的中小企业也需要人力资源管理，为了鼓励员工为企业创业做出贡献，并且提高他们的风险承受能力，企业应该通过设计合理的薪酬体系来营造创业氛围，并在一定程度上着力改善企业的“内创业人力资源管理”①。由于创业型公司在公司发展阶段或者“蔓延”阶段，公司的用人需求增多，当一定数量的创业型公司同时在劳动力市场上提供岗位时，劳动力市场上对于某类劳动者就会出现供不应求的情况，女性劳动者的议价能力相应地就会提升，在薪酬上的可调节能力就会显现。同时，研究表明，女性创业者在人员招聘时会减少对于女性的就业歧视，在薪酬设计和制度管理上偏重于女性的特殊情况，有利于改善女性的就业环境。

>>五、互联网时代的“零工经济”或“分享经济”为女性提供更好的创业机遇和平台<<

Shane、Kolveried and Westhead 的研究发现，男性创业者和女性创业者都认为他们选择创业的原因之一是希望可以更灵活支配时间和自我兴趣，但是女性创业者相对于男性创业者则更强调自己独立生活的能力，并能兼顾家庭和工作。②“零工经济”或“分享经济”恰好满足女性工作时间自由，在创业的过程中能更好地兼顾工作和家庭的需求，因此“零工经济”或“分享经济”对女性创业和就业也将更为有利。

>>六、互联网时代的女性创业正在满足“数字红利”和“性别红利”的双重需求<<

2016 年，世界银行在以“数字红利”为主题的《世界发展报告》中，正式提出了“数字红利”(Digital Dividend)这一概念，把“数字红利”定义为由互联网的广泛应用而产生的发展效益。③ 世界银行在这个报告中列举了多个案例，表明数字技术促进发展的重要意义，也特别强调了发展中国家、低收入群体也可以充分分享

① 陈鹏、刘保平：《内创业人力资源管理文献述评》，载《经营管理者》，2015 年第 2 期。

② Shane，S，Kolvereid，L & Westhead，P，1991，A Exploratory Examination of the Reasons Leading to New to Firm Formation Across Country and Gender，Journal of Business Venturing，6(6)：431-446.

③ World Bank. Digital Dividends[M]. World Bank，Washington DC，2016.

“数字红利”，认为穷人利用互联网可以极大地降低信息搜索成本，对获取就业机会和提高收入水平具有显著影响。在这个报告中，世界银行特别强调与数字变革密切相关的配套机制对“数字红利”的产生具有重要作用，但由于“数字鸿沟”仍旧广泛存在，互联网的广泛应用也产生新的挑战和风险等原因，“数字红利”并没有随着数字技术的迅速普及得到同步实现。

在我国随着“互联网”的快速发展，促进了经济增长、创造了就业机会，并改善了服务，这些都是数字技术的最重要收益。随着数字技术在互联网以及手机的广泛应用，数字技术已经成为重塑经济、促进经济增长和社会发展的重要驱动力量。正在缩小和填补中国与 OECD 国家之间以及中国城乡之间的“数字鸿沟”和“信息鸿沟”。在显著缩小两类“数字鸿沟”的同时，中国已经在不同领域开始收获“数字红利”，使更多民众享受到信息时代的“数字红利”，以 1995 年互联网商业化为起点，互联网经过 20 年的发展已经广泛渗透到世界各国经济社会发展的各个领域，为发展创造了“红利”。这包括企业信息化水平不断提高、数字技术领域的创新创业、以“平台型经济”或者“分享经济”为特征的电子商务的快速发展等。[①] 而电子商务的快速发展也为女性创业提供了重要的契机和发展平台，使得创业女性充分享受到了“数字红利”所带来的价值。

“性别红利”是国际上在企业管理和性别研究领域提出的一个新概念，意指女性充分参与经济活动能够显著拉动经济增长，为企业和社会带来稳定收益，是有关于利用女性的技能和潜能来保障全球人民有更好的经济、生产力更旺盛的社会以及更幸福的人们。世界经济合作与发展组织(OECD)也有数据表明，自 1995 年以来，因两性就业率差距的缩小带来了欧洲总体就业率提高一半、年度经济增长率达到 1/4。[②] 再以日本为例，日本是经合组织国家中女性劳动参与率最低的国家之一，2010—2030 年其劳动人口预计将萎缩 15%，进而对该国的 GDP 增长造成不利影响。[③] 泛美开发银行的劳动力市场和社会保障部主任、劳动经济学家卡门·佩吉斯(Carmen Pagés)与首席社会发展经济学家克劳迪娅·派瑞斯(Claudia Piras)于 2010 年合著出版了《性别红利：充分利用女性的工作》一书，使得“性别红利”在企业管理和性别研究领域受到广泛关注与认同。世界经济论坛发布的一项报告显示，在对 134 个国家的研究中，较高的性别平等率与人均国民生产总值密切相关，证明性别平等对更大的生产力、更成功的商业合作均至关重要。女性

---

① 胡鞍钢、王蔚、周绍杰、鲁钰锋：《中国开创“新经济”——从缩小“数字鸿沟”到收获“数字红利”》，载《国家行政学院学报》，2016 年第 3 期。

② OECD，2008，Gender and Sustainable Development：Maximising the Economic，Social and Environmetal Role of Women.

③ Eiko Shinotsuka，2010，Use Women Effectively as Human Resources in Japanese Economy，*Japan Economic Foundation*.

的就业率如果能和男性就业率匹配的话，GDP的增长会增加34%。其实，目前186个国家已经签署了《消除对妇女一切形式的歧视公约》。在中国，妇女的经济赋权得到高度重视，在过去的20年里，中国政府采取系列措施促进妇女平等参与发展、平等分享发展的成果。正是在中国政府的关心和重视下，在全国妇女的奋发努力下，2010—2013年，中国农村贫困人口减少了近8 300万，其中有一半为女性。互联网时代促使女性人力资本更快更广泛地流动。一项最近的盖洛普调查显示，“一份好工作”是世界各地人民都最渴望的；但有意义的是，而今他(她)们表现出愿意为之流动的意愿，并在女性身上表现得尤为明显。① 女性人力资本流失所隐含的风险是任何国家都承担不起的，因为这意味着该国家性别红利的消失。

女性创业是女性参与经济活动的一种重要方式。勇气、包容心、分享精神、韧性以及平衡能力等是女性具有的独特优势，常常为人们所称道，而女性的创造性和领导力尚没有引起社会足够多的关注。② 如果有潜力的女性能够被纳入工作系统中，每个人都会受益，这是显而易见的。中国发展研究基金会副秘书长方晋在《中国女性创业：释放增长新机遇》的报告中强调：中国女性企业家在过去20多年里迅速崛起，目前占企业家总数的1/4；约60%的女性企业家年龄在45岁及以上；绝大部分受调查女企业家拥有大学及以上学历；逾60%女性领导的企业在东部地区。

虽然，中国当前已经初步建立了扶持女性创业的政策体系，政府在未来还需要与私人部门及社会携手合作，不断优化有利于女性创业的外部条件和环境。但是，我国现阶段的创业扶持政策还有待于强化性别视角，女性创业的重要性和潜力才能得以被充分挖掘。完善支持和促进女性创业的政策会带来更大的性别红利，使中国经济发展更具有包容性。

第三节 女性就业新特征

>>一、互联网提供更多的跨区域就业选择<<

相对于传统技术，互联网技术在没有折损丰富性的同时，提高了信息的影响范围。Autor(2000)曾指出互联网可能改善和匹配工作搜寻的方式。因此，互联网时代的女性就业将呈现更多跨区域、交叉定向流动特征。在信息闭塞时代，女性由于工作范围狭小，接触的工作类型单一，获得信息的能力相对更弱。在互联

① Greg Pellegrino，2010，One World Wide Desire? A Good job，*Deloitte Perspectives*，9(7).

② 蔡双喜：《共论“女性领导力”，探求赢取性别红利之道》，载《中国妇女报》，2015年10月22日。

网时代，女性可以接触互联网和移动互联设备，获得更加充分的信息。不仅如此，互联网提供了更加充分和透明的就业信息。因此，女性可以利用互联网信息获得更好的工作机会，提高更换工作和薪酬谈判能力。

>>二、灵活就业趋势将会成为女性就业的主要特征<<

近年来，随着就业平台越来越多，大量的劳动力主动从传统劳动力市场上退出，借助各种网络电子商务、网上兼职平台等从事灵活的、自由的工作，成为有一定专业技能或者创意的“自由职业者”，也就是前文我们提到的“零工经济”，不排除女性全职工作之外的兼职，但是此类情况占比较少。

根据图 6-3 可以看出，我国个体就业者占城镇就业人员的比重从 2010 年的 12.8%上升到 2014 年的 17.8%，“灵活就业”人员的增长趋势显著。以淘宝为例，2015 年相较于 2014 年，女性雇员的占比从 40.5%上升到 49.2%，上升比例近 9%，灵活就业的增幅呈跳跃式发展。可见，这种灵活就业趋势有利于提升女性总体的就业地位，让一些在传统市场上难以就业的人员获得更好的工作报酬和就业机会。同时，让一些在传统市场上能够获得同等薪酬的女性就业者获得更加广泛的自由感和职业尊重，甚至更有利于女性平衡职业和家庭关系。

但同时我们应该注意，灵活就业也可能会使“兼职女性化”成为就业的新问题。“兼职女性化”是指女性大量从事兼职工作，而无力在主要劳动力市场上与男性劳动力竞争的状态，是一种典型的就业歧视。随着互联网的发展，可能会由于信息使用能力、雇用方筛选机制的完善等原因形成新的女性就业难题。

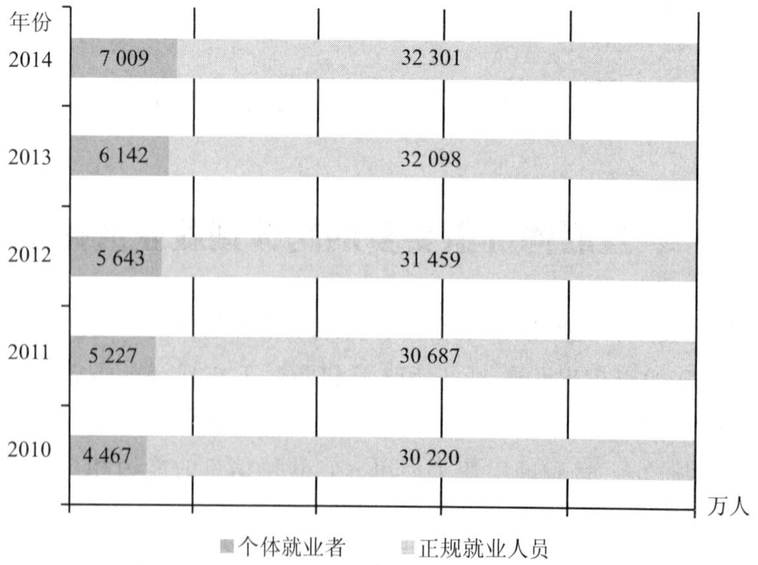

图 6-3 城镇就业总数和城镇个体就业人数

数据来源：根据《中国统计年鉴》(2010—2014 年)整理而得。

>>三、"零工经济"或"分享经济"为女性就业多样化提供新契机<<

"零工经济"或"分享经济"时代不仅要求打破信息不对称，塑造信息文明，而且有了新的时代要求。第一，新的商业背景要求建立全新的信任机制，这种机制建设过程为女性提供新优势。随着《关于深化改革推进出租汽车行业健康发展的指导意见》和《网络预约出租汽车经营服务管理暂行办法》等网约车新规的出台，打车平台将走向更好的发展阶段。同时，新的信任机制没有建立，大量负面新闻加剧了民众，尤其是女性民众对于网络约车的不安和信任危机。因此，女性独有的性别优势为女性司机提供了天然的信任优势，有利于完善新的信任机制。以滴滴为例，滴滴从2015年开始逐渐为每天19点至次日凌晨3点出行的女性推出"女士专车"，全部由女性司机担任，收入和待遇高于一般司机，这是一种互利的平台信任机制。第二，互联网平台提供更好的动态优化规则，有利于制定更有利于女性的就业政策。传统的就业平台是由雇用方制定就业规则，就业者缺少协商议价能力，且议价的沉没成本高昂。在"分享经济"模式下，就业规则不再是一成不变的，而是随着经济规模、市场需求、人口流量等不断调整，运用完善的大数据处理能力，动态分析最优的平衡机制，建立平台、就业者和消费者三方共赢机制。随着政策的调整，必将出台更多适应女性消费者的服务，进而改善女性就业者的就业环境。第三，优化的人才结构为女性提供更多样化的就业决策。在传统的就业平台上，雇用方往往掌握绝对的就业话语权，大量女性被排挤到次要劳动力市场，劳动力市场上的女性人才结构往往呈现不均衡的状况。以滴滴平台为例，滴滴近半数的专快车司机接受过高等教育，其中专科(高职)占比27.7%，本科占比18.3%，硕士及以上占比1.5%。这种人才结构远高于大多数传统行业，也高于绝大多数的兼职平台，是一种基于人力资源存量的新型就业模式。在此模式下，女性不但可以获得稳定的就业机会，而且可以分享就业机遇，提升就业能力，拓展就业领域，是一种"学习型"平台就业模式。

据世界银行2016年报告研究，全世界的互联网等信息技术应用情况差距的扩大，将进一步拉大国家间的经济差距。虽然在互联网时代，女性的创业和就业有了大量的利好基础。但与此同时，隐性就业歧视并没有减少，相反，随着互联网平台的透明化和制度化，用人单位在招聘时掌握了更多就业者的个人信息，个人隐私和不利的就业条件不经意间都会暴露给用人单位，这类就业歧视政策更加难以获得《劳动法》等就业法律和政策的保护，这将是一个新的就业困境。此外，互联网时代的就业会进一步分化女性就业者，在传统的职业技能之外，增加一个新的技术技能，在女性就业者内部形成不可逾越的就业樊篱。

我们正在走向数字时代的交叉口，互联网时代女性的创业与就业核心竞争力在于满足数字红利和性别红利的双重需求。我们认为，在未来的十年左右，“数字红利”与“性别红利”很可能将会出现交叉点，新时代的女性将会面临双重优势，如何把握这种时代的需求，迎接数字时代的新型淘汰模式，将是未来女性创业和就业是否能够走向更加开放和平等发展方向的关键所在。

第七章

女大学生就业搜寻研究——基于全国63所高校的数据分析

本章在工作搜寻的理论基础上，通过构建Logistic多元排序模型对全国63所大学的调研数据进行了实证分析，研究发现：性别在女大学生就业搜寻过程中起着负面作用；工作搜寻理论没有在女大学生身上得到证实，而在男大学生身上得到证实。同时，男女生就业搜寻的影响因素差异很大。机遇、技能的掌握、吃苦进取、工作能力、观念文化和年龄等因素对女大学生就业搜寻起着正向作用；而影响男大学生就业搜寻的因素为学生干部、人际关系、实习经历、政治面貌和体貌特征。最后，在实证研究基础上本章提出了构建男女平等的就业环境，提高女大学生综合素质和提升高校就业服务能力等对策建议。

第一节　问题的提出和文献综述

>>一、问题的提出<<

随着我国高等教育从精英型向大众化的转变，高校毕业生的就业压力逐步增加。尤其是金融危机以来，复杂的国际、国内经济形势使得大学生就业问题日益突出，已经成为当前无法回避的社会问题。而作为大学生中的弱势群体，女大学生则面临着更为严峻的就业形势。全国妇联于2010年8月第一次发布《女大学生就业创业状况调查报告》。该报告通过实地调研得到如下数据：一般来说，女大学生投出9份简历才有一次面试或笔试机会；投出44份简历才能有一个意向协议。有56.7%的大学生认为女生的就业机会少于男生，有91.9%的女生曾经遭遇过就业歧视。同时该报告认为有五个方面的原因影响了女大学生就业：其一，从整体就业环境来说，目前及将来的一段时间内，我国劳动力供需总量仍然是失衡的。其二，我国的产业结构还需要进一步优化升级，近年来尽管第三产业迅速发展，但容纳劳动力的能力还不足。其三，传统的社会分工模式和落后的性别观念。其四，目前我国高校的专业设置不能与劳动力市场的专业需求相匹配。其五，劳动力市场的法律法规急需健全与完善。由此可见，女大学生的就业问题已经成为当前无法回避的社会问题。

从国内外的相关研究来看，关于女大学生就业的研究非常丰富，也取得了不少的成果，观点主要集中于两类：第一类是从人力资本的视角出发，认为女大学生就业难的原因是女性的人力资本投资价值低于男性。第二类是认为女性就业难的最大原因在于歧视，包括劳动力市场歧视理论、统计性歧视理论、性别隔离理论等。现实的劳动力市场与古典经济学完全市场信息的假设不同，求职者为了找到满意的工作岗位，一般要经历一个搜寻过程。在此基础上，工作搜寻理论应运而生并迅速发展，已经成为分析失业、工资确定和岗位空缺的常用理论。而且2010年的诺贝尔经济学奖颁发给了对搜寻理论做出重要贡献的 Diammond、Mortensen 和 Pissarides 三位学者。然而，遗憾的是从工作搜寻视角来研究女大学生就业的文章还并不多见，下面本章将从搜寻理论入手，来实证分析女大学生的就业问题，希望能够较为准确地把握女大学生的就业规律，为解决女大学生就业问题提供理论依据。

>>二、文献综述<<

新古典经济学中，劳动力市场被认为是完全竞争的，即信息充分，厂商能以相同的工资雇用到所需的全部劳动力。但自 20 世纪 60 年代以来，经济学家逐渐认识到劳动力市场并非出清，因为求职者和厂商之间的信息并不是充分的。求职者要想实现和厂商的工作匹配，一般来说都需要经历一个搜寻过程。Stigler 发表的《信息经济学》①和《劳动力市场信息》②，拉开了"搜寻理论"的序幕。而最先把搜寻理论应用于劳动力市场的是 McCall③，他提出了序列寻访模型，认为求职者会通过收集劳动力市场的信息来确定自己的保留工资，如果搜寻到工作的工资低于该保留工资，则继续搜寻；如果找到一个工作的工资大于等于保留工资，就接受该工作，不再搜寻。保留工资的高低决定了工作搜寻时间的长短。"Phelps 认

---

① Stigler, G. J., 1961, The Economics of Information. *The Journal of Political Economy*, 69: 213-225.

② Stigler, G. J., 1962, Information in the Labor Market, In Investment in Human Beings, *The Journal of Political Economy*, 70(5): 94-105.

③ McCall, J. J., 1970, Economics of Information and Job Search, *The Quarterly Journal of Economics*, 84: 113-126.

为在信息不充分的情况下，求职者会比较搜寻的边际成本和边际收益。”①搜寻时间越长，搜寻成本和搜寻收益均逐渐增加，但边际收益递减、边际成本递增。当边际收益与边际成本相等时，搜寻即可停止。

早期的搜寻理论是在给定了职位分布的情况下，求职者的单向搜寻行为，没有考虑到厂商的雇用行为，针对这一不足，均衡搜寻理论把厂商的行为内生化，分析厂商行为对求职者搜寻的影响。目前的均衡搜寻理论文献按照研究重点的不同，主要有以下两类。

第一类是“匹配模型”(matching approach)，其基本思想是求职者和厂商在工作匹配过程中存在摩擦，双方为克服市场摩擦而做出投资，如搜寻、雇用、培训等。匹配模型的核心是匹配函数，它描述一种投入产出关系，投入包括求职者的搜寻行为和厂商的雇用行为，产出是失业劳动者和空缺职位成功匹配的速率。②匹配模型的另一个特征是工资议价。Mortensen and Pissarides(1999)③分析了在匹配生产率确定、求职者和厂商同质、一次齐次性的匹配函数、求职者和厂商按照纳什谈判规则确定工资以及厂商利润最大化时的搜寻模型。发现工资、失业率和职位空缺数的均衡是唯一的。求职者失业收益(失业保险等)的增加会提高均衡时的工资和失业水平，而匹配生产率的提高会提高均衡时的工资和降低失业水平(黄亮、彭璧玉，2005)。④

在求职者与厂商合作博弈的情况下，匹配模型是有效的，但当两者非合作博弈时，求职者和厂商便无法匹配，这时就需要用到“工资公告模型”(wage posting approach)，它研究的是在有摩擦的市场环境中，劳资双方非合作博弈情况下，工资公告机制能够实现最优的匹配。该模型的构建有三种方法：其一，厂商公告其工资出价，求职者直接到出价最适合他们的厂商那里求职。其二，求职者公布其工资要价，厂商直接找要价最适合他们的求职者。其三，假定市场中存在一组个体，他们在市场中设立子市场，并设定一个公告价格，在该子市场中完成的任何匹配的价格水平都必须等于公告价格。

另外，Diammond、Mortensen 和 Pissarides 建立了 DMP 模型，用来分析劳动力市场中的数据，理解失业和职位空缺是怎样形成的。在此基础上，可以研究政府的政策，例如政府对于失业的福利政策。政府会提供给失业者福利，以及相

---

① Phelps, E. S., 1970, Microeconomic Foundations of Employment and Inflation Theory, *Journal of Economics and Business Administration*, 124(6): 125-130.

② Diamond, P. A., 1982, Aggregate Demand Management in Search Equilibrium, *The Journal of Political Economy*, 90(5): 881-89.

③ Mortensen, D. T. and Pissarides, C. A., 1999, New Developments in Models of Search in the Labor Market, *Handbook of Labor Economics*, 3: 2567-2627.

④ 黄亮、彭璧玉：《劳动力市场搜寻理论新进展》，载《经济学动态》，2005年第9期。

应的政策和管理。目前该模型已经成为分析失业、工资形成和职位空缺的最常用工具。由于 Diammond、Mortensen 和 Pissarides 对搜寻理论的重大贡献，他们三位获得了 2010 年诺贝尔经济学奖。

实证研究方面，Van den Berg and Ours① 研究发现：女性的失业退出率对失业持续时间存在负的依赖性，而对男性来说，当失业超过一年后才开始显现。Blanchard and Portugal② 分析了葡萄牙低失业率和长期高就业率的相关性，发现葡萄牙严格的就业保护立法使得劳动力流动性很低，进而这种低流动性又限制了工作搜寻渠道的发展。Richard Rogersona and Robert Shimer③ 通过对大量 OECD 国家劳动力市场数据的研究，评估了搜寻模型在经济周期波动和长期趋势方面对宏观经济的影响程度。

在国内工作搜寻方面，谢康(1994)④从搜寻技术和经济结果角度对搜寻理论和方法做了初步探讨，开创了国内研究搜寻工作的先河。后来，钱永坤(2001)⑤建立了下岗职工工作搜寻模型，研究发现，保留工资较高，失业的可能性较大；工作能力较强的劳动力，再就业的可能性较大；劳动力市场越完善，再就业比例越高。赖德胜(2001)⑥认为制度分割是影响大学毕业生和用人单位的工作搜寻行为的重要因素，各种制度性交易成本的存在使得厂商和求职者之间产生错位。韩宏华、孟益宏(2010)⑦发现大学生的性别、专业等个人特征、高校的就业辅导、经济环境和政府的就业政策都会影响到大学生的就业搜寻行为。有关女大学生就业方面的研究主要集中于性别歧视，范元伟等(2005)⑧、李瑾和彭建章(2011)⑨等研究发现性别歧视、社会关系、自身素质等因素影响了女大学生的就业搜寻，

---

① Van den Berg, G. J., and Van Ours, J. C., 1999, Duration Dependence and Heterogeneity in French Youth Unemployment Durations, *Journal of Population Economics*, 12(2): 273-285.

② Blanchard O. and Portugal P. 2001, What Hides Behind An Unemployment Rate: Comparing Portuguese and US Labor Markets, *American Economic Review*, 91(1): 187-207.

③ Rogerson R. and Shimer, R., 2011, Search in Macroeconomic Models of the Labor Market. *Handbook of Labor Economics*, 4A: 619-700.

④ 谢康：《市场经济条件下信息搜寻行为与效益分析》，载《数量经济技术经济研究》，1994 年第 10 期。

⑤ 钱永坤：《搜寻理论与下岗职工再就业》，载《中国矿业大学学报》，2001 年第 1 期。

⑥ 赖德胜：《大学毕业生就业难：现象、原因及对策》，载《中国高等教育》，2001 年第 13、14 期。

⑦ 韩宏华、孟益宏：《工作搜寻理论视角下的地方高校毕业生就业问题分析——基于扬州大学 2008 届毕业生的调查》，载《黑龙江高教研究》，2010 年第 5 期。

⑧ 范元伟、郑继国、吴常虹：《初次就业搜寻时间的因素分析》，载《清华大学教育研究》，2005 年第 4 期。

⑨ 李瑾、彭建章：《女大学生就业难影响因素及对策研究》，载《河北师范大学学报(教育科学版)》，2011 年第 2 期。

并使得女大学生的就业形势异常严峻。

综合国内外的研究，国外的搜寻理论发展迅速，但专门研究女大学生的较少；国内关于女大学生就业难的研究不胜枚举，但缺乏搜寻理论的视角。故本章尝试从搜寻理论的视角来研究日益严峻的女大学生就业问题，以全国范围内63所大学的女大学生为研究样本，采用Logistic排序选择模型来定量分析影响女大学生就业的因素。旨在希望能进一步丰富有关女大学生就业的实证研究，较为准确地了解影响女大学生就业的具体原因以及影响程度的大小，把握女大学生就业的普遍规律，为解决女大学生就业难这一社会问题提供对策依据。

第二节　理论模型的构建

>>一、工作搜寻模型<<

针对工作搜寻模型本章做出如下假设。

假设1：不完全的市场信息。不同的厂商给求职者的报酬不同，求职者为了得到满意的报酬，需要进行工作搜寻。当厂商提供的报酬大于等于保留工资时停止搜寻。

假设2：搜寻过程有成本。搜寻成本由直接成本和间接成本构成，直接成本是指为寻找工作所花费的交通、通信等一系列直接的费用。间接成本是指为获得该工作机会而放弃的其他机会所能带来的收益。

假设3：搜寻时间越长，搜寻成本和搜寻收益均逐渐增加，但边际收益递减、边际成本递增。

假设4：研究的主体为某一特定的求职者。

针对该求职者单个的搜寻过程，其目标是最大化 $E\sum_{t-0}^{\infty}\beta^{1}x_{i}$，其中，$\beta\in(0,1)$是折现率，$x_i$ 是 t 时的收入，E 表示期望收益。本章直接采用Richard Rogerson、Robert Shimer和Randall Wright(2005)①的模型。

$$w_2=b+\frac{\beta}{1-\beta}\int_{w_2}^{\infty}[1-F(w)]\mathrm{d}w \tag{7-1}$$

其中，b 表示失业保险、闲暇和家庭生产收益，w_2 为保留工资，$F(w)$为收入函数。

① Rogerson R. Shimer R. and Wright, R., 2005, Search-theoretic Models of the Labor Market: A Survey, *Journal of Economic Literature*, 43(4): 959-988.

再假设求职成功的概率为 $H=1-F(w_2)$，则 t 时的失业概率为 $(1-H)^{i-1}H$，搜寻时间为：

$$D\sum_{i-1}^{\infty}t(1-H)^{i-1}H=\frac{1}{H} \tag{7-2}$$

同时，观测到的工资分布函数为 $G(w)=F(w \mid w \geqslant w_2)$。

由式(7-2)知，对某一求职者个体来说，搜寻时间是保留工资的增函数，提高保留工资，会延长搜寻时间；降低保留工资，会缩短搜寻时间。但针对当前我国日益严重的女大学生群体的就业问题来说，保留工资显然不是影响就业搜寻的唯一因素，那么到底有哪些因素影响了女大学生的就业搜寻？为了解决这一问题，本章将在工作搜寻的理论基础之上，构建 Logistic 多元排序选择模型，并采用逐步回归的方法，在调查问卷的保留工资、性别、年龄、政治面貌、实习经历等 31 个指标中筛选出影响女大学生就业搜寻的因素。

>>二、Logistic 多元排序选择模型<<

本次调研涉及的问卷是对就业难易程度的评价，比如非常困难、困难、一般、容易、非常容易，这些变量是非连续的，而普通的线性回归要求因变量为连续变量。为了解决这一问题，就需要用到多元选择模型。多元离散选择问题普遍存在于经济生活中。例如：当一个人面临多种职业选择，将可供选择的职业排队，用 0，1，2，3 表示，这就是排序选择问题，所谓“排序”是指在各个选择项之间有一定的顺序或级别种类。排序选择问题需要建立排序选择模型。

与二元选择模型相类似，设有一个潜在变量 y_i^*，是不可观测的，可观测的是 y_i，设 y_i 有 0，1，2，…，M 等 $M+1$ 个取值。

$$y_i^*=x_i^*\beta+u_i^* \quad i=1,\ 2,\ \cdots,\ N$$

式中：u_i^* 是独立同分布的随机变量。

本次调研中，我们把大学生找到工作前的面试次数分为 5 个等级，依次是 1～3 次、3～5 次、5～10 次、10～15 次和 15～20 次。因 5 个变量之间存在逻辑顺序关系，即 y_i 为有序变量且 y_i 与 y_i^* 之间存在下列关系：

$$y_i=\begin{cases}1 & (15\sim20\text{次}) & if & y_i^*\leqslant c_1\\2 & (10\sim15\text{次}) & if & c_1<y_i^*\leqslant c_2\\3 & (5\sim10\text{次}) & if & c_2<y_i^*\leqslant c_3\\4 & (3\sim5\text{次}) & if & c_3<y_i^*\leqslant c_4\\5 & (1\sim3\text{次}) & if & c_4<y_i^*\end{cases}$$

其中，c 为决定本组别的组别分类样本点。

设 u_i^* 的分布函数为 $F(x)$，可以得到如下的概率：

$$
\begin{cases}
P(y_i=0)=F(c_1-x_i^*\beta) \\
P(y_i=1)=F(c_2-x_i^*\beta)-F(c_1-x_i^*\beta) \\
P(y_i=2)=F(c_3-x_i^*\beta)-F(c_2-x_i^*\beta) \\
P(y_i=3)=F(c_4-x_i^*\beta)-F(c_3-x_i^*\beta) \\
P(y_i=4)=1-F(c_4-x_i^*\beta)
\end{cases}
$$

进一步地，

$$
\frac{\partial P(y_i=0)}{\partial x_i}=-f(c_1-x_i^*\beta)\beta,\quad \frac{\partial P(y_i=4)}{\partial x_i}=f(c_4-x_i^*\beta)\beta
$$

式中 u_i^* 的密度函数为 $f(x)$。因此，$P(y_i=0)$的变动随 x_i 变动方向与β的符号相反；而 $P(y_i=4)$的变动随 x_i 变动方向与β的符号相同，但是对于中间取值概率的变动与 x_i 的关系则是模糊不清的。此处采用极大似然方法估计参数。

至此，本章把基于工作搜寻理论的 Logistic 多元排序选择模型构建完毕。即把非常容易、容易、一般、困难、非常困难等的非连续分类变量转化为连续的变量，这样就满足了传统线性回归方程的前提条件，可以对调研数据进行回归分析。下面本章将使用 Stata10 软件，采用逐步回归的方法，从调查问卷的保留工资、性别、年龄、政治面貌、实习经历等 31 个指标中筛选出影响女大学生就业搜寻的决定性因素。

第三节　实证分析

>>一、数据来源及描述性统计<<

本章所用的数据来自于国家社会科学基金项目《女大学生就业难的成因及相关政策研究》的调查结果。问卷调查与访谈工作于 2010 年 10 月底至 2011 年 6 月末对东北地区、华东地区、华中地区、西部地区、华北地区、华南地区和西南地区的 63 所大学进行大规模的问卷调查和访谈。调查的对象是全国重点院校、区域性知名院校以及其他普通院校的大学生，共发放问卷 6 220 份，回收有效问卷 5 694 份，有效回收率为 91%。其中：男生 2 715 份，占 47.68%；女生 2 979 份，占 52.32%，调查样本具有较好的典型性和代表性。

问卷内容分为以下四个方面：

一是关于大学生人力资本的，包括性别、学历、专业、参加实习、学习成绩、各种证书、实习经历、政治面貌、学生干部、求职技巧、个性特征等变量，另外，也包括毕业院校知名度，主要是指全国重点院校、区域知名院校和其他院校。

二是关于大学生家庭背景的，主要包括父母的意愿、人际关系、生源地（省会及以上大城市、中小城市、农村等其他地区）、户籍、父母的社会地位等变量。

三是关于大学生工作搜寻的变量，包括意向单位、意向起薪、意向就业地区、专业对口度、毕业去向、投递简历次数、参加面试次数、就业信息获取渠道、创业帮助渠道、是否异地就业、找工作过程中得到的帮助等变量。

四是关于大学生工作搜寻的结果变量，主要是指是否遭遇就业歧视（包括歧视类型）以及是否愿意创业、是否愿意去基层就业。

被调查的 5 694 位大学生中，男大学本科生为 2 089 人（占 36.69%）；女大学本科生为 2 330 人（占 40.92%）；男硕士生为 574 人（占 10.08%）；女硕士生为 622 人（占 10.92%）；男博士生为 52 人（占 0.91%）；女博士生为 27 人（占 0.47%）。被调查者中，遭遇过就业歧视的人数，男大学生为 978 人，女大学生为 1 732 人，调查样本的院校及专业情况请见表 7-1。

表 7-1　调查样本统计量描述

院校层次	性别	专业类别	频数	频率（%）
全国重点院校	女	人文社科类专业	355	27.5
		经管类专业	273	21.2
		理工类专业	542	42
		医学类专业	15	1.2
		其他专业	105	8.1
		合计	1 297	100
	男	人文社科类专业	183	11.6
		经管类专业	178	11.3
		理工类专业	1 141	72.4
		医学类专业	18	1.1
		其他专业	56	3.6
		合计	1 576	100
区域知名院校	女	人文社科类专业	171	21.2
		经管类专业	238	29.5
		理工类专业	171	21.2
		医学类专业	136	16.9
		其他专业	90	11.2
		合计	806	100

续表

院校层次	性别	专业类别	频数	频率(%)
区域知名院校	男	人文社科类专业	60	12.1
		经管类专业	118	23.9
		理工类专业	218	44.1
		医学类专业	69	14
		其他专业	29	5.9
		合计	494	100
普通院校	女	人文社科类专业	115	13.9
		经管类专业	207	25.1
		理工类专业	325	39.3
		医学类专业	2	0.2
		其他专业	177	21.4
		合计	826	100
	男	人文社科类专业	41	6.8
		经管类专业	102	16.9
		理工类专业	397	65.9
		医学类专业	1	0.2
		其他专业	61	10.1
		合计	602	100

问卷调查中，指标“您找工作面试的次数”，选择1～3次的有2 102人，占比36.91%；选择3～5次的有1 849人，占32.46%；选择5～10次的有1 268人，占22.27%；选择10～15次的有337人，占5.93%；选择15～20次的有138人，占2.43%。指标“期望工资”，选择1 500元以下的有63人，占比1.10%；选择1 500～2 000元的有655人，占11.51%；选择2 000～3 000元的有1 960人，占34.43%；选择3 000～4 000元的有1 390人，占24.41%；选择4 000元以上的有1 626人，占28.55%。其余30个指标的问卷调查情况详见表7-2。

表7-2　30项指标对就业的影响程度

影响程度	完全没有影响		基本没有影响		说不清楚		有影响		很有影响	
	频数	百分比(%)	频数	百分比(%)	频数	百分比(%)	频数	百分比(%)	频数	百分比(%)
性别	55	1.0	447	7.9	722	12.7	3 435	60.3	1 034	18.2
年龄	119	2.1	988	17.4	813	14.3	3 132	55.0	642	11.3
民族	917	16.1	2 663	46.8	985	17.3	959	16.8	169	3.0

续表

影响程度	完全没有影响		基本没有影响		说不清楚		有影响		很有影响	
	频数	百分比（%）	频数	百分比（%）	频数	百分比（%）	频数	百分比（%）	频数	百分比（%）
学习成绩	39	0.7	358	6.3	559	9.8	3 062	53.8	1 677	29.5
各种证书	24	0.4	174	3.1	468	8.2	3 155	55.4	1 873	32.9
实习经历	9	0.2	156	2.7	403	7.1	2 641	46.4	2 485	43.6
个人期望	36	0.6	275	4.8	1 045	18.4	3 185	55.9	1 153	20.3
劳动合同	40	0.7	394	6.9	1 338	23.5	2 837	49.8	1 085	19.1
工作能力	19	0.3	67	1.2	272	4.8	1 989	34.9	3 348	58.8
人际关系	21	0.4	134	2.4	372	6.5	2 293	40.3	2 874	50.5
政治面貌	132	2.3	917	16.1	1 537	27.0	2 466	43.3	642	11.3
学生干部	95	1.7	434	7.6	858	15.1	3 262	57.3	1 045	18.4
身高	128	2.2	1 027	18.0	1 489	26.2	2 610	45.8	440	7.7
长相	110	1.9	877	15.4	1 495	26.3	2 712	47.6	499	8.8
个性特征	59	1.0	391	6.9	990	17.4	3 182	55.9	1 072	18.8
家庭背景	147	2.6	758	13.3	1 161	20.4	2 231	39.2	1 397	24.5
院校知名度	13	0.2	98	1.7	293	5.1	2 533	44.5	2 757	48.4
所学专业	15	0.3	100	1.8	317	5.6	2 964	52.1	2 299	40.4
社会实践	15	0.3	122	2.1	380	6.7	2 805	49.3	2 372	41.7
机遇	19	0.3	97	1.7	537	9.4	2 632	46.2	2 409	42.3
求职技巧	25	0.4	113	2.0	510	9.0	3 292	57.8	1754	30.8
技能的掌握	30	0.5	94	1.6	465	8.2	2 840	49.9	2 265	39.8
观念文化	117	2.1	780	13.7	1 720	30.2	2 555	44.9	522	9.2
父母的意愿	226	4.0	1 204	21.1	1 260	22.1	2 487	43.7	517	9.1
收入和待遇	16	0.3	143	2.5	438	7.7	3 204	56.3	1 892	33.2
性格特征	31	0.6	293	5.1	739	13.0	3 252	57.1	1 379	24.2
理想抱负	61	1.1	321	5.6	826	14.5	3 120	54.8	1 366	24.0
吃苦进取	34	0.6	155	2.7	452	7.9	2 855	50.1	2 198	38.6
虚心好学	22	0.4	156	2.7	430	7.5	2 900	50.9	2 186	38.4
聪明伶俐	28	0.5	172	3.0	489	8.6	2 924	51.3	2 081	36.5

由表7-2知，30个指标中有26个指标，多数的受访者认为其对大学生就业搜寻“有影响”。其余4个指标中，认为民族对大学生就业搜寻“基本没有影响”的占多数；认为劳动合同、人际关系、家庭背景三个指标对大学生就业搜寻“很有影响”的占多数。

为了实现Logistic分析，需要对模型的各个变量进行赋值。模型中因变量y为“您找工作中面试的次数”，当面试15～20次时令$y=1$；当10～15次时令$y=2$；当5～10次时令$y=3$；当3～5次时令$y=4$；当1～3次时令$y=5$。自变量x_i为保留工资、性别、学生成绩、实习经历、政治面貌、学生干部等31个指标，当选择“很有影响”时令$x=5$；“有影响”时令$x=4$；“说不清楚”时令$x=3$；“基本没有影响”时令$x=2$；“完全没有影响”时令$x=1$。

>>二、男女大学生就业搜寻Logistic回归的对比<<

本章使用Stata10软件，结合构建的多元排序Logistic模型，对2979份女大学生的调查数据进行实证分析，旨在寻找出影响女大学生就业搜寻的显著性影响因素。同时，为了更加详细说明女大学生就业搜寻的情况，需要对男女大学生进行对比，因为只有通过与男大学生搜寻行为的对比，才能寻找到女大学生搜寻行为的特点，把握其就业搜寻的规律，在解决女大学生就业难问题时，做到“对症下药”。

模型的检验方面，线性概率模型构造F或者LM统计量进行检验，而对于Logistic多元排序模型来说，这里就无法使用了，需要构造替代的检验统计量，较为常用的是似然比率(Likelihood Ratio，简称LR)检验，似然(Likelihood)在[0－1]之间取值。对数似然值(Log Likelihood，简称LL)是似然的对数形式，由于似然是在[0－1]之间取值，故对数似然值的取值范围应该在[－∞，0]之间。当LL的实际显著性大于给定的显著性水平a时，解释变量的变动中无法解释的部分是不显著的，意味着回归方程的拟合优度越好。

女大学生和男大学生的回归模型中LL分别为－2 695.424 1和－2 660.938 2大于5%显著水平对应的数值，说明两个方程的拟合优度较好。另外，Pseudo R^2分别为0.007 1和0.006，均非常接近于0，也说明了两个方程的拟合效果很好。

表7-3　男女大学生Logistic回归结果对比

	影响因素	系数	P值(%)	边际影响(%)				
				$y=1$	$y=2$	$y=3$	$y=4$	$y=5$
女大学生	性别	－0.1	5.4	－2.3	0.3	1.3	0.5	0.2
	年龄	0.1	5.4	1.9	－0.3	－1.1	－0.4	－0.2
	机遇	0.2	0.1	4.9	－0.6	－2.8	－1.1	－0.4
	技能的掌握	0.2	2.3	－3.7	0.5	2.1	0.8	0.3
	观念文化	0.1	7.0	2.0	－0.3	－1.1	－0.5	－0.2
	吃苦进取	0.1	3.5	3.1	－0.4	－1.8	－0.7	－0.3
	性格特征	－0.2	0.0	－4.9	0.6	2.8	1.1	0.4
	工作能力	0.1	5.7	3.1	－0.4	－1.8	－0.7	－0.3

续表

	影响因素	系数	P值（%）	边际影响（%）				
				y=1	y=2	y=3	y=4	y=5
男大学生	保留工资	−0.1	3.9	−1.7	0.1	1.0	0.4	0.2
	长相	0.1	7.3	−1.8	0.1	1.1	0.5	0.2
	学生干部	0.2	0.1	−3.9	0.2	2.3	0.9	0.5
	人际关系	0.2	0.3	3.8	−0.2	−2.3	−0.9	−0.5
	党员	0.1	3.1	2.2	−0.1	−1.3	−0.5	−0.3
	实习经历	0.1	3.3	−2.7	0.1	1.6	0.6	0.4

（一）女大学生就业搜寻回归分析

由表7-3可知，对女大学生来说：性别、年龄、机遇、技能的掌握、观念文化、吃苦进取、性格特征和工作能力8个指标对其就业搜寻行为有显著影响。其中，性别的系数为负值，说明女大学生在找工作的过程中，受到了性别因素的负面影响，影响系数为−0.096 6。这和实际调查中58.14%的女大学生曾经感受到用人单位的性别偏见是一致的。性格特征的系数也为负，暂时尚无法解释。除此之外，其他6个变量都对女大学生就业有着正向的影响。影响系数的大小依次为：机遇、技能掌握、吃苦进取、工作能力、观念文化和年龄。然而，保留工资对女大学生就业搜寻时间的影响并不显著，与工作搜寻理论中的保留工资影响就业搜寻时间是不吻合的，在此工作搜寻理论没有得到证实。

再来看女大学生搜寻行为的边际影响：

(1)技能的掌握从弱到强每变动一个单位，则女大学生面试次数为15～20次的概率减少3.67%，10～15次的概率增加0.48%，5～10次的概率增加2.07%，3～5次($y=4$)的概率增加0.82%，1～3次的概率增加0.30%。

(2)吃苦进取从弱到强每变动一个单位，则女大学生面试次数为15～20次的概率增加3.15%，10～15次的概率减少0.41%，5～10次的概率减少1.78%，3～5次的概率减少0.70%，1～3次的概率减少0.26%。

(3)工作能力从弱到强每变动一个单位，则女大学生面试次数为15～20次的概率增加3.14%，10～15次的概率减少0.41%，5～10次的概率减少1.77%，3～5次的概率减少0.70%，1～3次的概率减少0.26%。

（二）男大学生就业搜寻回归分析

由表7-3知，在31个指标中有6个指标对男大学生就业搜寻有着显著影响，其中保留工资对男大学生就业搜寻行为有着负向作用，即提高保留工资会加大男大学生就业搜寻的次数，证实了工作搜寻理论—搜寻时间是保留工资的增函数。其他5个指标对男大学生就业搜寻时间均有正向作用，影响程度从大到小依次是：学生干部、人际关系、实习经历、党员和长相。值得注意的是，影响男女大学生就业搜寻行为的因素差异非常大，二者之间没有共同的影响因素。

男大学生搜寻行为的边际影响：

(1)当学生干部从非学生干部到学生干部时，男大学生面试次数为15～20次的概率减少3.88％，10～15次的概率增加0.16％，5～10次的概率增加2.31％，3～5次的概率增加0.88％，1～3次的概率增加0.53％。

(2)当人际关系从弱到强每变动一个单位，男大学生面试次数为15～20次的概率减少3.81％，10～15次的概率减少0.15％，5～10次的概率减少2.27％，3～5次的概率减少0.87％，1～3次的概率减少0.52％。

(3)当实习经历从无到有时，男大学生面试次数为15～20次的概率减少0.27％，10～15次的概率增加0.11％，5～10次的概率增加1.61％，3～5次的概率增加0.62％，1～3次的概率增加0.37％。

(4)当政治面貌从非党员到党员时，男大学生面试次数为15～20次的概率增加0.22％，10～15次的概率减少0.09％，5～10次的概率减少1.32％，3～5次的概率减少0.51％，1～3次的概率减少0.30％。

(5)当长相从弱到强时，男大学生面试次数为15～20次的概率减少1.83％，10～15次的概率增加0.07％，5～10次的概率增加1.09％，3～5次的概率增加0.42％，1～3次的概率增加0.25％。

综上，实证结果显示，在31个指标中有8个指标对女大学生的就业搜寻有着显著的影响。其中性别影响为负，正向指标影响程度从大到小依次为机遇、技能掌握、吃苦进取、工作能力、观念文化和年龄。而影响男大学生就业搜寻的因素与女大学生差异很大，分别为保留工资、学生干部、人际关系、实习经历、党员和长相。工作搜寻理论在女大学生身上没有得到验证，而在男大学生身上得到证实。

>>三、大学生整体就业搜寻行为的 Logistic 回归<<

在分别实证研究了男、女大学生的就业搜寻行为影响因素之后，本章不再区分男女大学生，而是把大学生看作一个整体，旨在研究整个大学生群体的就业搜寻行为。

表 7-4　大学生总体 Logistic 回归结果

影响因素	系数	P 值(%)	边际影响(%)				
			y=1	y=2	y=3	y=4	y=5
专业	0.1	4.5	2.2	−0.2	−1.3	−0.5	−0.2
院校知名度	0.1	4.3	−2.3	0.2	1.3	0.5	0.2
保留工资	−0.0	7.1	−1.1	0.1	0.6	0.2	0.1
观念习俗	0.1	4.8	1.6	−0.1	−0.9	−0.4	−0.2
性格特征	−0.1	0.2	−3.0	0.3	1.7	0.7	0.3
吃苦进取	0.1	2.7	2.2	−0.2	−1.3	−0.5	−0.2
长相	0.1	5.5	−1.5	0.1	0.9	0.3	0.2
机遇	0.1	0.2	3.1	−0.3	−1.8	−0.7	−0.3
人际关系	0.1	0.4	2.8	−0.3	−1.6	−0.6	−0.3
党员	0.1	2.4	1.7	−0.2	−1.0	−0.4	−0.2
学生干部	0.1	0.8	−2.3	0.2	1.3	0.5	0.2
技能的掌握	0.1	2.2	−2.5	0.2	1.4	0.5	0.3

本模型中 LL=−5 372.888 3 大于 5%显著水平对应的数值，方程的拟合优度较好。LR 检验的 P 值为 0.000 4，说明模型的显著性很好。同时 Pseudor2=0.005 3，说明了此方程的拟合很好。

把男女大学生作为一个整体来看，31 个指标中有 12 个指标对大学生就业搜寻行为有着显著影响。其中保留工资的系数为负，说明保留工资的提高，对大学生就业起到负面作用，增加了大学生就业搜寻的次数，再次证实了工作搜寻理论。10 个正向指标根据其影响系数的大小依次是：机遇、人际关系、技能的掌握、院校知名度、学生干部、所学专业、吃苦进取、党员、观念文化和长相。实证结果显示对大学生就业搜寻来说机遇因素排在首位，调研数据也显示，42.31%的受访者认为机遇对就业很有影响，认为机遇对就业有影响的占 46.23%，两者占到总数的 88.54%，仅有 0.34%的受访者认为机遇对就业完全没有影响。

边际影响上：

(1)当院校知名度从弱到强每变动一个单位，大学生面试次数为 15～20 次的概率减少 2.27%，10～15 次的概率增加 0.21%，5～10 次的概率增加 1.31%，3～5 次的概率增加 0.51%，1～3 次的概率增加 0.24%。

(2)当保留工资从高到低每变动一个单位，大学生面试次数为 15～20 次的概率减少 1.11%，10～15 次的概率增加 0.10%，5～10 次的概率增加 0.64%，3～5 次的概率增加 0.25%，1～3 次的概率增加 0.12%。

(3)当机遇从无到有时，大学生面试次数为15～20次的概率增加3.1%，10～15次的概率减少0.29%，5～10次的概率减少1.82%，3～5次的概率减少0.71%，1～3次的概率减少0.34%。

(4)当人际关系从弱到强每变动一个单位，大学生面试次数为15～20次的概率增加2.84%，10～15次的概率减少0.26%，5～10次的概率减少1.64%，3～5次的概率减少0.64%，1～3次的概率减少0.31%。

第四节　研究结论及对策建议

本章在工作搜寻理论的基础上，构建了Logistic多元排序模型，根据全国63所大学的5694份问卷的调查数据，利用Stata10软件，采用逐步回归法，实证分析得出以下结论。

(1)性别因素增加了女大学生就业搜寻的次数，说明女大学生在就业搜寻过程中受到性别歧视的负面作用。这和实际调查中58.14%的被访女大学生感受到用人单位的性别偏见是一致的。

(2)影响女大学生就业搜寻行为的正向指标依次为机遇、技能的掌握、吃苦进取、工作能力、观念文化和年龄。而男大学生就业搜寻行为的影响因素却依次是学生干部、人际关系、实习经历、政治面貌和体貌特征。可见，男女大学生就业搜寻行为的影响因素差异非常之大，二者之间没有共同的影响因素。

(3)保留工资对女大学生就业搜寻的影响并不显著，这与工作搜寻理论中保留工资的高低会影响搜寻时间不相符合，工作搜寻理论在女大学生身上没有得到证实。然而，保留工资的提高增多了男大学生就业搜寻的次数，工作搜寻理论在男大学生身上得到证实。

(4)把男女大学生作为一个整体来看，实证结果同样证实了工作搜寻理论。影响大学生整体就业搜寻行为的因素有机遇、人际关系、技能的掌握、院校知名度、学生干部、所学专业、吃苦进取、党员、观念文化和长相。

根据Logistic多元排序模型实证分析得出的以上结论，为了解决女大学生就业难这一无法回避的社会问题，提高女大学生就业水平，本章给出如下对策建议。

>>一、更新传统观念，构建男女平等的就业环境<<

实证分析得知，女大学生在就业搜寻的过程中仍然受到性别歧视的影响，全国妇联妇女发展部发布《女大学生就业创业状况调查报告》中就显示，91.9%的被访女大学生曾经感受到用人单位的性别偏见。传统观念的更新是改善目前我国女大学生就业环境的一个重要前提。但实事求是地讲，对性别刻板印象的改造将会是一个较为困难和漫长的过程，因为它和几千年来的文化背景和传统习俗融合在一起，人们形成了这种思维定式，多半是以非制度化的形式存在。因此，需要长期坚持在全社会营造尊重女性、重视女性发展，男女平等的环境，摒弃落后文化传统对女性的不利影响，改善女大学生不利的就业环境。

同时，尽管中国在多部法律中规定男女平等就业，但遗憾的是都缺乏可操作性，更没有具体的责任承担或者处罚规定。所以，应该尽快颁布禁止就业性别歧视的专门法律，对包括性别歧视概念、类型、判断标准、抗辩事由、赏罚条目等事项做出明确规定，积极鼓励企业雇用女大学生，并对歧视行为追究相应的法律责任。以鼓励为主，惩罚为辅，切实构建男女平等的就业环境。

>>二、建立补偿体系，提高用人单位积极性<<

由实地调研得知，用人单位较少招收女大学生的一个重要原因在于使用女性劳动力成本较高：其一，女性有一个工作断裂期，即生育哺乳期，在此期间女性员工无法给单位创造价值，而单位也需要为其支付一定的福利待遇；其二，女性要比男性早退休 5～10 年，且一般意义上讲女性寿命较男性长，由此用人单位将会为女性提供更多的退休金。因此，为了提高用人单位招收女大学生的积极性，必须降低其生产经营的劳动成本。建议对女性生育和哺乳期的误工进行社会化补偿。对经营性企业来说，照常支付女性员工在生育和哺乳期的福利待遇，而后从税收中进行减免；对公务员和事业单位来说，则直接由政府财政进行拨支。在此基础上建立一整套对女性员工的补偿体系，以此来提高用人单位招收女大学生的积极性。

>>三、开设专门辅导课程，提升就业服务水平<<

《中国教育改革和发展纲要》指出：高等学校担负着培养高级专门人才，发展科学技术文化和促进现代化建设的重大任务。由调研数据得知，高校的知名度对女大学生就业的影响排在第三位，也是最重要的外在条件。因此，高校要提升自己的软硬件水平，提升自己的就业服务水平。除了课堂传授知识之外，还应该开辟第二课堂，为女大学生提供一个提高其综合素质的平台。加大就业辅导力度，目前几乎所有高校都设置了就业指导中心，也定期或不定期提供就业指导，但多数的就业辅导是纸上谈兵，缺乏实用性和针对性。调查结果显示 72.3％的女大学生认为学校的就业辅导的作用很小，98.5％的女大学生认为学校有必要开设专门的就业辅导课程。因此建议高校开展专门的就业辅导，切实提高辅导的针对性和实用性。

四、正视就业现实，提高综合素质

女大学生要正视现阶段的就业现实，转变就业观念。调查数据显示有49.06%的女大学生意向的就业地区是一线城市，26.34%的意向地区是二线城市，只有24.6%的女大学生表示愿意去三线城市。同时针对是否愿意到基层就业这一问题，有36.89%的女大学生明确表示不愿意到基层就业。在我国高等教育已经成为“大众教育”的大背景下，在较长的一段时间内劳动力供需矛盾将仍然非常突出，因此，女大学生盲目追求一线城市、高层次、高薪酬的观念需要改变，女大学生应该结合自身特长和兴趣、爱好，明确自己的择业定位，切忌随大流，盲目攀比。

同时，实证分析结果显示，性格特征、机遇、技能的掌握、吃苦进取、工作能力、观念文化和年龄是女大学生就业搜寻的影响因素，它们之间也存在着相辅相成的关系。虚心好学、吃苦进取是提高女大学生的工作能力、技能掌握水平的前提；正所谓“机遇是给有准备的人的”，技能掌握水平越高，机遇也就越多。因此女大学生要改变自卑的传统观念，吃苦进取，在保证学习成绩的前提下，努力寻找实习机会，掌握更多的技能，提高工作能力。

第八章 高等教育扩展与工资的性别平等

高等教育改革是我国教育体制改革的重要方面。在1999年之前，高校的招生规模不断增加，但增加幅度较小。从1999年开始，高校大幅扩招，每年的招生规模在50万人左右。高校招生人数从1998年的108万提高到2008年的607万，在10年里增加了5倍。扩招带来的直接后果就是在大学生劳动力市场上供给增长速度大于需求增长速度，大学生就业率降低。在扩招之前，大学文凭相当于"铁饭碗"，针对女大学生的歧视并不明显。扩招后大学生数量急剧增多，企业选择范围扩大，对女大学生的就业歧视凸显出来，女大学生就业难问题开始得到社会的广泛关注。本章重点关注全日制大学毕业生(包括大专生)的性别歧视问题，试图利用Oaxaca-Blinder分解法测算扩招对女大学生工资歧视的影响程度，研究结果显示，高等教育扩招提高了劳动力市场对女性大学生的就业歧视。

第一节 研究背景与文献综述

是否存在性别歧视和歧视程度是判断社会文明程度的重要指标。随着社会的发展，女性在职场中也起到了越来越重要的作用。对女性的就业歧视不仅会打击女性的工作积极性，而且也会降低效率，不利于经济发展。因此，降低以至消除对女性的就业歧视对中国的社会经济发展具有重要意义。中国劳动力市场上对女性的就业歧视主要体现在两个方面：一是就业机会获得过程中存在不平等，即"职位隔离"①②③；二是工资不平等，即性别工资差距。本章研究重点关注第二个

① 卿石松、郑加梅："同酬"还需"同工"：职位隔离对性别收入差距的作用》，载《经济学(季刊)》，2013年第2期。

② 李实、马欣欣：《中国城镇职工的性别工资差异与职业分割的经验分析》，载《中国人口科学》，2006年第5期。

③ Brown, R., M. Moon and B. Zoloth, 1980, Incorporating Occupational Attainment in Studies of Male-Female Earnings Differentials, *Journal of Human Resources*, 15(1): 3-28.

方面的内容——性别工资差距。

中国劳动力市场的性别工资差距随着时间的推移有扩大的趋势。①②③ 学者们对其解释集中于两点：一是市场化改革中，劳动力市场上工资决定机制开始发挥作用，④ 二是性别歧视，⑤ 主要存在两种歧视：一是不同性别之间的“同工不同酬”现象，在其他个人特征相同的情况下男性工资高于女性。⑥⑦ 二是不同性别劳动者获得同一职位的概率不同，具体表现在不同所有制之间、行业之间存在针对女性的进入障碍，⑧⑨ 地区经济发展水平、就业方式也影响性别歧视程度。⑩⑪

高等教育扩招对劳动者就业产生两个方面的影响：一方面教育扩招提高了个体受教育机会，加大了个体就业概率；另一方面，教育扩招加大了大学生劳动力供给，在劳动力需求不变的条件下，增加了就业困难。吴要武等(2010)用双重差分法发现大学扩招虽然增加了大学毕业生的就业机会，但还是导致新增大学生劳动参与率下降，小时工资下降，失业率上升。⑫ 邢春冰等(2011)用双重差分法发现扩招使大学生的失业率提高了 9 个百分点，而失业原因中有一半是由大学生能力下降导致的。⑬ 曾湘泉(2004)认为大学生就业难的情况的确存在，但由于初次就业率的统计指标不科学，就业难的程度被夸大，但女大学生就业难的问题确实

---

① Ng，Y. C.，2007，Gender Earnings Differentials and Regional Economic Development in Urban China 1988—1997，*Review of Income and Wealth*，vol. 53：148-166.

② 李实、宋锦、刘小川：《中国城镇职工性别工资差距的演变》，载《管理世界》，2014 年第 3 期。

③ Démurger，S.，M. Fournier and Y. Chen，2007，The Evolution of Gender Earnings Gaps and Discrimination in Urban China：1988—1995，*Developing Economics*，vol. 45：97-121.

④ Ng，Y. C.，2007，Gender Earnings Differentials and Regional Economic Development in Urban China 1988—1997，Review of Income and Wealth，vol. 53：148-166.

⑤ 李实、宋锦、刘小川：《中国城镇职工性别工资差距的演变》，载《管理世界》，2014 年第 3 期。

⑥ 葛玉好：《部门选择对工资性别差距的影响：1988—2001 年》，载《经济研究》，2007 年第 2 期。

⑦ 李春玲、李实：《市场竞争还是性别歧视》，载《社会学研究》，2008 年第 2 期。

⑧ 李实、马欣欣：《中国城镇职工的性别工资差异与职业分割的经验分析》，载《中国人口科学》，2006 年第 5 期。

⑨ 姚先国、谢嗣胜：《职业隔离的经济效应——对我国城市就业人口职业性别歧视的分析》，载《浙江大学学报(人文社会科学版)》，2006 年第 2 期。

⑩ Ng，Y. C.，2007，Gender Earnings Differentials and Regional Economic Development in Urban China 1988—1997，Review of Income and Wealth，53：148-166.

⑪ Maurer-Fazio，M. & J. Hughes，2002，The Effects of Market Liberalization on the Relative Earnings of Chinese Women，*Journal of Comparative Economics*，30：709-731.

⑫ 吴要武、赵泉：《高校扩招与大学毕业生就业》，载《经济研究》，2010 年第 9 期。

⑬ 邢春冰、李实：《扩招“大跃进”、教育机会与大学毕业生就业》，载《经济学(季刊)》，2011 年第 4 期。

存在。①

女大学生就业难问题凸显于高校扩招和性别歧视带来的双重压力。叶文振等(2002)用厦门大学本科生调查数据研究发现女大学生在就业机会和工资待遇方面都处于弱势地位，生理因素和传统观念是影响女大学生就业的主要原因。② 郭丛斌等发现理工类女生在校学习成绩优于男生，但是起薪和就业机会均低于后者。③ 卿石松等(2007)发现男女大学生起薪差距主要来自于专业内部而不是专业之间，专业内起薪差距只有 29%～43%能被实习经历、就业能力等代表生产力特征的差距所解释。④ 申小梅等(2010)用 Heckman 模型纠正样本选择偏差，发现山东省女大学生遭遇着就业机会、起薪的双重歧视。⑤ 在国外，针对女大学生的就业歧视同样存在。Wood et al. (1993)研究了毕业 15 年后密歇根大学法学院学生的工作情况，发现男女大学生之间存在 40%的工资差距，在考虑了地理位置、家庭背景、工作时间等因素后仍有 13%的工资差距存在。⑥ Joy(2003)发现随着男女大学生在专业选择方面的趋同，大学生性别工资差距不是来自于学习成绩差距，而是来自于他们进入劳动力市场后的情况差异。⑦ 柴国俊和顾兆廷(2011)⑧用 Oaxaca-Blinder 分解法及其变形研究了对女大学生歧视的严重程度。本章研究同样采用 Oaxaca-Blinder 分解法测算对女大学生的性别歧视程度，而本章的创新之处在于考虑了扩招因素后，估算女大学生的性别歧视程度。

---

① 曾湘泉：《变革中的就业环境与中国大学生就业》，载《经济研究》，2004 年第 6 期。

② 叶文振、刘建华、夏怡然、杜娟：《女大学生的"同民同工"——2002 年大学本科毕业生就业调查的启示》，载《中国人口科学》，2002 年第 6 期。

③ 郭丛斌、曾满超、丁小浩：《中国高校理工类学生教育及就业状况的性别差异》，载《高等教育研究》，2007 年第 11 期。

④ 卿石松、郑加梅：《专业选择还是性别歧视——男女大学生起薪差距成因解析》，载《经济学(季刊)》，2013 年第 3 期。

⑤ 申晓梅、谭远发、边慧敏：《中国大学毕业生就业中的性别歧视甄别》，载《经济学家》，2010 年第 10 期。

⑥ Wood, R. G., M. E. Corcoran and P. Courant, 1993, Pay Differences among the Highly Paid: The Male-Female Earnings Gap in Lawyers' Salaries, *Journal of Labor Economics*, 11(3): 417-441.

⑦ Joy, L., 2003, Salaries of Reeent Male and Female College Graduates: Educational and Labor Market Effects, *Industrial and Labour Relations Review*, 56(4): 606-621.

⑧ 柴国俊：《大学毕业生初始工资结构研究》，西南财经大学博士学位论文，2011。顾兆廷：《我国高校毕业生就业的性别歧视研究》，南京大学硕士学位论文，2011。

第二节　数据来源与样本介绍

本章所用数据是北师大收入分配研究院提供的CHIP2013年数据。CHIP项目组按照东、中、西分层，根据系统抽样方法抽取得到CHIP样本。CHIP2013年数据调查的是2013年的情况，包括来自北京、山西、辽宁、江苏、安徽、山东、河南、湖北、湖南、广东、重庆、四川、云南、甘肃14个省的61 162个个体样本。其中，城镇样本量为19 887人，农村样本量为39 065人，外来务工样本量为2 210人。数据内容包括住户个人层面的基本信息、就业信息，以及家庭层面的基本信息、主要收支信息和一些专题性问题，覆盖除新疆外的14个省份，包括收入、支出、住户成员个人情况、2013年劳动时间安排、就业情况、住户资产、拆迁征地情况、农业经营等内容。

在本章中，首先，将1989—1998年考大学的人定义为扩招前上大学组，将1999—2008年考大学的人定义为扩招后上大学组。其次，在计算小时工资时，笔者将单位的实物性伙食补贴和实物性住房福利折算成货币后加到了工资中，并将单位实务性伙食补贴和实物性住房福利的缺失值设为0；在工作年限上，本章主要关注现在工作的公司里的工作年限。最后，本章删除了非全日制本科、大专和研究生的样本，最终数据样本数为2 428个，覆盖14个省份，样本分布情况如表8-1所示。

表8-1　样本分布情况　（单位：%）

变量名称	男性	女性
行业类型		
农、林、牧、渔业	0.99	1.16
采矿业	2.06	0.54
制造业	17.34	11.80
电力、燃气及水的生产和供应业	3.44	2.14
建筑业	5.73	1.70
批发和零售业	6.11	9.74
交通运输、仓储和邮政业	5.04	3.04
住宿和餐饮业	1.53	1.61
信息传输、软件和信息技术服务业	9.40	6.43
金融业	4.58	7.51
房地产业	1.83	2.32
租赁和商务服务业	2.67	3.66

续表

变量名称	男性	女性
科学研究和技术服务业	2.60	1.34
水利、环境和公共设施管理业	1.60	1.52
居民服务、修理和其他服务业	4.20	7.06
教育	8.10	16.98
卫生和社会工作	5.50	6.08
文化、体育和娱乐业	2.60	3.57
公共管理、社会保障和社会组织	14.67	11.80
总计	100.00	100.00
所有制类型		
党政机关团体	10.01	6.70
事业单位	21.70	28.42
国有及控股企业	18.18	14.57
集体企业	4.05	4.92
中外合资或外商独资企业	6.49	4.92
个体	7.18	7.77
私营企业	28.88	28.42
土地承包者	1.53	0.98
其他	1.99	3.31
总计	100.00	100.00
职业类型		
专业技术人员	31.96	35.12
其他职业	68.04	64.88
总计	100.00	100.00
学历类型		
大专	43.47	44.06
本科	49.73	50.13
研究生	6.80	5.81
总计	100.00	100.00

表 8-2 显示了扩招前后上大学的人在 2013 年的小时工资差距。由于工资具有刚性，扩招前上大学的人受到扩招的冲击较小。无论扩招前后，女性的平均工资都低于男性。扩招前上大学组的男女小时工资差距大于扩招后上大学组，笔者认为这可能是因为进入劳动力市场时间不同造成的，扩招后上大学组的劳动力工作经验尚浅，所以工资水平相对较低。而扩招前上大学组的男女工资差距所占男

性工资的比例低于扩招后上大学组，反映了扩招因素扩大了大学生的性别工资差距。

表 8-2　性别工资差距

	女性平均小时工资(元)	男性平均小时工资(元)	男女平均小时工资之差(元)	男女工资之差占男性工资的百分比(%)
扩招前上大学的人	25.48	29.56	4.08	13.81
扩招后上大学的人	18.62	21.86	3.34	15.26

第三节　性别工资差距的估计与分解

利用 Oaxaca-Blinder 分解法可以有效分解扩招前、后组的大学生性别工资差距，笔者通过两个步骤完成：第一步先研究男女大学生的工资决定机制；第二步在工资决定机制已知的基础上进行分解。

>>一、扩招前后男女大学生工资决定机制<<

表 8-3 显示了扩招前参加高考的女大学生的工资决定方程的估计结果。被解释变量是小时工资的对数。与北京相比，山西、辽宁、安徽、山东、河南、湖北、广东、云南、甘肃的工资显著较低，而江苏、湖南、重庆、四川的工资与北京相比没有显著区别。工作年限对工资有正向影响。大专生的工资显著低于研究生，而本科生的工资与研究生没有显著区别。这可能是因为扩招前上大学的女研究生样本量比较少，只有 29 个人的缘故，所以统计上并不显著。与中外合资或外商独资企业相比，所有其他所有制的系数都是负的，只有事业单位、国有控股企业、集体企业是显著的。与金融业相比，几乎所有其他行业的工资系数都是负的，只有农、林、牧、渔业，制造业，批发和零售业，住宿和餐饮业，房地产业，科学研究和技术服务业，居民服务、修理和其他服务业，教育，卫生和社会工作，文化、体育和娱乐业，公共管理、社会保障和社会组织的工资是显著低于金融业的，其他行业的工资与金融业没有显著区别。专业技术人员的工资与其他职业没有显著区别，说明技术溢价并不明显。

表 8-3　扩招前高考的女大学生工资决定方程回归结果

变量名称	系数
省份(对照组为北京)	
山西	−0.55***
辽宁	−0.68***
江苏	−0.10
安徽	−0.28**
山东	−0.42***
河南	−0.60***
湖北	−0.53***
湖南	−0.05
广东	0.23*
重庆	−0.19
四川	−0.20
云南	−0.37**
甘肃	−0.42**
工作年限	0.03***
学历(对照组为研究生)	
本科	−0.17
大专	−0.33**
单位类型(对照组为中外合资或外商独资企业)	
党政机关团体	−0.24
事业单位	−0.38*
国有及控股企业	−0.44**
集体企业	−0.64***
个体	−0.13
私营企业	−0.21
土地承包者	−0.96
其他	−0.32
行业(对照组为金融业)	
农、林、牧、渔业	−1.11***
采矿业	0.06
制造业	−0.42*
电力、燃气及水的生产和供应业	−0.40
建筑业	−0.20

续表

变量名称	系数
省份(对照组为北京)	
批发和零售业	−0.57**
交通运输、仓储和邮政业	−0.24
住宿和餐饮业	−0.72*
信息传输、软件和信息技术服务业	−0.01
房地产业	−0.54*
租赁和商务服务业	−0.23
科学研究和技术服务业	−0.64**
水利、环境和公共设施管理业	−0.32
居民服务、修理和其他服务业	−0.94***
教育	−0.42**
卫生和社会工作	−0.69***
文化、体育和娱乐业	−0.66***
公共管理、社会保障和社会组织	−0.57**
专业技术人员(对照组为其他职业)	0.02
常数项	3.92***

注:*、** 和 *** 分别代表在 10%、5%和 1%的显著性水平上显著。

表 8-4 显示了扩招前高考的男大学生的工资决定方程的估计结果。除了广东省的工资与北京没有显著区别之外,其他省的工资都显著低于北京。工作年限对工资有正向影响。本科生、大专生的工资都显著低于研究生。除了“其他制类型”以外,其他所有制类型的工资都显著低于外企。住宿和餐饮业,科学研究和技术服务业,教育,卫生和社会工作,文化、体育和娱乐业的工资显著低于金融业,其他行业的工资与金融业没有显著区别。专业技术人员的工资显著高于其他行业,说明男性专业技术人员的工资包含了技术溢价。

表 8-4　扩招前高考的男大学生工资决定方程回归结果

变量名称	系数
省份(对照组为北京)	
山西	−0.69***
辽宁	−0.62***
江苏	−0.35***
安徽	−0.51***
山东	−0.66***
河南	−0.71***

续表

变量名称	系数
湖北	−0.56***
湖南	−0.61***
广东	0.11
重庆	−0.35**
四川	−0.82***
云南	−0.61***
甘肃	−0.63***
工作年限	0.01*
学历(对照组为研究生)	
本科	−0.41***
大专	−0.55***
单位类型(对照组为中外合资或外商独资企业)	
党政机关团体	−0.59***
事业单位	−0.42**
国有及控股企业	−0.52***
集体企业	−0.72***
个体	−0.43**
私营企业	−0.53***
土地承包者	−0.74**
其他	−0.32
行业(对照组为金融业)	
农、林、牧、渔业	0.01
采矿业	0.24
制造业	−0.24
电力、燃气及水的生产和供应业	0.07
建筑业	0.22
批发和零售业	−0.11
交通运输、仓储和邮政业	−0.23
住宿和餐饮业	0.56*
信息传输、软件和信息技术服务业	−0.15
房地产业	0.02
租赁和商务服务业	−0.10
科学研究和技术服务业	−0.41*

续表

变量名称	系数
水利、环境和公共设施管理业	−0.22
居民服务、修理和其他服务业	−0.31
教育	−0.43**
卫生和社会工作	−0.39**
文化、体育和娱乐业	−0.48*
公共管理、社会保障和社会组织	−0.20
专业技术人员(对照组为其他职业)	0.15*
常数项	4.48***

注：*、** 和 *** 分别代表在 10%、5%和 1%的显著性水平上显著。

表 8-5 显示了扩招后高考的女大学生的工资决定方程的估计结果。除了广东和四川的工资与北京相比没有显著区别以外，其他地区的工资都显著低于北京。工作年限对工资有正向影响。本科、大专的工资显著低于研究生。事业单位、个体、私营企业、土地承包者的工资显著低于外企。制造业，居民服务、修理和其他服务业，教育行业的工资显著低于金融业。其他行业的工资与金融业相比没有显著区别。专业技术人员的工资显著高于其他职业，说明技术溢价在工资中得到了很好的体现。

表 8-5　扩招后高考的女大学生工资决定方程回归结果

变量名称	系数
省份(对照组为北京)	
山西	−0.66***
辽宁	−0.63***
江苏	−0.19**
安徽	−0.35***
山东	−0.31***
河南	−0.61***
湖北	−0.35***
湖南	−0.22**
广东	−0.05
重庆	−0.30***
四川	−0.16
云南	−0.45***
甘肃	−0.46***

续表

变量名称	系数
工作年限	0.02**
学历(对照组为研究生)	
本科	−0.35***
大专	−0.57***
单位类型(对照组为中外合资或外商独资企业)	
党政机关团体	−0.19
事业单位	−0.23*
国有及控股企业	−0.14
集体企业	−0.20
个体	−0.41***
私营企业	−0.15*
土地承包者	−0.39*
其他	0.00
行业(对照组为金融业)	
农、林、牧、渔业	0.36
采矿业	0.08
制造业	−0.16*
电力、燃气及水的生产和供应业	0.01
建筑业	0.00
批发和零售业	−0.06
交通运输、仓储和邮政业	0.06
住宿和餐饮业	−0.07
信息传输、软件和信息技术服务业	−0.07
房地产业	0.13
租赁和商务服务业	−0.16
科学研究和技术服务业	−0.04
水利、环境和公共设施管理业	0.12
居民服务、修理和其他服务业	−0.29**
教育	−0.22**
卫生和社会工作	−0.08
文化、体育和娱乐业	−0.06
公共管理、社会保障和社会组织	−0.13
专业技术人员(对照组为其他职业)	0.18***
常数项	3.61***

注：*、** 和 *** 分别代表在10%、5%和1%的显著性水平上显著。

表 8-6 显示了扩招后高考的男大学生的工资决定方程的估计结果。除了湖南、广东、重庆的工资与北京相比没有显著区别以外，其他省份的工资都显著低于北京。工作年限对工资有正向影响。本科和大专生的工资显著低于研究生。党政机关团体、事业单位、集体企业、个体、私营企业、其他所有制企业的工资显著低于外企。土地承包者的系数不显著的原因可能是大学生中土地承包者太少，只有 16 人的缘故。采矿业，制造业，租赁和商务服务业，居民服务、修理和其他服务业，公共管理、社会保障和社会组织的工资显著低于金融业，其他行业的工资与金融业相比没有显著区别。专业技术人员的工资显著高于其他职业，这说明技术溢价在工资中得到了很好的体现。

表 8-6 扩招后高考的男大学生工资决定方程回归结果

变量名称	系数
省份（对照组为北京）	
山西	−0.48***
辽宁	−0.34***
江苏	−0.31***
安徽	−0.35***
山东	−0.34***
河南	−0.56***
湖北	−0.22**
湖南	−0.14
广东	−0.01
重庆	−0.14
四川	−0.33***
云南	−0.52***
甘肃	−0.56***
工作年限	0.04***
学历（对照组为研究生）	
本科	−0.48***
大专	−0.61***
单位类型（对照组为中外合资或外商独资企业）	
党政机关团体	−0.21*
事业单位	−0.26**
国有及控股企业	−0.11
集体企业	−0.22*
个体	−0.31***

续表

变量名称	系数
省份(对照组为北京)	
私营企业	−0.23***
土地承包者	−0.20
其他	−0.37**
行业(对照组为金融业)	
农、林、牧、渔业	0.22
采矿业	0.28*
制造业	−0.18*
电力、燃气及水的生产和供应业	−0.12
建筑业	−0.10
批发和零售业	−0.17
交通运输、仓储和邮政业	−0.03
住宿和餐饮业	−0.12
信息传输、软件和信息技术服务业	−0.12
房地产业	−0.02
租赁和商务服务业	−0.26*
科学研究和技术服务业	−0.10
水利、环境和公共设施管理业	0.01
居民服务、修理和其他服务业	−0.42***
教育	−0.18
卫生和社会工作	−0.20
文化、体育和娱乐业	0.04
公共管理、社会保障和社会组织	−0.25*
专业技术人员(对照组为其他职业)	0.16***
常数项	3.83***

注:*、** 和 *** 分别代表在 10%、5%和 1%的显著性水平上显著。

>>二、扩招前后性别工资差距分解结果<<

本章在扩招前高考的大学生中用 Oaxaca-Blinder 分解法将工资差距进行了分解,选取的基准工资结构是本组男女大学生混合样本的工资结构。作者在扩招后高考的大学生中也用 Oaxaca-Blinder 分解法将工资差距进行了分解,选取的基准工资结构是本组男女大学生混合样本的工资结构。分解结果的比较如表 8-7 所示。假定其他难以控制的因素对工资的影响在扩招前后不变，则难以解释部分比例的上升体现了扩招对大学生性别歧视的影响。扩招使针对女大学生的就业歧视程度提高了大约8个百分点。

表 8-7　性别工资差距分解结果　　(单位:%)

	易于解释部分所占比例	难以解释部分所占比例
扩招前高考的大学生	23.75	76.25
扩招后高考的大学生	15.68	84.32

第四节　研究结论及政策建议

本章研究结果显示，扩招不仅提高了大学生的性别工资差距，也加剧了对女大学生的就业歧视，Oaxaca-Blinder 分解的结果显示约 8%。在扩招前的女大学生中，与北京相比，山西、辽宁、安徽、山东、河南、湖北、广东、云南、甘肃的工资显著较低，而江苏、湖南、重庆、四川的工资与北京相比没有显著区别。工作年限对工资有正向影响。大专生的工资显著低于研究生，而本科生的工资与研究生没有显著区别。这可能是因为扩招前上大学的女研究生样本量比较少，只有 29 个人的缘故，所以统计上并不显著。与中外合资或外商独资企业相比，所有其他所有制的系数都是负的，但只有事业单位、国有控股企业、集体企业是显著的。与金融业相比，几乎所有其他行业的工资系数都是负的，但只有农、林、牧、渔业，制造业，批发和零售业，住宿和餐饮业，房地产业，科学研究和技术服务业，居民服务、修理和其他服务业，教育，卫生和社会工作，文化、体育和娱乐业，公共管理、社会保障和社会组织的工资是显著低于金融业的，其他行业的工资与金融业没有显著区别。专业技术人员的工资与其他职业没有显著区别，说明技术溢价并不明显。在扩招前的男大学生中，除了广东省的工资与北京没有显著区别之外，其他省的工资都显著低于北京。工作年限对工资有正向影响。本科生、大专生的工资都显著低于研究生。除了“其他所有制类型”以外，其他所有所有制类型的工资都显著低于外企。住宿和餐饮业，科学研究和技术服务业，教育，卫生和社会工作，文化、体育和娱乐业的工资显著低于金融业，其他行业的工资与金融业没有显著区别。专业技术人员的工资显著高于其他行业，说明男性专业技术人员的工资包含了技术溢价。在扩招后的女大学生中，除了广东和四川的工资与北京相比没有显著区别以外，其他地区的工资都显著低于北京。工作年限对工资有正向影响。本科、大专的工资显著低于研究生。事业单位、个体、私营企业、土地承包者的工资显著低于外企。制造业，居民服务、修理和其他服务业，教育行业的工资显著低于金融业。其他行业的工资与金融业相比没有显著区别。专业技术人员的工资显著高于其他职业，说明技术溢价在工资中得到了很好的体现。在扩招后的男大学生中，除了湖南、广东、重庆的工资与北京相比没有显著区别以外，其他省份的工资都显著低于北京。工作年限对工资有正向影响。本科和大专生的工资显著低于研究生。党政机关团体、事业单位、集体企业、个体、私营企业、其他所有制企业的工资显著低于外企。土地承包者的系数不显著的原因可能是大学生中土地承包者太少，只有 16 人的缘故。采矿业，制造业，租赁和商务服务业，居民服务、修理和其他服务业，公共管理、社会保障和社会组织的工资显著低于金融业，其他行业的工资与金融业相比没有显著区别。专业技术人员的工资显著高于其他职业，这说明技术溢价在工资中得到了很好的体现。

对于企业歧视女大学生，笔者认为可能出于两方面的原因：一是受“男尊女卑”的传统观念影响，认为男性的能力比女性强，男性在职场中更应该处于领导地位，抑制了女性的职业晋升和收入提高，从而造成性别工资差距。二是因为女性职工有产假需求，这无疑加大了企业的用人成本，而且出于社会分工的差异，女性在照顾家庭方面可能会投入更多的精力，进而影响工作效率，降低企业整体绩效水平。

为了降低针对女大学生的歧视，可以采取以下三种措施：一是进一步完善法律制度。现在针对女性就业歧视的法律并不健全，执行效果也不够好。应进一步完善法律制度，从法律上保护女性的平等就业权利。二是给录用女性的企业一部分补贴。很多企业不愿意雇用女性员工是因为女性员工可能要休产假，而且产假期间还要发一部分工资，影响企业的利润。政府可以给有休产假的女员工的企业一部分补贴，与企业共同承担在产假期间仍给女员工发工资的义务。三是鼓励灵活就业方式。与男性相比，女性可能会在照顾家庭上投入更多精力。采用灵活就业方式比如远程办公等可以充分利用女性的时间，使女性能更好地兼顾工作与家庭。

第九章 当前中国女性残疾人的就业问题研究

在劳动力市场中，个体的某些特征可能会成为就业或收入的障碍，譬如残疾、性别、种族等，而残疾对就业的影响尤为明显。残疾人，通常被认为生产力较低；同样，女性在劳动力市场中也往往被认为其生产力是低价值的，她们在工作种类、职业、工资等方面可能受到不同程度的歧视；女性残疾人兼具女性和残疾的两种特征，因而可能遭受双重歧视。正因为如此，2006 年第 61 届联合国大会通过的《残疾人权利公约》中明确提出必须将两性平等的观点纳入促进残疾人充分享有人权和基本自由的一切努力之中。同时也指明应该采取一切适当措施，确保残疾妇女充分发展，地位得到提高，能力得到增强。在《妇女权益保护手册》中，提出对广大女性残疾人提供劳动保障是维护残疾人劳动权的必然要求，是贯彻男女平等原则，维护妇女权益的一项重要内容。残疾女性不但是女性群体的重要组成部分，同时更是残疾人群体中的半边天。2006 年第二次全国残疾人抽样调查数据显示，在全国残疾人口中，男性为 4 277 万人，占 51.55%；女性为 4 019 万人，占 48.45%；性别比(以女性为 100，男性对女性的比例)为 106.42。与此同时，女性残疾人在业人口仅占在业残疾人总人口的 35.1%。[①] 到 2020 年我国要全面建成小康社会，而没有残疾人的小康不是全面的小康。但在目前我国残疾人社会保障制度还不够完善、水平还不够高的情况下，就业在改善残疾人群体生活质量方面发挥着重要作用，也是保障女性残疾人这一双重弱势群体实现小康的重要途径。然而我国女性残疾人就业情况究竟怎么样，她们在就业中可能面临什么样的困境，我们还不得而知，因此有必要对女性残疾人的就业状况进行深入分析，以针对其存在的问题提出相应的解决对策。

---

① 2006 年第二次全国残疾人抽样调查主要数据公报(第二号)，http://www.cdpf.org.cn/sjzx/cjrgk/200711/t20071121_387540_1.shtml。

第一节　女性残疾人就业与发展现状

本部分研究样本来自于中国残疾人联合会 2007—2012 年残疾人监测数据，从原始样本中抽取 10%，共有 8 177 个样本。由于所研究的是残疾人就业问题，因此选取的样本年龄均处于劳动年龄段，在 16～60 岁。其中，男性为 4 665 人，女性为 3 512 人。

>>一、就业率<<

考虑到目前样本所包含的残疾人有在校学生、离退休人员和丧失劳动能力的残疾人，为了探讨残疾人的实际就业情况，本文采用真实就业率的计算方法，即残疾人真实就业率＝残疾人在业人口/(总残疾人口－在校学生－离退休人员－丧失劳动力者)。

全国 16 岁及以上残疾人的真实就业率为 58.0%。其中，男性残疾人的真实就业率为 68.7%，男性残疾人未就业的比例为 58.5%，女性残疾人的真实就业率为 43.1%，而女性残疾人未就业的比例为 89.1%，如图 9-1 所示。因此可以看出，处于劳动年龄段并具备劳动能力的残疾人中，男性残疾人的就业状况整体上要比女性残疾人就业状况好。这可能是因为社会上男女地位的不平等，尤其是在就业方面，普通女性在找工作过程中都可能会受到就业歧视，女性残疾人要想就业就更为艰难。

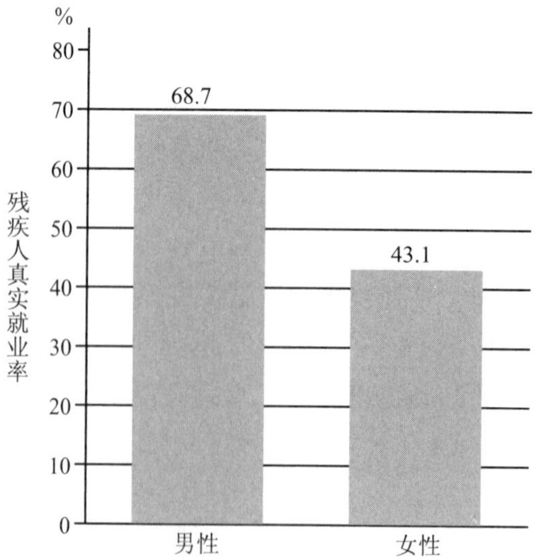

图 9-1　全国 16 岁及以上残疾人真实就业率

>>二、不同年份女性残疾人的就业情况<<

随着近年来就业压力的逐渐增大，就业形势越来越严峻，而残疾人就业率始终保持较为稳定的水平，这与国家对残疾人就业工作的积极支持紧密相关。女性残疾人的就业率在 2007—2012 年基本稳定，保持在 46％左右，如图 9-2 所示。而男性残疾人的就业率总体保持在 70％上下，在 2008 年最高达到 75％，是同期女性残疾人就业率的将近两倍。从各个年份来看，女性残疾人就业率都明显低于男性。

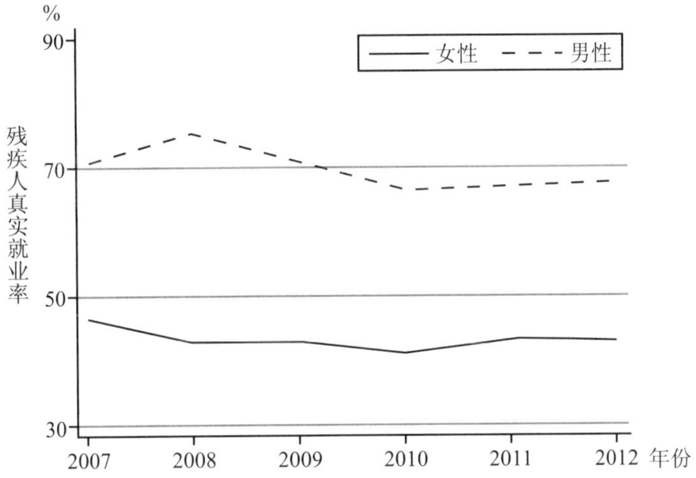

图 9-2　2007—2012 年残疾人就业率

>>三、女性残疾人的职业分布<<

在职业分布上，残疾人从事的主要为农林牧渔和水利生产类工作(图 9-3)，其中女性残疾人的比例为 85.6％，从事商业和服务业的女性残疾人占到 6.5％，党政机关和企事业单位负责人的女性残疾人的比例仅为 0.1％，专业技术人员的比例为 1.3％。而男性残疾人从事农林牧渔和水利生产的比例为 73.1％，从事生产和运输设备操作人员的比例为 12.1％，从事专业技术类和办事员工作的男性残疾人均不到 3.0％，国家机关企事业单位的比例仅为 0.7％。[①] 由此可见，残疾人的就业途径主要为第一产业的农林牧渔及水利生产，能够从事对专业性

① 赖德胜、赵筱媛：《中国残疾人就业与教育现状及发展研究》，北京：华夏出版社，2008，第 28 页。

和技术性有要求的工作的人数较少，而在就业质量相对较高的国家机关、党群组织和企事业单位中任职的女性残疾人更是屈指可数，这一点和男性残疾人类似。

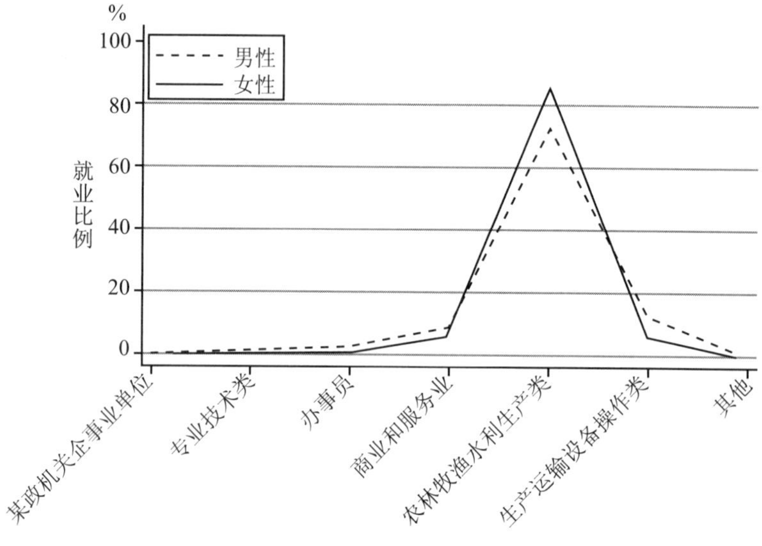

图 9-3　全国 15 岁及以上在业残疾人职业构成

>>四、不同地区女性残疾人的就业状况<<

从图 9-4 可以看出东、中、西部地区的残疾人就业率差异不是很大。东部地区的男性残疾人就业率为 69.5%，略高于中部和西部地区。而对于女性来说，东部地区的就业率高于西部和中部，为 56.3%。一般认为，经济越发达，提供的就业岗位应该越多，残疾人的就业机会和选择也会比较多，因此在中部地区残疾人的就业率理应高于西部地区。然而，对女性残疾人来说，西部地区的就业率却相对高，中部地区的就业率比较低，可能是西部地区的女性残疾人一般选择第一产业作为就业的主要途径，从事农业生产等最基本的工作，这与前面涉及的女性残疾人的职业构成相符合。同时，由于女性残疾人这一特殊角色，更多的选择是料理家务以及照顾老人和小孩等。但男性和女性间的就业率差异还是比较明显的，无论是东部、中部还是西部地区，男性残疾人的就业率普遍高于女性。

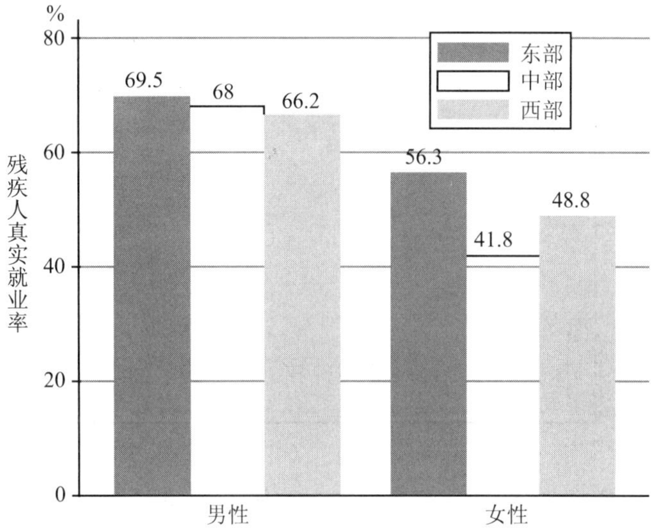

图 9-4　东部、中部和西部 16 岁及以上残疾人就业率

>>五、分城乡女性残疾人的就业状况<<

整体看来，农村残疾人的就业率明显高于城镇残疾人的就业率(图 9-5、图 9-6)，表明农村残疾人更多的是依靠土地解决就业问题，大多数从事农业生产。分性别来看，农村男性残疾人的就业率为 72.1%，女性残疾人的就业率 45.5%。城镇男性残疾人的就业率为 57.1%，女性残疾人的就业率 30%。而通过前面的分析，可以看出农村女性残疾人的就业率虽然高于城镇，很可能是因为其所从事的农林牧渔和水利生产方面等基础的工作，而对于城镇女性来说无论是社会保障还是城市本身的经济状况，都不太可能去从事这种就业层次相对较低的工作。因此，女性残疾人的就业率在城乡间的差异较大部分是从事的工作类型不同而导致的。

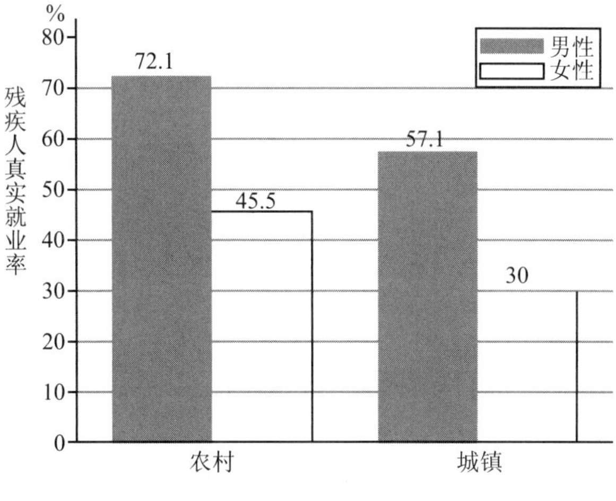

图 9-5　城市(农村)残疾人就业率

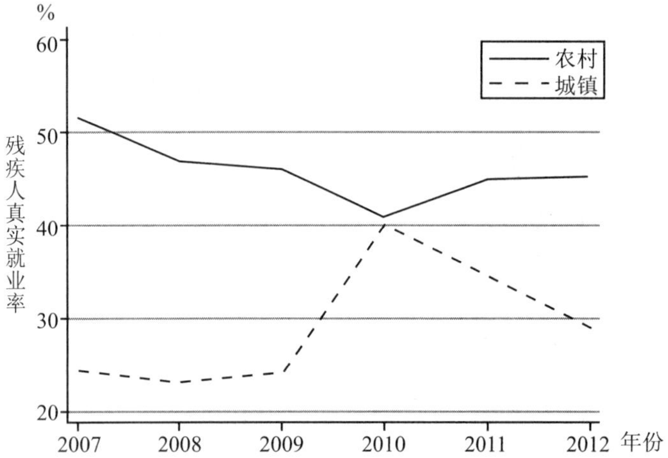

图 9-6　2007—2012 年城市(农村)女性残疾人就业状况示意图

>>六、年龄分布<<

从年龄分布来看，如图 9-7 所示，女性残疾人的就业率整体呈现先上升后下降的趋势，在 35 岁的女性残疾人就业率最高，达到 57.8%，50 岁以后，女性残疾人的就业率呈现下降趋势。而男性残疾人就业率在各个年龄段均高于女性，在 40～45 岁时达到峰值，50 岁以后基本保持稳定。年纪较大的残疾人之所以就业率高，可能是因为上了年纪之后才发生残疾，就业是发生在残疾之前而非之后。而年轻残疾人就业率低，在一定程度上说明残疾人就业比非残疾人可能面临更多困难。

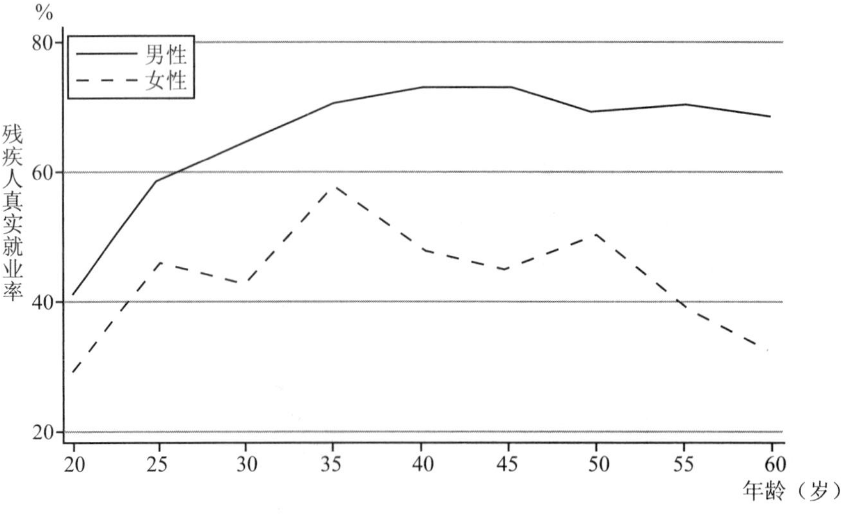

图 9-7　不同年龄残疾人就业率

>>七、分残疾类型的就业率<<

不同残疾类型之间的残疾人就业率有较大差异，整体看来，听力残疾、言语残疾和肢体残疾的残疾人就业率在50%以上，视力残疾的就业率为49.6%。而精神残疾和智力残疾的残疾人就业率较低，分别为29.4%和36.6%。多重残疾的残疾人就业率为35.9%(图9-8)，其中女性残疾人就业率中较高的为言语残疾和视力残疾，就业率分别为52.0%和48.1%。智力残疾和精神残疾的女性就业率较低分别为25.4%和35.4%(图9-9)。男性残疾人中就业率最高的为听力残疾(73.1%)和肢体残疾(74.6%)，其次为言语残疾，就业率是67.7%，视力残疾的

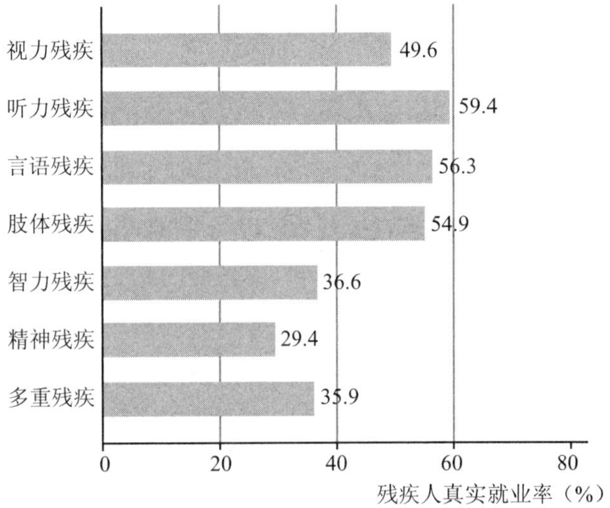

图9-8 不同残疾类型的残疾人就业率

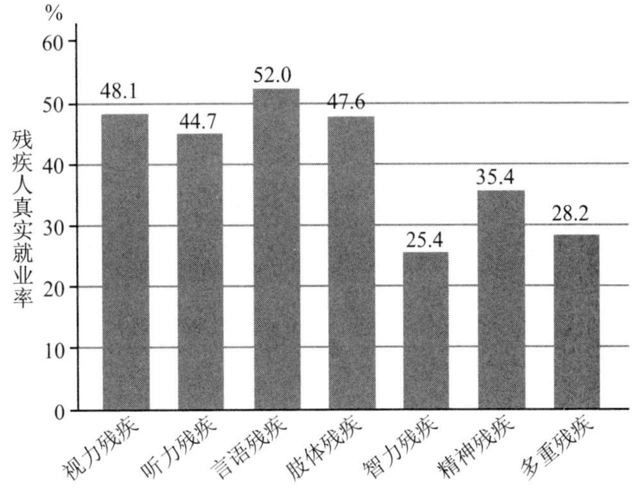

图9-9 不同残疾类型女性残疾人就业率

就业率是 61.2%。男性残疾人就业率最低的是多重残疾(38.7%)和精神残疾(47.8%),如图 9-10 所示。

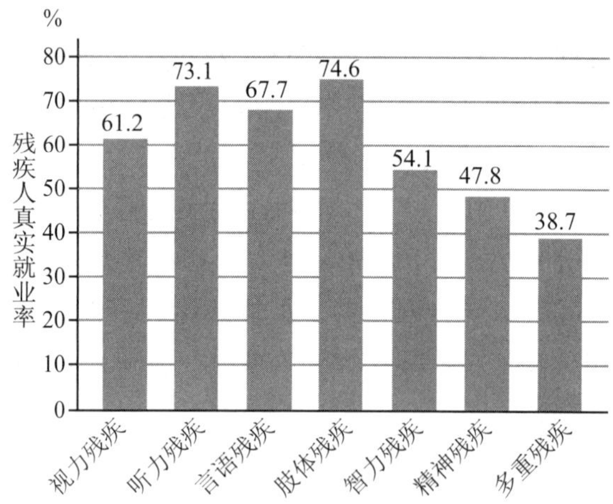

图 9-10　不同残疾类型男性残疾人就业率

第二节　女性残疾人就业状况的原因分析

对于残疾人来说,身体状况是决定其能否就业的主要因素,约有 31.4%的残疾人是因为丧失劳动能力而无法工作。对于女性残疾人而言,就业率较低除了身体本身的原因以外,还和女性残疾人的受教育程度、女性本身在家庭中所处的角色、是否接受职业技能培训和家庭规模以及社会观念等因素相关。

>>一、教育程度<<

残疾人的受教育程度较低,尤其是高中及以上学历的残疾人比例相当少。结合我国的实际情况来看,残疾人的受教育程度远远低于非残疾人,因此在就业中,残疾人的竞争力明显较差,残疾人基本从事务农等基础性工作。如图 9-11 所示,虽然男性残疾人的受教育程度总体高于女性,但也基本处在高中及以下。女性残疾人的受教育程度均较低,其中未上过学的女性残疾人所占比例为 34.8%,小学水平为 37.8%,高中水平仅为 5.2%,中专以上的女性残疾人更是寥寥无几。男性残疾人未上过学的比例为 21.7%,小学和初中的比例分别为 35.8%和 30.7%。具有中专及以上学历的男性残疾人均不到 2%。可以看出在未上过学和小学的样本群体中,女性残疾人的比例高于男性,而无论中学还是大学,在各种教育程度下,女性的比例均低于男性。这可能和我国传统的重男轻女的陋俗有关,因此女性残疾人需要在接受教育方面得到社会的广泛支持。

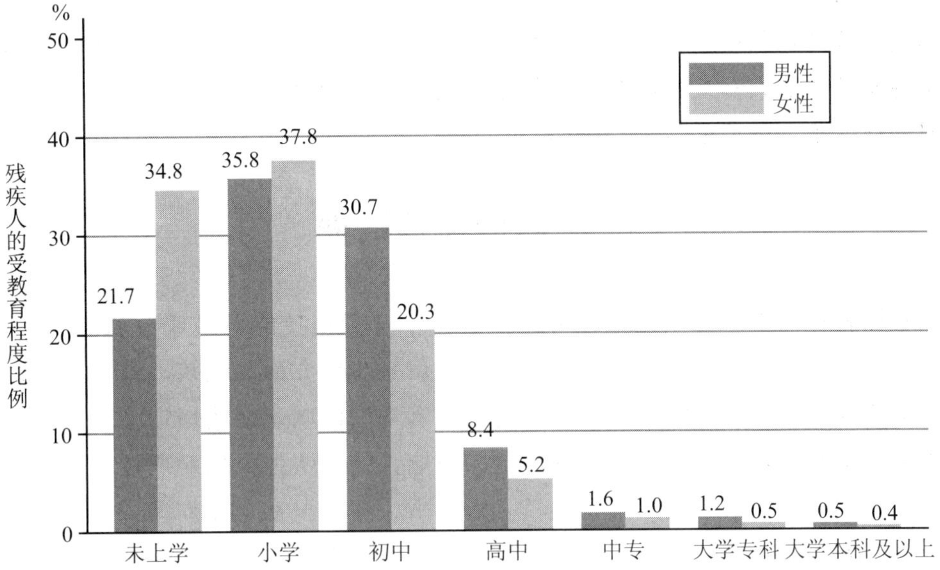

图 9-11　不同教育程度的残疾人比例

如此低的受教育程度很大程度上影响了女性残疾人的就业。拥有较高的教育程度的残疾人就业率比较高(图 9-12)，对于男性残疾人来说，学历为大学专科的就业率为 80.9%，大学本科及以上学历的男性残疾人的就业率为 93.8%，高于初中及以下学历至少 20 个百分点。对于女性残疾人来说，未上过学的就业率为 36.4%，小学和初中水平的就业率为 45%左右，受教育程度为大学专科的就业率为 72.7%，大学本科及以上的就业率为 70%，而高中和中专学历的就业率比大学本科及以上学历的女性残疾人至少低 20%。

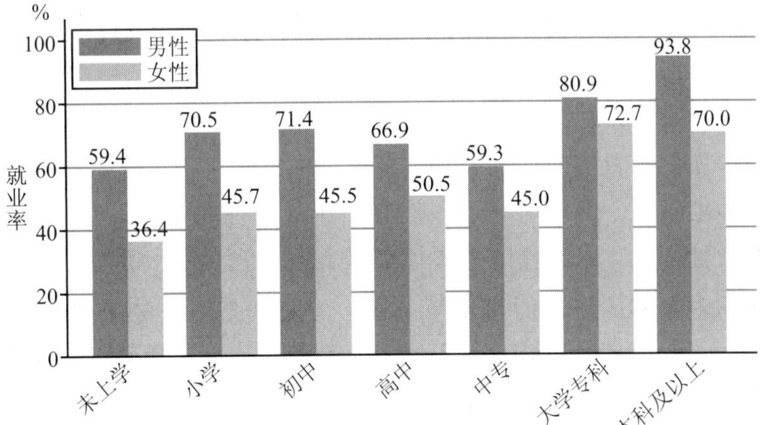

图 9-12　不同教育程度的残疾人就业率

然而未上过学、小学和初中水平的女性残疾人就业率均比较低，作为多重弱势的就业群体，其就业选择的可能性和空间很小。大部分未上学或者中小学教育水平的女性残疾人多从事的是较为简单的就业层次较低的工作。可见，受教育程度对女性残疾人就业的帮助十分明显。

>>二、职业技能培训<<

女性就业面本身比较狭窄，可选择性不多，劳动技能不足或劳动能力不高，是妨碍残疾人充分就业的重要因素。残疾仅仅是身体方面的残疾，不是能力的残疾，不能因为残疾而忽略残疾人潜在的人力资本。而职业技能培训能够提升劳动者人力资本水平，帮助残疾人掌握一定的技能，能够增强他们对职业的信心，也是短期内促进残疾人就业的重要途径。近年来，随着国家全面推进积极的就业政策，残疾人的职业培训水平较过去已经有了较大提高，这对于残疾人劳动者的就业能力的提升起到了至关重要的作用。整体看来，目前，我国残疾人接受职业技能培训的比例还有待提升，尤其女性残疾人的职业培训。接受职业技能培训的残疾人比例约为4.1%。女性残疾人接受职业技能培训的比例为2.5%，男性残疾人接受职业技能培训的比例约为5.2%，相比之下，女性残疾人接受职业技能培训方面落后于男性，而接受过职业技能培训的残疾人中，女性残疾人的就业率为54.8%，男性残疾人就业率为74.3%。由此可知，职业技能培训对残疾人就业的重要程度低。因此残疾人的职业技能培训工作还有待进一步加强，针对女性残疾人就业的职业技能培训则应更加受到重视。

>>三、女性残疾人在家庭中扮演的角色<<

自古以来便有“男主外，女主内”的说法，相比之下，女性更注重家庭而男性更注重事业。就中国目前的情况来看，在家庭中男女对于家庭事务的分工较为不同，女性更多地倾向于照顾家庭，即使有工作的女性在下班后仍然要料理家务。对于残疾人女性来说，未工作的主要原因是需要料理家务，所占比例为46.9%，因丧失劳动能力而无法就业的比例是25.4%，而男性残疾人需要料理家务而未工作的占12.5%。丧失劳动力(37.9%)是男性残疾人未工作的主要原因。相比之下，女性残疾人更多时候承担的是照顾家庭的重任。

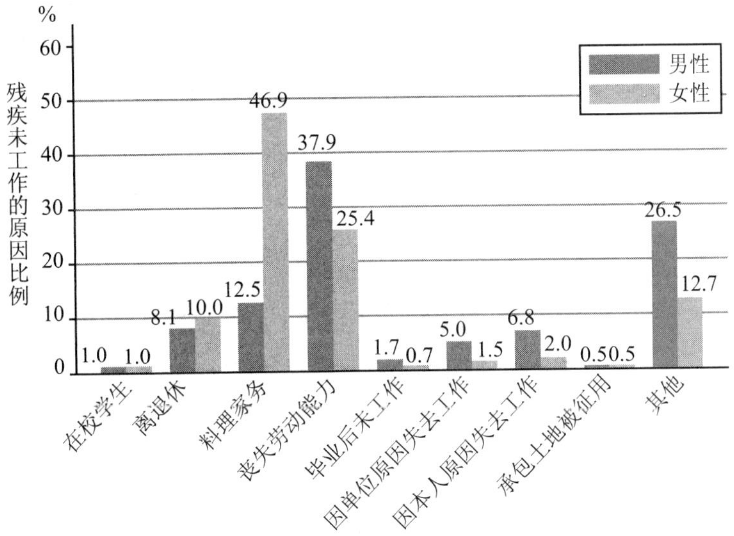

图 9-13　残疾人未就业的原因

四、家庭规模

就所有女性残疾人来说，家庭人口数在 5 人及以下的就业率为 32.4%，家庭人口数在 6 人及以上的就业率仅为 3.86%。就所有男性残疾人来说，家庭人口数在 5 人及以下的就业率为 52.2%，家庭人口数在 6 人及以上的就业率为 6.9%。

如图 9-14 所示，对于已经就业的女性残疾人来说，家庭人口数在 4 人及以下的比例为 73%，家庭人口数在 5～6 人的比例为 23.43%，家庭人口数在 6 人以上的比例为 3.6%，如图 9-14 所示。由此可知，残疾人家庭规模越大，女性残

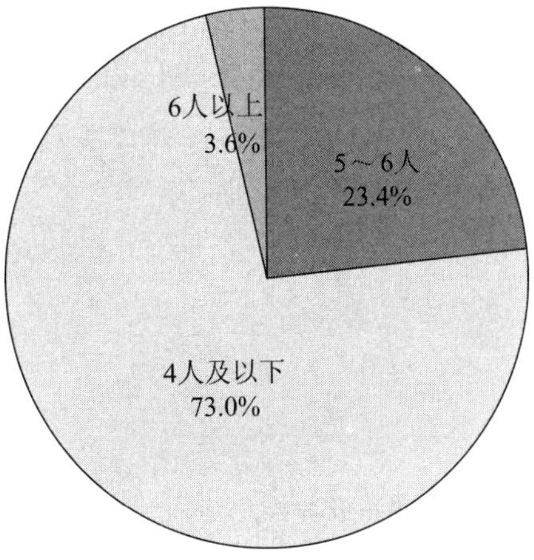

图 9-14　不同家庭规模的女性残疾人就业率

疾人就业率越低，一方面，因为人口数多的家庭，更需要女性操持家务或者照顾老人小孩，因此女性外出就业的可能性就比较低。另一方面，家庭人数多，外出就业的人员可能就越多，女性残疾人外出就业的可能就比较低。

第三节　促进女性残疾人就业与发展的政策建议

>>一、给予女性残疾人家庭方面的照顾和支持，解除其就业后顾之忧<<

女性本身具有其独特的身份和角色，承担着照顾家庭、生育后代的重要责任，然而正是这种家庭责任也恰恰成为女性出现就业问题的重要原因。当前我国社会主义市场经济处于快速发展阶段，但社会上提供的公共服务无法满足家庭照顾的需要，使得女性需要背负着家庭和工作的双重负担参与劳动力市场的竞争，这时候对女性就业的歧视就凸显出来。① 女性残疾人受制于自身条件的限制，就业更加困难。通过数据分析发现，对于男性残疾人来说不能就业的首要原因是丧失劳动能力，而女性残疾人不能就业的首要原因是需要料理家务，照顾孩子和老人等，因此在面临工作和照顾家庭的选择时，女性残疾人更多的是选择对家庭无偿的照顾劳动，严重影响了女性残疾人参与就业的机会。欧盟成员国在协调家庭和工作之间关系方面，采取了很多有针对性的措施，例如假期、育儿、长期护理、灵活的工作安排等，帮助女性更好地兼顾工作和个人的责任。一些国家通过给育儿假立法，来保障女性在孕期之后能够回到之前的工作岗位，这对女性的职业生涯和经济地位的改善来说都是有益的。② 因此，加大对家庭照顾方面的社会服务的投入，例如，公办的幼儿园、托儿所和老人看管机构在面对残疾人家庭时给予优惠等，对于帮助女性残疾人参与劳动力市场、促进其就业以及社会性别平等意义重大。此外，灵活的工作时间亦能够缓解女性残疾人处理工作和家庭的冲突，比如，非全日制的工作形式和自由职业者。

---

① 董晓媛、沙林：《性别平等与中国经济转型：非正规就业与家庭照料》，北京：经济科学出版社，2010，第 151 页。

② Kerr，Sari Pekkala，2016，Parental Leave Legislation and Women's Work：A Story of Unequal Opportunities，*Journal of Policy Analysis and Management*，35(1)：117-118.

>>二、为女性残疾人提供身体、心理康复服务，并建立专门的职业康复机构<<

康复对于残疾人就业来说具有至关重要的作用，康复是补偿残疾人劳动能力的重要途径，女性残疾人未能就业的原因除了照料家庭以外，第二个主要的原因就是丧失劳动能力。尤其对于家庭经济情况较差的女性残疾人来说，她们的就业意愿更加强烈，康复对她们来说更为重要。目前看来，我国针对残疾人康复已经做了很大努力，但多数地区提供的残疾人康复服务项目大部分偏向肢体残疾的康复训练，而精神残疾、言语残疾等康复服务项目相对较少。且专门针对女性残疾人的康复计划更是寥寥无几。同时，有研究表明，残疾人对于自我实现的预期较低，不相信自己可以通过工作养活自己。[①] 对于女性残疾人来说，这一点表现得更加明显，尤其是一些患有多重残疾的女性，其深深的自卑感阻碍了就业选择，因此对女性残疾人的心理康复治疗不可或缺。同时，进行心理康复也能够使女性残疾人在生活观念上得到转变，积极融入社会生活，回归社会。此外，还可以开展针对女性残疾人的职业康复，国家和社会应该认识到职业康复不只是对残疾人提供帮助，也是为社会创造平等的就业环境、实现社会和谐的重要途径。[②] 在1983年的《(残疾人)职业康复和就业公约》中就提出了应尊重男女残疾工人的机会和待遇均等、保证提供培训和康复顾问以及负责残疾人职业指导、职业培训、安置和就业的其他适当的合格工作人员。目前，职业康复在我国还没有发挥出应有的作用，康复机构大部分都是医疗康复，致力于恢复身体机能，女性残疾人在就业方面竞争力差，不仅需要在身体机能方面的康复，还需要职业康复帮助其就业。而当前看来，女性职业康复缺乏的不仅是资金还有人才。

>>三、加强对女性残疾人的教育，提升就业率、改善就业层次和类型<<

目前，我国残疾人教育事业的发展已经取得了很大的进步，不管是义务教育阶段还是高等教育阶段，无论是教育环境还是教育设施，尤其网络教育的出现，给予了残疾人更多受教育的机会。在2015年《中国性别平等与妇女发展》白皮书

---

① David C. Stapleton and Bonnie O'Day, 2005, Dismantling the Poverty Trap: Disability Policy for the 21st Century, *Employment and Disability Institute Collection*: 2-3.

② 孙知寒:《对加强职业康复工作促进残疾人就业的探讨》，载《残疾人研究》，2012年第4期。

中也明确提出要重视特殊教育，增加残疾妇女接受各级各类教育的资源，使残疾妇女受教育水平不断提高。然而残疾人在受教育问题上依然存在性别差异较大的现象。女性残疾人的教育水平从小学到研究生的各个学历阶段都低于男性，由于性别差异，残疾女性接受教育的机会要远远小于男性。这就造成了女性残疾人自身竞争力的下降，由此形成的女性残疾人的职业分布状况不容乐观，尤其农村的女性残疾人，她们多从事简单、重复和技术水平低的农林牧渔及水利生产工作，对于具有专业性和技术性要求的工作无法涉足，更不用说在就业质量相对较高的国家机关、党群组织和企事业单位中任职。而城镇女性残疾人的就业率大大低于农村女性残疾人，更加反映出女性残疾人的受教育程度对其就业的重要性。随着 2013 年《关于促进残疾人按比例就业的意见》的出台，要求党政机关、事业单位和国有企业要带头招录残疾人，部分地区也在公务员考试中给予残疾人一些工作岗位，例如北京市 2015 年公务员考试中，首次招考残疾人，5 个职位学历要求本科或硕士，4 个职位要求为中国共产党党员，4 个职位要求具有 2 年基层工作经验，1 个职位面向 2015 年应届毕业生。这对于女性残疾人来说提供了重要的高层次就业机会，而获得高等教育则是她们实现更好就业的基本要求，也能够增加她们获得高质量就业的机会。因此从义务教育阶段就应该重视残疾女孩的受教育问题，避免女性残疾人陷入低教育水平、低就业率、低就业层次的恶性循环。要从根本上加强对残疾人在受教育方面性别平等的认识，在法律法规和教育机制上形成完善的公平的教育理念，在促进残疾人教育事业发展的过程中，减少性别差异，保证女性残疾人的受教育权利。

此外，要加强针对女性残疾人的职业教育，扩大职业培训范围，结合女性残疾人的自身特征和残疾类型开展职业培训。例如，上海市长宁区残联与区劳动部门合作，积极开展各类贴近女性残疾人就业需求的职业技能培训，有效提高女性残疾人职业技能，同时推荐符合条件的女性残疾人参加区残疾人开放大学的学习。当前的很多职业技能培训仅仅适合男性，而专门针对女性残疾人的职业技能培训十分有限。女性残疾人具备普通女性的细心、耐心、灵巧以及轻体力的特点，但由于残疾的限制，使得女性残疾人在适合女性工作的岗位上竞争力不足，因此对她们进行职业培训则能够有效帮助其适应工作的需要，提高女性残疾人的生产率。研究显示，对于普通女性和残疾女性来说，如果这种生产率的差异不存在的话，女性残疾人的就业率能够增加 33%。① 当前部分地区在"残疾妇女就业圆梦行动"指导下，从未就业残疾妇女中筛选出有条件的残疾人开展钩针编织、手工编织、刺绣等手工制作培训的做法，对帮助和扶持一些文化水平不高的女性

---

① Melanie K. Jones, 2006, Is There Employment Discrimination Against the Disabled, *Economics Letters*, 92: 36.

残疾人实现居家就业起到了良好的示范作用。

>>四、完善女性残疾人平等就业的法律法规建设，保障女性残疾人的基本权利<<

一直以来，我国都很重视对残疾人权利的保护。所实施的促进残疾人就业政策主要围绕增加残疾人的就业机会，禁止就业歧视和促进平等就业，保障残疾人的就业权利。随着1990年《中华人民共和国残疾人保障法》的出台，2007年又颁布了《残疾人就业条例》以及其他一系列法规条例、地方性法规和相关规章制度，确保残疾人的就业保障逐渐走上了法制化轨道。2011年“十二五”规划中将“就业优先”确立为国家战略，中国残联据此逐步确立了残疾人就业优先战略，同时中国残联采取了多项措施来促进残疾人就业。2016年3月“中华人民共和国国民经济和社会发展第十三个五年规划纲要”第六十六章明确了残疾人就业的发展目标，指出要完善残疾人就业创业扶持政策，健全公共机构为残疾人提供就业岗位制度。在这些政策的指引下我国残疾人就业形式不断多元化、残疾人就业能力得到提高、残疾人就业渠道有所拓宽、残疾人就业服务体系不断完善。但是残疾人就业的歧视问题依旧任重道远，尤其对于女性残疾人来说，就业机会不均等、同工不同酬以及职业分布中的性别差异等问题依然存在，目前还缺乏专门针对女性残疾人就业的相关政策办法。而在国外已有一些促进女性残疾人就业的政策实施，如西班牙政府对雇用女性残疾人的用人单位给予缴纳社会保险费方面的优惠，这一政策措施大大促进了女性残疾人的就业，研究表明西班牙约有7 100位女性残疾人在就业方面受益于政府的10 997.9欧元的投入。① 可见，专门针对女性残疾人就业出台一些政策或措施将有助于其就业。因此，我国在女性残疾人就业方面的制度建设有待加强，要充分发挥妇女联合会在依法维护残疾女性平等就业的权益，积极开展各项活动，帮助和扶持残疾女性提高就业能力改善就业状况。此外，应该给予在就业中受到歧视的女性残疾人法律援助，维护女性残疾人就业的合法权益。

① Judit Vall Castello，2012，Promoting Employment of Disabled Women in Spain：Evaluating a Policy，*Labour Economics*，19：82-91.

第十章 劳动力市场性别歧视与女性人权保护

女性劳动人权作为女性人权体系中的重要组成部分，对于广大女性群体来讲具有极为重要的价值与深远的意义。劳动力市场中性别歧视的存在造成了福利和经济效率的双重损失，并与人力资本投资之间产生交互作用，严重阻碍女性群体对劳动人权的公平享有，影响女性人才资源的合理利用，而且导致社会人力资源的闲置和浪费。本章从经济学角度分析了劳动力市场性别歧视带来的危害，并揭示出我国现有法律法规存在的不足，为完善我国女性劳动人权保护提出合理化的建议。

第一节 就业性别歧视的表现

劳动力市场性别歧视的经济学解释源于对性别差异与歧视的剥离。“当生产率相同的人得到不同的工资时，或者生产率不同的人得到相同的工资时，劳动力市场中就存在着歧视。”①劳动力市场性别歧视，即雇主为既定生产率特征所支付的价格依据性别的不同而表现出来的系统差别；或者雇主为既定生产率特征所区分的职业依据性别的不同而表现出来的系统差别。劳动力市场上有很多要素决定生产率的特征：教育水平、年龄、工作经验和工时数量，甚至还有些研究者无法观察到或无法衡量出来的因素，比如，两性对从事市场或家务劳动的不同选择。男性和女性之间的平均工资报酬差距和职业分布不均衡，既有可能是他们之间的不同生产率特征所导致的，也有可能是他们虽然拥有相同的生产率特征但所获得的报酬有所不同而引起的，其中，后一种差距来源是劳动力市场的性别歧视。

简单地讲，就业中的性别歧视本质上就是指用人单位采取各种或明或暗的歧视手段，使女性在就业中丧失与男性平等的择业机会及待遇，从而处于劣势地

① ［美］安塞尔·M. 夏普、查尔斯·A. 雷吉斯特、保罗·W. 格里米斯：《社会问题经济学》，郭庆旺译，北京：中国人民大学出版社，2000，第 15 页。

位。性别歧视作为一种社会行为而言，会伴随人们生命的始终，并且贯穿于劳动力市场中以及退出市场的全过程。就业性别歧视的具体表现类型有以下三个方面：

首先，劳动力市场进入过程中的性别歧视现象依然存在。第三期中国女性社会地位调查主要数据报告显示：我国劳动力市场中性别歧视现象仍一定程度存在，女性发展的社会文化环境亟待改善，在就业方面遭遇过性别歧视的女性占10%，男性仅为4.5%；在有求职经历的女大学生中，24.7%曾经遭遇过不平等对待，女大学生平均投出9份简历，才有可能得到一次面试或者笔试的机会，而平均投出44份简历，才有可能得到一个意向协议；56%以上的女大学生在求职过程中感到“女生机会更少”，90%以上的女大学生感受到用人单位的性别偏见；在实际就业中，45岁以上的女性劳动者往往成为首选的裁员对象，即便是女性高层人才也有19.8%认为性别给自己的职业发展带来阻碍。

同时，在从业人员中，性别的职业隔离现象依然存在。整体来看，女性的就业层次较低，主要是从事卫生、餐饮业、社会服务业等传统地位较低的职业；而在领导力较强的行业、待遇及社会评价较高和前景看好的行业和职业，女性的就业率却一般在30%以下，且女员工35岁以后，除非在其所在的领域非常优秀，否则很难实现自由流动。严重的职业性别隔离现象不仅会造成男女收入差距不断扩大，而且最终会影响女性整体的就业方向和就业结构，极大地限制了女性未来的职业发展，不利于女性社会地位的提高。

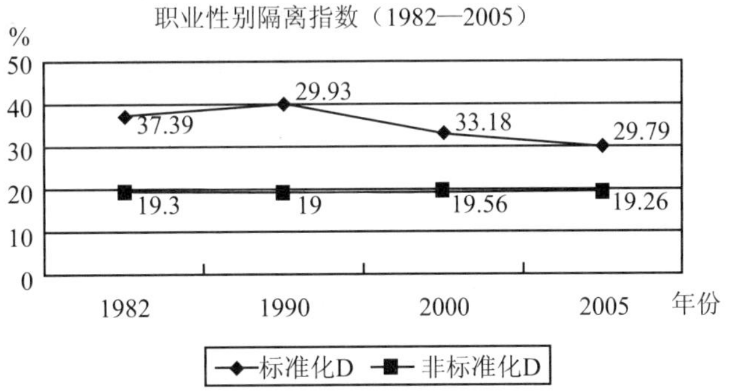

图10-1　职业性别隔离的年代变化

数据来源：李春玲：《中国职业性别隔离的现状及变化趋势》，载《江苏社会科学》，2009年第3期。

在失业人员中，与失业男性相比较失业女工的再就业情形不容乐观，根据相关数据，在国企改制的过程中，下岗女职工占下岗职工平均数的22.2%，但再就业率仅为10%左右，女工中有近一半人感到再就业时受到年龄和性别歧视。因此，她们只能选择一些技术含量低、非正规、非长期、低保障和低收益的工作，如机关企事业单位的勤杂工、清洁工等短期低待遇的职业。这也就造成了女性劳动收入相对较低，加剧了两性劳动收入差距。

其次，女性进入劳动力市场后，在职业发展过程中遭受性别歧视。

女性劳动者的晋升机会受阻，即便是与男性劳动者同等优秀，往往也面临着晋升机遇的不公平对待。用人单位出于企业单位效益和退休年龄的角度考虑，一般不愿意提升女性的职位，因此同样是高学历的情况下，男性的教育成本显然得到了更多的分担和用武之地，而女性相对而言，则造成人才资源的浪费。一个普遍的现象是，女性在高层管理职位上的比例显著低于男性，例如 2009 年，在财富 500 强企业的经理层职位中，女性仅占 13.5%。① 在我国更是如此，无论是党政部门，还是企事业单位中的高层职务，女性都是凤毛麟角。在参政议政部门，2008 年的省级人大、政府、政协领导班子成员中，正职女干部仅占 6.5%；在科技领域，女性占我国科技人力资源总量的 33%，但中国科学院和工程院女院士仅占院士总数的 5.3%。② 王存同、余姣③利用 CGSS2006 的数据，在控制个体之间的教育、政治面貌等差异之后发现，男性的晋升机会高于女性。如图 10-2 和图 10-3 所示。

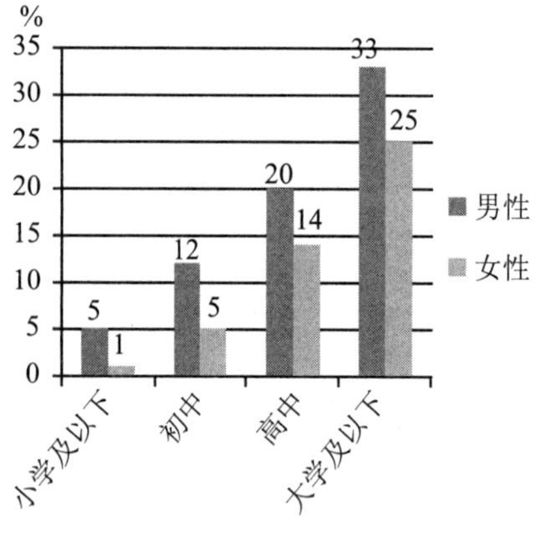

图 10-2　按学历划分的两性晋升机会差别

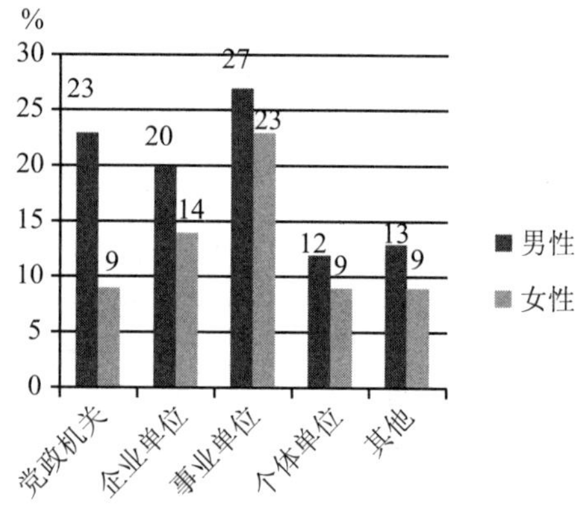

图 10-3　按单位类型划分的晋升机会差别

数据来源：王存同、余姣：《“玻璃天花板”效应：职业晋升中的性别差异》，载《妇女研究论丛》，2013 年第 6 期。

最后，性别歧视在一定程度上导致了男女两性之间的收入差距不断扩大。第

---

① 数据来源：2009 Catalyst Census：Fortune 500 Women Executive Officers and Top Earners. http://www.catalyst.org/。

② 陈至立：《在新中国 60 年优秀女性人才社会影响力论坛开幕式上的致辞》，载《中国妇女报》，2009 年 12 月 14 日。

③ 王存同、余姣：《“玻璃天花板”效应：职业晋升中的性别差异》，载《妇女研究论丛》，2013 年第 6 期。

三期中国女性社会地位抽样调查的数据表明，18～64岁女性在业者的劳动收入多集中在低收入和中低收入组。在城乡低收入组中，女性分别占59.8%和65.7%，比男性高19.6个和31.4个百分点；在城乡高收入组中，女性仅占30.9%和24.4%，均明显低于男性。同时数据揭示，城乡在业女性的年均劳动收入仅为男性的67.3%和56.0%，且不同发展水平的京津沪、东部和中西部地区城乡在业女性的年均劳动收入均低于男性。陈永伟、周羿(2014)运用中国家庭动态跟踪调查(CFTP)2010的数据分析了男女收入存在差距的原因，收入差距如图10-4。①

数据分析都表明，我国当前劳动力市场中的性别歧视现象依然严峻，传统性别歧视现象的表现方式并没有消退，反而愈发严峻。

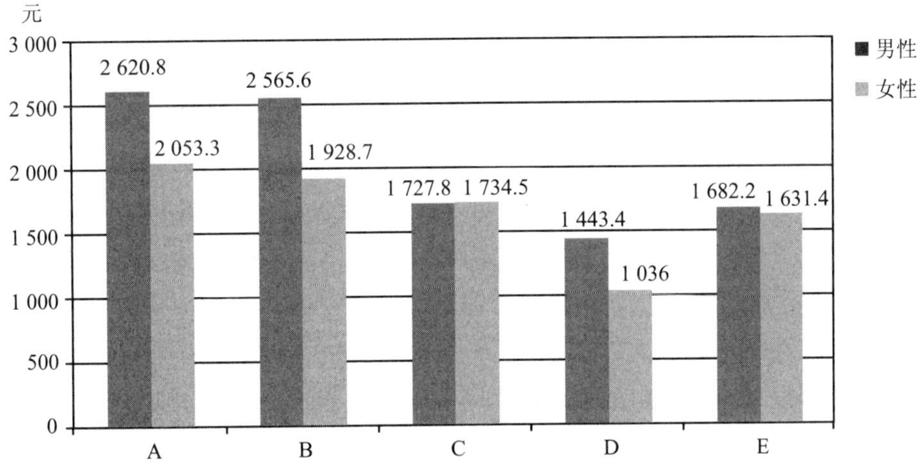

图10-4　根据CFTP2010计算得到的男女收入比例

注：其中A代表各种单位的管理者、B代表专业技术人员、C代表办事人员和有关人员、D代表商业和服务业人员、E代表生产设备运输等操作人员。

第二节　就业性别歧视的危害

>>一、福利与效益损失<<

歧视经济学理论所推导出的预期是任何种类的歧视都会造成福利损失，歧视使一部分社会成员得益，另一些人受损。如果由于歧视而受益者的所得不足以补

① 陈永伟、周羿：《职业选择、性别歧视、工资差距——基于我国劳动力市场的分析》，载《劳动经济研究》，2014年第1期。

偿受损者，则实行歧视的经济不会实现帕累托最优。美国经济学家加里·S. 贝克尔以“效用最大化、市场均衡和偏好稳定”为前提研究了歧视行为的经济结果：歧视并非像人们通常认为的那样能够增加歧视者的收入，而是使歧视者和被歧视者同时蒙受损失。他断定，人类的一切活动都蕴含着效用最大化的动机，最高的效用水平往往体现在偏好的最大限度的满足。歧视纯属一种嗜好，就像任何一种商品或劳务一样，对它的消费取决于收入和价格这样的变量。

福利的分析有三个基本假设：假设男女两性生产率相同，分别被两个同类的产业所雇用；假设要素供给相等，且是完全无弹性；假设市场是竞争的，且不存在调整成本；假设两种职业间也不存在倾向性差别，且工资水平相同，如图 10-5 所示的工资率 w^* 。

(一)被歧视者利益的损害

如果任意地加入一种工资差别 w^m-w^* ，或在一个产业中人为地禁止全部雇用男人，由 M 到 M'，则产业 A 中被取代的男性工人会在原来只雇用妇女的产业即产业 B 中寻找工作。这将使妇女群体的工资下降到 w^f。留在男性产业的工人将得到 w^m-w^* 的好处，而被取代的男性工人和所有的女性工人的工资将减少 w^*-w^f。劳动力市场就会出现工资差别，不受歧视的群体有所得，被歧视群体有所失，并存在部分的分离。

这一分析没有涉及部门的损益问题：如果由歧视而受益者的所得不足以补偿受损者，则实行歧视的经济会由潜在的帕累托最优境况移动到较差的位置。在图中，产业 A 由于就业量减少而减少的产量为不规则四边形 $a+b+c$ 的面积。由于挤入的新增就业量，产业 B 增加的产量只是 $a+b$ 的面积。由于男性工人的工资提高了，而女性工人的工资降低了，就会存在其数量由产业 A 中矩形 c 的面积所表示的福利净损失。至于雇主利润的变化，则可用一般均衡分析来说明。

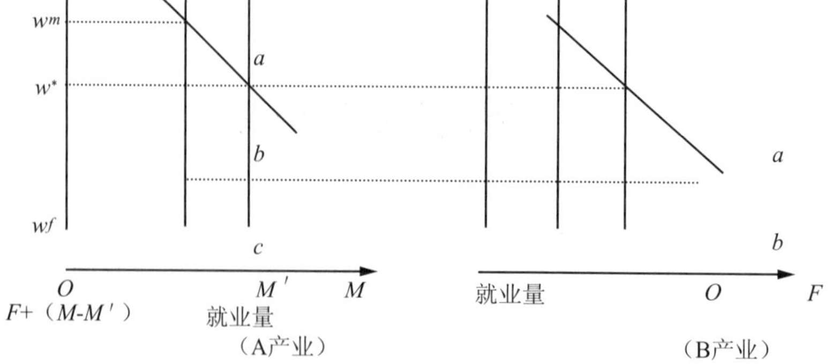

图 10-5　歧视的福利损失：局部均衡

(二)歧视者利润的缺失

用一般均衡来分析雇主的利润变化。图 10-6 显示两个产业，一个生产资本密集型产品 G，另一个生产劳动力密集型产品 H，两个产业分别投入三种生产要素：资本 K，男性劳动力 Lm 和女性劳动力 Lf。在这个埃吉沃斯箱形中，纵轴表示资本存量，横轴表示劳动力存量。

有两个必要的假设条件：假设一，劳动力不是随机地分布于两个产业，而是在开始时，所有的男员工就业于产业 G，所有的女员工就业于产业 H。初始的均衡点为帕累托契约曲线上的 A 点。男和女员工所得到的工资为其边际产量的价值，而且两个产业中的这个值是相同的，资本所有者(雇主)得到正常利润。两个部门的工资不能降低到低于其相应的边际产量的水平(这是由瓦尔拉斯定律所规定)，两个部门就业量不能减少；假设二，女员工的报酬不低于她们的"价值"(她们的边际产量)：她们的报酬较低是由于歧视所造成的低效率。

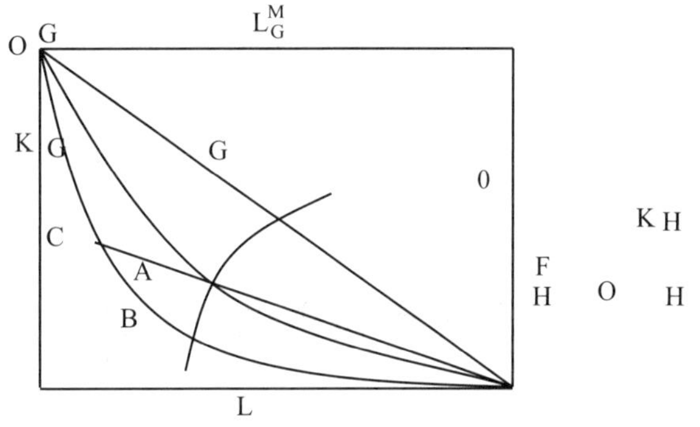

图 10-6　歧视对工资和利润的影响：一般均衡

将歧视引入模型，有两种情况：其一，将产业 H 中的工资降到低于其最初边际产量的水平；其二，限制产业 G 的就业量。前一种歧视，将男性产业 G 的产量保持在原有水平上，达到均衡点 B。B 点处于产业 G 原来的等产量曲线 G_0 上，也在新的契约曲线上，且更加凸向左下方。此时，生产是低效率的。因为在 B 点，对于女性员工而言，资本与劳动力之比下降，妇女的境况有所恶化；对男性员工而言，资本一劳动力之比提高，他们的境况得到了改善。对于雇主而言，其境况可能改善也可能恶化，这取决于他们消费的产品 G 和产品 H 的数量，因为此时，产品 H 与产品 G 的相对价格发生了变化。

B 点是唯一的临时均衡点。由于产业 H 中的工资和价格的变化引起了收入价格的这种变化，产品 G 的产量将会下降，而产品 H 的产量可能增加，也可能下降，这决定于收入效应和替代效应相对作用的大小。另外，经济理论已经证明，任何一种工资差别都会造成效率的降低和总产量的减少，因此，G 的产量下降不一定意味着 H 的产量增加。从而，将在 B 点的左上方出现一个新的均衡点，在这一点上，男人和女人的工资都将高于 B 点(男人的报酬将总是高于 A 点)的水平。雇主的境况一般会有所改善，除非最终的均衡点远离 B 点的距离足够大。C 点说明：如果均衡点进一步向 C 点的左侧移动，女性部门的资本—劳动力之比也将高于 A 点的水平。在这种情况下，女性的后歧视工资将高于 A 点的水平(男性的工资将更高)。显然，两个产业间的要素配置以及生产和消费的配置将是低效率的。这个经济将蒙受一种净损失。

工资和就业越来越具有竞争性，市场中也同时普遍存在有着深厚历史渊源的工资和就业差别，经济理论要想清楚地解释歧视行为，单靠假设是远远不够的。除了根植于文化的观念难以动摇，在劳动力市场上，被歧视群体因其缺乏资源禀赋而无力抵抗以至深受其害，而强势的歧视群体掌握大量的“资源禀赋”，受损甚微，并且偏好得到了极大的满足，被歧视群体与歧视群体所分担的歧视成本是不成比例的，前者负担得多，后者负担得少。市场虽然没有实现效率的最大化，无论是雇主、雇员或顾客，只要他们的歧视偏好存在，就必然会有不同程度的福利损失，而相比于弱势群体而言，强势群体的福利流失只占其总消费支出很少的部分，因此，由强势群体主导的市场形势与方向，自然使歧视这种“劣根性”行为难以杜绝。[①]

>>二、人力资本投资的交互影响<<

就业存在性别歧视现象是人力资本投资出现性别倾向的主要原因，这会增加社会经济成本，降低人力资本投资的效率。这种低效率的资源配置方式形成了一个“就业性别歧视—人力资本投资性别倾向—就业性别歧视”的恶性循环。就业歧视不仅降低了女性就业率而且还减少了企业、家庭对女性的人力资本投资，因此，无论对于企业、家庭还是社会向女性投资过少显然不利于女性资本价值的优化。由于女性的教育投资对子女的发育成长有重要影响，如果女性人力资本决策的选择忽略了女性在家务管理中的作用及在养育子女过程中不可替代的作用将严重损害家庭内部的福利最大化，从全社会角度来看，大大降低了社会福利水平。

不仅如此，人力资本投资性别的倾向很自然地又会“激励”性别歧视。这主要体现在两个方面：其一，人力资本投资性别倾向的直接结果是女性人力资本积累

---

① [美]加里·S. 贝克尔：《人类行为的经济分析》，王业宇等译，上海：上海三联书店/上海人民出版社，1996。

不及男性。在已存在的性别歧视情况下，女性就业难度尤为加大，被聘用以至晋升难乎其难。从表面看，这种被排斥"合乎情理"，因为效率的"天平"在市场中始终向资本属性更强的一方倾斜，而较弱的一方比如女性，在就业中的被歧视也就"毋庸置疑"了。在劳动力市场中，女性这个被歧视群体因缺乏资源禀赋而无力抵抗以致深受其害。其二，人力资本投资性别倾向的间接结果是女性社会角色地位的强化。伴随着生产力的发展，两性间衍生出了主次、尊卑和贵贱等观念。有别于产品和资本市场，劳动力市场深受这些社会观念的影响。人们对性别差异的认识远超过了生理和心理的局限，更多的是来自社会刻板的性别概念，比如男强女弱的定位。文化和习俗等因素影响了人们的观念，这些观念又直接作用于人力资本投资的性别倾向，而这种倾向愈发强化了性别差异。

就业性别歧视使得女性人力资本投资不及男性，人力资本投资的性别倾向又影响女性能力的提高，进一步加剧就业性别歧视，这种恶性循环所带来的经济成本和社会成本都很昂贵。就经济成本而言，本来投资收益率更高的女性得不到或仅得到相对较少的投资(尤其是对社会而言)，自然会降低人力资本投资效率。换个角度，由于中国女性人力资本存量低于男性，在投资的边际收益递减规律的作用下，投资女性人力资本的边际收益递减更少，因而更符合经济学的基本原理。由于工资是生产要素价值的体现，因此就意味着增加投资女性教育会实现更多的企业收益。这种情况下，女性人力资本投资过少显然与经济学原理相违。

而从社会成本看，两种现象的交织首先会显著影响女性在家庭和社会中地位的提高。从家庭内部看，由于就业难、职位低、能力差不仅会引起女性的挫折感、失落感，还很容易因为经济的窘困引发家庭内部摩擦，甚至演变为家庭暴力。实际上，这方面的案例不在少数。从社会看，女性就业地位的边缘化和能力难以提高，也很容易引起她们在政治、社会领域的边缘化，成为永远的弱势群体。从长期发展看，这显然与社会进步相悖；就短期而言，也极不利于和谐社会的构建。其次，两种现象的交织还会影响到未来人口质量的提高。正如前述，女性的教育水平与子女的身体健康息息相关，而实际上，女性总体素质的高低对子女的影响远不止于此，子女的智力发育、受教育质量也是重要方面。从这个意义来看，女性人力资本投资不足对整个社会的进步都是非常不利的。①

① 张抗私：《劳动力市场性别歧视与性别排斥》，北京：科学出版社，2010。

第三节　女性人权的含义及人权保护

>>一、女性人权的含义<<

《世界人权宣言》中第一条规定："人人生而自由，在尊严和权利上一律平等。他们富有理性和良心，并应以兄弟关系的精神相对待。"第二条规定："人人有资格享受本宣言所载的一切权利和自由，不分种族、肤色、性别、语言、宗教、政治或其他见解、国籍或社会出身、财产、出生或其他身份等任何区别。"从这些规定中我们可以看出，不论男性、女性都应当具有自由和平等的权利，并保证基本权利不被剥夺和分割。同时，1993 年世界人权大会通过的《维也纳宣言和行动纲领》正式提出"女性人权"的概念，指出"女性的人权是普遍性人权当中不可剥夺和不可分割的一个组成部分。女性的人权应成为联合国人权活动，包括促进有关女性的所有人权的工作的一个组成部分。"女性人权是女性的基本权利或基本自由，在法律上予以承认并加以保护的使每个女性在道德精神、个性乃至其他方面获得最充分自由发展的权利。①

女性的就业平等权是女性人权的重要内容，而针对就业平等权含义的界定，目前存在"广义说"和"狭义说"两种不同划分，"广义说"认为就业平等权指在就业领域，各个权利主体之间平等享有获得就业机会的权利，以及平等获得劳动报酬的权利。② 它包括就业中机会平等、就业中条件平等以及就业结果的平等。"广义说"将就业平等权置于从求职到形成劳动关系后的整个职业活动阶段进行定义，而"狭义说"认为就业平等权仅指求职阶段的就业机会的平等。③ 本章所论述的广义的女性就业平等权，指具备劳动资格和能力并且拥有就业愿望的女性，在劳动力市场中与男性拥有平等的身份及公平待遇，有权利与男性在同等的聘用条件下竞争就业，以及平等获得劳动报酬的权利。

>>二、女性劳动人权保护<<

从社会历史发展来看，女性的权利是长期受到忽视和排斥的，因此，国际上

---

① 张抗私：《就业性别歧视与人力资本投资倾向的交互作用分析》，载《浙江大学学报（人文社会科学版）》，2009 年第 6 期。

② 王博：《试论当代中国女性人权实现的法律保障体系》，载《法制与经济》，2012 年第 5 期。

③ 邓佑文：《就业平等权的理论体系——以宪法含义为思考维度》，载《重庆工商大学学报（社会科学版）》，2007 年第 6 期。

对于女性人权的提法则显示了对女性权利保护的重视。尽管20世纪以来各国的法律都相应地规定了公平就业和工作报酬法案，但妇女在劳动力市场等领域依然备受歧视，我国女性的劳动人权也没有逃脱掉被歧视的命运。尽管从新中国成立到现在制定了很多法律和法规，但是法律法规及机构的不健全，并没有完全实现消除对女性劳动人权的歧视现象。从更深层意义上讲，我国社会主义市场经济体制的完全确立，需要健全的法律法规来保证男女就业平等权利的实现，以促进社会和谐稳健发展。

(一)国外女性劳动人权保护政策的启示

欧盟、美国和英国的女性劳动人权保护政策经过半个世纪的发展，旨在促进男女平等就业的制度体系均已比较成熟。总结它们的经验，对完善中国男女就业平等政策，无疑具有重要借鉴意义。三个政治体在反就业性别歧视方面，确实有许多规律可循，这主要表现在：

第一，三者均从单一工资报酬保护发展为多方面的平等待遇保护。男女同工同酬的立法是人类社会的进步，但单一的立法在实际运作过程中难以达到应有的效果。美国1964年的《民权法》第七章扩展了男女两性工作平等权的内容，即男女两性在雇用、工资报酬、工作条件及其他待遇方面均享有平等的权利，雇主不得有歧视行为。欧盟的《欧洲社会宪章》《男女平等待遇指令》《社会保障指令》，英国的《性别歧视法》等也都丰富了两性工作平等权的内容。

第二，为实现劳动力市场报酬公平，这些政治体基本都是从男女同工同酬立法开始，发展为同值同酬。如前所述，欧盟在1957年的《罗马条约》中就提出男女同工同酬原则，美国于1963年制定了《公平报酬法》，但同工同酬的立法并不足以保护女性的合法权益。于是，欧盟在《公平报酬指令》中就确立了同值同酬的原则，美国也从20世纪70年代开始采用了同值同酬原则，这对更有效地消除两性工资报酬不平等的现象具有重要意义。

第三，加强对母性保护的立法。母性保护是实现两性工作平等权的重要一环。美国1978年《怀孕歧视法》中明确规定对怀孕妇女的歧视为性别歧视，对怀孕妇女的保护也相当全面，包括任用、晋升、福利津贴等各方面的就业利益。欧盟《怀孕受雇者指令》、英国《劳动保护法》《劳雇权利法》《父母产假条例》和《劳动雇用法》等也有类似的保护内容。

第四，成立专责单位推动男女平等就业的落实。为禁止就业歧视，美国设立了平等就业机会委员会来负责，并且在法令中明定其组织架构及职权。欧盟则分别成立了机会平等委员会、社会保障和生活水平委员会，负责就业、劳资关系和社会保障的执行。英国成立的平等机会委员会同样对就业乃至人权事务中的歧视现象具有专门负责权。执行机构的专责化，对于强化政策执行，提高政策效果具有积极意义。

(二)我国女性劳动人权法律保护的不足

新中国成立以来，我国政府非常重视“男女平等”问题，并相应地制定了一系列法律法规加以保护妇女权益，这些法律和法规在维护和保障女性权益方面发挥了重要作用，但是，随着经济社会的发展，法律本身相对滞后以及法律的执行和实施仍存在一些问题需要改进。

第一，我国很多法律法规相对滞后，界定不够严格。我国现已基本形成了以《宪法》为依据，以《妇女权益保障法》为主体，包括《母婴保健法》《妇女儿童保护法》《中国妇女发展纲要》《女职工保健工作规定》《女职工劳动保护规定》等一整套保障妇女权益和促进妇女发展的法律体系，并健全了保障妇女权益的组织机构，从根本上保障了妇女权益，从法律上为妇女的发展打下了坚实的基础。

但是上述法律的很多规定缺乏具体的可操作性说明，更不包括违反这些规定的强制惩罚机制。对一些关键的、容易引起争议的行为，没有严格的法律界定，而对一些置法律于不顾的行为又没有明确的约束和惩罚措施，如《劳动法》立法原则性规定较多，着重于对立法意图的陈述，注重宣言化、纲领化、弹性化、针对性和可操作性不强，并只限于对法律范围和效果进行描述，很多规定含糊不清，难以实施，它更像是一套方针和原则的汇编，随着社会主义市场经济体制的快速发展，经济成分多样化，《劳动法》的某些条款明显滞后，与经济体制和女职工实际状况不相适用。

第二，现存法律执行存在问题。我国目前的法律执行中亦存在很多问题，如惩罚手段缺失，监督不力，法律的普及面狭窄，执法不严等，这些对于维护和保护女性的劳动权益是非常不利的。法律规定的对女性人权歧视的救济手段主要有责令改正、行政处分、罚款等行政责任和赔偿损失等民事责任。责令改正、行政处分只对政府机关和国有企业等有行政编制的单位有效，不能期望其对保护女性劳动者能起多大的作用；而法律对罚款和民事赔偿的数额也没规定具体明确的标准，由于就业歧视产生的损害很难衡量和界定，缺乏明确具体的标准使得实际操作产生了一定的难度，在某种意义上使得法律的实用性和威慑力大打折扣，犹如一纸空文。

第三，法律实施机构不健全，缺少专设机构。目前，我国推动两性平等的主要部门有人力资源和社会保障部、国务院妇女儿童工作委员会、全国妇联和相关的司法部门等。在这些机构中，没有设置处理就业歧视问题或促进就业平等的专门职能机构，因此，在遇到就业歧视问题时，劳动和社会保障部就无法保证集中人力快速高效地解决问题，也不可能在平日的工作中对性别歧视问题加以特别关注。国务院妇女儿童工作委员会前身是国务院妇女儿童工作委员会，成立于1990年2月22日，是国务院负责妇女儿童工作的协调议事机构，负责协调和推动政府有关部门执行妇女儿童的各项法律法规和政策措施，发展妇女儿童事业，但其主要职能也仅限于协调和监督工作。中华全国妇女联合会和各级妇女联合会代表和维护各族各界女性的权益，根据《妇女权益保护法》，当妇女的合法权益受到侵害时，可以向妇联投诉，妇联可以要求有关部门或者单位查处，保护被侵害妇女的合法权益，除此之外，妇联还向妇女提供法律咨询。但是，由于妇联是一个群众性组织，缺乏国家行政和司法部门的强制力，无法最大限度地发挥其维护妇女利益，促进男女平等的职能。

由于性别歧视案件的特殊性和认定过程的复杂性，我国应当建立专门的机构处理。我国相关的监管机构，没有设立专门的机构来推进两性就业机会平等，也没有专门的机构实施和处理有关性别歧视的问题，有关性别歧视问题的解决和处理分散在不同的部门，形成分工的混乱，当女性在就业过程中受到歧视时，往往不知道应当如何高效便利的解决问题。根据中国目前的状况，女性受到歧视时，要么只能在法律限定的很短时间内提出劳动仲裁，之后经历从仲裁到法院审理的漫长等待过程；要么通过女性组织，借助媒体制造社会舆论，向用人单位施加压力从而解决问题，这两种繁杂的救济途径通常使得女性在歧视面前选择沉默。

第四节　中国女性劳动人权保护的政策建议

女性平等就业能够促进实现社会公平和正义。一个公正的社会，应该尊重每一个人的尊严，保证每个人的自由和平等。就业性别歧视及社会性别排斥剥夺了女性劳动力的公平就业权，进而剥夺了女性更多地参与社会的机会，既违反公平与正义原则，也进一步导致社会不公和市场在低效率中徘徊，因此应该采取措施对女性劳动人权进行有效保护，以保证女性在劳动力市场中享有自由和平等的权利。

>>一、完善女性劳动人权保护的法律法规<<

我国现行立法对女性就业权的规定有些倾斜保护，但由于我国现行法律对就业歧视问题规定的缺失以及执法过程中存在的各种问题，有必要对现有的法律法规进行完善，增强法律法规实施上的可操作性。

对现有法律法规的完善主要包括：第一，修订和完善《劳动法》，将现有法律实施落实到位，并规定具体的赔偿条款，加大处罚力度，加强对女性的特殊保护。第二，应完善《妇女权益保障法》，将立法改为授权性立法，从消除歧视和关注弱势群体两方面强调政府社会和学校的责任和义务。第三，完善《女职工劳动保护规定》，以进一步保障女职工平等的就业权利、生育保障权利、健康权利和法律权利。第四，完善妇女生育保险制度，要完善生育保护社会化。使招用女职工特殊成本得到分摊，创造女性就业的有利环境，扩大生育保险覆盖范围。改变传统的产假养育模式，男女两性共同承担责任，给予男性一定期限的育儿假期和特别的休假日，与女性共同承担养育的责任。第五，完善劳动争议调解仲裁法，具体包括完善集体争议处理机制，改革劳动争议仲裁体制及程序。

>>二、建立女性维权机构<<

近几十年来，各国成立专门的妇女维权机构是一个普遍现象。很多国家设立"平等机会委员会"等专门机构，这些机构被赋予很大权力，以调解劳资矛盾、发布有约束力的命令等。如韩国 2001 年 1 月 29 日成立了性别平等部，其主要职能是制定和协调政府级的性别政策；进行性别分析和评估；消除性别歧视，根除对妇女的暴力；调查和纠正在就业、教育、资源分配、设施和服务中的性别歧视；发展与非政府组织和国际组织的合作关系。2003 年，韩国又成立了直属于总理的妇女政策协调委员会，负责性别平等政策的制定和修订。美国成立了"公平就业委员会"(EEOC)，负责调查歧视申诉和代表申诉者进行起诉，极大地加强了联邦政府推行公平就业机会法律的能力。

我国没有"公平就业委员会"这样的准司法机构，因此建议国家设立专门的妇女维权机构，强化政府保障妇女人权的责任，把妇女人权纳入各级政府的优先事项，设立专门的性别平等政策评价、监督机构。全面评价和监督国家和地方政府在政治、经济、社会、文化各领域男女平等参与政策制定及实施状况时，将劳动力市场上的性别平等作为重要评价和监督内容。劳动部、人事部连同全国妇联及工会设立专门的性别就业权利监督机构，这一机构的职能可以仿效美国的平等就业机会委员会，对就业平等进行主动监督，要求有一定规模的用人单位提供周期性的汇报，并接受举报和投诉，定期检查性别就业比例的落实情况，及时处理性别歧视的行为，从而切实保障妇女的就业权利。

>>三、加强女性劳动人权保护的法律监督<<

随着市场经济的快速发展和就业压力的不断增大，必然导致就业过程中存在的就业歧视问题更加突出，这就要求作为我国专门监督劳动法律执行情况的劳动保障监察部门应该顺应社会形势，加大执法监察力度，以保障女性劳动者免受就业歧视的侵害，维护就业领域的公平公正。另外，除了专门机关的法律监督，还应该加强其他社会主体的监督，如其他国家机关、社会组织和公民个人的法律监督，以便从各个方面去监督用人单位对劳动保障有关法律的实施情况，最大限度地避免企业对女性职工劳动人权的侵害。

四、加强国际合作，提高我国女性劳动人权的保护水平

为提高我国女性劳动人权的保护水平，我们必然要在立足国内社会的基础上，借鉴美国等其他发达国家的经验并且努力学习贯彻国际公约所传达的精神，加强国际交流与合作。从而能够多角度观察研究问题，做到取长补短，全面考量及统筹规划，最后落实到我国法律建设的实处。力争建立起一套完善而切合实际的法律体制，使我国的人权保护水平更加接近于国际社会的趋势，使我国女性的劳动人权真正获得有效的法律保护。

第三篇

国外女性就业扶助政策研究

第十一章 美国女性劳动者的就业状况和就业政策

美国作为世界经济强国，其经济的发展会对整个世界的经济走向带来影响，在美国经济发展过程中，美国女性劳动者的就业状况和就业政策也是经历了波澜壮阔的发展历程，从最初女性劳动者受压迫的阶段走到今天男女地位相对平等的阶段，是非常巨大的进步。美国女性的就业状况是与其社会经济发展相呼应的，在不同的历史进程中呈现出不同的特点。促进性别平等，不仅是美国政府一直努力的方向，民间风起云涌的女权运动对于女性平等权利的追求做出了极大的努力，时至今日，美国社会发展已经非常成熟，女性劳动者的权益得到了很大改善，对于美国女性劳动者的就业状况以及就业政策进行梳理和探究，对于提升我国女性劳动者就业状况以及制定相应的就业政策是一个非常有益的参考。

第一节 美国女性就业状况

>>一、美国女性劳动参与率变化趋势<<

自第二次世界大战以来，美国女性劳动者的劳动参与率发生了很大的变化，第二次世界大战结束之初，女性劳动者的劳动参与率在33%，之后，女性劳动者劳动参与率在20世纪60年代开始快速增长，这种高增长一直持续到80年代，在90年代时女性劳动者的劳动参与情况开始放缓，并且在1999年时达到峰值60%，这之后，女性劳动者的劳动参与率又开始下降，美国劳工部2014年的数据显示，女性劳动者的劳动参与率为57%。

从图11-1中我们还能看出，男性劳动者的劳动参与率自从20世纪50年代以来，一直是下降的趋势，在1950年时男性劳动者的劳动参与率高达86.4%，一路下滑至2014年的69.2%，美国劳工部还对未来男性劳动者可能的劳动参与率进行了预估，预计到2050年会进一步下降至66%。同时，对于女性劳动者的劳

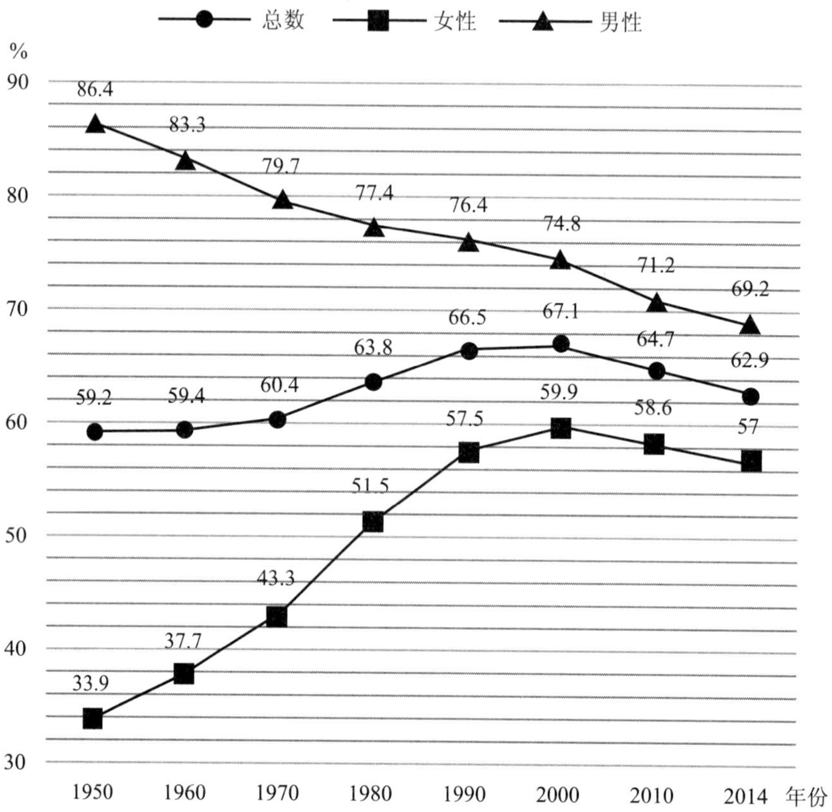

图 11-1　分性别劳动参与率

数据来源：美国劳工部。

动参与率预估显示，在 2020 年时女性劳动者的劳动参与率将会处在 59.4%的水平，到 2050 年女性劳动者的劳动参与率在 55.1%。整体来说，自第二次世界大战以来，男性的劳动参与率在不断下降，而女性劳动参与率首先经过了一个增长的过程，然后也开始下降，因此导致了美国整个社会的劳动参与情况经历了先上升后下降的趋势。

根据美国劳工部发布的数据，离婚女性劳动者的劳动参与率与已婚女性劳动者的劳动参与率存在着显著的差异，离异女性劳动者的劳动参与率为 64.2%，远高于 57%的平均水平，而已婚女性劳动参与率为 58.4%，略高于平均水平，说明离婚女性需要更多地参加劳动以获取报酬。相反，已婚男性劳动参与率更高，为 73.5%，而未婚男性的劳动参与率只有 66.1%。

在美国之外出生的女性的劳动参与率相比于在美国之内出生的女性的劳动参与率要低，分别为 53.9%和 57.5%，而且在这些劳动力中，外国出生的女性的失业率也高于国内出生的，分别为 6.5%和 6.0%。与此相反，外国出生的男性劳动参与率却比国内出生的男性劳动参与率要高，分别为 78.7%和 67.4%，失业率也是如此，在国外出生的男性失业率反而比在国内出生的男性要低，分别为5.0%和6.5%。

女性劳动者的劳动参与率变化的原因是多方面的，包括维持家庭生计的需求、实现自我价值的需求、社会经济结构的变化、社会对女性就业态度的改变、女性教育水平的提高、家庭结构的变化、女权运动为女性权利的争取以及联邦政府颁布的立法支持等，并且第二次世界大战后的女性就业状况已经成为美国女性社会地位和家庭地位提高的助推器。①

除了劳动参与率的提升，女性也获得了更高水平的教育，在25～64岁的女性劳动者当中，2014年时拥有大学文凭的数量已经是1970年的3倍，从1970年的11.2%增长至40.0%，这是一个非常可观的进步。女性的收入水平也取得了长足的发展。就工资水平而言，在1979年，女性的平均工资只有男性的62%，而到了2014年，女性的平均工资已经达到男性的83%，虽然仍没有和男性相一致，但是也取得了很大的进步。

>>二、不同族裔的劳动参与率与失业率<<

美国是一个移民国家，在美国有不同的族裔，不同族裔之间的劳动参与率存在着差异。整体来说，拉丁裔(或西班牙裔)劳动者的劳动参与率较高，而黑色人种劳动者的劳动参与率较低，但就女性劳动者而言，黑色人种女性劳动者的劳动参与率较高。关于失业率，不同族裔之间差距更为明显，以2014年为例，2014年女性失业率为6.1%，相比2013年下降了1.0%，而2014年男性失业率为6.3%，相比2013年下降了1.3%；其中，亚裔女性的失业率较低，在4.6%，白色人种女性的失业率为5.2%，西班牙裔的女性失业率达到8.2%，黑色人种女性的失业率最高，达到10.5%。由此可见，在美国，黑色人种还是受到一定程度的种族歧视，失业率颇高。但无论是白色人种、黑色人种或者亚裔，女性的失业率都低于男性，而拉丁裔(或西班牙裔)的女性失业率则大于男性的失业率。

表11-1　2014年分性别分族裔劳动参与率

	白色人种	黑色人种	亚裔	拉丁裔(或西班牙裔)
总体劳动参与率(%)	63.1	61.2	63.6	66.1
女性劳动参与率(%)	56.7	59.2	55.8	56.0
男性劳动参与率(%)	69.8	63.6	72.4	76.1

数据来源：美国劳工部。

① 王春侠、孙群郎：《二战后40年间美国女性的就业趋势》，载《外国问题研究》，2012年第4期。

表 11-2 2014 年分性别分族裔失业率

	白色人种	黑色人种	亚裔	拉丁裔(或西班牙裔)
总体失业率(%)	5.3	11.3	5.0	7.4
女性失业率(%)	5.2	10.5	4.6	8.2
男性失业率(%)	5.4	12.2	5.3	6.8

数据来源：美国劳工部。

>>三、子女处在不同年龄段的母亲的就业状况<<

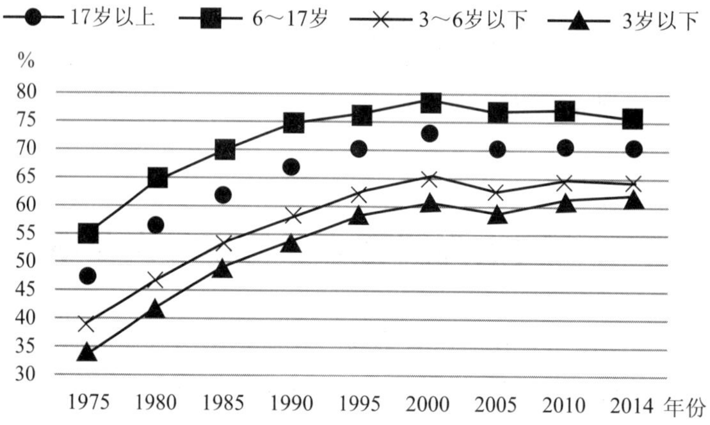

图 11-2 子女处在不同年龄段的母亲的劳动参与率

在已婚母亲群体中，孩子年龄在 6～17 岁的母亲的劳动参与率较高，在 2014 年，该群体女性的劳动参与率高达 75.8%，这是一个远超过女性平均水平的劳动参与率，可见，母亲因为子女的成长，付出了非常多的心血。孩子在 3～6 岁以下的母亲，劳动参与率为 64.3%，孩子在 3 岁以下的母亲，劳动参与率只有 61.8%。说明孩子越小，母亲可能付出更多时间去照顾孩子而不是去参加工作。未婚母亲比已婚母亲有着更高的劳动参与率。从图 11-3 我们还可以看出，除了劳动参与率的差异之外，孩子越小，母亲失业的可能性也越大，而孩子年龄在 6～17 岁的母亲失业率最低。

>>四、美国女性分行业就业状况<<

在过去的几十年，25～64 岁的女性劳动者，受教育程度有了极大地提升，在 2014 年，她们中 40%的人已经拥有大学文凭，而在 1970 年，这个比例只有 11%。2014 年这个劳动群体中未达到高中毕业的只有 6%，相比 1970 年的 34%，有了极大改观。

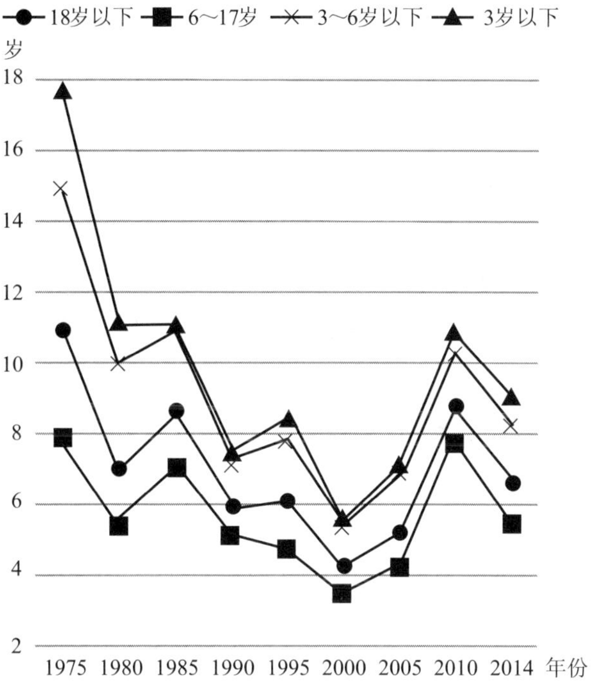

图 11-3 子女处在不同年龄段的母亲的失业率

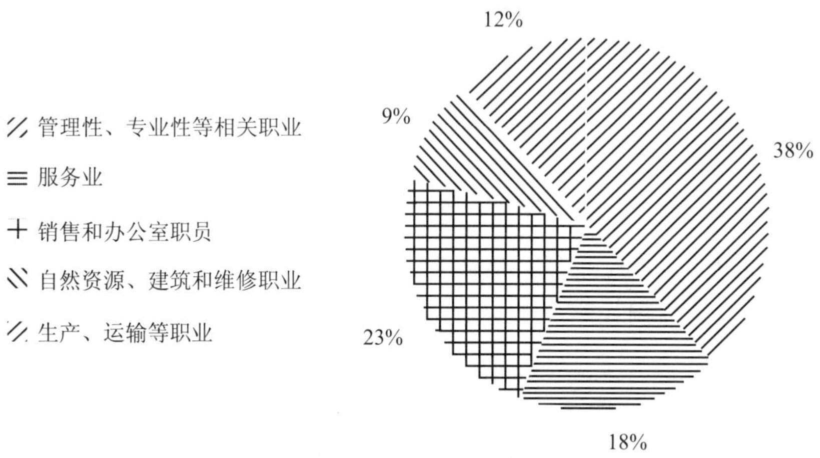

图 11-4 2014 年总体分行业就业状况

截至 2014 年，在管理类、专业化的职业中，女性劳动者总共占据了 52%的职位，但是在不同的行业存在不同的情况，比如，在软件行业，女性只占 20%，而在首席执行官这个岗位，女性只占据了 26%，也是相对较低的水平。在律师行业，女性占据 33%。然而，在护士行业，女性却占据着 90%的份额，而在中学教师中，女性比例也很高，为 81%，在会计以及审计行业，女性也占据了大多数，为 63%。其中，亚裔以及白色人种女性工作在高薪行业的较多，西班牙裔和

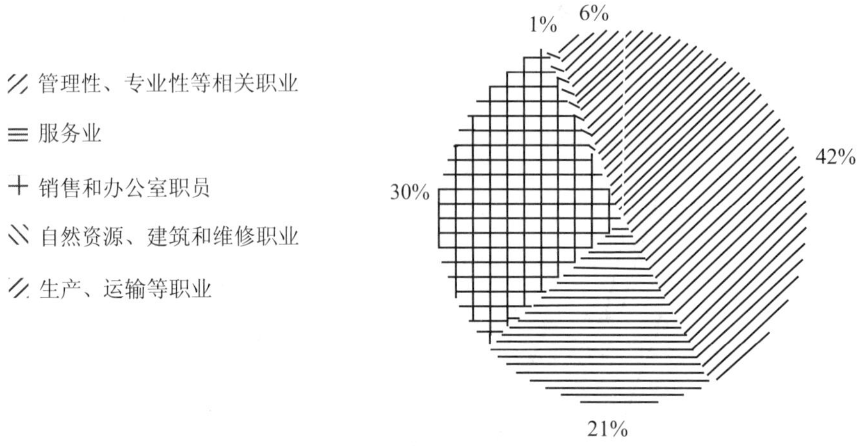

图 11-5 2014 年分行业女性就业状况

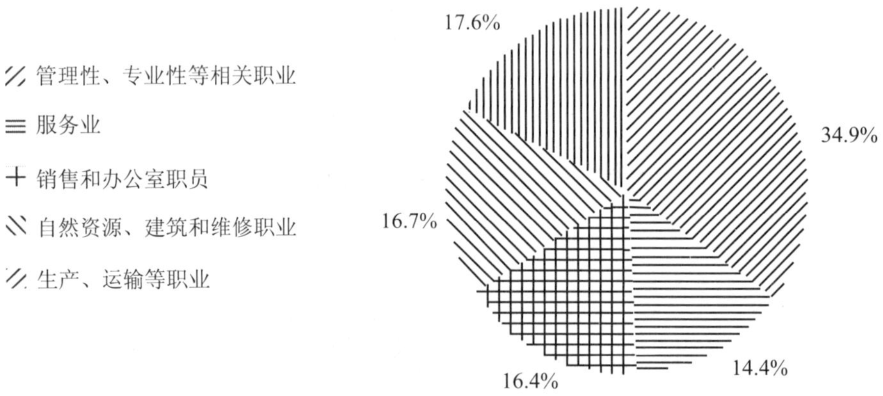

图 11-6 2014 年分行业男性就业状况

黑色人种女性的薪资相对较低。整体来说，在2014年，女性多是分布在财政金融、教育健康以及休闲住宿行业，在农业、采矿业、交通运输等行业分布相对较少。

五、美国女性收入状况

收入方面，截至2014年，全职女性每周的收入(包括工资和奖金)在719美元，男性的周平均收入为871美元，女性收入为男性收入的83%，其中，亚裔女性的收入最高，为平均每周841美元，其次是白色人种女性，收入为734美元，黑色人种女性为611美元，西班牙裔女性的收入只有548美元。

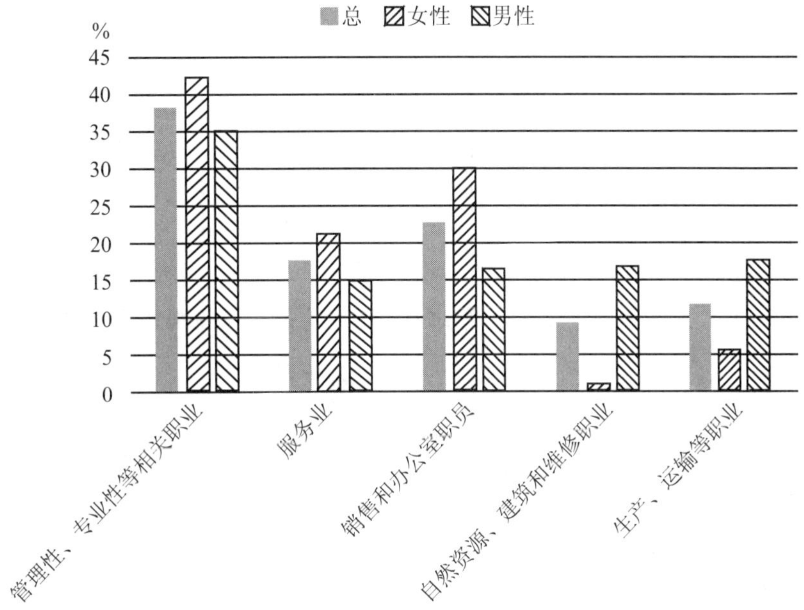

图 11-7　2014 年分行业就业状况图

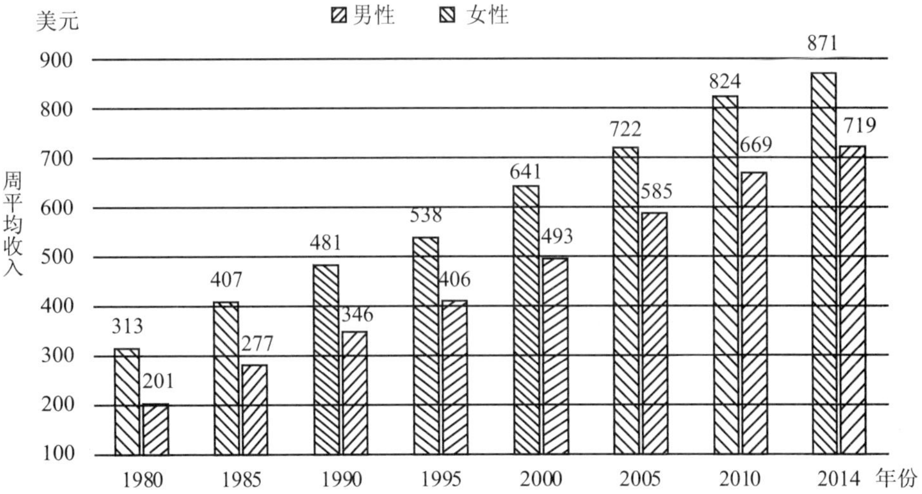

图 11-8　周平均收入

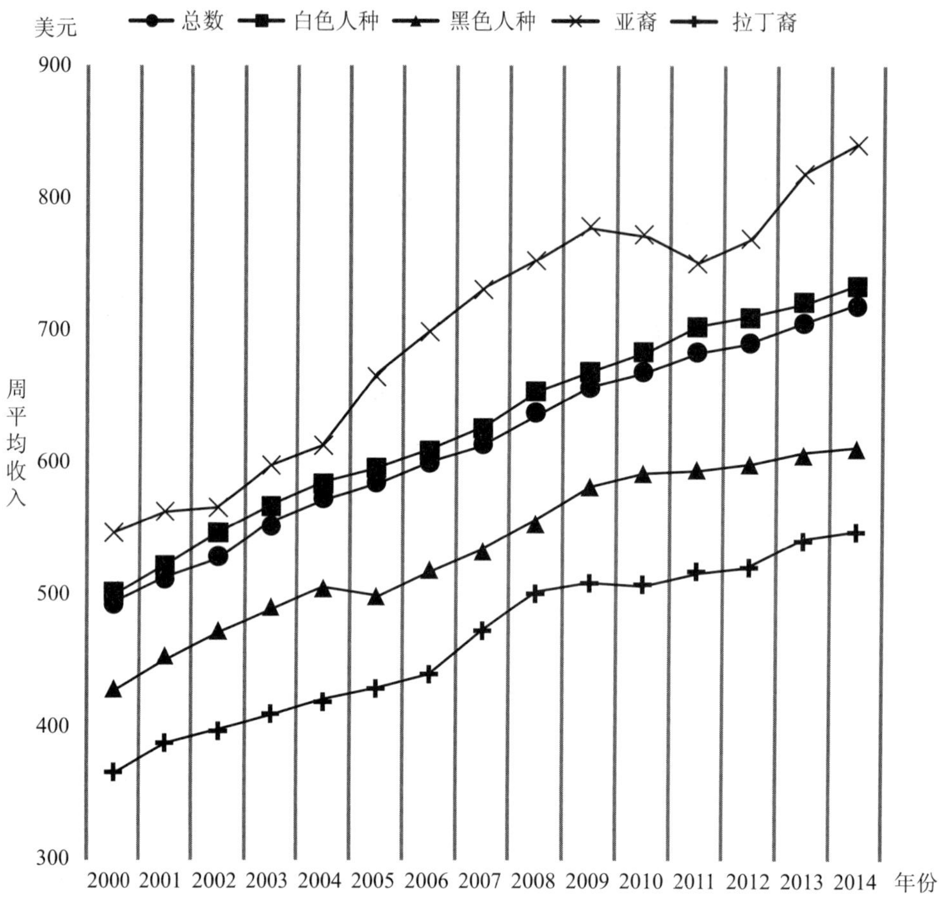

图 11-9　女性分族裔周平均收入

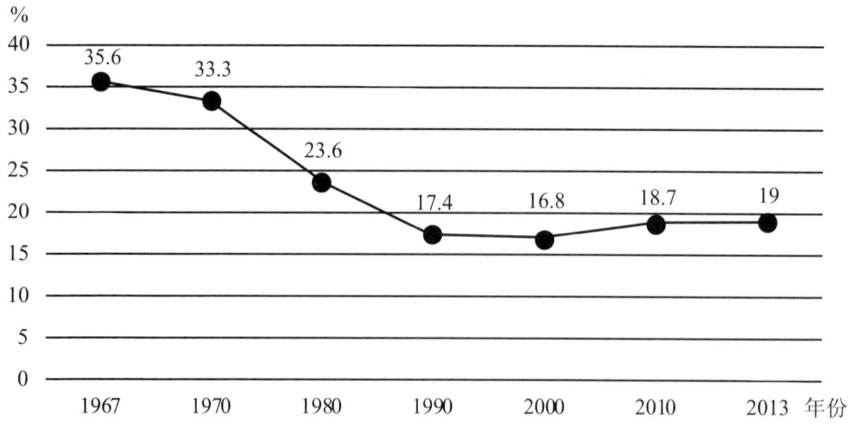

图 11-10　只有丈夫工作的家庭比例

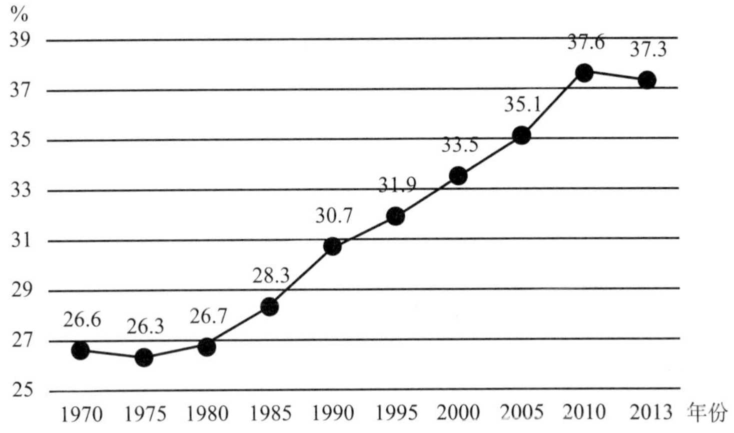

图 11-11　妻子对家庭收入的贡献

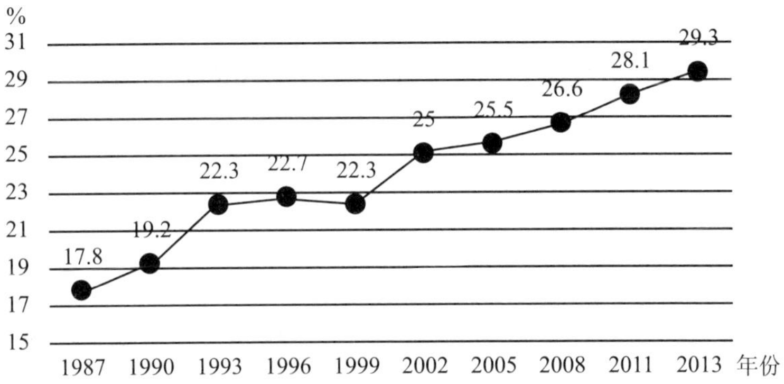

图 11-12　夫妻双方都工作时妻子收入更高的比例

对于夫妻双方的家庭，在 2013 年，53%这样的家庭夫妻双方都参加工作，只丈夫参加工作的比例有 19%，而在 1967 年，该比例高达 36%。在 2013 年，妻子对于家庭收入的贡献有 37%，相比于 1970 年上升了 10%。另外，妻子收入超过丈夫的比例也有了很大的提升，在 1978 年，妻子收入比丈夫收入高的有 18%，到了 2013 年，这个比例上升至 29%。随着社会的发展，选择自主就业的越来越多，而且女性的独立意识也越来越强烈，不少女性希望靠自己的努力去赚取收益。在这些自雇用就业人员之中，女性占据了相当的比重，截至 2014 年，自雇用就业人员中，女性的比重达到了 40%。

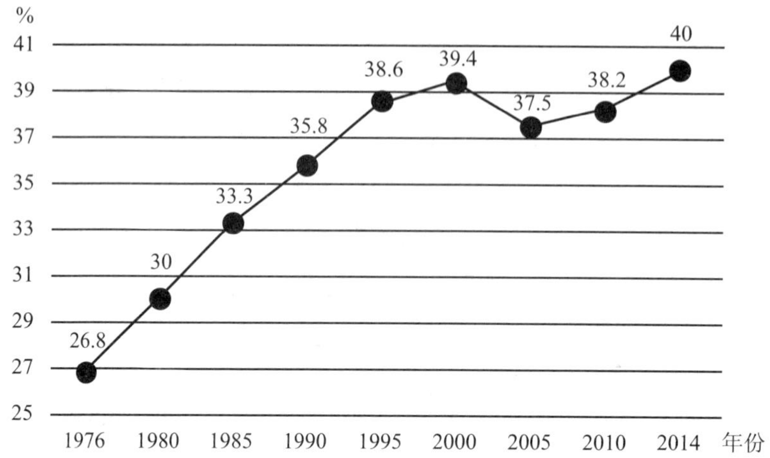

图 11-13 女性自雇用就业比例

>>六、美国女性工作时间及兼职工作状况<<

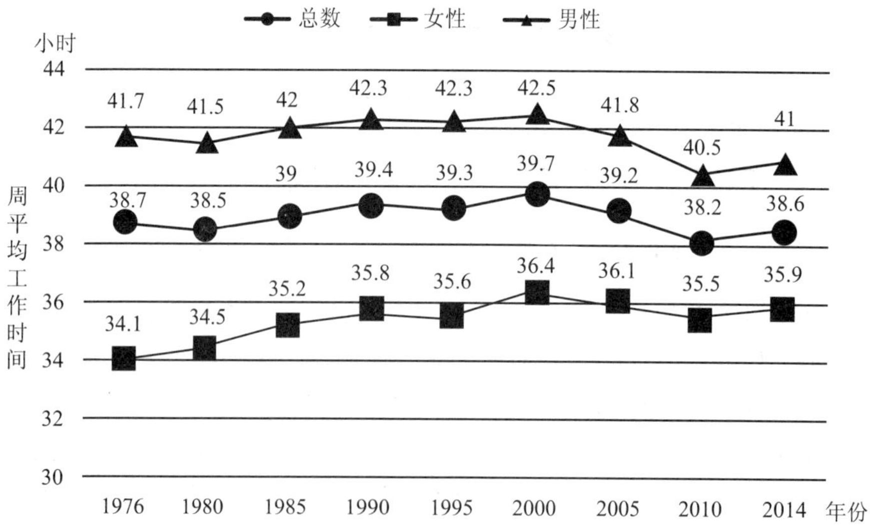

图 11-14 全产业周平均工作时间

在 2014 年，有 26%的女性经常选择兼职，每周工作时间少于 35 小时，这个比例在过去的 50 年中并没有太大的变化，相比较而言，男性兼职的只有 13%，但是目前来看，是呈现上升的趋势。一般而言，受雇用的女性比没有受雇用的女性工作时间更长，平均每周 35.9 小时。

在 2014 年，在拥有多份工作的群体中，男女所占比重相当，即是否拥有多份工作与性别关系不大。5.3%的女性拥有多份工作，拥有多份工作的男性则只

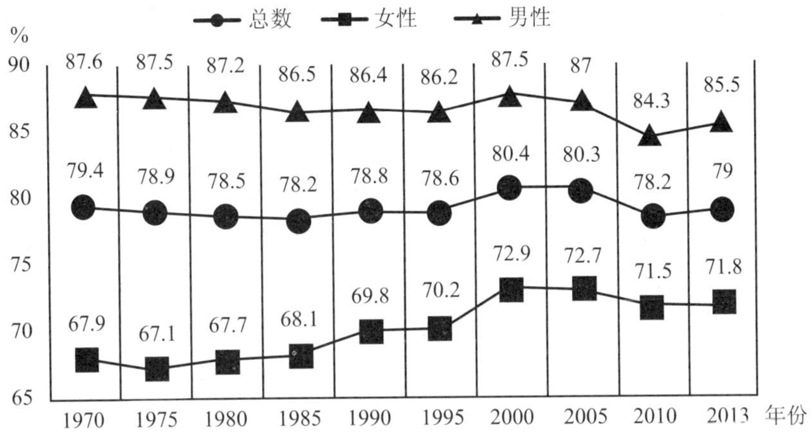

图 11-15　全职工作占比

有4.5%，同时，在非农行业中，5.3%的女性为自雇用就业，男性自雇用就业的多于女性，为7.4%。而在所有的自雇用就业中，有40%的就业者为女性，在1976年，这个比例只有27%。

>>七、美国女性工会参与率及残疾人女性就业状况<<

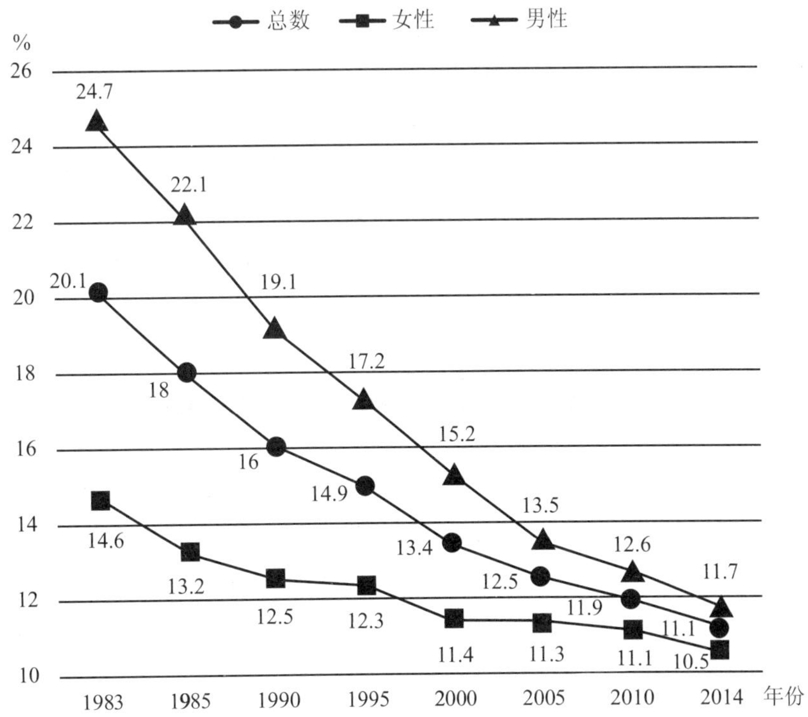

图 11-16　工会参与率

在美国，总体而言，工会的参与率不高，并且自 1983 年以来，总体的工会参与率呈现明显下降趋势。在 1983 年，男性参加工会的比例在 24.7%，女性为 14.6%。截至 2014 年，女性劳动者中有 10.5%的人参加了工会，而男性仅有 11.7%。但是男性工会参与情况下降的比女性工会参与率下降更为明显。此外，在 2014 年，劳动力中大约有 1 070 万的退伍士兵，有 140 万是女性，占比约为 13%，她们的失业率为 6.0%。在 2014 年，残疾女性大约有 1 560 万人，其中加入劳动力市场的有 260 万人，大约为 16.6%。将近一半有残疾的女性都在 65 岁及以上，劳动参与率为 5.2%，在 16～64 岁的劳动参与率为 27.8%。对于 16 岁及以上的残疾女性，失业率高达 12.5%，超过非残疾女性失业率的两倍。

总体来看，近几十年来，美国女性的社会地位得到了极大提升，女性在整个社会的发展进程中贡献着越来越多的力量，性别之间不平等的鸿沟逐渐缩小。但是与男性相比，女性无论是在收入上还是在其他方面都与男性存在一定差距。

第二节　美国女性就业政策

美国宪法为建立自由平等的社会打下了基础，但关于男女平等的条款至今还没有在美国宪法中有明确的体现。在人类社会历史上，人权的概念已有了 200 多年的历史，但人权概念在相当长的历史时期内并不包括女权，在美国《独立宣言》中，就没有关于女权的条款。为了真正实现男女在劳动力市场上的平等，美国妇女在历史上作了大量的斗争，美国历史上曾有过多次大规模的妇女运动。美国妇女的就业政策从最初完全没有性别歧视的条款到逐步推出相关的法律法规来保护女性的权利。最初美国的宪法没有明确规定男女平等的条款，现今保障妇女就业、消除性别歧视的条款后来都陆续出现在具体的法律法规之中。同时，为了促进女性就业，美国也设立了专门机构来服务女性就业，通过这一整套完善的机制来促使女性的就业。

>>一、制定促进性别平等的立法<<

美国促进女性就业平等的立法演化大概分为四个阶段：1920 年以前的自由主义政策阶段，20 世纪 20 年代至 60 年代的政策过渡阶段，20 世纪 60 年代至 80 年代的权利扩展阶段，20 世纪 80 年代至今的政策延伸阶段。[①] 在不同的阶段，美国有着不同的发展轨迹，同时也在不同阶段采取了不同类型的政策法规来促进性别平等。

① 杨伟国、毛兢新、罗西：《美国妇女就业政策变迁》，载《甘肃社会科学》，2009 年第 2 期。

(一)美国关于反就业歧视方面的法律

颁布于1963年的《同酬法》是美国联邦政府制定的第一个反对性别歧视的法律，也是保障两性工作平等权的重要法律，该法案确定了男女同工同酬的原则：凡在技术、难度、职责方面相同，并且是在类似劳动条件下从事同样工作，雇主必须对男女雇员按同样工资率支付报酬，禁止雇主对女性受雇者有性别歧视。该法案是联邦层次上第一部有影响力的反就业歧视法案。

1964年，《民权法案》第七章通过，这是60年代影响最大、涉及范围最广的法案，《民权法案》第七章规定：如果一个雇主出于任何个体的种族、肤色、宗教、性别或来源国别而不雇用或拒绝雇用或解雇雇员，或者在报酬、期限、条件或就业特权方面歧视雇员，那么就构成一种违法雇用实践。该法案是雇员们拥有的纠正工作场所歧视的最有价值的工具，因为它调整的对象涵盖面大。该法案的实行也对许多公司的人力资源管理实践产生了巨大影响，它曾经迫使雇主更密切地考察雇用、晋升、提薪、奖励以及惩戒员工的方式。许多公司在进行雇用测验时更加谨慎，因为这些测验很可能会被认为限制了某些群体的就业机会。违反该法案的雇主将被责令支付法律成本并且返还薪金。

1978的《怀孕歧视法》规定雇主因受雇者怀孕、分娩或其他相关医疗情况而拒绝录用、晋升，拒绝给予津贴、医疗保险，甚至降职、解雇或强迫雇员自动离职等，均构成雇用歧视。

1991年美国还颁布了《1991年民权法案》，该法案对于《民权法案》第七章进行了修正。国会通过1991年的修正案来加强《1964年民权法案》第七项的影响力。该修正案增加了惩罚性和补偿性损害赔偿金的规定。如果雇主被控的歧视实践被证明是“以恶意和鲁莽的方式漠视受苦人的合法权利而做出的”，那么公司除了支付诉讼成本并返还薪金外，还要承担5万～30万美元的损害赔偿金。在这段时期中，这部法案对于女性就业方面影响力最大。

除了立法，美国还通过行政命令来解决就业歧视问题。

由约翰逊总统发布的11246号行政法令，该法令规定：所有承包商及分包商，无论全部还是部分的受联邦资助、禁止基于种族、肤色、宗教、性别及族裔的歧视，歧视的表现包括薪酬、晋升、裁员、推广、培训、作业分类、资历、退休年龄或附带福利，等等。与《民权法案》第七章不同的是，本政令只适合与联邦政府的承包商和二级承包商。这些承包商必须在一定的条件下制订出书面的积极的反歧视行动计划，并由联邦合同执行程序办公室负责该政令的强制实施。

由尼克松总统发布的11478号行政法令，该法令要求：联邦政府的所有雇用政策应当建立在业绩和适合的基础之上，并且明确指出种族、性别、肤色、宗教信仰和族裔等因素不被考虑在内。

布什政府在 2001 年通过《减税法案》，在 2002 年推出《增加就业法案》，减税法案主要包括：(1)降低个人所得税税率，增加 10%一档最低税率。(2)个人所得税税基调整。《增加就业法案》的主要措施包括以下两大部分：(1)减轻公司税负，以刺激投资、稳定经营、增加就业。(2)延长领取失业救济金期限，进一步减轻个人税负。① 这两个法案都是为了刺激经济，促进就业而做出的努力，但没有专门针对女性的就业政策。

(二)美国关于反"性骚扰"方面的立法

密歇根大学的法学教授凯瑟琳·麦金侬(Catharine A. Mackinnon)是第一个将性骚扰作为性别歧视问题提出，并予以系统论述。她从《民权法案》第七章获得了以性别歧视提起性骚扰之诉的灵感，从批判法学角度提出了自己的"性骚扰"概念，并于 1979 年出版了《职业女性性骚扰》(*Sexual Harassment of Working Women*)一书，完整地表述了这一理论。② 20 世纪 80 年代，美国鉴于工作场所性骚扰事件层出不穷，加大了对性骚扰的打击力度，以促进两性工作平等权的实现。美国平等就业机会委员会采纳了她的理论框架，发布了《性骚扰指南》(*EEOC Policy Guidance on Sexual Harassment*)。

(三)美国家庭中的两性平等关系和反家庭暴力立法

美国反家庭暴力的立法理念和立法政策随着时代的发展而不断变化，这些变化既植根于美国政治与文化的变动当中，也与女权主义思潮的更替息息相关。女权主义者们把主要精力放在探讨家庭中的两性平等关系、家务事情的合理分工以及如何改变男性压迫女性之局面等问题上。女权主义者的主流思想是否定男女之间的差别，追求两性之间的平等。《针对妇女暴力法》(VAWA)的制定标志着多年来妇女权利倡导者争取通过立法解决像瘟疫般蔓延的家庭暴力的斗争发展到了它的全盛时期。③

---

① 樊丽明：《试析布什政府的"减税法案"和"增加就业法案"》，载《税务研究》，2002 年第 8 期。

② 耿殿磊：《美国的性骚扰概念及其发展》，载《河北法学》，2010 年第 4 期。

③ 罗清：《美国反家庭暴力立法的三波浪潮及其可能走向》，载《西南政法大学学报》，2011 年第 3 期。

>>二、设立促进性别平等的机构<<

为了促进与保障女性就业，美国建立了一整套相关的社会机构，包括联邦政府机构以及民间协会或组织，此外美国还有众多的研究女性就业的机构。

(一)政府组织

美国平等就业机会委员会(Equal Employment Opportunity Commission)：该机构负责执行规范就业歧视相关事项的联邦立法，并处理有关这类案件的申诉、调解及诉讼事宜。该机构是一个独立的联邦机构，由联邦财政支持，负责处理在招募、雇用、晋升、解雇、薪金福利等有关的就业条件上，任何基于种族、肤色、宗教信仰、性别等因素所发生的歧视情形。该委员会由五位委员组成，他们经总统提名、参议院同意任命，任期是采用间隔式的五年制。国会在 1972 年通过平等就业机会法对 1964 年《民权法》第七章进行修正，特地为该委员会设置一个法律总顾问室，负责该委员会的诉讼事务。该室顾问又由总统提名，经参议院同意，任期为 4 年。

美国劳工部妇女管理局(WB)：作为唯一一个联邦政府层面的维护妇女利益的组织，承担起系统地制定标准或政策，改善妇女工作环境，提高妇女工作能力，提高妇女的就业机会等职责。各级政府也都设立帮助妇女就业的机构，开展妇女就业培训，为妇女开办公司提供服务，帮助妇女创办企业得到银行贷款等，使妇女基本的劳动就业权益有了保障。

美国国务院国际女性议题办公室(Office of International Women's Issues)：该办公室设立的宗旨，其中一项即为促进女性在经济活动方面的参与率，并且通过加强女性创业活动来推动国家经济的增长。女性创立中小企业的各环节中，该办公室可以使女性获得培训和人际关系网络资源、在各州和各地区获得市场份额、获得更多的融资及信贷额度。

奥巴马总统 2008 上任伊始，美国经济状况就非常糟糕，面对 2008 年金融危机的影响，美国经济更是出现了崩盘的危险。持续多年的房地产泡沫破裂，以及随之而来的金融市场泡沫的破裂，许多企业纷纷裁员，美国劳动力市场承受着巨大压力，奥巴马政府为了促进就业，主要采取了以下措施：一是对基础设施进行投资；二是促进退伍军人就业；三是完善劳动立法；四是裁剪政府雇员；五是调整移民政策；六是创造积极的就业机会。为了促进女性就业，2009 年 3 月 11 日奥巴马总统签署一项行政命令，成立白宫妇女和女童委员会，其宗旨是确保每个机构在其负责起草的政策、支持的项目规划与立法中反映妇女和女童的需要。该委员会的成立将对金融危机情况下促进妇女平等就业起到积极的推动作用。①

(二)非政府组织

在美国，非政府组织对于促进性别平等具有同样重要的作用。

美国全国妇女组织(National Organization for Women)：1966 年 10 月在华盛顿成立，是一个社会联系面较广的全国性妇女组织，在美国影响较大。该组织每年召开一次年会，年会也是最高领导机构。在美国有几十个全国性妇女组织是它的团体会员，组织各种活动，争取《平等权利修正案》的早日实现；争取男女平等和同工同酬；支持妇女参加政治生活和国家决策；反对美国对少数民族妇女的歧视。

美国联邦中小企业管理局(Small Business Administration)：中小企业管理局也不完全依靠自己的力量来推动小企业的创立，而是通过与各种公共与私人组织以及众多具备不同技能的志愿者携手合作，建立覆盖全国各层面的创业网络，共同为小企业提供帮助和咨询，并在企业融资和与政府签订合同等方面提供协助。

此外，美国拥有众多的协会或者机构来帮助女性创业，例如美国国家女企业家协会(NAWBO)的重要任务即为推动女性创业活动，并对女性创业活动的支持体系进行有效性评估和检测。还有其他妇女就业问题研究机构：美国专门研究妇女问题的网站众多，美国各大学开出的妇女专题涉及面广、数量多。这些女性研究必定影响政府决策，积极推进政府通过立法和政策制定保障女性权益，真正实现男女平等。

>>三、促进性别平等的社会导向<<

(一)政府对于性别平等的承诺

在美国，“政治正确”是一个基本的命题，整个社会层面对于性别平等的意识已经是深入人心，美国的政治精英也积极地倡导性别平等，已经成为美国总统候选人的希拉里一直以来就美国的妇女议题发表自己的观点，希拉里曾经呼吁：“很多时候，这些被称为妇女议题。是的，我是骄傲地为妇女议题而战的终身战士，因为我坚信对妇女有利的事就是对美国有利的事。”现任总统奥巴马在成立白宫妇女和女童委员会时强调：“要确保每个部门在他们所起草的政策草案、项目规划和他们所支持的法律法规中能够考虑妇女与女童的需要。”除了政治精英的呼

① 孔静珣：《美国妇女就业问题研究》，载《中华女子学院山东分院学报》，2010 年第 2 期。

吁，美国还通过以上我们所提到的机构来保障女性权益，这些机构不仅促进了性别平等，也为女性就业发挥了多方面的作用。

(二)女性对于自身权益的维护

美国女性对于自身权益的维护是积极的，这首先得益于自由平等的观念深入人心，美国的文化正是如此，寻求自由与平等。其次美国的法律也是提倡自由与平等的，正是美国法律的社会目标与个人自由平等追求是一致的，这也加强了美国女性对于性别平等的要求。最后还有美国女性能够较好地维护自身的权益，美国是法治社会，公民从小培养起的维权意识与法律意识强化了女性维权的意识与能力。为了促进性别平等，美国通过立法，通过设立这些机构，使得女性在就业方面有了依靠，不仅可以在自身权益受到损害时通过这些机构来维护自身的权利，还可以通过这些机构或者组织积极参与劳动力市场，改善自身面临的就业环境，促进自身就业。

第三节　对中国的启示

在美国历史发展过程中，女性就业状况经历了曲折的过程，尽管时至今日，在美国，女性的地位依然没有达到与男性同等的地位，但美国女性就业状况、就业政策的变迁过程不仅仅体现了美国经济发展形势和社会状况的变化，也体现了美国政府对性别角色的看法以及社会公众价值观的变化。就业政策的变迁不可避免地影响到女性在整个社会中的地位角色，也不可避免地使女性继续走向与男性平等的地位。

如何来保障平等就业权与如何来消除就业歧视是紧密相连的。美国女性就业的转变对于我国女性就业状况以及制定相应的就业政策有着良好的借鉴作用。我国与美国有不同的国情，结合在美国的学习体会，为了促进下岗女工再就业，保障妇女劳动就业权利，提出以下几点建议。

一、健全立法体系，设立专门机构，保障女性就业

我国为促进女性就业，保障女性权利做出了很多的努力，现有的单行法，如《劳动法》《妇女儿童权益保护法》都对劳动力市场中会出现的性别歧视做出了原则性的规定，但就业歧视问题在我国依然长期存在，首先是相关法律政策在可操作性上存在困难，比如对就业性别歧视缺乏明确定义、劳动监察执法缺乏配套规定、诉讼中缺乏相应的案由规定等，这些都削弱了法律适用和司法救济的效果，

导致面对频繁发生在就业领域的性别歧视违法行为，相关部门难有作为。其次，决策者和执行者内部也对劳动力市场性别歧视的政府监管存在一些争议，无法理直气壮地采取行动。希望我国出台专门的《反就业歧视法》，明确就业歧视的定义、标准、分类、排除条件、抗辩事由、处罚措施等，保障受侵害一方的权益。

>>二、创新公共政策，推动女性就业<<

公共政策的创新是推动女性就业的重要保障，为加强公共政策的创新，需要做到：一是强化宣传教育，转变女性就业观念。通过转变就业观念，根据就业形势和自身特点确定自身职业定位，通过自谋职业和其他方式实现再就业。二是广泛利用社会教育资源和再就业培训基地，对就业困难女性进行培训，要因材施教，使培训内容与市场需求相结合，以实现尽快再就业。同时，建议政府设立女性创业专项基金，为女性创业提供直接资金援助，有意识地向女性倾斜，以帮助带动更多的妇女就业。一方面，要广开吸纳资金的渠道，保障基金规模；另一方面，要实行基金的阳光化管理，市场化运营。同时，各级政府要不断完善贷款担保基金和小额贷款担保体系，支持商业银行为女性微利企业和个体工商户贷款，变输血为造血。特别要积极地为贫困妇女提供资金、技术、项目支持，以促进妇女就业和当地经济的发展。①

>>三、发挥妇联优势，带动妇女创业<<

全国妇联成立于 1949 年，是全国最大的非政府妇女组织。从提高妇女地位的机制来看，我国有明显的优势：一是有机构健全、纵横贯穿、党中央直接领导的妇联组织。二是在政府内设有妇女儿童工作委员会。三是在人大内务司法委设有妇女儿童工作小组。这是美国所不具备的，我们妇联组织应该发挥自身的组织优势、工作优势，带动妇女创业。

就业是妇女参与社会发展的基本形式，是妇女生存发展的基本前提，也是评价社会经济发展的基本指标。因此，借鉴美国促进女性就业的法律法规以及相应的政策支持，可以促使我国女性更好地实现平等就业。

---

① 金窗爱：《中国当代女性就业问题研究》，东北师范大学博士学位论文，2012。

第十二章

欧盟女性劳动者的就业状况和就业政策

欧盟(European Union)是根据1993年生效的《马斯特里赫特条约》所建立的政治经济联盟，目前有28个成员国，[①] 人口达5亿。根据欧盟数据库Eurostat的数据可知，2015年欧盟国内生产总值约为14.625万亿欧元，人均国民收入为2.87万欧元。在劳动力市场方面，2015年欧盟28个成员国平均劳动参与率和就业率分别为57.5%和65.6%，平均失业率为9.4%。由于受经济危机影响以及恢复程度不同，各成员国的失业率指标差异很大，表现最好的德国仅为4.6%，而希腊则达到了24.9%。此外，2015年欧盟就业者平均每周工作时间为36.4小时，而高等教育参与率则达到82.7%。

促进性别平等一直是欧盟政策的主要目标之一。性别平等意味着不分男女，所有个体都应具有同样的机会和权利实现自身的发展，它不仅仅是结果平等，更应该是尊严平等和一体化。作为欧盟的基本价值理念之一，自欧盟前身欧洲经济共同体(European Economic Community)于1957年成立之初，"性别平等权利"就作为一项重要内容被写进《罗马条约》。2009年生效的欧盟宪法《里斯本条约》包含的基本人权宪章再次确认了男女平等这一基本原则。为了实现完全性别平等这一目标，欧盟颁布了各项法律政策，采取了多种措施。这些法规措施有效减少了各个领域性别差异，尤其在促进女性参与劳动力市场和就业方面取得了很大进步。因此，了解欧盟女性参与劳动力市场情况，学习欧盟促进男女性别平等方面的经验对我国具有重要的启示。本章从了解欧盟女性参与劳动力市场情况出发，分析其促进女性公平就业的一系列政策。

---

① 包括6个创始国：法国、德国、荷兰、比利时、卢森堡、意大利，以及后来加入的丹麦、英国、爱尔兰、希腊、西班牙、葡萄牙、瑞典、芬兰、奥地利、塞普勒斯、爱沙尼亚、拉脱维亚、立陶宛、波兰、捷克、斯洛伐克、匈牙利、马耳他、斯洛韦尼亚、罗马尼亚、保加利亚、克罗地亚。尽管英国于2016年6月24日举行公投做出了退出欧盟的决定，但是在经过正式谈判前依然是欧盟的一员。

第一节　欧盟劳动力市场状况——基于分性别数据的分析

根据表 12-1，2005—2012 年，衡量性别平等指数(Gender Equality Index)① 的各个指标都有小幅上升，表明男女性别差异在逐渐缩小。然而，尽管女性在健康方面不输男性，但在其他几个方面均与男性有很大的差距。尤其是在子女照顾和家务劳动中的时间分配上男女仍然存在较大差异(比如 2012 年“时间分配”指数只有 37.6)。此外，尽管近几年女性在政治领域表现突出，但在经济、社会、政治权利仍然显著落后于男性。另一方面，工作和财务状况两个领域性别差异明显缩小，这主要归功于欧盟在经济和劳动力市场政策方面所做的努力。因为本报告主要讨论女性在劳动力市场的表现，因此，下文将主要探讨劳动力市场的几项重要数据指标。

表 12-1　欧盟性别平等指数

年份	工作	财务状况	知识	时间分配	权利	健康
2005	61.1	64.1	52.1	41.5	31.4	87.8
2010	62.2	67	49.1	37.6	37.9	90
2012	61.9	67.8	49.1	37.6	39.7	90

数据来源：欧洲性别平等机构(EIGE)《2015 年性别平等指标报告》。

根据 OECD 数据显示，欧盟 28 个成员国在 2015 年的女性劳动参与率(15～64 岁)为 66.9%，比男性低 11.7%。然而，女性劳动参与率在过去 15 年提高迅速，从 2000 年的 60.3%提高了 6.6 个百分点。相比之下，男性劳动参与率在过去 15 年内只提高了 0.94 个百分点。

根据 Eurostat 数据显示，2006—2015 年，欧盟男性于女性在就业率方面的差距逐年缩小。其中，2008 年经济危机主要对于男性就业产生了较大影响，造成其后几年就业率下降。2015 年男性就业率虽然有所上升，但仍然低于经济危机之前的水平，而经济危机对于女性的就业影响则较小。事实上，尽管 2008 年

① 性别平等指数(Gender Equality Index)由欧洲性别平等机构(European Institute for Gender Equality)制定，用来衡量欧盟及其各成员国与性别完全平等情况时的差距。性别平等指数(Gender Equality Index)从 1 到 100 取值，其中 100 表示完全性别平等，因此指数取值越接近 100 表示性别差异越小。该指数具体分为六个指标衡量性别差距：工作、财务状况、知识、时间分配、权利、健康。其中工作包括了劳动参与率、就业情况、职业差异、工作质量等方面；财务状况包括了收入情况、贫困及收入分配等方面；知识包括教育水平、职业分隔和终生学习；时间分配包括在工作、家庭与子女照顾和社会活动方面的时间分配；权利包括经济、社会和政治权利；健康包括健康状况、健康行为以及获得医疗资源等方面。

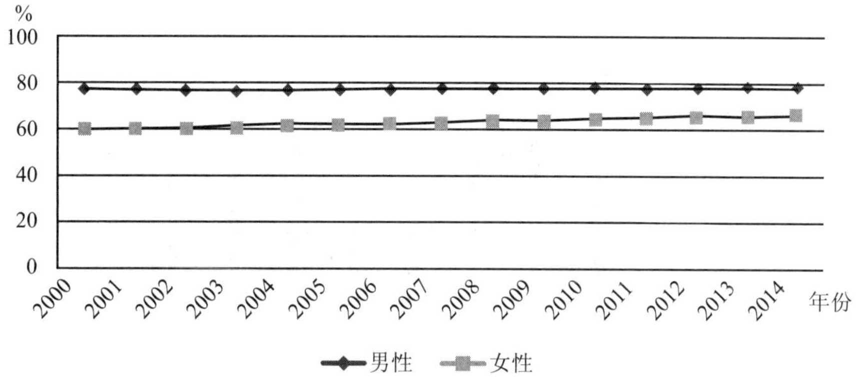

图 12-1　欧盟分性别劳动参与率

数据来源：经济合作与发展组织(OECD)数据库。

后女性就业率稍有下降，但从 2011 年开始女性就业率已经逐年上升。到 2015 年女性就业率甚至超过了 2008 年经济危机时的就业水平。然而，欧盟的男女就业率仍存在较大差异。2015 年 15～64 岁男性就业率为 70.8%，而女性仅有 60.4%，二者相差 10 个百分点。男女就业方面的差距主要源于女性需要把更多时间放在照顾家庭和小孩上，因而选择更少的时间工作。而过去几年欧盟在提供儿童看护服务方面进展缓慢，因此女性的就业率仍然普遍低于男性。

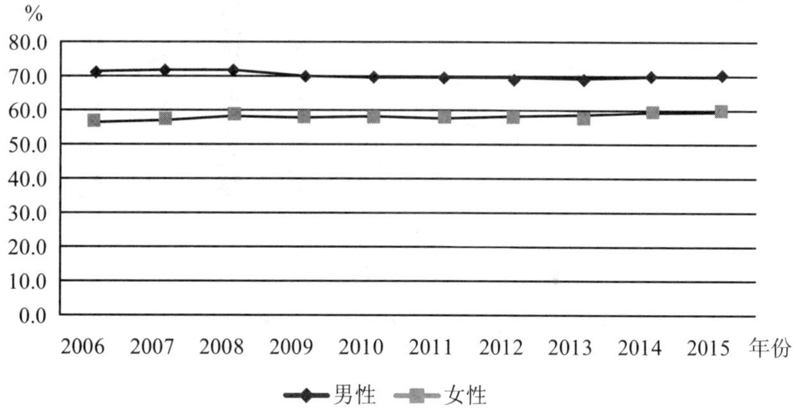

图 12-2　欧盟分性别就业率

数据来源：欧盟 Eurostat 数据库。

从图 12-3 可看出，女性从事兼职工作的比重明显高于男性。2015 年有 3 200 多万女性从事兼职工作，占到女性整体就业人数的 32%。相比之下，男性从事兼职工作的人数只占到其整体就业人数的 8.9%，而在所有从事兼职工作的人中，女性占到了 75.6%。

如图 12-4 所示，2006—2015 年，男性和女性每周平均工作时间均出现下降。其中男性平均工作时间下降的幅度高于女性，下降了 1.2 小时，而女性只减少了

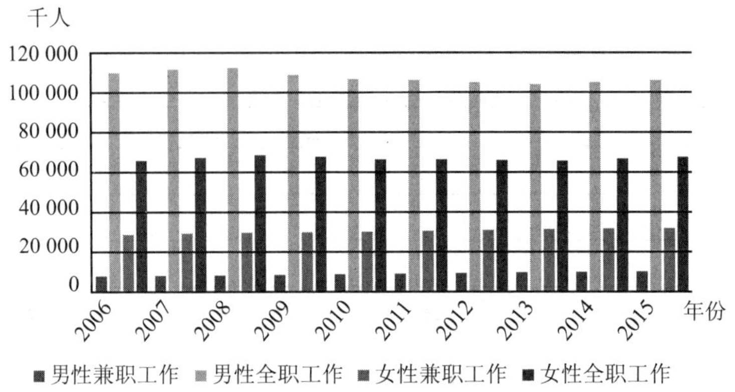

图 12-3 欧盟分性别兼职和全职工作人数

数据来源：欧盟 Eurostat 数据库。

0.4 个小时。尽管如此，2015 年女性每周的平均工作时间为 32.9 小时，仍然低于男性 39.4 小时的平均工作时间。

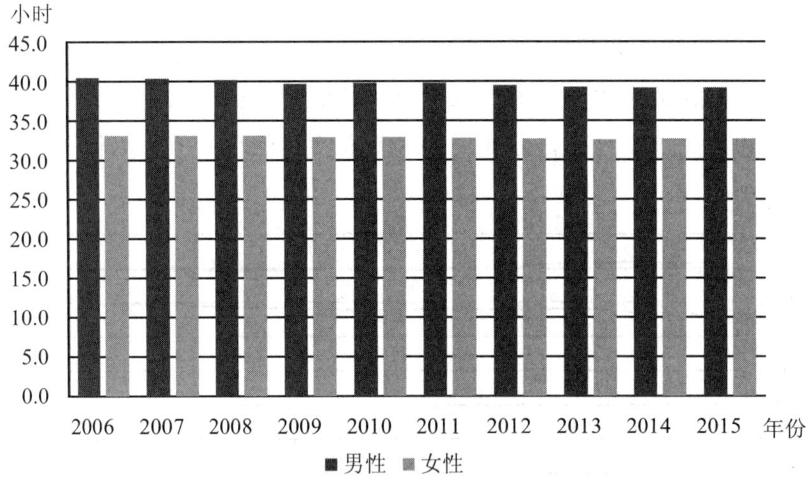

图 12-4 欧盟分性别每周平均工作小时数

数据来源：欧盟 Eurostat 数据库。

同时，我们注意到，欧盟仍然存在一定的性别工资差异。按照未经调整的性别工资差异(GPG)来看，欧盟 28 个成员国的女性就业者的平均小时工资低于男性就业者约 16.4%。性别工资的差异影响了男性和女性在劳动力参与决策和工作时间上的抉择。

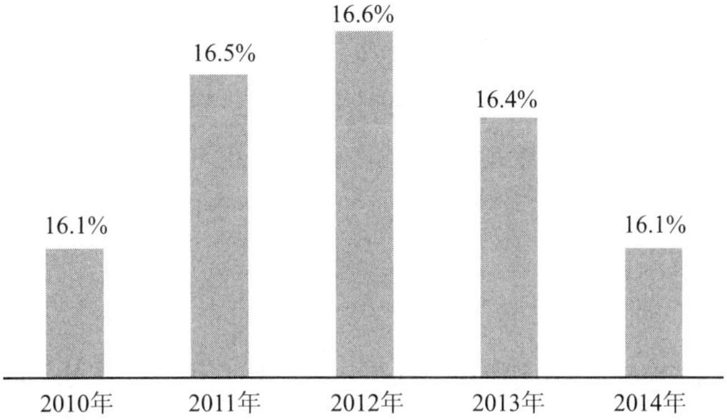

图 12-5　欧盟未经调整的性别工资差异(GPG)①

数据来源：欧盟收入结构调查(Structure of Earnings Survey)。

另一方面，由于经济危机，从 2008 年开始，欧盟男性和女性的失业率均出现大幅上升。2015 年欧盟成人女性(15～74 岁)的平均失业率为 11.9%，比男性高 1.2 个百分点。然而，尽管青年女性失业率(15～24 岁)高达 20.6%，但仍比青年男性失业率低了 5.4 个百分点。此外，男女长期失业率(失业时间一年以上)都为 4.5%，而青年女性长期失业率为 5.8%，比男性低了 1.4 个百分点。可以看出，尽管女性在就业方面表现不如男性，但女性更不容易出现严重的失业问题。经济危机对男性就业的冲击较大。

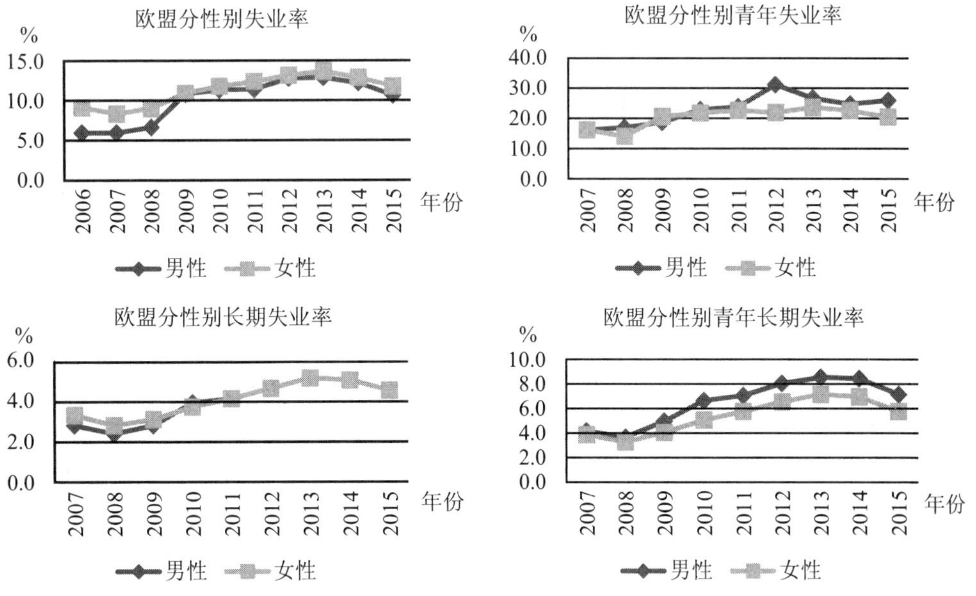

图 12-6　欧盟分性别失业情况

数据来源：欧盟 Eurostat 数据库。

总体来看，最近几十年欧盟在促进女性劳动者就业方面取得了很大进步。一些关键指标显示近几年欧盟劳动力市场上的性别差异在逐年缩小。然而，达到完全性别平等仍需要很多努力。与男性相比，欧盟女性劳动参与率仍然很低，平均工作小时更少，平均工作年限更短，并且就业女性更多从事的是兼职工作。尽管女性就业率在过去 10 年里有了显著提高，但就达到欧洲 2020 年 75％就业率的目标仍然存在很大距离。

第二节　欧洲促进性别平等的就业政策

过去的 20 多年里，欧洲国家的积极劳动力市场政策尽管存在一定的缺陷和不足，但也取得了一定的成功。不足之处在于，许多成员国的就业政策没能够从根本上解决本国的失业问题，尤其是长期失业率和青年失业率居高不下，不仅加重了脆弱失业保险体系的负担，还威胁到社会的长期和谐稳定。然而，在总体就业效果不显著的情况下，欧洲的劳动力市场就业政策也取得了一些结构平衡的进展。首先，女性劳动参与率不断上升，OECD 国家的女性劳动参与率从 80 年代的 54％稳步上升到 2010 年的 71％。① 其次，劳动力市场的性别不平等状况得到了有效改善，第一节的数据也表明了一点。从政策互补性角度来看，许多欧洲国家的就业政策之所以收效甚微，失业问题改善不显著，与相关国家的政府没能够实施广泛的改革战略有关，因为就业政策与其他政策具有经济互补性和政治互补性，就业政策实施的同时缺乏相关配套经济政策，就业政策制定的政治过程也依赖于其他配套政策的可接受性。② 类似地，欧盟成员国女性就业取得的进展，也离不开多项政策的综合作用。鉴于此，本节基于政策互补性的视角总结欧盟促进女性劳动参与和就业的积极政策以及相关配套政策。

>>一、设定政策目标远景<<

2000 年 3 月，欧盟理事会在里斯本召开特别首脑会议，提出“里斯本战略”，提高女性劳动参与率成为就业战略的重要内容，目标设定在 2010 年将女性就业率提高到 60％。经过各成员国政府的共同努力，北欧和大多数大陆欧洲国家达到了这一定量目标，而地中海国家没能实现既定战略目标，落在了欧盟平均水平

① Thévenon, O., 2015, Do “Institutional Complementarities” Foster Female Labour Force Participation, *Journal of Institutional Economics*, 12(2): 471-497.

② Orszag J. M. and D. J. Snower, 1999, Anatomy of Policy Complementarities, *IZA Discussion Paper* No. 41.

以下。

2010 年，欧盟委员会提出了“欧洲 2020”就业战略，目标是到 2020 年实现成员国女性就业率 75%的目标。为了推进女性参与劳动和实现更高水平的就业，欧盟专门采取了一些具体措施提高女性就业水平。而在“欧洲 2020”战略提出之前，欧盟成员国男性平均就业率为 75.8%，女性为 62.5%，实现女性 75%就业率的目标还有较长的路要走。

>>二、多种措施保障性别平等<<

欧盟委员会主要通过“性别平等保障体系”评估各项有关劳动力和就业政策在实施的每一步骤(包括政策准备、设计、实施、监督、评估)分别对男性和女性造成什么影响。如果该政策造成了性别不平等，那么欧盟将会采取相应措施修改政策以保证两性在该政策方面享受平等的权利和福利。此外，欧盟委员会通过法律法规、资金扶持等特定项目有针对性地解决有关性别平等的某一特定问题，比如消除性别工资差异，提高女性劳动参与率等问题。

“欧洲社会基金”(European Social Fund)支持促进女性就业的项目，消除性别工资差异，促进平等就业机会，以及提高女性工作参与率。比如，ESF 基金在德国的一个资助项目是鼓励女性进入传统男性主导的科技领域。在过去的 11 年里，每年有德国上千家科技公司和研究机构举办“女孩日”。在该“女孩日”，这些公司和研究机构向超过 10 万个对技术和科学职业感兴趣的年轻女孩开放。而该基金在瑞典的一个资助项目是为移民女性提供小额财务贷款。在该项目实施的前 18 个月，已经有 80 个女性开启了创业之路。

“欧洲地区发展基金”(European Regional Development Fund)提供资金支持鼓励企业提供一些长期工作岗位，比如儿童照顾方面，而最近的创新要求所有项目必须保证性别平等，该基金包含性别平等部门，到 2013 年已经有 5 亿欧元用于促进性别平等项目。

“权利、平等和公民项目”(Rights，Equality and Citizenship Programme)与各成员国的国家项目一起促进女性经济地位平等，克服对女性的偏见，降低两性在退休金方面的差异。通过资金支持暴力受害者，培训相关专业人员，提高公众意识等阻止对女性的暴力行为。未来七年这些资金将会被分配给促进性别平等与提高女性地位方面。

>>三、鼓励创造更多适合女性的工作岗位<<

(一)创造非全职(兼职)工作机会

非全职工作机会对有伴侣的女性非常重要。如果市场没有足够的兼职工作机会，女性劳动者只能在全职工作和打零工之间进行选择，而女性在工作之余还要兼顾家庭，因此倾向于选择打零工。非全职工作机会，使得生育后的女性能够有更多的时间照顾孩子和家庭，也不会因此而脱离劳动力市场。非全职工作一般可以分为两类：基于任务型的非全职工作，一些工作任务的完成，不需要一个完整的工作日，因此雇用非全职劳动力便可以完成任务；基于需求型的兼职工作，一些工作仅仅需要在特定时间段提供，因此需要非全职工作人员。不过，非全职工作主要是那些低技能和低报酬的工作。在欧盟年龄 15～64 岁的就业人口中，非全职工作的比重从 2004 年的 16.7%上升到 2014 年的 19.6%，荷兰最高，为 49.6%。① 在荷兰，过去的 20 多年时间里，兼职工作机会大量出现，这要归功于荷兰的支持政策。1993 年，荷兰政府立法废除了对兼职工作的障碍，规定周工作时间低于正常岗位 1/3 工时的工作，不适用最低工资法和社会保障相关法律。1995 年，工会和雇主签订了第一份有关临时性工作的集体协议。2000 年，政府进一步为兼职工作立法，保障非全职工作的劳动者得到法律的适宜保护，成为一种社会主流所认可的就业形式。目前荷兰在非全职工作岗位上的女性劳动者，高达 40%的比例为年轻母亲。研究表明，非全职工作中的女性也得到了较高的就业满意度。②

(二)使工作时间变得更灵活

给予就业者灵活工作时间能够提供工作自主性和自控性，因而能更好地平衡工作与生活。这能更好地减少工作与家庭的冲突，提高女性劳动参与率，促进劳动力市场方面的性别平等。之前的研究表明，灵活工作制确实能够减少工作和生活的冲突，这个效用的作用很小，有时候也不是那么明确(Allen et al. 2013)。研究表明灵活工作制能减少家庭—工作冲突，提高就业者福利，促进健康行为(例如充足的睡眠、更多锻炼、生病去看医生等)(Halpern，2005；Moen 等，2011)。

① 数据来源：Eurostat(online data codes：lfsa _ eppga，lfsa _ e2gis and lfsa _ egan)。

② Booth，A. L. and J. C. van Ours，2010，Part-Time Jobs：What Women Want，*Discussion Paper* No. 4686.

>>四、鼓励女性参与就业和实现经济独立<<

(一)鼓励女性实现经济独立

尽管近年来欧洲社会的性别不平等趋势有所缓解，但是性别平等化进程仍然显得缓慢。欧盟官方认为，经济独立是使得女性优化生活和做出真心选择的前提。因此，欧盟官方大力倡导劳动力市场的性别平等，为女性就业提供更多政策保障，以保障和改善女性经济地位。与此同时，为了实现到2020年女性75%就业率的目标，欧盟官方认为需要将关注的重点放在年长女性、单身母亲、不完全能力女性、移民女性和少数民族女性。

(二)鼓励女性创业和提高女性领导力

欧盟女性人口占比达到了52%，但自我雇用劳动者和创业者中女性的比例分别为34.4%、30%，与女性人口所占比重严重不相称。欧盟官方认为，女性的创造力和创业潜能开发不足，应当进一步鼓励女性创业。由于女性创业面临着融资、信息、培训、商业目标网络、事业和家庭冲突等方面的挑战，欧盟官方也出台了多项政策来协助女性创业。首先，欧盟出台了《小企业法案》和《创业2020行动计划》，着力改善各国创业环境，降低创业负担和推动市场整合，服务于中小型企业成长，为促进女性创业构建政策框架。其次，建设促进女性创业的政策网络，将欧盟28个成员国以及冰岛、挪威和土耳其纳入网络中，整合女性创业者、潜在女性创业者和支持组织资源，成员国需要为女性创业提供政策建议、必要支持、信息联系等服务。最后，建立一站式妇女创业平台E-platform，服务女性创业。

(三)鼓励女性从事科技创新工作

尽管接近60%的欧盟大学毕业生是女性，但是全欧科学家、工程师的女性比例不超过33%，女性企业家的比例约为30%。2011年欧盟首次推出女性创新奖，适用于科研和创新创业在内的欧盟所有政策领域，奖励取得突出成绩的女性创新者，以激励更多女性从事创造性的工作。创新奖共设3名，一等奖、二等奖、三等奖分别奖励10万欧元、5万欧元和3万欧元。2016年欧盟女性创新奖获得者分别为Dr. Susana Sargento，Prof. Sirpa Jalkanen和Dr. Sarah Bourke，三位女性都是高新技术企业的联合创始人。①

>>五、家庭配套政策<<

对于成年女性劳动者而言，婚姻、家庭与生育是绕不开的就业影响因素。因此，成年女性的劳动参与率和就业行为受到诸多家庭因素的影响。过去的 15 年里，欧盟国家的性别平等成就如此斐然，与这些国家促进家庭和工作相平衡的政策有很大关系。OECD 于 2007 年发布的报告指出，欧洲那些具有相对最高生育率和最低贫困率的国家，是那些女性从事有偿工作比例更高的国家。因此，针对家庭的支持政策有助于女性劳动者更好地平衡工作和家庭，从而能够更积极地参与劳动和就业。根据家庭支持政策的不同内容特征，可以分为三类。② 一是给予家庭更多时间支持的政策，主要以保障休假权利为主，不同的国家给予夫妇产假的长度不同；二是给予家庭现金支持政策：提供现金形式的转移支付，政府直接向有孩子的家庭提供现金转移支付，不过不同国家的政策覆盖范围不同；三是给予家庭公共服务支持，提供学前教育、儿童看护等服务。

表 12-2　OECD 国家家庭支持政策对比

	北欧国家	欧洲大陆国家	盎格鲁·撒克逊国家	南欧国家、日本和韩国	东欧国家	OECD 平均
孩均公共支出(%，GDP)	52.6	22.3	8.1	12.5	51.1	28.6
母亲和父亲产假全时当量(周)	44.6	31.9	10.6	27.8	58.5	31.7
父亲专享产假全时当量(周)	6.7	0.7	0	0.7	1.3	1.7
儿童照看服务公共支出(%，GDP)	1.52	0.87	0.5	0.57	0.62	0.79
儿童照看服务覆盖率(%，2 岁以内儿童)	46	36	30	28	7	30
儿童照看服务周平均小时数	33	26	24	32	29	28

① http://ec.europa.eu/research/index.cfm? pg=newsalert&year=2016&na=na-100316-3.

② Thévenon, O., 2011, Family Policies in OECD Countries: A Comparative Analysis, *Population and Development Review*, 37(1): 57-87.

续表

	北欧国家	欧洲大陆国家	盎格鲁·撒克逊国家	南欧国家、日本和韩国	东欧国家	OECD平均
学前服务覆盖率(%，3～5岁儿童)	82	85	72	74	71	71
双职工家庭净儿童照看成本	9	9	24	8	7	13
对家庭的福利和税收减免(%，GDP)	1.5	2.2	1.7	0.6	1.5	1.5
对低收入家庭的支持	2.2	1.1	4.7	3.6	2.9	3

数据来源：Thévenon O.，2011，Family Policies in OECD Countries：A Comparative Analysis，Population and Development Review，37(1)：57-87.

从表中总结的政策维度和数据来看，家庭支持政策有以下几种类型。

(一)长产假、高补贴的北欧模式

相比欧洲其他国家，北欧国家(主要是丹麦、芬兰、冰岛、挪威和瑞典五国)的母亲劳动力参与率较高，生育率下降较为温和，这与北欧国家独一无二的福利模式和家庭友好型支持政策密切相关。首先，北欧国家制定了较为宽松的产假政策，不仅母亲可以休产假，父亲同样可以享有休产假的权利，带薪产假占很大比重。如瑞典法律规定，孕妇预产期前7周就能休产假，孩子1岁半以前夫妻俩都可以同时休假，在家照顾孩子。丹麦也是如此，孕妇产后享受14周的产假，孩子出生14周后，夫妇两人均可以享受32周的“父母假”。表中的数据显示，父母全时当量的产假平均达到了44.6周，而父亲专享的产假为6.7周，在所有OECD国家中是最高的。法律规定，女性休完产假回到工作岗位，其工资收入不能低于产假之前的水平。其次，北欧国家为休产假期间的夫妇提供高额的经济补贴。表中的数据显示，北欧五国用于每个孩子的公共开支，占人均GDP比值达到了52.6%。丹麦、芬兰、冰岛、挪威和瑞典用于产假项目的经济补贴支出占GDP的比重分为0.5%、0.6%、0.6%、0.5%、0.8%，欧洲其他国家普遍不超过3%；相应地为儿童看护和学前服务的公共支出占GDP的比重分别为2.7%、1.5%、1.1%、1.6%、1.9%，而欧洲其他国家普遍不超过0.9%。[①] 最后，政府为3岁以下的小孩提供看护服务。尽管北欧国家宏观税收负担非常高，福利国

① Gupta N. D.，Smith N.，and M. Verner，2006，Child Care and Parental Leave in the Nordic Countries：a Model to Aspire to，*IZA Discussion Paper* No. 2014.

家建设使得国民经济的税收负担在全世界来看都是最重的地方，但北欧国家是世界上最富裕的地区，性别工资差异也最小。

(二)长产假、低补贴覆盖率的东欧模式

东欧国家主要包括捷克、匈牙利、波兰、斯洛文尼亚等。相对于北欧国家较高的长产假和高补贴模式，东欧国家对处于怀孕和哺乳期的职场女性提供了更为宽松的产假政策。据统计，东欧国家夫妇双方享有的法定产假总时当量高达 58.5 周，高于北欧国家的 44.6 周，其中父亲专享的产假长度为 1.3 周。东欧国家的经济发展水平普遍低于北欧国家，政府财力也有限，因此政府提供的补贴覆盖面较低。政府所提供的 2 岁以内儿童照看服务和学前儿童教育服务的覆盖率，在欧洲处于平均水平以下。

(三)重点支持低收入和单职工家庭的盎格鲁·撒克逊模式

对低收入家庭提供补贴是西方国家的通行做法，但是不同国家的政策对象有所不同。有的国家覆盖面较宽，而有些国家覆盖面较窄。盎格鲁·撒克逊传统国家(英国、爱尔兰，此外还有澳大利亚、加拿大、新西兰、美国)比较重视自由市场的作用，因此政府的补贴覆盖面较小，更多的是针对低收入家庭或者有小孩的单职工家庭。这类国家为职场母亲提供较低的产假水平，而针对职场父亲的产假几乎没有。

(四)适度保障的大陆传统

欧洲大陆国家(奥地利、比利时、法国、德国、卢森堡、荷兰、瑞士)的家庭支持政策，既有别于高福利的北欧模式，又与东欧和南欧的低补贴不同，处于中等的水平。用于家庭的公共支出显著低于北欧国家，但又高于盎格鲁·撒克逊国家，处于 OECD 国家的平均水平。这些国家对儿童的照顾和保护更胜于对父母的政策支持，学前服务覆盖率达到了 85%，是 OECD 各国家组中最高的。

(五)消除女性就业歧视

为打破“玻璃天花板”，帮助更多女性进入公司管理层，2012 年欧盟委员会提出到 2019 年年底欧盟上市公司中层和高层管理者中女性占到 40%的目标。为此，挪威、法国、西班牙、荷兰、德国等国家已相继通过法案对公司董事会实行性别配额。

第三节　对中国的启示

男性和女性在就业方面的差异主要源于两者在工作时间与照顾子女时间的分配存在较大差异。女性不得不把较大精力放在家庭与照顾子女方面，因此女性劳动力参与率更低，并且更倾向于从事职责较轻的工作，或更多从事兼职工作，平均工作时间更少。基于以上原因，女性在劳动力市场上也往往受到就业歧视，甚至获得的报酬低于相同工作岗位的男性。而劳动力市场上的歧视又使得女性不愿意参加劳动力市场。因此，促进女性就业的两种有效措施在于帮助女性处理好工作与照顾子女方面的平衡，以及提高女性地位、消除对女性的歧视。欧盟正是着重在这两个方面提高女性就业水平，并且取得了显著成效。我国从 2016 年起实施“二孩”政策，这将对女性劳动参与率和就业造成一定冲击。因此，借鉴欧盟一些成功政策，我国可以从以下几个方面改善女性就业状况。

第一，广泛提供学前教育、儿童看护服务，尤其是三岁以下儿童的看护服务。2002 巴塞罗那欧洲议会提出为 33％的三岁以下儿童提供看护服务，为 90％的三岁到学龄前儿童提供看护服务的目标。这一措施有效减轻了女性照顾子女方面的负担，提高了女性劳动参与率和工作时间长度。因此，我国可以借鉴这一经验，设立明确目标，广泛建立公立的儿童看护机构，培训专业的看护人员，为学龄前儿童，尤其是三岁以下儿童提供价格低、质量高的服务。

第二，提供更灵活的就业岗位和弹性工作时间。由于照顾子女的需要(比如哺乳)，女性更需要相对灵活的工作时间。因此，提供灵活的工作环境能更好地帮助女性在事业和家庭达到平衡。我国可以借鉴欧盟相关经验，鼓励更多公司设定灵活工作时间。同时，提供更多灵活工作岗位和兼职工作岗位，并通过立法保障这些灵活就业者的相应权益，为兼职就业者提供诸如工伤、养老、医疗等相应社会保障。

第三，促进性别平等，消除女性就业歧视。首先，借鉴欧盟经验，成立平等就业委员会，受理包括性别歧视等方面的用人单位歧视的申诉，进行调查、协商、调解、裁决，研究性别平等就业政策并提出建议，对有关女性就业歧视提供咨询服务等。其次，建立性别平等研究机构，定期收集、分析关于性别平等、女性就业问题的数据；建立性别平等指数；定期发布关于性别平等、女性就业歧视等研究报告，提供政策建议。最后，借鉴欧盟经验，为打破女性“玻璃天花板”，鼓励企业单位自愿实行配额制度以提高女性高管比例。

第十三章

日本女性劳动者的就业状况和就业政策

日本女性的劳动参与率与就业率近年来屡创新高，传统的家庭格局正在悄悄发生变化。这一改变是由包括日本经济衰退、人口出生率低、政府大力鼓励女性就业等多方面原因共同导致的。但另一方面，日本女性就业呈现明显的“M型曲线”，女性劳动者就业率在发达国家中仍然处于较低的水平。日本在促进女性就业方面做出的努力与实际发人深思，值得我们进行研究与借鉴。

第一节　日本女性劳动者的就业现状与变化趋势

在历史上，日本的雇用制度一直以男性劳动者为中心，女性劳动者被视为是非全日制的、次要的和辅助性的。女性劳动者参与的行业通常存在针对女性劳动者的限制性传统——针对已婚女性的强制性退休制度或是针对女性设定较早的强制退休年龄。日本女性劳动者比例很低，尤其是已婚女性大部分在家庭中相夫教子。

随着社会的进步，日本女性的社会地位得到不断提高，日本传统的家庭格局——“男主外，女主内”逐渐开始发生变化，此外，日本的低出生率以及社会老龄化导致日本社会劳动力短缺，日本政府开始鼓励女性成为劳动者。越来越多的日本女性走出家庭，进入职场，日本女性劳动者比例呈现上升趋势。日本女性劳动者群体呈现新的特点。

>>一、日本女性就业率上升至新高<<

日本统计局数据显示，2015年日本女性就业率已达到64.6%，十年间上升了6.5%，达到历史新高，日本女性劳动参与率也较2005年上升了6%，达到66.8%，越来越多的日本女性不再做相夫教子的全职主妇，而是走出家庭，回归职场。

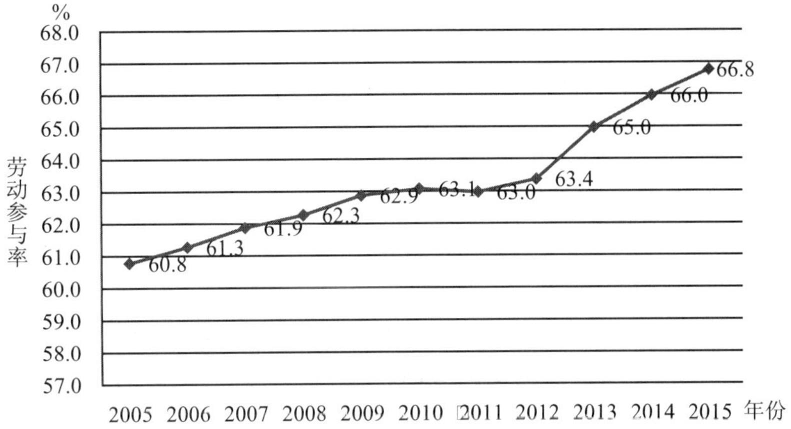

图 13-1　2005—2015 年日本女性劳动参与率

数据来源：日本统计局网站，数据采用的是 15～64 岁日本女性数据 http://www.stat.go.jp/english/data/roudou/results/month/index.htm。

这一变革的产生是诸多因素共同导致，日本女性劳动参与率与就业率升高大致有以下几方面原因：

第一，日本经济发展的过程中，技术和产业的变革对劳动者的需求发生了变化，服务业、微电子行业、轻工业的发展需要更多的劳动者，尤其是对女性劳动者的需求上升；日本就业方式和形态的灵活化也允许更多女性利用闲散时间非全职就业。

第二，自 20 世纪 90 年代起，日本劳动人口开始下降，日本人口出生率屡创新低，目前已经超越德国，成为世界上人口出生率最低的国家，尽管有所上升，2015 年日本的综合生育率仅为 1.46，人口总数创新低。根据国际经合组织的统计，未来 5 年日本劳动力人口将减少 262 万人。在社会对劳动力需求越来越大的时代背景下，劳动力短缺成为日本经济发展的一大制约，而女性劳动力、老年劳动力和移民是补充现有劳动力队伍的重要后备力量。

第三，日本教育的发展，特别是高等教育的发展使受高等教育的女生增加，女性劳动者素质得到整体提高，女性高端劳动力数量增加，并且随着受教育程度的提高，日本女性就业意识增强。

第四，日本社会的发展进步过程中，日本女性地位上升，女性有更大的自主权，日本对于女性就业的观念也发生了转变，社会氛围更加宽松。

第五，日本女性结婚年龄的推迟是女性劳动参与率增加的原因之一，也推迟了在育儿年龄段退出职场的日本女性的退出时间。2014 年日本女性首次结婚的平均年龄为 29.4 岁，与 2004 年相比上升了 1.6 岁。

第六，育儿环境的改善和家用电子设备的发展减轻了家务劳动对女性的束缚，生育意愿的降低缩短了女性的育儿时间，加速了女性劳动者回归职场的进度。

第七，日本经济长期低迷，家庭收入下降，许多家庭难以继续依靠丈夫供养整个家庭，迫于经济压力，部分女性进入职场或重新就业以减轻经济压力，增加家庭收入。

第八，为了解决劳动力严重短缺问题，刺激经济发展，日本政府采取多种手段促进女性就业。

以上这些因素都促进着更多女性成为职业女性，加入劳动者队伍。不仅仅是最近十年，自 1960 年以来日本女性劳动者比例一直呈现上升的趋势。

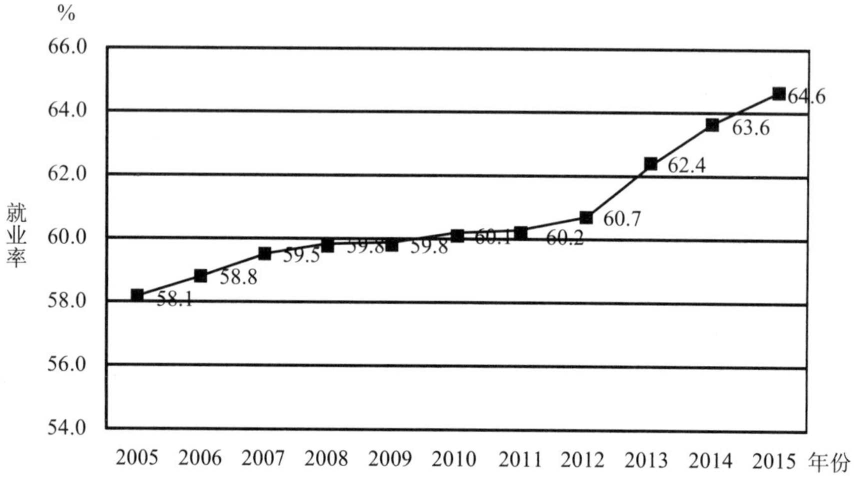

图 13-2　2005—2015 年日本女性就业率

数据来源：日本统计局网站，数据采用的是 15～64 岁日本女性数据，http://www.stat.go.jp/english/data/roudou/results/month/index.htm。

>>二、日本女性就业呈现明显的"M 型"曲线<<

随着年龄的增长日本女性进入劳动力市场的人数不断增加，但大部分就业女性在生第一个孩子前会辞职回归家庭，在孩子成长到入学年龄后再次就业。因此，日本女性劳动参与率曲线呈现"M 型"。这一曲线反映的社会现实是女性由于生育导致的职业中断，是女性劳动者遭遇就业不公平的结果。雇主更倾向于雇用男性劳动者，对于在岗的女性劳动者也不愿意给予与男性劳动者同样的培训和教育投入。

尽管十几年来日本女性劳动参与率随年龄变化仍然呈现"M 型"曲线，但女性参与劳动的情况也发生着变化。自 2005 年以来，日本各个年龄段参与劳动的女性比例均有不同幅度的上升；25～34岁的女性劳动参与率超过了总体的3/4，较2005年上升超过10%，这与日本企业普及采用灵活的工作方式有关；35～44岁的女性劳动者上升7%，这一变化与日本推进改善育儿女性职工的工作环境密不可分。日本政府努力消除劳动参与率波动的曲线低谷，鼓励、促进更多育儿女性回归职场，为日本经济增长提供支撑。

依据日本2015年6月公布的《男女共同参画白皮书》，2014年日本女性中有工作意愿但实际未就业的女性数量大约为303万人。如果改善育儿环境，使女性可以兼顾工作与家庭，未来女性劳动参与率及就业率可能会进一步增长。兼顾工作与育儿的日本女性数量正在逐渐增加，加之日本青年人结婚的平均年龄呈现推迟趋势，未来日本女性的劳动参与率曲线的"M型"将逐渐消失，这一变化有利于日本缓解劳动力短缺问题，促进经济发展。

第二节　日本政府促进女性就业的相关法律与政策

第二次世界大战之后，日本逐渐开始建设有关劳动方面的法律体系，除《宪法》有关法条外，1945—1947年日本政府先后出台了"劳动三法"——《工会法》《劳动关系调整法》《劳动标准法》。之后，政府分不同方面，具体内容出台了一系列促进女性就业、保护女性劳动者权益的相关政策和法律。例如，为了保障老人、女性和未成年人的工资支付，1976年政府颁布了《保障法》；为了促进女性就业，实现男女享有平等待遇，日本制定了《男女同工同酬法》。以下我们将对这些法律进行分类介绍。

>>一、相关法律<<

日本在保护女性劳动者方面的法律主要有《劳动基准法》《男女雇用机会均等法》《育儿和介护休业法》《计时工劳动法》《劳动者派遣法》《男女同工同酬法》等，为了强化对女性劳动者劳动权利的保障力度，在制定了相关法律后不断修订。

日本《宪法》规定：男女雇用平等，是从募集、录用开始，到岗位配置、教育培训、福利、工资支付、待遇以及退职为止的全部过程，与性别无关对劳动者实行平等对待。[①]《宪法》通过禁止在雇用领域的基本人权的性别差异来保护女性劳动者的平等就业权利。

除《宪法》之外的劳动相关法律从不同方面对女性劳动者的权益保障做出了规

① 田思路、贾秀芬：《日本劳动法研究》，北京：中国社会科学出版社，2013，第73页。

定，大概分为五类：一是针对工资支付的保障；二是针对雇用平等的保障；三是增加就业机会保障；四是有关反性骚扰的规定；五是针对女性照顾家庭与育儿时间的保障。

（一）工资支付保障

《劳动基准法》中明确规定了禁止对女性劳动者工资歧视，雇主不得因劳动者是女性而在工资方面对劳动者给予歧视待遇。该法条存在于1947—1997年，1997年日本对《劳动基准法》进行了修订，废除了有关女性特殊保护的规定。

（二）雇用平等保障

《劳动基本法》明令禁止了工资待遇的性别差异和工资以外待遇的性别歧视。在日本劳动力市场上，除工资方面会遭遇性别歧视外，日本女性劳动者经常由于学历背景等因素不能得到与男性均等的培训、晋升机会，服务期也不同。日本企业对于女性劳动者在结婚或生育时经常会实施强制退休或对取强制性的早退休制度。

1985年出台的《男女雇用机会均等法》对女性在雇用领域的平等权利做了较为细致全面的阐述，保护女性享有与男性均等的就业机会与待遇。1997年、2006年日本两次对《男女雇用机会均等法》进行了大幅度修订，禁止仅对女性给予优惠待遇的性别歧视，删除了实际上会导致男女不平等的法律规定。在方式上，修改前的《男女雇用机会均等法》对于违反法律的刑法没有制定刑事处罚，而是采用主要依赖行政指导的方式进行违法处罚，仅规定了处理纠纷的调解程序。在内容方面，该法禁止了性别歧视待遇，主要涉及职业教育、附加福利、解雇以及针对女性的强制退休制度，对《劳动基本法》进行了补充。但对于招募、雇用、工作分配以及晋升等方面《男女雇用机会均等法》仅对雇主在道德义务方面进行了行政指导，鼓励雇主为女性劳动者提供与男性劳动者均等的机会和平等的待遇，仍然存在缺陷和不足。

（三）增加就业机会保障

2015年8月日本制定了《女性活跃推进法》，该法案于2016年4月正式实施，以拓宽女性就业渠道，特别是在男性居于主导地位的建筑等行业，增加企业对女性的雇员，刺激企业为女性雇员提高更多的晋升机会。该项法案规定如果企业在女性加班工作时间、男女员工竞争比率平等程度、女性雇员育儿假休假率方面做得突出，将在政府公共建设项目的竞标中获得优势地位。300人以上的企业以及各级政府机构要注意男女雇员的工作时间、工作年限和不同级别职位中的女性雇员比例，制定方案促进女性的稳定就业，并公示相关计划与总结。

(四)反性骚扰规定

根据日本现行法律，性骚扰不属于歧视范畴。1997 年修订的《男女雇用机会均等法》规定雇主必须注意人员管理，保障工作场所有关性的语言和性别为不伤害性地影响到女性的雇用条件或工作环境。① 在法条中明确规定雇主有保护女性劳动者免受性骚扰的义务。2006 年该法案强化了雇主防止性别骚扰的注意义务。

(五)家庭与育儿保障

1985 年《男女雇用机会均等法》实施后，尽管直接针对女性的歧视减少，但日本劳动力市场出现了另一个复杂问题——双轨制。双轨制企业的雇主会为雇员提供两个职业轨道选择——一般轨道与职业轨道。二者在工作内容、工作职责和待遇方面都存在差异：选择一般轨道的雇员仅需承担常规工作，没有服从变更居住地的异地调动义务；选择职业轨道的雇员属于精英类雇员，需要遵从雇主的所有工作安排，包括异地任职。由于大多需要照顾家庭并承担育儿职责，日本女性劳动者多选择一般轨道，这样形成的性别差异很隐蔽，不易被认定为歧视。然而为劳动者创造有利于家庭与工作和谐的社会环境与工作条件是政府的职责，在这一背景下，日本于 1991 年制定了《子女休介法》，并与 1995 年进行了修订，更名为《育儿和介护休业法》，增加了家庭照顾休假权，在之后的修订中还引入了加班豁免权。

《育儿和介护休业法》中对于育儿休假权的阐述为劳动者可以请假照顾其一周岁以内的子女，包括收养子女，雇员需提前申请，雇主不得拒绝合理申请。但该权利覆盖范围不包括以日为基础的雇员和固定期限合同制雇员。此外，该法案也未要求雇主在假期支付工资，因此雇员缺少申请休假的动力。为了对此加以完善，日本政府对《雇用保险法》进行修订，规定雇主需依照雇员假期前正常工资的 30％标准从雇用保险中支付雇员工资，雇员休假后继续雇用 6 个月，复职津贴以假期前正常工资的 10％标准从雇用保险中支付；雇员可以申请免交育儿假期内的健康保险和退休保险。

《育儿和介护休业法》明确了劳动者有权申请家庭照顾假，雇主不得拒绝。当雇员的家庭成员因病需要连续照顾两周或更长时间时，雇员可以提出申请，假期

① ［日］荒木尚志：《日本劳动法》，李坤、牛志奎译，北京：北京大学出版社，2010，第 87—89 页。

时长不超过 3 个月，并且只能享有一次。家庭照顾休假期间雇员可以领取假期前正常工资的 40%作为家庭照顾假津贴。

《男女雇用机会均等法》在 1997 年的修订中废除了有关禁止女性劳动者上夜班的内容，这引发了社会的担心——夫妇二人有可能存在同时上夜班的情况，使劳动者不能平衡工作与照顾家庭。因此，《育儿和介护休业法》规定劳动者因有照顾子女的需求可以申请豁免夜班。《育儿和介护休业法》对于加班也做出相关规定，对需照顾子女、家庭的男女劳动者，在子女未达入学年龄期间，在不影响企业运营的情况下，加班时间每月超过 24 小时和每年超过 150 小时的部分可以申请豁免。

日本有关消除性别歧视的平等雇用政策的制定过程是渐进式的，以温和方式介入，首先在义务上对雇主进行引导，逐渐加大力度，营造良好的社会氛围和舆论，引导人们转变传统意识，通过对法律的多次修订，逐渐将相关内容明确、细化，转变为方便操作、切实有效且符合时代特点的法条。为了切实发挥法律保障的作用，日本厚生劳动省还配套颁布了《职业安全法实施细则》《雇用保险法实施细则》等具体的实施细则，建立了比较完善的有关女性劳动者权益的法律保障体系。

>>二、相关政策<<

(一)设立相关机构

1. 中央机关

日本政府中负责劳动相关工作的最高行政机关是厚生劳动省，省内设置了劳动标准局、劳动安全局、就业发展局、人力资源发展局、公平就业妇女和家庭局等机构负责工作条件、劳动保险、劳动政策以及女性公平就业等方面工作。

2. 地方机关

除中央机构外，日本在各个都、道、府、县均设有劳动局雇用均等室、劳动标准局和劳动标准监督署。劳动局雇用均等室专门对民众提供平等就业方面的法律咨询服务，并根据具体内容提供必要的行政指导及解决纠纷援助，涉及女性劳动者的工作范畴主要有性骚扰、性别歧视、母性健康管理、育儿和看护休假、计时劳动以及因怀孕、生育和育儿休假遭受不利待遇。

3. 其他专门机关

为了能够确保男性和女性平等地作为社会一员参与各个领域的活动，不分性别地享有政治、经济、社会、文化等方面的权利和利益，对社会承担同样的责任，日本政府于1994年设置了男女共同参画室，隶属首相官房。1999年日本出台《男女共同参画社会基本法》，以促进男女互相尊重人权、实现充分发挥能力的男女共同参画社会。2001年首相官房升为内阁府，男女共同参画室随之也升为参画局，下设总务课、调查课和推进课，并且每年公布一份《男女共同参画白皮书》，以推动男女平等工作的进展。

(二)推广更加灵活的工作方式，为工作女性育儿提供宽松环境

在政府的号召下，日本企业用工方式发生变革，使得求职者特别是女性劳动者更容易找到适合的工作。随着职场内育儿女性劳动者数量的增加，日本开始注意改善育儿环境，减轻女性劳动者照顾子女的压力。例如，日本邮政自2014年下半年开始改革，采用新的工作机制，不同于以往的工作机制，在新的工作机制内，因结婚、生育等原因离职的女性雇员有机会复职并从事短时间的工作。这样，一方面企业得以确保窗口工作人员充足，另一方面也方便了女性劳动者兼顾家庭与工作，鼓励婚育女性回归职场。

(三)改善育儿环境

灵活的工作方式为女性劳动者提供了再次工作的可能性，但更好地解放育儿女性的方式是改善育儿环境。目前日本幼儿入学名额紧张，“待机儿童”①数量较大，“入托难”给日本家庭造成困扰，成为阻拦女性进入职场的一大障碍。据统计，2015年日本有2.3万儿童无法入托，潜在的“入托难”儿童数超过6万，日本民众不满情绪强烈。

“安倍经济学”中的“新三支箭”提出要发展日本经济，改善社会保障并支持儿童教育，目标到2020年日本国内生产总值规模超过600万亿日元，合计特殊出生率②达到1.8，杜绝因家庭护理而离职的现象。现任政府多次提出要解决“入托难”问题，重点为三代同堂和多子女家庭提供支援，使得所有适龄儿童均可入园，并扩大幼儿教育的免费规模。但政府政策尚无明显效果，因此日本于2016年3月公布了紧急措施缓解目前幼儿入学困境，扩充临时托儿所，扩充符合资质的托儿所的接纳数量。此外，在公共场所开办托儿所，例如永旺购物中心和第一生命

① 待机儿童，特指来自父母工作或身患疾病的家庭，符合保育园入园条件但因满员而无法入学的幼龄儿童。

② 合计特殊出生率，指一位女性一生所生孩子数量。

保险都开办托儿所方便雇员照顾子女。

(四)多渠道解决有关女性平等就业方面的纠纷

日本政府设置的纠纷解决援助制度有两种：一种是都道府县劳动局长进行的援助；另一种是调解会议(由律师或有识之士等专家组成)进行调解。如果劳动者想要手续简便、迅速解决纠纷可以选择由行政机关解决。首先，向雇用均等室提出援助申请；其次，雇用均等室会向劳动者和雇主双方听取意见进行调查，听取了双方意见后，给予必要的建议，为解决问题提供援助；最后，雇主和劳动者双方执行按照援助的内容制定的解决方案进行和解。如果劳动者倾向于通过公平、中立性高的第三方机构解决纠纷，可以选择机会均等调解会议、两立支援调解会议或者均衡待遇调解会议进行调解，程序类似于第一种。

(五)政府制定目标努力提高管理层女性比例

多年来日本一直努力增加公共部门和私营部门中的女性领导比例，2003 年时任首相小泉纯一郎提出目标：到 2020 年领导层女性达到 30%。现任安倍政府也非常重视女性在经济增长中的作用。政府给予企业补助以鼓励女性雇员的晋升和培训。2014 年日本政府制定 1.2 亿日元的财政预算用于补偿愿意为女性劳动者的晋升和培训提供更多机会的企业。该项政策规定，凡是符合资格的企业，申请成功后可获得 30 万日元的补偿。

第三节　日本的政策经验及对中国的启示

>>一、日本女性就业政策的效果与原因<<

日本政府重视女性对于经济发展的重要作用，1979 年成为联合国《关于废除对妇女任何形式的差别的条约》的缔约国，多年来通过建立健全法律体系、出台相关刺激政策鼓励女性就业、推广灵活的就业方式等，在促进女性就业方面取得了一定的成效。日本女性在多种原因的共同作用下，劳动参与率和就业率都有所上升并创下了自 1968 年以来的新高，但仍存在许多问题，女性就业率仍低于经济合作与发展组织(OECD)国家的平均水平。2015 年经济合作与发展组织公布数据显示，日本 25～54 岁女性就业率排在所有成员国中的第 24 位，处于较低水平。日本管理层女性比例仍处于低位。小泉纯一郎政府 2003 年提出 2020 年领导层中女性比例达到 30%的目标难以实现。2015 年日本政府性别平等署将该目标调整为到2021年管理层女性达到7%。日本女性就业率与就业层次有待进一步提高，女性的能力没有在社会上得到充分发挥。根据世界经济论坛公布的2015年版本的《全球性别差距报告》，日本劳动者收入的性别差依然很大，世界排名第101位。

原因主要有以下几个方面：

第一，“男主内，女主外”的传统观念在日本民众心中根深蒂固，女性在社会上仍处于弱势地位。2015年版本的《全球性别差距报告》数据显示日本的男女平等程度位列世界145个国家中的第101位，属于发达国家的最低水平。

第二，在劳动力市场上，对女性的性别歧视问题仍然存在，企业更倾向于雇用男性雇员，女性劳动者在职场中不仅工资方面存在歧视待遇，在晋升与接受培训方面都处于不利地位。

第三，“入托难”问题是女性加入劳动力队伍的一大障碍，日本幼儿教育资源紧张，“待机儿童”数量居高不下，育儿环境差，加之日本社会老龄化加剧，家庭负担难以让有工作意愿的女性平衡工作与家庭生活。面对2016年3月日本政府出台的措施，日本民众并不买账，公众认为扩充临时托儿所、增加已有托儿所接纳儿童数量会导致保育员负担加重，托儿所服务质量下降，这将影响孩子的健康成长，威胁孩子的安全。

第四，部分激励政策时效性差，不能发挥出既定的作用。以2015年日本政府鼓励企业增加对女性雇员的晋升与培训政策为例，该计划陷入了“零申请”的尴尬境地，负责该项目的日本卫生部门官员称原计划用于支持500个申请者的1.2亿元的财政预算都未被使用。

>>二、对中国的启示<<

尽管中国女性的劳动参与率与女性就业率都超过日本，但我国女性劳动者的权益保护有待进一步加强，女性的能力在社会中的发挥空间依然存在扩充空间。从邻国日本的经验中，我们有以下几点可以借鉴：

第一，与时俱进地更新完善就业公平相关法律体系。尽管我国相关法律体系已经基本健全，但是法律的实际操作性有待提高。可操作性强、符合时代特征的法律保障才能在新的时代背景下为女性劳动者的合法权益发挥应有作用，才能更为妥善地处理相关劳动争议案件。

第二，探索更加灵活的就业形式。改革开放以来，随着产业结构的变化，我国劳动者的就业形式已经发生了巨大变革，用工方式更加灵活，但是在部分行业内雇用方式仍然较为僵化。更加灵活的就业形式和弹性的工作制度将更为适应中国老龄化社会趋势，给女性平衡工作与家庭提供宽松条件，让更多女性可以更加容易地找到满意的工作。

第三，大力支持幼儿教育和养老事业，改善职业女性育儿环境。我国部分城市与地区也存在着幼儿教育资源紧张，幼儿教育资源昂贵的问题，特别是“二孩政策”放开后，未来我国幼儿教育需求将增加。育儿和养老是女性的主要家庭负担，解决好这两方面有助于促进女性劳动力的解放。

第十四章 东欧转型国家女性劳动者的就业状况和就业政策

转型国家，又称转轨国家，是“东欧剧变”和“苏联解体”的产物。转型国家占世界人口总数的7%和世界经济总量的2%。转型国家主要由三个地理意义上的地区组成，包括中东欧地区、独联体地区和东亚地区，但是随着波兰、保加利亚、克罗地亚、立陶宛等国家先后脱离东欧阵营走向欧盟的怀抱，东欧转型国家的数量在迅速减少。随着社会的转型，东欧国家的政治结构和经济结构发生深刻的变革，各国之间的发展路径、就业政策和就业结构发生明显变化。在本章中，东欧转型国家主要包括俄罗斯、白俄罗斯、乌克兰、格鲁吉亚、亚美尼亚、阿塞拜疆、摩尔多瓦七个国家。随着苏联解体，东欧国家不再有意识形态上的束缚，社会发展各方面的差异性愈发突出。在“经济走向何处”的发问中，各国的执政者对于女性劳动者到底应该在劳动力市场中占据何等位置都有自己的考虑。本章主要从东欧转型国家近十年来劳动力市场的基本情况、女性就业状况和就业政策、对中国的启示三个方面论述东欧转型国家女性劳动者的就业问题。

第一节　基本状况介绍

>>一、东欧转型国家劳动力市场的基本状况<<

东欧国家在走向资本主义道路的转型过程中，社会意识形态经历了重大变革。传统的“铁饭碗”不复存在，大量的劳动者面临全新的劳动力市场环境。人口总数是一国劳动力结构变动的重要基础和禀赋资源，在整个东欧的人口总数中，俄罗斯联邦基数最大，2014年有1.4亿人口，占东欧七国人口总数的近65.8%，也就意味着东欧七国中，三个人中就有两个是俄罗斯联邦公民。这种人口总量的不均等会形成“集群效应”，大量人口集中于俄罗斯，通过“人口红利”和创新等形式促进俄罗斯经济发展，进而增加人口流入流出比，大量移民蜂拥而至。同时，人口输出国则既要面临劳动力人口进一步短缺的风险，又不得不进一步加大对资源型企业的依赖，迫使国家更加依赖资源大国，失去国家自主性。同时，人口增长情况也是反映一国人口结构变动的重要指标，2005—2015 年，除俄罗斯联邦有微弱增幅，乌克兰有轻微人口下调趋势外，其余东欧国家的人口总数格外平缓，人口结构趋势稳定，人口变动几乎为零，这对面临严重劳动力短缺和“老龄化”的东欧国家来说，很难说是一件好事。根据联合国《2015 年世界人口展望》的预测，从长期来看，欧洲无法有效解决人口负增长的问题，人口总数从 2015 年的 7.38 亿，将变动到 2050 年的 7.07 亿、2100 年的 6.46 亿，东欧地区的人口变动趋势与此相当。

近十年来，东欧国家的劳动力市场环境复杂，尤其是对外部市场依赖严重的小国，劳动力市场悖论重重。从失业情况来看，东欧国家的失业问题在 2008 年经济危机后有短暂的复苏迹象，尤其是近五年来，总失业人数占劳动力总数的比例显著下降。但是，东欧七国内部分化明显，其中，亚美尼亚和格鲁吉亚的总失业人数占比高居不下，2014 年，两国的总失业人数占比分别为 17.1%和 13.4%，超出欧洲联盟平均总失业人数占比[①] 6.9%和 3.2%，国内失业问题严重激化了社会矛盾。而其他国家虽然经济发展同样问题重重，但是国内的失业情况并不严重。以摩尔多瓦为例，作为一个总人口只有 355 万的小国，从 2005 年至今，劳动力人口占总人口的比重由 48.7%骤降为 41.3%，但是其失业率却是东欧七国中最低的，2014 年的总失业人数占比仅为 3.4%。可见，摩尔多瓦的劳动人口占比偏低并非国内的失业情况导致的，而是过度的老龄化、产业结构不合理、出生人口偏少等因素造成的。同样，从图 14-1 可以看出，阿塞拜疆、亚美尼亚、格鲁吉亚等国的劳动力人口占比稳中有升，与国际水平接近。因此，对于东欧国家劳动力市场的结构问题应当有所区分，劳动力市场环境与经济发展水平并不完全吻合。

>>二、东欧国家女性劳动者的就业现状与原因分析<<

东欧国家在 20 世纪 90 年代经历了快速的政治自由化和经济市场化的过程，国家生育结构的步伐被打乱。近十年，东欧国家的男女性别结构总体合理，乌克兰、白俄罗斯、格鲁吉亚、摩尔多瓦、俄罗斯的女性占比略多于男性，阿塞拜疆

① 根据世界银行数据，欧洲联盟总失业人数占劳动力总数的比例（模拟劳工组织估计）2011—2014 年分别为 9.6%、10.5%、10.9%、10.2%。

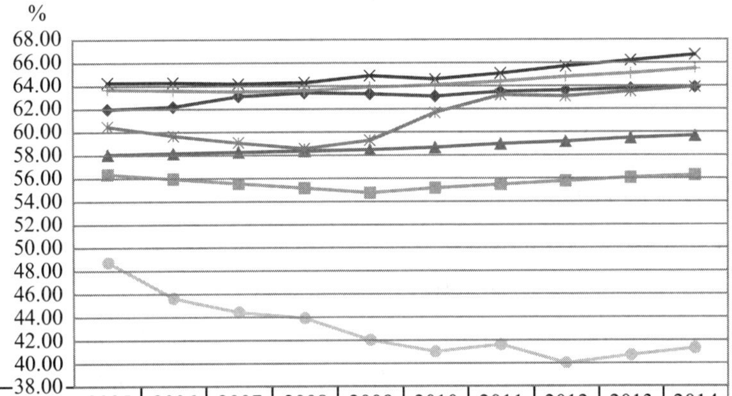

年份	2005	2006	2007	2008	2009	2010	2011	2012	2013	2014
俄罗斯联邦	61.90	62.10	63.00	63.30	63.20	63.00	63.40	63.50	63.70	63.80
白俄罗斯	56.30	55.90	55.50	55.10	54.70	55.10	55.40	55.70	56.00	56.20
乌克兰	58.00	58.10	58.20	58.30	58.40	58.60	58.90	59.10	59.40	59.60
阿塞拜疆	64.20	64.20	64.10	64.20	64.80	64.50	65.00	65.60	66.10	66.60
亚美尼亚	60.40	59.60	59.00	58.50	59.20	61.60	63.10	63.00	63.40	63.80
摩尔多瓦	48.70	45.60	44.40	43.90	42.00	41.00	41.60	40.00	40.70	41.30
格鲁吉亚	63.60	63.50	63.40	63.50	63.80	64.00	64.30	64.70	65.00	65.40

图 14-1　劳动力人口占总人口的百分比

数据来源：世界银行数据库。

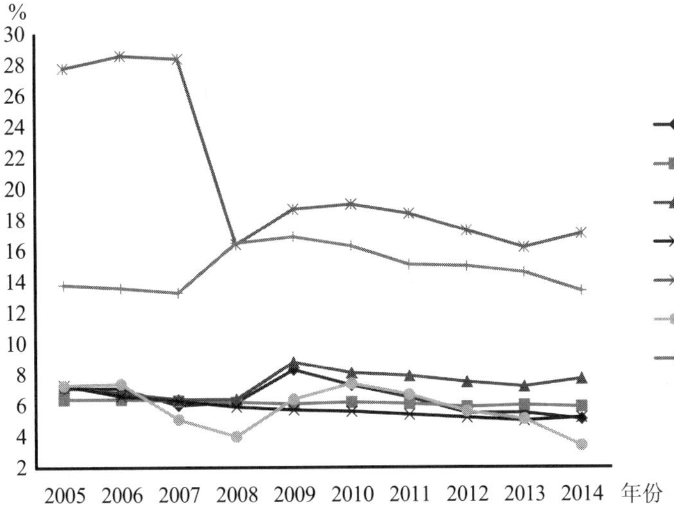

图 14-2　总失业人数(占劳动力总数的比例)

数据来源：世界银行数据库。

的男女比例基本持平，而亚美尼亚在 2009—2014 年从 48.5%上升到 52.78%，涨幅显著。

在转轨前，苏联地区的女性劳动力参与率和男女劳动参与率指标都高出国际平均水平 10 个百分点。转轨后，根据图 14-5 可以看出，东欧国家的女性劳动参与率仍然相对较高，除了摩尔多瓦的女性参与率低于 50%外，其他国家的女性参与率与中高收入国家持平。女性的劳动参与热情是高昂的，在东欧国家，无酬家务劳动者的总人数占就业总人数的比例不足 0.1%，女性更多地进入了劳动力市场中获得有偿报酬。

此外，劳动力市场的性别结构对一国的产业结构会产生重要影响。有研究指出东欧各国在社会主义时期鼓励女性从事全职工作并提供各种福利，所以女性的劳动参与率在社会主义时期是很高的，而到了转型时期，这一比率迅速下降。即便如此，近十年来，东欧国家劳动力市场上女性占比仍然偏高，乌克兰、俄罗斯等国劳动力市场上性别比例持平，有利于国家发展相对均衡的产业。但是，格鲁吉亚和亚美尼亚等国由于对能源行业依赖过度，导致产业结构失衡，市场上适合女性就业的空间严重压缩，但是随着国内产业政策调整，近年来有女性就业好转的趋势。

东欧国家的女性就业情况总体趋势并不乐观，这并非东欧国家在经济转型中产生的综合就业率不高的缘故，而是由于以下因素。

(一)经济发展缓慢，难以承受就业压力

作为全球第八大经济体和东欧国家的第一大经济体，俄罗斯的 GDP 总量超出其他国家 10～400 倍，俄罗斯理所应当的成为东欧国家的“老大哥”。从图 14-1 可以看出俄罗斯近十年来的经济总体呈现复苏趋势。但是由于油价低迷和国际制裁，俄罗斯的经济在近两年内经历了萎缩期。根据世界银行的估算，最早到 2017 年，俄罗斯经济才能结束低迷，实现增长。俄罗斯的经济发展状况不仅直接影响东欧各国的经济转型结构和劳动力市场变动，对于东欧与邻近地区的能源结构、跨区域劳动力迁徙、军事发展等也都有全面的影响。可以说，俄罗斯的经济发展状况是东欧国家在未来经济改革中最大的不确定因素。

随着东欧各国政治上独立性的加强，几乎所有苏东国家的经济社会发展水平都有显著提高。但同时，随着东欧各国经济路线和发展模式的分化，独联体国家的经济发展经历了惨痛的震荡期和滞胀期，而且和波兰、捷克等国家间差距越来越大，后者正以前所未有的速度融入欧盟。以白俄罗斯为例，白俄罗斯民众对欧亚经济联盟等一体化组织的态度是非常矛盾的，[①] 但同时，白俄罗斯对俄罗斯等国家也心存警惕，导致国家经济政策长期处于波动状态，经济政策混乱，财政政策

① 翁伏虎：《“欧亚联盟”建设进程中的白俄罗斯角色——基于小国行为逻辑的分析》，华东师范大学博士学位论文，2015。

和货币结构难以连续。2005—2008 年，东欧各国经济经历了短暂繁荣，经济平均增长速度超过 5%。2008 年的经济危机对东欧冲击巨大，各国经济出现了短暂的负增长，此后经济也难以恢复元气，经济发展迟滞，难以找到新的经济增长动力。

波兰、捷克等“新欧洲”国家通过提高经济水平和文明程度，加快政府职能的转型，发挥市场力量，建立更加完善的社会福利体制，依靠新挖掘的经济增长点来实现比老欧洲更加繁荣的经济增长，实现真正的市场经济与社会主义相结合的转型发展。但是，东欧国家现在仍然没有找到稳定的经济增长点，对能源行业过度依赖，能够吸纳大量女性员工的装配和外贸产业偏少。

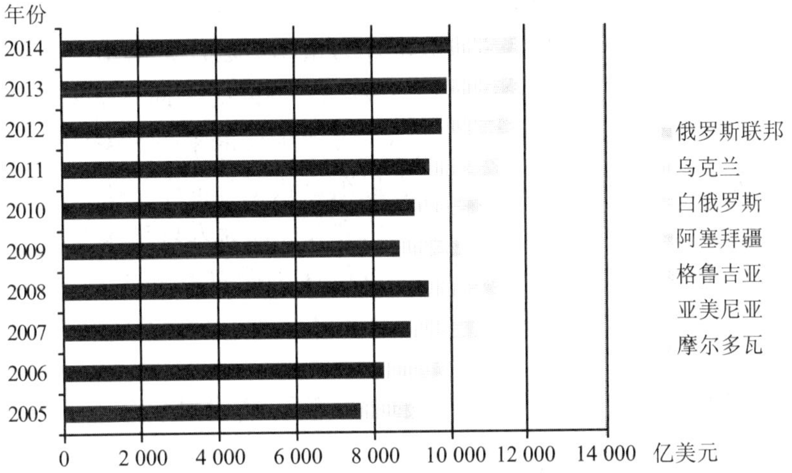

图 14-3　东欧经济发展状况(2005—2014 年)

数据来源：世界银行数据库。

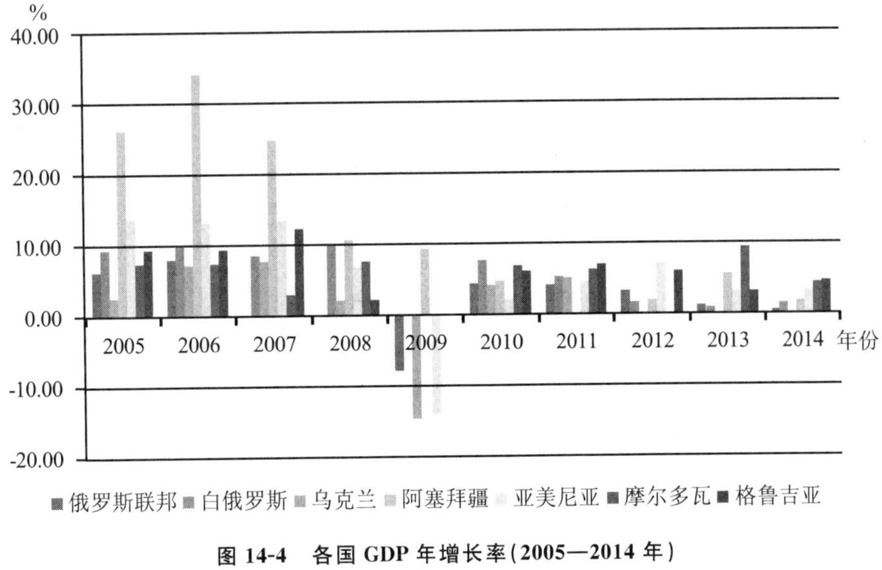

图 14-4　各国 GDP 年增长率(2005—2014 年)

数据来源：世界银行数据库。

(二)长久形成的民族文化和宗教文化特征降低了女性的就业可能性

民族文化是一国在悠久的历史演变过程中所形成的，不随时间、国家属性变化而变化的文化特征和文化基因。大多东欧国家以斯拉夫民族为主体，包括摩尔多瓦、白俄罗斯、乌克兰和俄罗斯，99%以上人口属欧罗巴人种，是人种比较单一的地区。有研究表明，东欧国家的女性愿意为养育儿女改变自己的职业生涯规划，即不会在怀孕和生育儿女后马上回到劳动力市场，而是待孩子三岁之后才回到劳动力市场。此时，因为正规劳动力市场上供过于求，女性再次就业的难度增加，女性自愿留在非正规市场或者离开劳动力市场。这种文化并未随着东欧国家从计划经济走向市场经济的转型过程有所改变。同时，Cooray，A & N. Potrafke[①] 的研究表明影响教育性别不平等的主要因素不是 GDP、政治体制，而是宗教和文化。历史上，东欧国家一直以东正教作为国教。然而近年来，斯拉夫民族和乌拉尔民族人口普遍下降，高加索和突厥民族人口持续增加，与民族人口增加有关的基督教信仰人口在减少，而信仰伊斯兰教和喇嘛教的人口在增加，[②] 这种宗教格局变化也不利于女性充分就业。

(三)政治因素的作用机制影响着劳动力市场的性别差异

转型国家就是要实现从威权体制走向市场机制的转变过程，但是东欧各国的市场化进程大不相同，我们还是可以看到幕后的国家机器的巨大轰鸣声和影响力。一方面，金融机制没有发挥应有的市场调节作用。Pagano 认为在基本的内生增长模型中，金融部门的发展会通过增加投资的生产率、降低交易成本并增加进入生产性投资中的储蓄份额以及增加或降低储蓄三种渠道来影响经济增长。King and Levine 研究了 80 个国家的跨国数据，发现金融发展和经济增长之间存在显著的正向关系。[③] 但是，我们在东欧国家中并没有发现这种应有的金融体系作用。另一方面，相对恶劣的政商关系，加剧国家资金的短缺和外流。近年来，东欧国家的政商关系虽然有所改善，但仍然有很多不确定性因素，富商携带资金和技术移民的倾向仍然很严重，这无疑对国内经济环境和就业形势雪上加霜。2012 年 12 月瓦尔代俱乐部的调查显示，收入超过社会平均水平的俄罗斯人中，

① Cooray，A & N. Potrafke，2011，Gender Inequality in Education：Political Institutions or Culture and Religion，*European Journal of Political Economy*，27(2)：268-280.

② 颜俊：《俄罗斯人口结构研究》，载《西北人口》，2010 年第 1 期。

③ King，R. G. & Levine，R.，1993，Finance，Entrepreneurship and Growth，*Journal of Monetary Economics*，32：513-542.

70%希望自己的孩子在国外工作和学习，1/3 以上希望孩子离开俄罗斯到国外定居。①

(四)国内产业结构单一，对俄罗斯的依赖性较强

东欧国家普遍是全球能源储量较大的国家，截至 2015 年，石油和天然气对于俄罗斯经济的贡献仍然超过三成，是国家财税收入的重要来源。虽然俄罗斯进行了一定的战略调整，并于 2009 年 11 月 13 日通过《2030 年前俄罗斯能源战略》，但是经济结构畸形尤其是能源、原材料比重过大的特征没有得到根本改变，广大西伯利亚地区仍然是燃料动力基地和主要工业原料生产基地。Tansel② 研究了失业率对土耳其女性劳动力参与率的影响，失业率对失业者劳动力参与具有“沮丧效应”，在东欧劳动力市场上，这种“沮丧效应”尤其明显，由于大量女性无法在现有产业格局下谋得工作，会进一步加剧和蔓延这种不安情绪。

以白俄罗斯为例，白俄罗斯主要资源匮乏，高度依赖俄罗斯廉价的能源资源供给，主要资源全部依赖进口，制造业和加工业比较发达，发展对俄贸易是白俄罗斯的主要经济来源。随着欧亚经济联盟的成立，白俄罗斯在政治、安全、经济等方面不得不进一步加强与俄罗斯和哈萨克斯坦等国的合作，通过加强劳务输出获得金融支持。每年有 20 万～30 万白俄罗斯人赴俄罗斯就业，尽管这样可能导

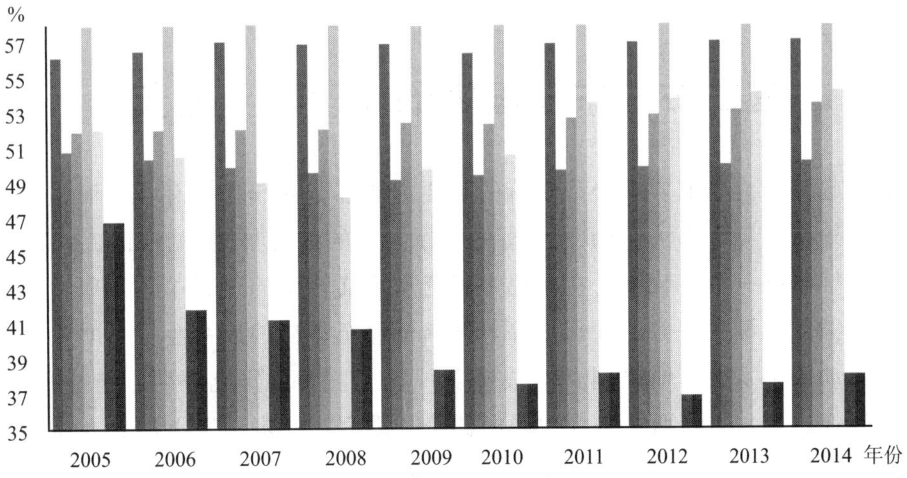

图 14-5 女性的劳动参与率

数据来源：世界银行数据库。

① 高际香：《俄罗斯人口问题及政策选择》，载《欧亚经济》，2016 年第 2 期。

② Tansel, A, 2001, Economic Development and Female Labor Force Participation in Turkey: Time-Series Evidence and Cross-Province Estimates, *Working Paper of Middle East Technical University*.

致白俄罗斯国内流失一部分原来在农业、交通和卫生等从业人员，但可以有效减轻国内的就业压力。此外，2015年制定的《俄罗斯移民法》为独联体国家国民赴俄就业提供了便利条件，这将有效促进白俄罗斯赴俄务工人员的增长。①

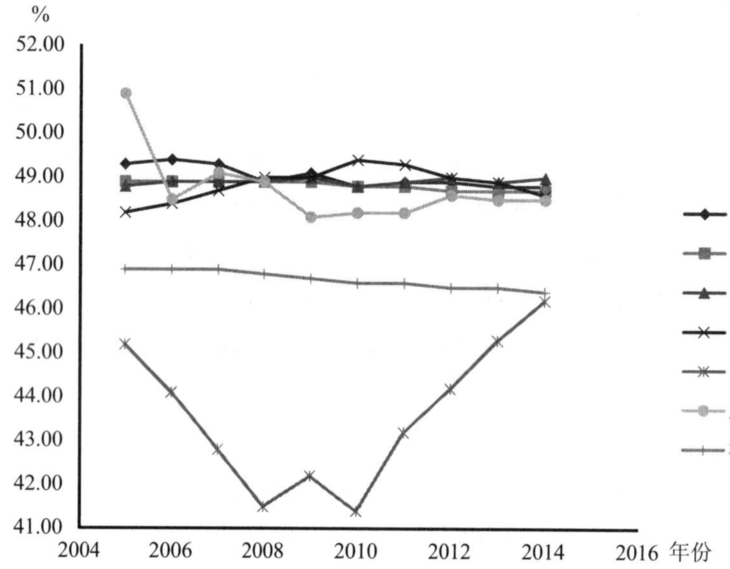

图14-6　女性占劳动力总数的百分比

数据来源：世界银行数据库。

第二节　东欧国家的女性就业政策

就业政策作为国家宏观经济政策的重要组成部分并非孤立存在，而是一国政治结构、外交环境、经济结构、宗教文化等方面的综合体现。在社会主义时期，苏联举国推行就业平等政策。在向民主和资本主义转型的过程中，这些原社会主义国家都抛弃了早先宣告的性别平等，逐渐倒退至各自的前社会主义时代的性别秩序。劳动法仍不必要地限制女性从事多种职业。大量研究证明，全球范围内，除爱沙尼亚、荷兰、新西兰等少数经济体外，都存在一定程度上的女性就业差异政策，有些差异有利于提升女性的劳动力参与度，但也有很多差异起了阻碍作用。根据《2016年妇女、营商与法律》报告，俄罗斯作为东欧的“领头羊”，对女性的就业歧视非常明显，有456项职业禁止女性从事。

① 翁伏虎：《“欧亚联盟”建设进程中的白俄罗斯角色——基于小国行为逻辑的分析》，华东师范大学博士学位论文，2015。

>>一、就业政策趋向宽松，女性产假和育儿周期高于国际水平<<

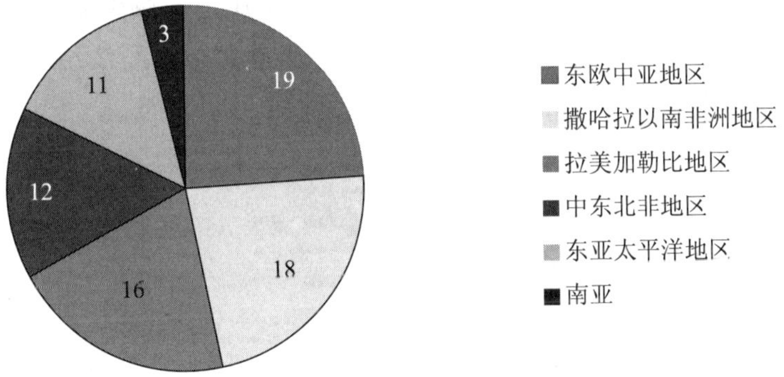

图 14-7　2014—2015 年有利于女性就业的政策措施(项)

数据来源：北京师范大学劳动力市场研究中心根据世界银行的《2016 年妇女、营商与法律》报告整理。

2008 年经济危机后，为了尽快复苏国内经济，各国制定了大量新的就业政策，放开限制女性就业的"玻璃天花板"。根据《全球性别差距报告》的估算，东欧国家的全球性别差距排名略低于西欧和北欧地区，远高于拉丁美洲、中东和北非地区等。东欧地区是在女性财产权、继承权、获取信贷以及带薪产假和陪产假方面最先进的地区之一。大东欧国家在经历了二十多年的经济转型过程中，在就业政策上越来越向西欧国家靠近。从图 14-7 可以看出，在过去的两年中，东欧国家旨在为女性创造公平竞争环境的改革步伐略快于撒哈拉以南非洲地区，更是远高于南亚地区，可见东欧各国已经深刻认识到促进就业市场的性别平等对于国家发展的重要作用。其中，俄罗斯的劳动法典明确指出要为女性提供带薪休假和育儿假期。乌克兰的新劳动法提案减少了对于女子尚小的女性的就业限制，规定"子女在 14 岁以下的女性可以上晚班和加班，也可以在公休和节日里加班"，给予所有母亲同等的就业标准。在工资上，新法以法律形式规定男女应当同工同酬，并提高女性的夜班工资补贴。

>>二、社会保障制度逐渐完善，有利于减少女性就业负担<<

东欧国家作为有半个世纪高福利传统的国家，面临的"老龄化"问题远远高于国际平均水平。按照国际通行的"老龄化"标准，65 岁以上老年人口占总人口比重 7%，即认为该国步入"老龄国家"行列。东欧国家除阿塞拜疆 65 岁以上人口占比略低于7%外，都远远高于国际标准。乌克兰、白俄罗斯和格鲁吉亚的老龄人口比重超出国际标准1倍以上，甚至有望成为“超高龄国家”①。根据穆迪评级公司的报告，全球2020年左右的“超高龄国家”主要集中在法国、瑞典、德国等西欧地区。然而按照现在的发展趋势，东欧国家也既有可能加入这一行列。过度的人口老龄化会进一步压缩劳动人口占比，加剧经济压力，减少家庭储蓄和社会投资。因此，老龄化问题也迫使东欧各国政府重新考虑国家经济结构和就业情况，改善劳动者的福利状况，推迟退休年龄，改变劳工移民政策。

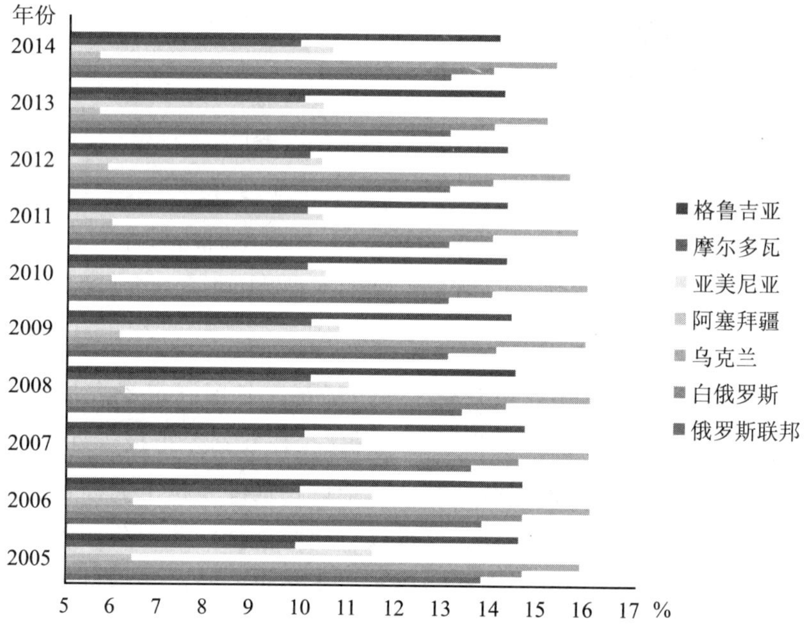

图 14-8　东欧国家 65 岁以上人口占比

数据来源：世界银行数据库。

东欧国家虽然近年来没有要进一步融入欧盟的战略计划，但是，随着转型的成功和社会福利的改善，东欧国家的社会福利制度在向老欧洲靠拢，经济和社会福利相互支撑，市场经济和东欧的社会主义传统完美地支持了东欧的新福利改革。其一，乌克兰新的劳动法对女性提供一定的就业保护，取消了“孕妇、子女在三岁以下女性”和“在公开竞争中脱颖而出优先录用人员”的试用期，降低女性的就业成本；其二，研究表明(李娟，2010)，东欧国家2000年以来的养老金改革对女性不利的因素多于有利因素，总体趋势对女性是不利的。虽然近十年来，东欧国家的生育率较低，退休人员增速明显，劳动人员和退休人员结构发生明显变化，劳动力缺口进一步增加，养老财政赤字恶化。但是，东欧国家普遍采取了

① “超高龄国家”是指20%以上的人口超过65岁，全球目前只有德国、意大利与日本3国为“超高龄国家”。

较为温和的养老制度，并没有硬性规定推迟退休年龄或者提高民众的养老金支出。2015 年 1 月 1 日，俄罗斯联邦开始实行新的养老制度，此项制度对鼓励女性生育而带来的就业难题有重大意义。根据规定，女性职工工龄中最多可以包括 6 年产假时间，通过累进积分的形式鼓励女性多生育，一胎、二胎、三胎所休产假可获奖励积分为 1.8、3.6、5.4，可直接转化为养老金制度中的工龄，有利于保护女性权益，鼓励女性生育。

>>三、地缘国际关系复杂，女性劳工移民政策前景未知<<

由于地缘政治和地理位置上的重要性，东欧从古到今都被周边大国作为称霸欧洲和称霸世界的重点或起点。这些小国往往被迫卷入国际政治的漩涡，成为大国划分利益的牺牲品，这种复杂的国际关系时至今日仍有极强的穿透性，仍然影响着东欧小国的内政外交。作为一个 1991 年才成立的小国，摩尔多瓦在政治、经济特别是外交领域面临许多困境和问题，国家外交重点不明晰，对俄罗斯态度暧昧，这种趋势基本上是东欧小国的一致态度。近年来，日趋紧张的国际关系增强了各国宏观经济的不确定性。2014 年 3 月，俄罗斯宣布出兵乌克兰引发“乌克兰”危机，进而引发东欧局部趋势紧张，欧美国家对俄罗斯进行的经济制裁已经导致俄罗斯市场上资金大量外流，给整个东欧的就业市场带来不小压力。同时，俄罗斯、白俄罗斯等国家旧的力量过于强大，转型中的利益分配更多偏向于权贵阶层，出现大量的独裁政治家和资本寡头，进一步恶化了东欧的局势。但是长期来看，东欧就业市场的低迷并非一时之过，而是在苏联解体后“全面低迷”，其对女性就业者的打击无疑是致命的。Neumayer & De Soyas 等的研究表明，[①②] 全球化对所有妇女都是有好处的。越是对外开放的国家，妇女拥有的经济权利越好。[③] 然而，近年来，东欧国家，尤其是长期处在战争边缘的白俄罗斯等国，“闭关锁国”趋势明显，对待西欧国家和俄罗斯的外交态度不明确，对待国内的劳工移民问题难有作为，会进一步挑动东欧国家的外交关系。

研究表明，女性移民在工作时更容易受到双重身份歧视，女性劳工移民的就业环境非常糟糕。俄罗斯作为东欧转型国家政策的风向标，对周边国家，尤其是独联体国家的“辐射效应”是显著的。近年来，俄罗斯每年的劳动力流入流出比高

---

① Schultz, P. T, 2007, Does the Liberalization of Trade Advance Gender Equality in Schooling and Health, *The future of Globalization*, London: Taylor and Francis.

② Neumayer, E. & I. de Soysa, 2011, Globalization and the Empowerment of Women, *World Development*, 39(7): 1065-1075.

③ 王爱君:《性别差异与经济发展关系研究前沿》，载《经济学动态》，2014 年第 6 期。

居不下，迫使俄罗斯不断修正自己的劳工移民法案。对俄罗斯而言，苏联解体对劳动力市场带来的最大危机就是国内劳动力奇缺，迫使俄罗斯开放劳工移民政策，近年来的国际劳工逐渐成为俄罗斯的主力军，尤其是独联体国家的劳工流入率较高。随着《俄罗斯联邦国籍法》《外国公民在俄联邦的法律地位法》等劳工移民政策的出台，未来中低端女性劳工进入俄罗斯的难度增加，为未来的劳工移民政策蒙上一层阴影。

>>四、鼓励互联网发展，提供网络就业机会<<

东欧国家对互联网的发展提供了大量的政策支持，以此作为新的经济增长点和对外交流合作的契机。随着互联网和移动互联网的发展，东欧国家的宽带用户和手机移动端用户呈几何级数增长。从军工网络转化过来的俄罗斯互联网起步较早，近年来，在搜索引擎、杀毒软件、电子商务方面发展卓越。俄罗斯在诸多互联网发展指标中名列前茅，宽带网络普及度、人均上网时间、网购民众占比、互联网用户等发展迅速。2014 年，俄罗斯网上商务规模达到了 6 120 亿卢布，比上年增长了 31%。虽然宏观经济有所波动，但是电子商务的发展趋势良好，俄罗斯已经成为中国跨境电商第一大目的国，未来与中国等在电子商务上的合作会进一步为女性提供就业空间。

研究表明，信息技术的发展对东欧女性地位的影响，既带来了新的性别差距，也带来了新的机遇。在劳动力市场方面，网络技术的高度发展扩大了女性的就业范围，为女性提供了更具有灵活性的兼职和远程工作。新的互联网就业平台为女性提供了大量的就业机会。互联网使得男女在体力和心智上的差异已没有必然的优劣和界定，反而是社会分工的科学化和缜密性更有利于女性价值的自我实现。① 美国兼职网站 oDesk、Freelancer 等在乌克兰和俄罗斯等东欧国家培养了大量雇主和自由职业者，通过提供高质量的兼职服务、程序开发等，在东欧国家培养了大量的女性自由职业者。

第三节　对中国的启示

东欧国家作为老牌的社会主义阵营国家，在传统上沿袭了大量苏联时期的国家政策作风，近年来又一直在向西欧学习，这种转变与我国现有的市场经济格局极为类似，东欧国家女性就业政策为我国提供了大量可借鉴的政策措施。第一，

---

① 杨艳：《信息技术限度下的俄罗斯与东欧妇女地位变化》，载《南昌大学学报(人文社会科学版)》，2009 年第 1 期。

在产业结构调整的同时，重视开发女性的就业潜质。劳动力外溢对一国或者一个地区的经济发展的影响是长期且持续的。东欧国家的能源结构单一，严重依赖大国和外贸生意，产业结构升级缓慢。但是，以俄罗斯为首的东欧国家在制定新型能源战略时，都逐渐把吸纳女性就业人口较多的轻工产业作为重要战略支撑点。通过提高女性的劳动参与率，为产业结构转型提供充足的人力资源。我国东北地区产业升级缓慢，根据第六次人口普查数据，东北三省总和持续多年人口净流出，并且生育率远低于全国平均水平。因此，东北地区等能源大省在制定产业政策时，应该把女性就业问题提升到战略高度。第二，渐进的福利政策和生育政策有利于缓和就业矛盾。我国正在逐渐放开生育政策，并通过一系列国家层面的政策支持国民生育，人力资源与社会保障部也正在研究推迟退休年龄的问题。然而，通过东欧的实践可以看到，由于女性更容易受到福利政策调整的冲击，国家在调整福利政策和生育政策时要考虑女性的弱势地位，避免“沮丧效应”的蔓延。第三，抓紧互联网技术对提升女性就业的新机遇。互联网为大量后发国家提供了与发达国家站在同一起跑线的新机遇，俄罗斯等国的互联网战略对中国借鉴意义重大，而且中国正在成为东欧地区电子商务的战略伙伴。我国的互联网普及率、移动互联网普及率、电子商务发展状况等指标都高于亚洲平均水平。同时，我国女性就业平台较多，社会认可度高，国家应该给予更加宽松的互联网监管环境，利用互联网平台为女性提供更加宽松、安全、灵活的就业机会。

附　录

表 1　国内生产总值

（亿元，1980 年以后国民总收入(原称国民生产总值)与国内生产总值的差额为国外净要素收入）

年份	国民总收入	国内生产总值	第一产业	第二产业			第三产业	人均国内生产总值
				总值	工业	建筑业		
1978	3 678.7	3 678.7	1 018.5	1 755.2	1 621.5	138.9	905.1	385
1979	4 100.5	4 100.5	1 259	1 925.4	1 786.5	144.6	916.1	423
1980	4 587.6	4 587.6	1 359.5	2 204.7	2 014.9	196.3	1 023.4	468
1981	4 933.7	4 935.8	1 545.7	2 269.1	2 067.7	208	1 121.1	497
1982	5 380.5	5 373.4	1 761.7	2 397.7	2 183	221.6	1 214	533
1983	6 043.8	6 020.9	1 960.9	2 663	2 399.1	271.7	1 397	588
1984	7 314.2	7 278.5	2 295.6	3 124.8	2 815.9	317.9	1 858.1	702
1985	9 123.6	9 098.9	2 541.7	3 886.5	3 478.3	419.3	2 670.7	866
1986	10 375.4	10 376.2	2 764.1	4 515.2	4 000.8	527.3	3 096.9	973
1987	12 166.6	12 174.6	3 204.5	5 274	4 621.3	667.5	3 696.2	1 123
1988	15 174.4	15 180.4	3 831.2	6 607.4	5 814.1	811.8	4 741.8	1 378
1989	17 188.4	17 179.7	4 228.2	7 300.9	6 525.7	796.1	5 650.6	1 536
1990	18 923.3	18 872.9	5 017.2	7 744.3	6 904.7	861.7	6 111.4	1 663
1991	22 050.3	22 005.6	5 288.8	9 129.8	8 138.2	1 017.7	7 587	1 912
1992	27 208.2	27 194.5	5 800.3	11 725.3	10 340.5	1 417.9	9 668.9	2 334
1993	35 599.2	35 673.2	6 887.6	16 473.1	14 248.8	2 269.9	12 312.6	3 027
1994	48 548.2	48 637.5	9 471.8	22 453.1	19 546.9	2 968.8	16 712.5	4 081
1995	60 356.6	61 339.9	12 020.5	28 677.5	25 023.9	3 733.7	20 641.9	5 091
1996	70 779.6	71 813.6	13 878.3	33 828.1	29 529.8	4 393	24 107.2	5 898
1997	78 802.9	79 715	14 265.2	37 546	33 023.5	4 628.3	27 903.8	6 481
1998	83 817.6	85 195.5	14 618.7	39 018.5	34 134.9	4 993	31 558.3	6 860
1999	89 366.5	90 564.4	14 549	41 080.9	36 015.4	5 180.9	34 934.5	7 229
2000	99 066.1	100 280.1	14 717.4	45 664.8	40 259.7	5 534	39 897.9	7 942

续表

年份	国民总收入	国内生产总值	第一产业	第二产业			第三产业	人均国内生产总值
				总值	工业	建筑业		
2001	109 276.2	110 863.1	15 502.5	49 660.7	43 855.6	5 945.5	45 700	8 717
2002	120 480.4	121 717.4	16 190.2	54 105.5	47 776.3	6 482.1	51 421.7	9 506
2003	136 576.3	137 422	16 970.2	62 697.4	55 363.8	7 510.8	57 754.4	10 666
2004	161 415.4	161 840.2	20 904.3	74 286.9	65 776.8	8 720.5	66 648.9	12 487
2005	185 998.9	187 318.9	21 806.7	88 084.4	77 960.5	10 400.5	77 427.8	14 368
2006	219 028.5	219 438.5	23 317	104 361.8	92 238.4	12 450.1	91 759.7	16 738
2007	270 844	270 232.3	27 788	126 633.6	111 693.9	15 348	115 810.7	20 505
2008	321 500.5	319 515.5	32 753.2	149 956.6	131 727.6	18 807.6	136 805.8	24 121
2009	348 498.5	349 081.4	34 161.8	160 171.7	138 095.5	22 681.5	154 747.9	26 222
2010	411 265.2	413 030.3	39 362.6	191 629.8	165 126.4	27 259.3	182 038	30 876
2011	484 753.2	489 300.6	46 163.1	227 038.8	195 142.8	32 926.5	216 098.6	36 403
2012	539 116.5	540 367.4	50 902.3	244 643.3	208 905.6	36 896.1	244 821.9	40 007
2013	590 422.4	595 244.4	55 329.1	261 956.1	222 337.6	40 896.8	277 959.3	43 852
2014	644 791.1	643 974	58 343.5	277 571.8	233 856.4	44 880.5	308 058.6	47 203
2015	682 635.1	685 505.8	60 870.5	280 560.3	235 183.5	46 546.6	344 075	49 992

表 2　各地区国内生产总值

（亿元）

地区＼年份	2001	2002	2003	2004	2005	2006	2007	2008	2009	2010	2011	2012	2013	2014	2015
北京	3 710.52	4 330.4	5 023.77	6 060.28	6 969.52	8 117.78	9 846.81	11 115	12 153.03	14 113.58	16 251.93	17 879.4	19 800.81	21 330.83	22 968.6
天津	1 919.09	2 150.76	2 578.03	3 110.97	3 905.64	4 462.74	5 252.76	6 719.01	7 521.85	9 224.46	11 307.28	12 893.88	14 442.01	15 726.93	16 538.2
河北	5 516.76	6 018.28	6 921.29	8 477.63	10 012.11	11 467.6	13 607.32	16 011.97	17 235.48	20 394.26	24 515.76	26 575.01	28 442.95	29 421.15	29 806.1
山西	2 029.53	2 324.8	2 855.23	3 571.37	4 230.53	4 878.61	6 024.45	7 315.4	7 358.31	9 200.86	11 237.55	12 112.83	12 665.25	12 761.49	12 802.6
内蒙古	1 713.81	1 940.94	2 388.38	3 041.07	3 905.03	4 944.25	6 423.18	8 496.2	9 740.25	11 672	14 359.88	15 880.58	16 916.5	17 770.2	18 032.8
辽宁	5 033.08	5 458.22	6 002.54	6 672.01	8 047.26	9 304.52	11 164.3	13 668.58	15 212.49	18 457.27	22 226.7	24 846.43	27 213.22	28 626.58	28 743.4
吉林	2 120.35	2 348.54	2 662.08	3 122.01	3 620.27	4 275.12	5 284.69	6 426.1	7 278.75	8 667.58	10 568.83	11 939.24	13 046.4	13 803.14	14 274.1
黑龙江	3 390.13	3 637.2	4 057.4	4 750.6	5 513.7	6 211.8	7 104	8 314.37	8 587	10 368.6	12 582	13 691.58	14 454.91	15 039.38	15 083.7
上海	5 210.12	5 741.03	6 694.23	8 072.83	9 247.66	10 572.24	12 494.01	14 069.86	15 046.45	17 165.98	19 195.69	20 181.72	21 818.15	23 567.7	24 965
江苏	9 456.84	10 606.85	12 442.87	15 003.6	18 598.69	21 742.05	26 018.48	30 981.98	34 457.3	41 425.48	49 110.27	54 058.22	59 753.37	65 088.32	70 116.4
浙江	6 898.34	8 003.67	9 705.02	11 648.7	13 417.68	15 718.47	18 753.73	21 462.69	22 990.35	27 722.31	32 318.85	34 665.33	37 756.58	40 173.03	42 886.5
安徽	3 246.71	3 519.72	3 923.1	4 759.32	5 350.17	6 112.5	7 360.92	8 851.66	10 062.82	12 359.33	15 300.65	17 212.05	19 229.34	20 848.75	22 005.6
福建	4 072.85	4 467.55	4 983.67	5 763.35	6 554.69	7 583.85	9 248.53	10 823.01	12 236.53	14 737.12	17 560.18	19 701.78	21 868.49	24 055.76	25 979.8
江西	2 175.68	2 450.48	2 807.41	3 456.7	4 056.76	4 820.53	5 800.25	6 971.05	7 655.18	9 451.26	11 702.82	12 948.88	14 410.19	15 714.63	16 723.8
山东	9 195.04	10 275.5	12 078.15	15 021.84	18 366.87	21 900.19	25 776.91	30 933.28	33 896.65	39 169.92	45 361.85	50 013.24	55 230.32	59 426.59	63 002.3
河南	5 533.01	6 035.48	6 867.7	8 553.79	10 587.42	12 362.79	15 012.46	18 018.53	19 480.46	23 092.36	26 931.03	29 599.31	32 191.3	34 938.24	37 010.3
湖北	3 880.53	4 212.82	4 757.45	5 633.24	6 590.19	7 617.47	9 333.4	11 328.92	12 961.1	15 967.61	19 632.26	22 250.45	24 791.83	27 379.22	29 550.2
湖南	3 831.9	4 151.54	4 659.99	5 641.94	6 596.1	7 688.67	9 439.6	11 555	13 059.69	16 037.96	19 669.56	22 154.23	24 621.67	27 037.32	29 047.2
广东	12 039.25	13 502.42	15 844.64	18 864.62	22 557.37	26 587.76	31 777.01	36 796.71	39 482.56	46 013.06	53 210.28	57 067.92	62 474.79	67 809.85	72 812.6

续表

地区＼年份	2001	2002	2003	2004	2005	2006	2007	2008	2009	2010	2011	2012	2013	2014	2015
广西	2 279.34	2 523.73	2 821.11	3 433.5	3 984.1	4 746.16	5 823.41	7 021	7 759.16	9 569.85	11 720.87	13 035.1	14 449.9	15 672.89	16 803.1
海南	558.41	621.97	693.2	798.9	897.99	1 044.91	1 254.17	1 503.06	1 654.21	2 064.5	2 522.66	2 855.54	3 177.56	3 500.72	3 702.8
重庆	1 765.68	1 990.01	2 272.82	2 692.81	3 467.72	3 907.23	4 676.13	5 793.66	6 530.01	7 925.58	10 011.37	11 409.6	12 783.26	14 262.6	15 719.7
四川	4 293.49	4 725.01	5 333.09	6 379.63	7 385.11	8 690.24	10 562.39	12 601.23	14 151.28	17 185.48	21 026.68	23 872.8	26 392.07	28 536.66	30 103.1
贵州	1 133.27	1 243.43	1 426.34	1 677.8	2 005.42	2 338.98	2 884.11	3 561.56	3 912.68	4 602.16	5 701.84	6 852.2	8 086.86	9 266.39	10 502.6
云南	2 138.31	2 312.82	2 556.02	3 081.91	3 461.73	3 988.14	4 772.52	5 692.12	6 169.75	7 224.18	8 893.12	10 309.47	11 832.31	12 814.59	13 717.9
西藏	146.04	166.56	189.09	220.34	248.8	290.76	341.43	394.85	441.36	507.46	605.83	701.03	815.67	920.83	1 026.4
陕西	2 010.62	2 253.39	2 587.72	3 175.58	3 933.72	4 743.61	5 757.29	7 314.58	8 169.8	10 123.48	12 512.3	14 453.68	16 205.45	17 689.94	18 171.9
甘肃	1 125.37	1 232.03	1 399.83	1 688.49	1 933.98	2 276.7	2 702.4	3 166.82	3 387.56	4 120.75	5 020.37	5 650.2	6 330.69	6 836.82	6 790.3
青海	300.13	340.65	390.21	466.1	543.32	648.5	797.35	1 018.62	1 081.27	1 350.43	1 670.44	1 893.54	2 122.06	2 303.32	2 417.1
宁夏	337.44	377.16	445.36	537.16	612.61	725.9	919.11	1 203.92	1 353.31	1 689.65	2 102.21	2 341.29	2 577.57	2 752.1	2 911.8
新疆	1 491.6	1 612.65	1 886.35	2 209.09	2 604.19	3 045.26	3 523.16	4 183.21	4 277.05	5 437.47	6 610.05	7 505.31	8 443.84	9 273.46	9 324.8

表3　全国人口数及构成

年份	常住人口数（万人）	男性人口占总人口比重(%)	女性人口占总人口比重(%)	城镇人口占总人口比重(%)	流动人口数（亿人）
1978	96 259	51.49	48.51	17.92	
1979	97 542	51.46	48.54	18.96	
1980	98 705	51.45	48.55	19.39	
1981	100 072	51.48	48.52	20.16	
1982	101 654	51.5	48.5	21.13	
1983	103 008	51.6	48.4	21.62	
1984	104 357	51.6	48.4	23.01	
1985	105 851	51.7	48.3	23.71	
1986	107 507	51.7	48.3	24.52	
1987	109 300	51.5	48.5	25.32	
1988	111 026	51.52	48.48	25.81	
1989	112 704	51.55	48.45	26.21	
1990	114 333	51.52	48.48	26.41	
1991	115 823	51.34	48.66	26.94	
1992	117 171	51.05	48.95	27.46	
1993	118 517	51.02	48.98	27.99	
1994	119 850	51.1	48.9	28.51	
1995	121 121	51.03	48.97	29.04	
1996	122 389	50.82	49.18	30.48	
1997	123 626	51.07	48.93	31.91	
1998	124 761	51.25	48.75	33.35	
1999	125 786	51.43	48.57	34.78	
2000	126 743	51.63	48.37	36.22	1.21
2001	127 627	51.46	48.54	37.66	
2002	128 453	51.47	48.53	39.09	
2003	129 227	51.5	48.5	40.53	
2004	129 988	51.52	48.48	41.76	
2005	130 756	51.53	48.47	42.99	1.47
2006	131 447.64	51.52	48.48	44.34	
2007	132 129	51.5	48.5	45.89	
2008	132 802	51.47	48.53	46.99	
2009	133 450	51.44	48.56	48.34	
2010	134 091	51.27	48.73	49.95	2.21
2011	134 735	51.26	48.74	51.27	2.3
2012	135 404	51.25	48.75	52.57	2.36
2013	136 072	51.24	48.76	53.73	2.45
2014	136 782	51.23	48.77	54.77	2.53
2015	137 462	51.22	48.78	56.1	2.46

表 4　各地区人口自然增长率

（‰）

地区	2001	2002	2003	2004	2005	2006	2007	2008	2009	2010	2011	2012	2013	2014
北京	0.8	0.87	−0.09	0.74	1.09	1.29	3.4	3.42	3.5	3.07	4.02	4.74	4.41	4.83
天津	1.64	1.45	1.1	1.34	1.43	1.6	2.05	2.19	2.6	2.6	2.5	2.63	2.28	2.14
河北	4.98	5.28	5.16	5.79	6.09	6.23	6.55	6.55	6.5	6.81	6.5	6.47	6.17	6.95
山西	7.16	6.72	6.22	6.25	6.02	5.75	5.33	5.31	4.89	5.3	4.86	4.87	5.24	4.99
内蒙古	4.98	3.68	3.07	3.55	4.62	3.96	4.48	4.27	3.96	3.76	3.51	3.65	3.36	3.56
辽宁	1.64	1.34	1.07	0.91	0.97	1.1	1.53	1.1	0.97	0.42	−0.34	−0.39	−0.03	0.26
吉林	3.38	3.19	1.61	1.76	2.57	2.67	2.5	1.61	1.95	2.03	1.02	0.36	0.32	0.4
黑龙江	2.99	2.54	2.03	1.82	2.67	2.39	2.49	2.23	2.06	2.32	1.07	1.27	0.78	0.91
上海	−0.95	−0.54	−1.35	0	0.96	1.58	3.04	2.72	2.7	1.98	1.87	4.2	2.94	3.14
江苏	2.41	2.18	2.01	2.25	2.21	2.28	2.3	2.3	2.56	2.85	2.61	2.45	2.43	2.43
浙江	3.77	3.79	3.28	4.95	5.02	4.87	4.81	4.58	4.63	4.73	4.07	4.6	4.56	5
安徽	6.61	6.03	5.95	6.12	6.2	6.3	6.35	6.45	6.47	6.75	6.32	6.86	6.82	6.97
福建	6.04	5.78	5.85	5.96	5.98	6.25	6.1	6.3	6.2	6.11	6.21	7.01	6.19	7.5
江西	9.38	8.72	8.09	7.62	7.83	7.79	7.87	7.91	7.89	7.66	7.5	7.32	6.91	6.98
山东	4.88	4.55	4.78	6.01	5.83	5.5	5	5.09	5.62	5.39	5.1	4.95	5.01	7.39
河南	6.94	6.03	5.64	5.2	5.25	5.32	4.94	4.97	4.99	4.95	4.94	5.16	5.51	5.78
湖北	2.44	2.21	2.32	2.4	3.05	3.13	3.23	2.71	3.48	4.34	4.38	4.88	4.93	4.9
湖南	5.08	4.86	4.95	5.09	5.15	5.19	5.25	5.4	6.11	6.4	6.55	6.57	6.54	6.63
广东	8.83	8.21	8.35	8.01	7.02	7.29	7.3	7.25	7.26	6.97	6.1	6.95	6.02	6.1
广西	7.73	7	7.29	7.2	8.16	8.34	8.2	8.7	8.53	8.65	7.67	7.89	7.93	7.86

续表

地区	2001	2002	2003	2004	2005	2006	2007	2008	2009	2010	2011	2012	2013	2014
海南	9.47	9.48	9.16	8.98	8.93	8.86	8.91	8.99	8.96	8.98	8.97	8.85	8.69	8.61
重庆	2.8	3.28	2.69	2.85	3	3.4	3.8	3.8	3.7	2.77	3.17	4	3.6	3.62
四川	4.37	3.89	3.12	2.78	2.9	2.86	2.92	2.39	2.72	2.31	2.98	2.97	3	3.2
贵州	11.33	10.75	9.04	8.73	7.38	7.26	6.68	6.72	6.96	7.41	6.38	6.31	5.9	5.8
云南	10.94	10.6	9.8	9	7.97	6.9	6.86	6.32	6.08	6.54	6.35	6.22	6.17	6.2
西藏	12.1	12.76	11.1	11.2	10.79	11.7	11.3	10.3	10.24	10.25	10.26	10.27	10.38	10.55
陕西	4.16	4.12	4.29	4.26	4.01	4.04	4.05	4.08	4	3.72	3.69	3.88	3.86	3.87
甘肃	7.15	6.71	6.12	5.91	6.02	6.24	6.49	6.54	6.61	6.03	6.05	6.06	6.08	6.1
青海	12.62	11.7	10.85	9.87	9.49	8.97	8.8	8.35	8.32	8.63	8.31	8.24	8.03	8.49
宁夏	11.71	11.56	10.95	11.18	10.98	10.69	9.76	9.69	9.68	9.04	8.97	8.93	8.62	8.57
新疆	11.13	10.87	10.78	10.91	11.38	10.76	11.78	11.17	10.56	10.56	10.57	10.84	10.92	11.47

表 5　各地登记招聘人数

（人）

年份 / 地区	2000	2001	2002	2003	2004	2005	2006	2007	2008	2009	2010	2011	2012	2013	2014
北京	825 000	659 050	582 000	582 000	582 482	550 000	638 584	851 689	1 172 429	1 222 457	1 811 089	1 783 262	1 621 815	1 688 102	1 177 778
天津	346 121	392 000	431 000	431 000	431 200	550 000	470 000	490 000	503 000	456 000	1 269 704	764 657	825 277	1 025 277	1 022 607
河北	493 272	1 047 553	1 022 000	1 199 000	1 544 538	1 893 000	1 750 338	1 567 429	1 592 295	1 431 692	2 171 966	2 609 930	2 297 523	2 296 106	2 302 926
山西	174 306	173 056	134 000	210 000	209 941	333 000	579 389	684 600	533 715	497 462	1 223 766	1 143 524	1 136 376	910 036	1 168 752
内蒙古	193 785	205 058	303 000	389 000	524 866	642 000	773 610	771 187	699 797	738 945	963 659	956 092	860 058	634 344	625 747
辽宁	750 228	870 972	1 233 000	1 271 000	1 427 065	1 394 000	1 802 345	1 939 966	1 447 828	2 136 523	5 197 901	3 970 703	4 208 548	3 955 686	2 966 926
吉林	151 562	372 584	348 000	396 000	559 689	580 000	739 863	698 556	731 128	916 323	983 245	1 315 551	1 158 514	1 046 530	946 943

续表

地区\年份	2000	2001	2002	2003	2004	2005	2006	2007	2008	2009	2010	2011	2012	2013	2014
黑龙江	243 181	190 735	457 000	773 000	1 166 130	1 377 000	1 142 252	1 142 234	1 265 857	1 305 797	1 295 246	1 528 955	1 515 302	1 161 993	1 090 455
上海	231 425	1 245 226	1 326 000	1 326 000	1 325 771	1 602 000	1 491 300	1 563 100	1 541 303	1 686 661	1 682 496	1 569 117	1 589 998	1 576 779	1 681 991
江苏	726 092	975 258	1 586 000	1 194 000	2 600 293	2 589 000	3 293 349	4 131 597	4 455 757	5 315 832	5 801 115	8 617 899	7 307 003	6 718 952	7 183 282
浙江	2 060 979	2 540 517	2 945 000	3 353 000	5 254 342	5 097 000	6 915 269	7 492 422	7 394 207	7 778 480	5 872 109	6 257 409	4 601 260	5 417 126	5 180 286
安徽	239 267	355 427	498 000	936 000	1 156 913	1 173 000	1 221 495	1 359 801	1 569 731	1 959 489	2 470 030	2 604 445	2 377 935	2 761 974	2 569 934
福建	613 770	722 986	1 113 000	1 113 000	1 112 666	2 807 000	3 015 375	2 889 419	3 315 106	3 121 718	4 074 560	3 969 144	4 061 271	4 419 470	5 183 998
江西	327 477	407 533	601 000	558 000	1 156 024	1 604 000	1 550 376	1 577 634	1 725 782	1 816 231	1 791 722	1 704 337	1 749 294	1 765 890	2 452 668
山东	813 454	1 013 441	1 270 000	2 127 000	2 770 329	2 926 000	3 297 990	3 345 560	3 332 623	3 581 204	3 490 948	4 735 823	4 073 346	3 746 567	3 442 893
河南	569 874	601 255	607 000	1 071 000	1 132 536	1 133 000	1 132 536	1 132 536	1 132 536	1 156 390	1 333 152	1 021 190	2 647 812	2 499 250	1 732 763
湖北	705 375	781 289	993 000	1 087 000	1 239640	1 465 000	1 600 368	1 794 829	1 604 318	1 961 537	2 364 222	2 409 017	2 455 250	2 047 746	1 942 182
湖南	627 267	561 073	643 000	596 000	775 580	913 000	971 165	874 442	846 215	864 365	2 369 319	2 392 793	2 915 336	3 720 977	1 995 741
广东	2 151 196	2 264 219	2 959 000	5 055 000	6 047 186	5 836 000	9 906 496	12 301 819	12 319 538	13 483 865	8 951 958	8 927 992	13 339 559	5 374 076	5 533 418
广西	282 800	397 229	419 000	464 000	822 359	940 000	1 323 986	1 336 730	1 336 037	1 492 024	2 884 074	3 283 531	3 085 920	2 534 803	3 250 224
海南	104 871	56 587	50 000	50 000	49 967	183 000	224 734	209 319	226 033	213 893	549 580	679 545	600 625	637 684	837 055
重庆	224 561	252 631	273 000	304 000	303 734	328 000	459 868	596 275	672 864	834 654	810 778	1 104 566	1 032 762	1 149 679	1 199 355
四川	630 136	736 822	880 000	1 011 000	1 024357	1 251 000	1 540 673	1 630 669	1 662 824	1 830 243	1 894 053	1 813 938	1 879 709	1 670 707	1 856 888
贵州	118 896	142 045	166 000	179 000	243 654	259 000	267 312	349 284	329 444	445 748	645 435	1 332 609	1 361 539	1 510 755	1 127 362
云南	244 913	349 247	303 000	389 000	484 476	702 000	741 318	656 619	609 463	670 308	722 239	869 434	640 958	614 602	647 376
西藏	70	1 203	3 000	6 000	17 683	22 000	35 809	30 455	28 036	25 414	28 259	23 925	25 981	41 477	37 629
陕西	404 956	446 089	447 000	533 000	646 296	891 000	1 117 760	1 091 139	1 306 397	1 300 523	2 552 466	1 561 307	1 344 263	1 176 452	1 006 090
甘肃	232 334	309 316	241 000	149 000	198 796	313 000	335 026	390 911	383 116	392 248	498 785	494 192	514 034	437 221	382 227
青海	243 067	352 189	268 000	355 000	377 939	428 000	448 727	490 016	482 595	557 072	595 252	509 246	566 013	648 549	592 380
宁夏	53 674	67 254	106 000	179 000	190 409	239 000	248 567	401 661	386 245	512 180	534 626	364 696	337 009	212 974	205 359
新疆	310 280	277 804	294 000	287 000	275 288	370 000	476 219	614 193	463 955	751 803	578 940	747 868	828 277	468 011	393 274

表 6　各地登记求职人数

（人）

地区＼年份	2000	2001	2002	2003	2004	2005	2006	2007	2008	2009	2010	2011	2012	2013	2014
北京	800 000	860 000	878 000	878 000	877 890	520 000	522 259	466 856	408 197	402 830	335 296	274 230	568 511	521 514	442 670
天津	1 415 442	1 140 000	1 254 000	1 254 000	1 254 000	765 000	648 000	660 000	705 000	633 000	1 530 230	947 840	988 013	988 364	988 364
河北	666 295	1 325 455	1 092 000	1 267 000	1 604 100	1 943 000	1 899 799	1 672 612	1 557 509	1 404 796	1 618 187	1 907 907	1 814 001	1 813 667	2 149 443
山西	212 838	186 962	168 000	294 000	294 303	352 000	608 888	716 534	530 960	482 879	1 466 054	1 085 112	1 304 816	831 502	1 052 230
内蒙古	257 706	299 356	312 000	563 000	588 074	608 000	829 738	806 759	741 530	735 274	906 762	927 652	756 806	570 338	603 925
辽宁	1 173 113	1 409 413	1 625 000	1 534 000	1 773 663	1 712 000	1 871 184	1 956 966	1 332 797	2 192 477	4 406 652	2 644 242	2 189 781	2 874 604	2 766 509
吉林	206 498	439 414	396 000	469 000	652 942	637 000	885 336	882 973	918 345	964 331	981 360	1 030 700	888 454	868 608	735 666
黑龙江	466 460	328 242	914 000	935 000	1 370 046	1 478 000	1 317 076	1 184 384	1 335 422	1 380 614	1 459 037	1 583 301	1 635 787	1 368 924	1 314 197
上海	202 386	905 955	1 106 000	1 106 000	1 106 059	1 357 000	1 683 600	1 618 700	5 226 762	5 478 401	1 810 600	1 628 770	1 459 451	918 301	754 103
江苏	851 301	1 043 624	1 644 000	1 792 000	2 553 715	2 644 000	3 197 075	4 164 451	4 962 727	5 525 029	5 027 504	7 290 663	6 792 138	6 303 320	6 547 588
浙江	2 366 130	2 929 949	3 438 000	3 056 000	3 910 356	3 770 000	4 969 587	4 596 962	5 876 872	4 910 104	2 991 497	2 755 162	2 694 236	2 722 510	2 677 587
安徽	551 212	467 923	582 000	1 162 000	1 269 819	1 324 000	1 274 679	1 305 304	1 379 555	1 519 926	1 667 088	1 621 128	1 737 780	1 850 125	2 028 274
福建	767 551	904 672	1 194 000	1 194 000	1 193 964	2 157 000	2 112 122	2 222 630	2 510 676	2 695 673	3 075 004	2 735 453	2 790 036	3 005 392	4 230 988
江西	468 305	589 337	705 000	614 000	1 374 762	1 823 000	1 581 784	1 448 890	1 846 380	1 929 917	1 162 481	1 188 840	1 600 013	1 609 099	1 145 778
山东	1 039 103	1 189 644	1 419 000	2 277 000	2 781 331	2 805 000	3 079 782	3 046 311	2 712 838	2 951 400	2 363 231	3 358 892	3 185 307	2 825 251	2 547 040
河南	1 161 360	1 202 146	813 000	1 322 000	1 368 127	1 368 000	1 368 127	1 368 127	1 368 127	1 404 538	1 176 372	1 324 196	2 027 476	1 881 280	1 239 977
湖北	813 776	901 392	1 180 000	1 162 000	1 218 920	1 331 000	1 638 518	1 617 916	1 542 966	1 822 957	1 905 709	1 772 259	1 871 553	1 604 979	1 479 378
湖南	811 768	870 256	882 000	903 000	1 056 264	1 379 000	1 499 047	1 516 328	1 323 460	1 203 840	1 886 895	1 965 820	2 301 372	3 134 018	1 645 240
广东	2 249 179	3 201 598	3 007 000	4 383 000	4 648 299	7 224 000	8 389 827	9 179 142	10 235 506	11 226 180	7 306 739	6 516 525	11 860 390	3 044 225	3 258 464
广西	410 337	638 998	504 000	687 000	802 479	955 000	1 031 069	1 226 129	1 458 582	1 399 853	1 686 118	1 482 168	1 566 623	1 450 519	1 648 347

续表

年份 地区	2000	2001	2002	2003	2004	2005	2006	2007	2008	2009	2010	2011	2012	2013	2014
海南	212 400	111 953	138 000	138 000	137 646	175 000	355 242	362 630	296 799	319 107	385 974	414 667	390 258	317 330	101 922
重庆	275 267	282 187	305 000	324 000	323 736	343 000	462 582	593 153	629 784	830 534	799 548	897 848	881 938	836 898	856 891
四川	711 456	758 818	909 000	981 000	912 958	1 085 000	1 407 031	1 720 498	1 555 995	1 753 289	1 379 583	1 273 189	1 273 320	1 102 022	1 116 626
贵州	137 762	156 795	197 000	199 000	213 496	195 000	251 588	327 520	310 755	348 800	530 519	621 019	578 324	537 275	558 390
云南	248 416	408 178	362 000	450 000	492 332	830 000	760 768	668 183	671 005	620 418	617 713	490 900	485 829	477 482	560 289
西藏	508	557	9 000	10 000	17 709	21 000	31 212	34 897	31 819	31 501	39 933	32 247	26 814	37 692	36 798
陕西	466 056	699 157	719 000	634 000	848 663	1 053 000	1 304 501	1 312 857	1 542 908	1 313 385	2 807 764	1 457 261	1 344 919	1 274 495	1 328 117
甘肃	281 505	336 128	290 000	178 000	189 672	287 000	421 124	461 293	504 181	472 252	417 784	417 261	421 552	387 274	353 837
青海	256 130	385 602	294 000	368 000	393 996	452 000	515 840	493 966	490 220	513 684	551 486	548 327	645 716	631 884	598 615
宁夏	105 102	143 881	220 000	110 000	211 612	327 000	346 395	502 844	466 290	565 888	954 891	430 263	436 000	302 458	254 954
新疆	331 328	277 310	285 000	357 000	387 060	369 000	1 095 185	1 249 741	8 456 99	1 024 109	510 852	542 686	606 759	414 565	376 021

表 7　就业人员分布及基本情况

年份	年末经济活动人口数(万人)	年末第一产业就业人员数(万人)	年末第二产业就业人员数(万人)	年末第三产业就业人员数(万人)	城镇登记失业率(%)
1978	40 682	28 318	6 945	4 890	5.3
1979	41 592	28 634	7 214	5 177	5.4
1980	42 903	29 122	7 707	5 532	4.9
1981	44 165	29 777	8 003	5 945	3.8
1982	45 674	30 859	8 346	6 090	3.2
1983	46 707	31 151	8 679	6 606	2.3
1984	48 433	30 868	9 590	7 739	1.9
1985	50 112	31 130	10 384	8 359	1.8
1986	51 546	31 254	11 216	8 811	2
1987	53 060	31 663	11 726	9 395	2
1988	54 630	32 249	12 152	9 933	2
1989	55 707	33 225	11 976	10 129	2.6
1990	65 323	38 914.15	13 856.29	11 978.57	2.5
1991	66 091	39 098.13	14 015.07	12 377.8	2.3
1992	66 782	38 698.92	14 354.98	13 098.1	2.3
1993	67 468	37 679.71	14 964.99	14 163.3	2.6
1994	68 135	36 628.07	15 312.29	15 514.65	2.8
1995	68 855	35 529.93	15 654.95	16 880.12	2.9
1996	69 765	34 819.75	16 203.25	17 927	3
1997	70 800	34 840.18	16 547.34	18 432.48	3.1
1998	72 087	35 177.23	16 599.7	18 860.08	3.1
1999	72 791	35 768.39	16 420.62	19 204.99	3.1
2000	73 992	36 042.5	16 219.13	19 823.38	3.1
2001	73 884	36 398.5	16 233.73	20 164.77	3.6
2002	74 492	36 640	15 681.92	20 958.08	4
2003	74 911	36 204.38	15 926.98	21 604.65	4.3
2004	75 290	34 829.82	16 709.4	22 724.78	4.2
2005	76 120	33 441.86	17 765.99	23 439.16	4.2
2006	76 315	31 940.63	18 894.46	24 142.92	4.1
2007	76 531	30 730.97	20 186.03	24 404	4
2008	77 046	29 923.34	20 553.41	25 087.25	4.2
2009	77 510	28 890.47	21 080.18	25 857.35	4.3
2010	78 388	27 930.54	21 842.14	26 332.33	4.1
2011	78 579	26 594.16	22 543.9	27 281.94	4.1
2012	78 894	25 773	23 241	27 690	4.1
2013	79 300	24 171	23 170	29 636	4.05
2014	79 690	22 790	23 099	31 364	4.09
2015		21 919	22 693	32 839	4.05

表 8 分地区城镇登记失业人员数(年末数)

(万人)

地区 \ 年份	2000	2001	2002	2003	2004	2005	2006	2007	2008	2009	2010	2011	2012	2013	2014
北京	3.32	5.19	6.02	6.96	6.46	10.56	10.4	10.63	10.33	8.16	7.73	8.13	8.15	7.53	7.43
天津	10.5	11.4	12.9	12.03	11.77	11.71	11.67	14.99	12.99	15	16.1	20.11	20.4	21.69	22.52
河北	17.4	19.54	22.16	25.69	28.01	27.82	28.69	29.3	32.24	34.5	35.14	35.99	36.83	37.22	38.31
山西	9.7	12.23	14.52	13.05	13.7	14.27	15.6	16.1	17.47	21.65	20.39	21.15	21	21.1	24.55
内蒙古	12.6	14.5	16.27	17.6	18.5	17.74	18	18.46	19.92	20.14	20.81	21.83	23.13	23.8	24.77
辽宁	40.8	55.5	75.57	72	70.1	60.4	54.1	44.52	41.68	41.62	38.93	39.43	38.08	39.55	40.96
吉林	22.98	20.16	23.82	28.43	28.24	27.64	26.3	23.94	24.3	23.45	22.65	22.21	22.3	22.61	23.18
黑龙江	25.3	35.5	41.61	35	32.9	31.3	31.2	31.47	32.07	31.41	36.24	35.03	41.26	41.37	39.85
上海	20.08	25.72	28.78	30.11	27.43	27.5	27.82	26.7	26.56	27.87	27.6	27	26.69	25.3	25.63
江苏	27.01	36.1	42.17	41.8	42.9	41.62	40.4	39.26	41.09	40.74	40.65	41.45	40.47	37.61	36.57
浙江	21.82	23.99	27.73	28.27	30.14	28.97	29.1	28.6	30.68	30.68	31.13	31.67	33.41	33.41	33.14
安徽	31.6	19.9	22.63	25.1	26.1	27.77	28.23	27.17	29.31	30.08	26.36	33.14	31.3	32.36	31.45
福建	9.1	13.23	14.96	14.6	14.51	14.86	15.13	14.85	14.96	15.19	14.49	14.64	14.55	14.7	14.35
江西	16.68	17.28	17.76	21.62	22.42	22.83	25.27	24.34	26	27.3	26.26	24.64	25.7	27.42	29.41
山东	37.5	35.4	39.74	41.3	42.3	42.9	43.7	43.47	60.74	45.12	44.5	45.1	43.4	42.15	43.07
河南	21.4	23.1	25.4	26.31	31.17	33.02	35.4	33.07	36.51	38.46	38.15	38.41	38.3	40.24	40.01
湖北	36.64	42.15	44.66	49.34	49.37	52.64	52.56	54.1	55.07	55.25	55.65	55.12	42.26	40.17	37.88
湖南	27.57	30.34	30.39	37.13	43	41.86	43.3	44.38	47.01	47.81	43.22	43.14	44.13	45.65	47.29
广东	30.24	34.5	36.49	35.46	35.94	34.49	36.2	36.22	38.07	39.51	39.3	38.83	39.61	37.98	36.83
广西	11.3	14.2	14.71	14.9	17.8	18.51	20.01	18.47	18.8	19.11	19.07	18.81	18.94	18.05	18.66

续表

年份 地区	2000	2001	2002	2003	2004	2005	2006	2007	2008	2009	2010	2011	2012	2013	2014
海南	0	3.8	4	3.6	4.65	5.08	5.2	5.41	5.64	5.3	4.77	2.85	3.63	3.94	4.25
重庆	10.15	13.72	16.18	16.16	16.76	16.88	15.41	14.13	13.02	13.44	13.02	12.96	12.43	12.07	13.42
四川	30.79	31.9	33.82	33.1	33.3	34.3	36.1	34.53	37.86	36.28	34.56	36.93	40.67	42.87	54.36
贵州	10.23	11.14	11.08	11.18	11.61	12.13	12.12	12.13	12.47	12.34	12.18	12.51	12.56	13.66	14.09
云南	6.77	8	9.8	12.12	11.9	12.97	13.79	14.02	14.77	15.4	15.69	15.99	17.44	18.09	19.19
西藏			1.33		1.2					2.02	2.08	1.04	1.64	1.63	1.69
陕西	11.39	14.01	13.51	13.95	18.46	21.54	21.5	20.95	20.83	21.48	21.42	20.91	19.48	21.06	22.35
甘肃	7.35	7.44	8.66	9.31	9.53	9.25	9.69	9.51	9.43	10.28	10.72	10.78	9.8	9.3	9.71
青海	1.8	2.4	2.85	3.07	3.48	3.63	3.73	3.72	3.87	4.06	4.24	4.35	4.09	4.23	4.22
宁夏	3.8	3.66	3.54	3.75	4.1	4.35	4.2	4.42	4.77	4.8	4.76	5.22	4.61	4.69	5
新疆	11	9.7	9.9	9.9	13.3	11.13	11.6	11.7	11.77	11.86	10.99	11.12	11.85	11.9	11.21

表 9　分地区城镇登记失业率(年末数)

(%)

年份 地区	2000	2001	2002	2003	2004	2005	2006	2007	2008	2009	2010	2011	2012	2013	2014
北京	0.76	1.18	1.35	1.43	1.3	2.11	1.98	1.84	1.82	1.44	1.37	1.39	1.27	1.21	1.31
天津	3.2	3.6	3.91	3.8	3.76	3.7	3.6	3.59	3.6	3.6	3.6	3.6	3.6	3.6	3.5
河北	2.8	3.2	3.6	3.9	4	3.93	3.84	3.83	3.96	3.93	3.86	3.75	3.69	3.68	3.59
山西	2.2	2.6	3.4	3	3.1	3.01	3.2	3.24	3.29	3.86	3.58	3.48	3.33	3.13	3.4
内蒙古	3.3	3.7	4.1	4.5	4.6	4.26	4.1	3.99	4.1	3.97	3.9	3.8	3.73	3.66	3.59

续表

年份/地区	2000	2001	2002	2003	2004	2005	2006	2007	2008	2009	2010	2011	2012	2013	2014
辽宁	3.7	3.2	6.5	6.5	6.5	5.62	5.1	4.28	3.9	3.87	3.63	3.68	3.55	3.35	3.38
吉林	3.7	3.1	3.6	4.3	4.23	4.2	4.2	3.92	3.98	3.95	3.8	3.7	3.65	3.7	3.4
黑龙江	3.3	4.7	4.9	4.2	4.5	4.42	4.4	4.26	4.23	4.27	4.27	4.1	4.15	4.44	4.47
上海	3.5	4.3	4.8	4.9	4.5	4.4	4.4	4.22	4.2	4.26	4.35	3.54	3.05	3.98	4.06
江苏	3.4	3.6	4.2	4.1	3.8	3.56	3.4	3.17	3.25	3.22	3.16	3.22	3.14	3.03	3.01
浙江	3.4	3.7	4.2	4.2	4.1	3.72	3.51	3.27	3.49	3.26	3.2	3.12	3.01	3.01	2.96
安徽	3.3	3.7	4	4.1	4.2	4.4	4.25	4.06	3.92	3.92	3.66	3.74	3.68	3.41	3.21
福建	2.6	3.8	4.2	4.1	4	3.95	3.93	3.89	3.86	3.9	3.77	3.69	3.63	3.55	3.47
江西	2.9	3.3	3.4	3.6	3.56	3.48	3.64	3.37	3.42	3.44	3.31	2.98	3	3.17	3.27
山东	3.2	3.3	3.6	3.6	3.4	3.33	3.3	3.21	3.7	3.4	3.36	3.35	3.33	3.24	3.3
河南	2.6	2.8	2.9	3.1	3.4	3.45	3.52	3.41	3.4	3.5	3.38	3.35	3.08	3.09	2.97
湖北	3.5	4	4.3	4.3	4.2	4.33	4.22	4.21	4.2	4.21	4.18	4.1	3.83	3.49	3.1
湖南	3.7	4	4	4.5	4.4	4.27	4.3	4.25	4.2	4.14	4.16	4.21	4.23	4.2	4.14
广东	2.5	2.9	3.1	2.9	2.7	2.58	2.6	2.51	2.56	2.6	2.52	2.46	2.48	2.43	2.44
广西	3.2	3.5	3.7	3.6	4.1	4.15	4.15	3.79	3.75	3.74	3.66	3.46	3.41	3.3	3.15
海南	3.3	3.4	3.1	3.4	3.4	3.55	3.6	3.49	3.72	3.48	3	1.73	2.01	2.17	2.26
重庆	3.5	3.9	4.1	4.1	4.12	4.12	4	3.98	3.96	3.96	3.9	3.5	3.3	3.4	3.46
四川	3.97	4.3	4.5	4.4	4.4	4.61	4.5	4.24	4.57	4.34	4.14	4.16	4.02	4.11	4.15
贵州	3.82	4	4.1	4	4.09	4.2	4.11	3.97	3.98	3.81	3.64	3.63	3.29	3.26	3.27
云南	2.6	3.3	4	4.1	4.3	4.17	4.28	4.18	4.21	4.26	4.21	4.05	4.03	3.98	3.98

续表

年份 地区	2000	2001	2002	2003	2004	2005	2006	2007	2008	2009	2010	2011	2012	2013	2014
西藏			4.9		4					3.8	3.99	3.2	2.58	2.47	2.47
陕西	2.7	3.2	3.3	3.5	3.8	4.18	4	4.02	3.91	3.94	3.85	3.59	3.22	3.32	3.34
甘肃	2.7	2.8	3.2	3.4	3.4	3.26	3.63	3.34	3.23	3.25	3.21	3.11	2.68	2.3	2.19
青海	2.4	3.5	3.6	3.8	3.92	3.93	3.9	3.75	3.8	3.8	3.8	3.76	3.37	3.31	3.15
宁夏	4.6	4.4	4.4	4.4	4.5	4.52	4.3	4.28	4.35	4.4	4.35	4.4	4.18	4.06	4.02
新疆	3.8	3.7	3.7	3.5	3.5	3.92	3.9	3.88	3.7	3.84	3.23	3.22	3.39	3.36	3.17

表 10 各地区历年大专以上从业人员占就业总人数比例

(%)

年份 地区	1997	1998	1999	2001	2002	2003	2004	2005	2006	2007	2008	2009	2010	2011	2012	2013	2014
北京	18	19.4	23	18.6	23.1	26.2	28.57	30.87	35.70	34.31	32.80	35.98	38.98	50.26	53.6	51.4	55.87
天津	10.3	7.5	11.1	10.8	13.7	13.5	18.17	14.84	17.26	17.37	16.94	17.99	21.52	26.74	27.8	31.8	34.15
河北	2.8	3.7	3.9	3.4	6.2	8.6	7.26	5.51	4.32	4.4	5.04	5.7	7.68	11.13	11.9	11.1	13.43
山西	4.6	3.4	5.1	6.7	6.8	7.6	6.98	7.98	8.09	7.94	7.18	7.88	10.81	12.92	15.4	15.3	16.79
内蒙古	4.8	5.3	5.1	6.9	7.4	7.3	8.69	10.27	7.42	7.85	7.82	8.15	12.41	16.55	17.0	17.3	18.52
辽宁	7.6	5.8	7	6.2	6.6	10.9	9.14	9.84	9.64	9.7	11.72	12.23	13.57	13.56	13.2	15.5	16.7
吉林	6.1	6.1	5.9	6.9	8	7.7	7.92	8.20	6.46	7.46	7.63	8.55	10.64	12.36	13.5	13.9	14.85
黑龙江	6.6	5.3	4.9	6.4	6.4	6.3	5.69	8.57	7.31	7.49	6.47	7.11	10.26	9.49	9.4	11.0	11.63
上海	11.6	12.9	15.1	17.1	16.2	20.3	24.36	21.90	28.39	27.68	29.20	31.32	28.31	32.13	33.7	35.0	42.85
江苏	2.6	3.9	5	5.6	4.6	6.2	5.81	7.70	8.15	6.66	6.63	7.27	11.95	13.68	15.4	16.9	18.29
浙江	3.2	3.6	3	3.8	7.9	8.2	10.45	6.47	8.74	8.03	8.90	10.38	11.56	15.92	17.6	19.2	21.52

续表

地区＼年份	1997	1998	1999	2001	2002	2003	2004	2005	2006	2007	2008	2009	2010	2011	2012	2013	2014
安徽	2.3	2.3	2	4.4	3	5.3	5.78	4.89	3.69	3.42	4.06	3.89	7.53	8.65	9.7	10.1	11.6
福建	3.8	2.9	3.2	6.4	6.1	6.2	7.15	6.83	6.36	7.26	7.41	12.03	9.97	15.69	16.3	17.1	18.01
江西	2.4	2.2	3.3	6.2	3.9	9.3	6.15	5.45	5.86	8.84	6.91	7.43	7.17	8.02	9.0	10.8	10.94
山东	2.1	2	2.2	6.2	7.4	7.2	7.08	5.04	5.23	5.17	5.61	5.94	8.86	13.94	14.6	16.0	17.29
河南	1.9	2.6	2.3	5.3	5.6	3.9	5.85	5.06	4.35	4.05	4.47	4.96	6.82	8.59	9.0	10.2	11.97
湖北	4.6	3.8	4	5.8	4.9	5.5	5.88	5.97	7.57	6.82	7.05	7.87	9.20	14.09	13.8	13.5	15.97
湖南	2.4	2.4	3.4	4.9	5.4	5.9	6.65	5.53	5.51	5.55	5.61	5.68	7.89	14.76	14.3	14.8	15.63
广东	5.1	5.1	5	5.4	7.1	7.5	7.35	7.55	7.28	8.02	8.75	7.72	10.73	12.52	12.2	14.2	15.38
广西	1.2	1.2	0.9	3.6	3.8	5.6	6.53	5.10	5.25	4.24	3.72	4.45	7.36	7.96	9.0	8.3	10.46
海南	3.2	4.1	5.1	5.4	5.2	8.2	7.13	6.99	5.98	5.27	6.07	6.14	9.04	11.42	13.3	14.3	15.24
重庆	2.3	1.4	2.7	3.8	3.8	3.7	4.37	5.52	5.08	4.12	3.93	5.46	10.38	11.36	12.3	12.5	14.17
四川	2.5	2.6	2.2	5.5	4.7	4.6	4.25	4.21	3.72	4.07	3.31	5.46	7.01	8.84	9.6	10.7	10.98
贵州	2.8	2.2	2.7	4.6	4.5	7.2	5.95	4.55	3.37	4.12	4.50	3.62	7.08	8.39	8.2	9.3	10.19
云南	1.6	1.2	1.4	2.5	2.7	2	4.64	3.88	3.64	3.53	3.01	3.24	6.49	8.75	8.4	10.0	10.22
西藏	0.5	0.2		0.2	0.4	0.6	0.7	0.87	0.49	0.3	0.34	0.3	7.10	18.51	6.6	5.9	5.9
陕西	3.8	3.2	4.2	5.9	5.1	8.1	10.04	7.64	7.49	8.13	8.91	8.42	10.49	16.04	17.0	18.7	21.01
甘肃	2.1	2.4	3.2	4.6	3.8	5.9	7.38	5.76	3.58	3.97	5.17	5.04	8.12	11.49	12.1	13.8	14.36
青海	2.7	4.2	5.3	3.7	4.2	7.1	6.11	10.05	7.98	9.17	9.26	10.2	11.51	16.69	16.5	17.5	16.4
宁夏	4.4	2.9	4.4	7.2	7.8	7.7	10.27	9.86	8.84	9.26	9.32	9.3	12.74	14.96	14.3	14.1	15.37
新疆	7.8	8.2	10.5	10.8	14	13.6	13.55	12.29	11.18	10.6	11.26	11.29	13.86	15.95	18.0	18.1	17.67

表 11　按年龄分全国就业人员大专及以上受教育程度者占比　（%）

年龄/年份	16～19	20～24	25～29	30～34	35～39	40～44	45～49	50～54	55～59	60～64	65＋	总计
2002	0.5	6.2	9.5	8.2	7.1	5.9	4.8	3.6	3.2	1.4	0.8	6
2003	6.8	0.4	7.3	11.1	9.5	8.0	7.4	5.5	3.9	3.1	1.1	0.7
2004	0.5	8.13	12.38	10.16	7.91	7.92	5.49	4.15	3.34	1.02	0.61	7.23
2005	0.5	8.4	12.9	10.2	7.6	7.2	5.1	3.7	2.5	0.8	0.6	6.8
2006	0.6	8.8	13.3	10.5	7.9	6.8	5.0	3.7	2.2	1.0	0.7	6.6
2007	0.7	8.4	13.8	11.0	8.1	6.6	5.3	3.7	2.1	0.7	0.4	6.6
2008	1.0	9.7	14.8	11.6	8.1	6.2	5.6	3.8	2.1	0.6	0.4	6.9
2009	1.1	9.2	15.2	12.3	9.2	7.0	6.5	4.6	2.9	0.7	0.6	7.3
2010	1.3	12.5	20.6	16.4	11.6	8.5	7.9	5.4	3.2	0.7	0.5	10.1
2011	2.6	18.8	25.9	21.0	14.8	10.4	8.8	6.6	3.7	0.9	0.5	12.9
2012	3.2	19.7	26.6	22.9	16.2	11.4	9.1	7.2	4.1	1.1	0.5	13.7
2013	2.8	21.3	28.8	25.1	17.8	12.1	9.0	8.4	4.3	1.0	0.5	14.6
2014	4.3	25.8	30.9	27.7	19.7	13.6	9.7	8.5	4.5	1.1	0.4	16

表 12　全国就业训练中心结业与就业人数

年份	结业人数(人)	就业人数(人)	就业率（就业数/结业数）(%)
2001	4 633 170	2 809 620	60.6
2002	5 034 090	3 181 555	63.2
2003	5 796 603	3 768 636	65.0
2004	7 155 655	4 662 924	65.2
2005	7 971 643	5 577 680	70.0
2006	8 896 578	6 488 160	72.9
2007	9 184 327	7 166 297	78.0
2008	8 632 205	7 044 980	81.6
2009	7 710 226	6 607 821	85.7
2010	7 257 643	5 995 558	82.6
2011	7 441 632	5 942 559	79.9
2012	7 558 849	6 925 624	91.6
2013	5 840 449	4 534 446	77.6
2014	5 023 349	3 710 579	73.9

表 13　全国职业技能鉴定劳动者数量　（人）

年份	获得证书人数	初级	中级	高级	技师	高级技师
1996	2 146 895	727 215	1 094 809	271 346	51 262	2 263
1997	2 786 360	949 828	1 439 046	364 024	30 506	2 956
1998	2 858 782	1 071 270	1 491 968	244 529	44 995	6 020
1999	2 924 206	1 280 322	1 356 103	249 480	35 165	3 136
2000	3 726 619	1 553 035	1 743 885	393 201	34 175	2 323
2001	4 570 081	1 756 881	2 236 967	523 010	49 689	3 534
2002	5 562 607	2 036 748	2 712 382	761 195	48 852	3 430
2003	5 839 222	2 124 504	2 870 097	768 890	69 501	6 230
2004	7 360 975	2 691 946	3 516 786	975 155	140 816	36 272
2005	7 857 292	2 732 405	3 756 905	1 133 278	195 577	39 127
2006	9 252 416	3 124 130	4 390 924	1 440 591	260 830	35 384
2007	9 956 079	3 687 419	4 518 674	1 429 235	274 176	46 575
2008	11 372 105	4 492 273	4 891 989	1 606 473	318 047	63 323
2009	12 320 051	5 251 357	5 134 383	1 516 357	336 623	81 331
2010	13 929 377	5 899 097	5 544 598	2 097 432	316 663	71 587
2011	14 820 504	6 533 022	5 464 700	2 464 290	286 769	71 723
2012	15 487 834	6 655 352	5 604 790	2 760 639	336 187	130 866
2013	15 366 664	6 766 044	5 372 332	2 728 517	376 144	123 627
2014	15 542 766	6 094 580	5 707 155	3 117 737	429 024	194 270

表 14　男性各年龄段就业人员受教育程度　（%）

2006 年								
年龄	就业人员	未上过学	小学	初中	高中	大学专科	大学本科	研究生及以上
合计	100.0	3.8	26.7	48.6	13.8	4.5	2.4	0.3
16～19	100.0	0.8	14.4	74.2	10.1	0.5	0.1	
20～24	100.0	0.9	10.7	64.2	16.4	5.1	2.6	0.1
25～29	100.0	1.0	12.3	56.5	17.3	7.7	4.6	0.5
30～34	100.0	1.1	16.7	55.9	14.9	7.0	3.7	0.5
35～39	100.0	1.4	20.6	56.1	13.0	5.1	3.3	0.4
40～44	100.0	1.4	18.6	54.3	17.3	5.1	2.9	0.5
45～49	100.0	2.7	24.6	44.1	22.5	4.2	1.7	0.2
50～54	100.0	4.5	39.2	38.9	12.6	3.5	1.2	0.1
55～59	100.0	7.1	53.7	29.4	6.3	2.6	0.8	0.1
60～64	100.0	11.7	59.2	24.6	3.1	0.7	0.6	0.1
65＋	100.0	24.5	60.4	12.2	2.0	0.4	0.4	

续表

2007年								
年龄	就业人员	未上过学	小学	初中	高中	大学专科	大学本科	研究生及以上
合计	100.0	3.4	25.0	50.2	14.3	4.6	2.3	0.2
16～19	100.0	0.9	11.2	74.5	12.6	0.7	0.1	
20～24	100.0	0.6	8.7	64.8	18.5	5.0	2.3	0.1
25～29	100.0	0.8	9.9	57.7	18.5	7.9	4.8	0.5
30～34	100.0	1.0	14.2	57.6	15.8	7.4	3.7	0.5
35～39	100.0	1.0	17.3	58.5	14.0	5.6	3.2	0.4
40～44	100.0	1.1	18.6	57.0	15.3	4.8	2.8	0.3
45～49	100.0	1.9	21.3	47.7	22.5	4.6	1.8	0.2
50～54	100.0	3.7	35.4	41.8	14.3	3.4	1.2	0.1
55～59	100.0	6.4	51.3	32.0	7.0	2.4	0.8	0.1
60～64	100.0	10.4	59.9	25.2	3.2	0.7	0.4	
65＋	100.0	23.1	60.9	13.3	2.2	0.3	0.2	

2008年								
	就业人员	未上过学	小学	初中	高中	大学专科	大学本科	研究生及以上
合计	100.0	3.0	24.0	50.9	14.7	4.6	2.5	0.2
16～19	100.0	0.7	10.7	72.5	15.3	0.7	0.1	
20～24	100.0	0.5	8.1	61.8	20.5	6.2	2.8	0.1
25～29	100.0	0.6	9.0	57.2	18.8	8.4	5.4	0.6
30～34	100.0	0.9	12.9	57.3	16.7	7.6	4.1	0.5
35～39	100.0	0.9	16.4	59.0	14.6	5.5	3.2	0.3
40～44	100.0	1.2	18.9	58.6	13.8	4.4	2.8	0.2
45～49	100.0	1.5	18.8	50.9	21.9	4.4	2.3	0.3
50～54	100.0	3.0	33.2	43.5	15.6	3.5	1.2	0.1
55～59	100.0	5.5	48.3	35.4	7.6	2.3	0.9	0.1
60～64	100.0	9.4	60.6	25.6	3.3	0.6	0.3	
65＋	100.0	20.7	60.9	15.5	2.3	0.4	0.2	

2009年								
	就业人员	未上过学	小学	初中	高中	大学专科	大学本科	研究生及以上
合计	100.0	2.8	23.0	51.6	14.7	4.9	2.7	0.3
16～19	100.0	0.7	9.9	75.0	13.5	0.8	0.0	
20～24	100.0	0.6	7.3	63.4	20.5	5.7	2.4	0.0
25～29	100.0	0.7	8.0	57.8	18.8	8.5	5.8	0.5

续表

2009 年

年龄	就业人员	未上过学	小学	初中	高中	大学专科	大学本科	研究生及以上
30～34	100.0	0.8	11.7	57.6	17.6	7.5	4.3	0.5
35～39	100.0	1.0	15.6	58.7	14.6	6.2	3.6	0.3
40～44	100.0	1.2	19.2	58.4	13.1	4.8	2.9	0.3
45～49	100.0	1.3	18.2	52.3	20.1	4.9	2.8	0.3
50～54	100.0	2.8	30.3	44.1	16.9	4.1	1.6	0.2
55～59	100.0	5.0	45.1	37.0	8.6	3.0	1.2	0.1
60～64	100.0	8.5	60.0	27.0	3.4	0.6	0.3	0.1
65＋	100.0	18.8	61.7	16.5	2.3	0.4	0.3	0.0

2010 年

	就业人员	未上过学	小学	初中	高中	大学专科	大学本科	研究生及以上
合计	100.0	1.9	20.9	51.2	15.6	6.1	3.8	0.4
16～19	100.0	0.4	9.3	72.8	16.4	1	0.1	0
20～24	100.0	0.3	6.6	59.7	22	8	3.3	0.1
25～29	100.0	0.4	7.1	54.3	18.4	10.6	8.4	0.8
30～34	100.0	0.6	10.6	54.7	17.7	9	6.5	0.9
35～39	100.0	0.7	14.9	57	15.1	7.1	4.7	0.6
40～44	100.0	0.9	19.3	57	13.3	5.3	3.7	0.4
45～49	100.0	1.1	18.4	52.7	18.5	5.5	3.4	0.5
50～54	100.0	2.2	27.9	43.8	19.5	4.4	1.9	0.2
55～59	100.0	4	43.7	37.7	10	3.2	1.3	0.1
60～64	100.0	7.2	60.9	27.1	3.7	0.7	0.3	0
65＋	100.0	15.7	62.7	18.3	2.5	0.4	0.3	0

2011 年

	就业人员	未上过学	小学	初中	高中	大学专科	大学本科	研究生及以上
合计	100.0	1.0	16.9	50.3	18.6	7.7	5.1	0.5
16～19	100.0	0.3	7.7	68.1	21.9	1.9	0.1	
20～24	100.0	0.3	4.4	52.6	26.7	10.9	5.0	0.0
25～29	100.0	0.2	4.9	48.1	21.8	13.7	10.6	0.8
30～34	100.0	0.2	7.0	49.7	21.8	11.2	8.9	1.2
35～39	100.0	0.4	10.1	55.5	18.5	8.8	6.1	0.6
40～44	100.0	0.5	13.8	57.3	16.9	6.4	4.6	0.5
45～49	100.0	0.4	14.2	55.1	19.6	6.2	4.0	0.5

续表

年龄	就业人员	未上过学	小学	初中	高中	大学专科	大学本科	研究生及以上
2011 年								
50～54	100.0	0.8	21.3	46.1	23.4	5.7	2.5	0.2
55～59	100.0	1.7	37.2	44.3	11.4	3.8	1.5	0.1
60～64	100.0	3.5	55.6	34.3	5.3	0.9	0.4	0.0
65＋	100.0	9.4	66.4	21.2	2.3	0.4	0.2	0.0
2012 年								
	就业人员	未上过学	小学	初中	高中	大学专科	大学本科	研究生及以上
合计	100.0	1.0	16.1	49.9	19.2	8.0	5.3	0.5
16～19	100.0	0.3	5.8	68.6	23.2	2.0	0.2	
20～24	100.0	0.1	3.7	51.5	28.5	11.4	4.7	0.1
25～29	100.0	0.1	4.6	47.2	23.2	13.7	10.5	0.7
30～34	100.0	0.3	5.7	48.4	22.4	11.6	10.2	1.4
35～39	100.0	0.3	8.7	54.2	19.9	9.4	6.8	0.7
40～44	100.0	0.5	12.7	57.0	17.1	7.3	4.9	0.5
45～49	100.0	0.6	15.1	55.3	18.3	6.3	4.0	0.4
50～54	100.0	0.8	18.4	47.7	24.2	5.7	3.0	0.3
55～59	100.0	1.9	33.2	45.6	13.3	4.3	1.6	0.1
60～64	100.0	3.3	52.9	36.3	5.9	1.1	0.5	0.0
65＋	100.0	8.8	64.8	22.5	3.1	0.5	0.3	
2013 年								
	就业人员	未上过学	小学	初中	高中	大学专科	大学本科	研究生及以上
合计	100.0	1.0	15.6	49.5	19.0	8.7	5.7	0.5
16～19	100.0	0.5	5.4	67.3	24.5	2.1	0.3	
20～24	100.0	0.3	3.4	49.2	28.8	12.5	5.6	0.1
25～29	100.0	0.2	4.1	45.3	23.5	15.0	11.1	0.8
30～34	100.0	0.3	5.3	47.3	21.6	13.2	10.8	1.4
35～39	100.0	0.3	8.4	52.3	20.0	10.7	7.3	0.9
40～44	100.0	0.4	11.5	57.1	17.4	7.8	5.3	0.5
45～49	100.0	0.6	14.9	57.2	16.8	6.2	4.0	0.4
50～54	100.0	0.7	16.1	49.7	23.1	6.6	3.5	0.3
55～59	100.0	1.6	31.8	45.6	14.5	4.6	1.8	0.1
60～64	100.0	3.8	53.0	36.6	5.2	1.0	0.4	0.0
65＋	100.0	8.0	61.8	25.6	3.9	0.5	0.3	0.0

续表

2014年								
年龄	就业人员	未上过学	小学	初中	高中	大学专科	大学本科	研究生及以上
合计	100.0	100.0	100.0	100.0	100.0	100.0	100.0	100.0
16～19	1.8	0.4	0.6	2.6	2.1	0.6	0.2	
20～24	8.8	1.5	1.9	8.5	12.7	13.7	10.4	1.5
25～29	12.2	2.0	3.0	10.8	15.3	21.8	23.1	18.9
30～34	11.6	2.3	3.6	11.0	13.4	17.0	22.6	30.1
35～39	10.8	2.3	6.0	11.2	11.5	13.0	14.1	18.6
40～44	14.0	7.2	10.9	15.9	13.1	13.2	12.4	14.4
45～49	12.8	5.6	12.8	15.2	10.8	8.8	8.9	7.8
50～54	10.0	7.4	9.8	10.8	11.5	7.1	5.7	6.1
55～59	7.7	12.2	14.4	7.2	7.1	3.9	2.1	2.2
60～64	5.5	18.5	18.3	4.3	1.7	0.6	0.5	0.3
65＋	4.7	40.7	18.7	2.5	0.7	0.2	0.1	0.2

表 15 女性各年龄段年龄就业人员受教育程度 (%)

2006年								
年龄	就业人员	未上过学	小学	初中	高中	大学专科	大学本科	研究生及以上
合计	100.0	10.2	33.7	40.6	9.6	4.0	1.8	0.2
16～19	100.0	1.6	15.4	71.4	10.9	0.5	0.1	
20～24	100.0	1.6	13.0	60.9	14.6	7.0	2.8	0.1
25～29	100.0	2.3	16.9	52.8	14.3	8.7	4.6	0.4
30～34	100.0	3.1	25.2	51.0	11.1	6.3	3.0	0.3
35～39	100.0	4.2	32.4	47.8	8.8	4.5	2.2	0.2
40～44	100.0	5.6	33.4	44.6	11.3	3.5	1.5	0.1
45～49	100.0	10.7	42.1	30.5	13.1	2.6	0.9	0.1
50～54	100.0	18.6	55.4	19.1	4.6	1.6	0.6	0.1
55～59	100.0	26.3	61.3	10.5	1.3	0.4	0.2	
60～64	100.0	36.8	54.2	7.8	0.6	0.2	0.2	
65＋	100.0	58.4	37.6	3.2	0.3	0.2	0.2	
2007年								
	就业人员	未上过学	小学	初中	高中	大学专科	大学本科	研究生及以上
合计	100.0	9.0	32.2	42.9	9.8	4.0	1.9	0.1
16～19	100.0	1.4	13.4	73.2	11.4	0.4	0.3	

续表

2007年								
年龄	就业人员	未上过学	小学	初中	高中	大学专科	大学本科	研究生及以上
20～24	100.0	1.2	10.8	63.3	15.1	6.5	2.9	0.1
25～29	100.0	1.6	13.8	55.2	14.9	9.1	5.0	0.4
30～34	100.0	2.5	21.5	53.6	11.9	6.7	3.4	0.3
35～39	100.0	3.1	28.5	51.7	9.8	4.7	2.1	0.2
40～44	100.0	4.3	32.5	48.1	10.0	3.5	1.5	0.1
45～49	100.0	8.1	38.6	35.6	14.0	2.8	1.0	0.1
50～54	100.0	15.5	54.8	22.3	5.1	1.7	0.6	
55～59	100.0	23.4	62.0	12.7	1.3	0.4	0.1	
60～64	100.0	33.1	56.9	9.0	0.8	0.1	0.1	
65+	100.0	55.4	40.2	3.8	0.4	0.1	0.1	
2008年								
	就业人员	未上过学	小学	初中	高中	大学专科	大学本科	研究生及以上
合计	100.0	7.9	31.3	44.1	10.4	4.1	2.0	0.2
16～19	100.0	0.9	12.2	71.3	14.5	0.9	0.2	
20～24	100.0	1.0	10.1	61.1	17.4	7.2	3.1	0.1
25～29	100.0	1.3	12.3	55.2	16.0	9.2	5.5	0.7
30～34	100.0	2.0	19.4	54.6	13.0	7.0	3.7	0.4
35～39	100.0	2.6	26.3	53.5	10.6	4.6	2.2	0.2
40～44	100.0	3.8	31.5	50.5	9.3	3.2	1.4	0.1
45～49	100.0	5.8	35.1	41.2	13.7	2.9	1.2	0.1
50～54	100.0	13.0	52.7	25.9	6.1	1.7	0.7	
55～59	100.0	20.2	62.6	15.0	1.6	0.4	0.2	
60～64	100.0	30.7	59.0	9.4	0.7	0.1	0.1	
65+	100.0	49.2	45.8	4.5	0.5	0.1		
2009年								
	就业人员	未上过学	小学	初中	高中	大学专科	大学本科	研究生及以上
合计	100.0	7.1	30.2	45.3	10.5	4.5	2.3	0.2
16～19	100.0	1.0	10.3	72.7	14.7	1.2	0.1	
20～24	100.0	0.9	8.8	62.3	17.7	7.2	3.0	0.1
25～29	100.0	1.3	11.0	56.4	15.6	9.2	6.1	0.6
30～34	100.0	1.8	17.7	55.1	13.0	7.5	4.3	0.5
35～39	100.0	2.3	24.8	53.8	10.8	5.3	2.8	0.2

续表

2009年								
年龄	就业人员	未上过学	小学	初中	高中	大学专科	大学本科	研究生及以上
40～44	100.0	3.3	31.3	50.5	9.0	3.8	1.9	0.1
45～49	100.0	5.0	33.7	43.2	13.2	3.3	1.4	0.2
50～54	100.0	11.6	50.4	28.2	6.7	2.2	0.8	0.1
55～59	100.0	18.5	60.8	17.7	2.1	0.6	0.2	0.0
60～64	100.0	27.0	61.2	11.0	0.6	0.1	0.1	0.0
65+	100.0	45.6	47.5	6.1	0.5	0.1	0.1	0.0

2010年								
	就业人员	未上过学	小学	初中	高中	大学专科	大学本科	研究生及以上
合计	100.0	5.2	27.6	45.8	11.7	5.8	3.6	0.3
16～19	100.0	0.6	10.2	70.8	16.8	1.5	0.1	0
20～24	100.0	0.5	8.3	58.3	19.2	9.7	3.9	0.1
25～29	100.0	0.8	10.1	52.4	15	11.4	9.3	1
30～34	100.0	1.3	16	51.9	14.3	9.2	6.4	0.9
35～39	100.0	1.9	23.2	52.7	11.5	6.4	3.9	0.4
40～44	100.0	2.8	30.1	50.1	9.6	4.4	2.6	0.2
45～49	100.0	4	32.6	44.7	12.6	4	2	0.2
50～54	100.0	9.2	48.3	30.1	8.8	2.5	1.1	0.1
55～59	100.0	15.1	61.2	19.5	2.6	0.6	0.3	0
60～64	100.0	230.4	63.6	11.7	1	0.2	0.1	0
65+	100.0	39.6	52.4	7	0.7	0.1	0.1	0

2011年								
	就业人员	未上过学	小学	初中	高中	大学专科	大学本科	研究生及以上
合计	100.0	3.2	23.1	46.7	14.3	7.6	4.7	0.4
16～19	100.0	0.3	8.1	66.7	21.5	2.9	0.4	
20～24	100.0	0.2	5.0	48.5	24.5	15.3	6.4	0.1
25～29	100.0	0.2	5.9	48.5	18.5	14.1	11.8	1.1
30～34	100.0	0.6	10.2	50.8	17.4	11.1	8.8	1.1
35～39	100.0	0.8	15.4	55.3	14.8	8.3	4.9	0.5
40～44	100.0	1.2	22.8	54.5	12.6	5.5	3.2	0.2
45～49	100.0	2.0	26.5	50.9	13.9	4.3	2.2	0.2
50～54	100.0	4.5	41.3	39.1	11.0	2.7	1.4	0.0
55～59	100.0	9.2	59.5	26.4	3.7	0.8	0.3	0.0
60～64	100.0	15.5	66.7	16.6	0.7	0.3	0.1	0.0
65+	100.0	29.0	61.0	9.0	0.7	0.1	0.1	0.0

续表

2012 年								
年龄	就业人员	未上过学	小学	初中	高中	大学专科	大学本科	研究生及以上
合计	100.0	3.1	22.5	46.4	14.4	8.1	5.0	0.5
16～19	100.0	0.5	5.8	66.1	23.1	4.1	0.4	
20～24	100.0	0.3	4.2	48.0	23.4	16.3	7.6	0.1
25～29	100.0	0.2	5.5	47.0	18.8	15.4	12.0	1.1
30～34	100.0	0.5	8.8	49.2	18.8	11.9	9.3	1.4
35～39	100.0	0.8	13.3	54.0	16.4	9.7	5.2	0.6
40～44	100.0	1.2	19.8	56.0	13.0	6.1	3.6	0.3
45～49	100.0	1.7	25.3	52.4	13.4	4.8	2.3	0.1
50～54	100.0	3.8	37.0	42.3	12.2	3.2	1.4	0.1
55～59	100.0	9.2	57.4	28.0	4.1	0.9	0.4	0.0
60～64	100.0	12.4	67.2	18.9	1.2	0.2	0.2	0.0
65＋	100.0	26.6	62.9	9.6	0.8	0.1	0.0	0.0
2013 年								
	就业人员	未上过学	小学	初中	高中	大学专科	大学本科	研究生及以上
合计	100.0	3.0	22.0	46.1	14.7	8.4	5.4	0.5
16～19	100.0	0.1	4.7	68.0	23.8	3.1	0.2	
20～24	100.0	0.2	3.1	47.0	24.8	17.3	7.4	0.2
25～29	100.0	0.3	4.8	44.4	19.6	16.7	13.1	1.1
30～34	100.0	0.4	7.8	48.2	18.9	12.8	10.5	1.4
35～39	100.0	0.6	12.8	53.0	17.2	9.6	6.2	0.7
40～44	100.0	1.0	18.2	56.3	14.2	6.3	3.7	0.3
45～49	100.0	1.6	26.1	53.1	12.0	4.6	2.4	0.1
50～54	100.0	3.4	33.8	45.0	12.2	3.9	1.7	0.1
55～59	100.0	8.4	56.1	30.0	4.3	0.7	0.3	0.0
60～64	100.0	13.1	65.1	19.8	1.5	0.3	0.1	
65＋	100.0	24.5	63.5	11.0	0.8	0.1	0.0	
2014 年								
	就业人员	未上过学	小学	初中	高中	大学专科	大学本科	研究生及以上
合计	100.0	100.0	100.0	100.0	100.0	100.0	100.0	100.0
16～19	1.7	0.1	0.6	2.2	3.3	0.8	0.2	
20～24	8.5	0.3	1.4	7.8	14.3	19.1	13.4	2.3
25～29	12.8	0.8	2.9	12.2	17.0	24.4	28.5	24.6

续表

2014年								
年龄	就业人员	未上过学	小学	初中	高中	大学专科	大学本科	研究生及以上
30～34	12.5	1.4	3.7	12.9	16.0	19.0	24.6	39.5
35～39	11.4	2.3	5.8	13.3	13.6	13.2	13.7	17.8
40～44	14.9	5.4	12.8	18.0	14.3	11.8	10.4	8.8
45～49	13.5	7.8	15.9	16.0	10.8	7.3	5.9	4.7
50～54	8.8	8.9	12.5	9.5	7.4	3.5	2.7	1.8
55～59	6.4	15.5	16.4	4.5	2.4	0.6	0.5	0.4
60～64	5.5	24.3	16.3	2.6	0.6	0.2	0.1	0.0
65+	4.0	33.2	11.9	1.0	0.2	0.0	0.0	0.1

表16 各行业就业人员受教育程度(2014) (%)

受教育程度	总计	未上过学	小学	初中	高中	大学专科	大学本科	研究生及以上
就业人员(按行业)	100.0	1.8	18.1	46.7	17.2	9.3	6.2	0.5
农、林、牧、渔业	100.0	4.4	35.8	52.2	6.6	0.7	0.18	0.01
采矿业	100.0	0.3	12.2	42.5	27.7	10.9	6.3	0.3
制造业	100.0	0.5	10.3	51.8	22.8	9.7	4.6	0.3
电力、燃气及水的生产和供应业	100.0	0.2	3.4	25.9	29.9	24.6	15.2	0.8
建筑业	100.0	0.7	16.5	59.7	14.6	5.6	2.7	0.1
交通运输、仓储和邮政业	100.0	0.6	8.5	45.5	28.1	12.3	4.8	0.2
信息传输、计算机服务和软件业	100.0	0.3	6.7	51.4	25.9	10.8	4.7	0.2
批发和零售业	100.0	0.6	10.6	55.9	23	7.3	2.4	0.1
住宿和餐饮业	100.0	0.5	5.1	35	23.1	18.6	16.2	1.7
金融业	100.0	0.1	2.6	16.6	20.6	28.3	29.3	2.7
房地产业	100.0	0.5	7.9	29.9	27.4	22.6	11.2	0.5
租赁和商务服务业	100.0	0.3	5.1	28.6	24.7	21.8	17.8	1.6
科学研究、技术服务和地质勘查业	100.0	0	1.8	16.8	17.3	23.8	31.6	8.6
水利、环境和公共设施管理业	100.0	1	13.7	33.7	21.6	17.3	11.8	1
居民服务和其他服务业	100.0	1	10.9	52.9	24.2	8.2	2.8	0.1

续表

受教育程度	总计	未上过学	小学	初中	高中	大学专科	大学本科	研究生及以上
教育	100.0	0.1	2.1	12.8	15.4	27.6	36.7	5.3
卫生、社会保障和社会福利业	100.0	0.2	2.2	13.9	20.3	34.2	26.2	3
文化、体育和娱乐业	100.0	0.2	4.8	27	22.2	22.6	21.3	1.8
公共管理和社会组织	100.0	0.3	2.7	11.8	20.6	32.3	30.3	2.1
国际组织	100.0			59.7	21.2	6	13.1	

表 17　按职业分就业人员受教育程度(2014)　(%)

受教育程度	总计	未上过学	小学	初中	高中	大学专科	大学本科	研究生及以上
就业人员(按职业)	100.0	1.8	18.1	46.7	17.2	9.3	6.2	0.5
单位负责人	100.0	0.2	4.6	30.5	26.3	21.9	15.1	1.5
专业技术人员	100.0	0.2	4	18.3	19.4	27.7	27.1	3.3
办事人员和有关人员	100.0	0.2	3.9	19	23.9	27.9	23.4	1.7
商业、服务业人员	100.0	0.7	9.6	48.5	26.1	10.7	4.3	0.1
农林牧渔水利业生产人员	100.0	4.4	35.6	52.2	6.8	0.7	0.2	0
生产运输设备操作人员及有关人员	100.0	0.6	12.8	58.5	20.1	5.9	2	0.1
其他	100.0	0.9	11.3	51.3	23.1	9.5	3.7	0.2

表 18　家庭就业人口及负担人数　(人)

年份	城镇居民家庭平均每户就业人口	城镇居民家庭平均每一就业者负担人数	农村居民家庭平均每户整半劳动力	农村居民家庭平均每一劳动力负担人数
1985	2.15	1.81	2.95	1.74
1989	2	1.78	2.94	1.65
1990	1.98	1.77	2.92	1.64
1995	1.87	1.73	2.88	1.56
1997	1.83	1.74	2.79	1.56
1998	1.8	1.75	2.78	1.55
1999	1.77	1.77	2.77	1.53
2 000	1.68	1.86	2.76	1.52
2001	1.65	1.88	2.73	1.52
2002	1.58	1.92	2.76	1.5

续表

年份	城镇居民家庭平均每户就业人口	城镇居民家庭平均每一就业者负担人数	农村居民家庭平均每户整半劳动力	农村居民家庭平均每一劳动力负担人数
2003	1.58	1.91	2.8	1.47
2004	1.56	1.91	2.82	1.45
2005	1.51	1.96	2.82	1.44
2006	1.53	1.93	2.83	1.43
2007	1.54	1.89	2.84	1.42
2008	1.48	1.97	2.85	1.41
2009	1.49	1.94	2.85	1.4
2010	1.49	1.93	2.85	1.39
2011	1.48	1.94	2.78	1.4
2012	1.49	1.92	2.76	1.4

表 19　农村居民家庭人均工资性收入

（元）

地区＼年份	2000	2001	2002	2003	2004	2005	2006	2007	2008	2009	2010	2011	2012	2013	2014
全国	702.3	771.9	840.22	918.38	998.46	1 174.53	1 374.80	1 596.22	1 853.73	2 061.25	2 431.05	2 963.43	3 447.46	4 025.37	4 152.2
北京	2 819.06	3 312.84	3 429.68	3 480.30	3 698.74	4 524.25	5 047.39	5 605.65	6 389.31	7 326.19	8 229.19	9 578.85	10 843.48	12 034.89	14 260.21
天津	1 638.28	1 797.67	2 060.23	2 152.55	2 358.69	2 720.85	3 247.92	3 582.67	4 064.95	4 408.33	5 261.97	6 829.24	7 922.26	9 091.51	9 941.12
河北	949.25	978.38	1 043.67	1 072.33	1 110.92	1 293.50	1 514.68	1 754.33	1 979.52	2 251.01	2 653.42	3 423.95	4 005.28	5 236.74	5 133.34
山西	726.05	789.84	866.47	897.50	987.52	1 177.94	1 374.34	1 520.95	1 713.55	1 789.93	2 108.60	2 684.87	3 175.50	4 041.06	4 569.57
内蒙古	287.63	300.11	320.03	344.60	394.79	504.46	590.70	716.86	806.48	900.42	1 036.78	1 310.86	1 459.05	1 694.61	2 070.78
辽宁	882.96	914.6	1 020.62	1 056.59	1 075.86	1 212.20	1 499.47	1 719.74	2 035.53	2 239.75	2 649.97	3 179.75	3 630.24	4 209.39	4 362.29
吉林	343.86	328.53	388.99	425.51	457.80	510.96	605.11	711.25	810.17	869.02	1 072.14	1 469.19	1 792.02	1 813.23	1 937.65
黑龙江	337.97	333.35	376.55	394.24	413.14	464.31	654.86	773.90	916.76	1 019.61	1 241.59	1 496.51	1 816.84	1 991.35	2 188.54
上海	4 309.89	4 491.12	4 920.43	5 251.58	5 468.54	6 159.70	6 685.98	7 353.42	8 108.32	8 671.00	9 605.73	10 493.03	11 477.71	12 239.37	16 177.05
江苏	1 663.11	1 819.79	1 993.74	2 189.06	2 443.35	2 786.11	3 104.77	3 443.03	3 895.50	4 238.54	4 896.39	5 969.02	6 775.89	7 608.55	7 170.32
浙江	2 000.51	2 225.87	2 437.42	2 574.85	2 855.82	3 238.77	3 575.14	4 009.72	4 587.44	5 090.15	5 822.48	6 721.32	7 678.22	9 204.28	11 772.53
安徽	547.83	610.65	707.68	818.92	884.62	1 010.05	1 184.11	1 470.05	1 737.84	1 882.42	2 203.94	2 723.17	3 243.47	3 733.52	3 554.87
福建	1 069.01	1 163.2	1 246.01	1 353.79	1 488.47	1 650.65	1 855.53	2 099.92	2 421.46	2 678.35	3 094.60	3 889.54	4 474.49	5 193.92	5 655.21
江西	744.47	805.09	927.35	1 022.14	1 017.51	1 227.94	1 441.34	1 611.45	1 842.36	2 018.98	2 394.62	2 994.49	3 532.72	4 422.08	3 937.44
山东	850.56	965.67	1 056.7	1 095.45	1 178.32	1 437.57	1 671.54	1 950.78	2 263.46	2 496.57	2 958.06	3 715.25	4 383.22	5 127.17	4 713.15
河南	473.68	517.63	567.07	635.59	753.99	853.95	1 022.74	1 267.70	1 499.93	1 621.75	1 943.86	2 523.77	2 989.36	3 581.56	3 260.22
湖北	547.69	582.6	662.19	706.79	755.23	941.64	1 199.16	1 454.50	1 742.33	1 900.54	2 186.11	2 703.05	3 189.84	3 868.21	3 298.61
湖南	789.74	840.11	914.31	988.35	1 081.23	1 228.79	1 449.65	1 712.31	1 990.52	2 234.01	2 655.59	3 240.81	3 847.59	4 595.58	4 088.13

续表

年份 地区	2000	2001	2002	2003	2004	2005	2006	2007	2008	2009	2010	2011	2012	2013	2014
广东	1 362.16	1 527.17	1 714.11	1 965.78	2 173.21	2 562.39	2 906.15	3 202.13	3 684.47	4 089.69	4 799.52	5 854.68	6 804.43	7 072.37	6 220.34
广西	483.75	543.82	686.57	784.60	857.63	907.36	974.32	1 128.75	1 283.39	1 465.22	1 707.18	1 820.37	2 245.95	2 712.27	2 335.37
海南	151.38	199.99	304.81	329.87	397.32	473.06	555.72	665.16	808.63	972.68	1 261.86	2 004.63	2 475.57	3 001.54	3 596.03
重庆	623.32	696.5	783.12	858.50	931.69	1 088.80	1 309.91	1 559.30	1 764.64	1 919.68	2 335.23	2 894.53	3 400.77	4 089.15	3 196.46
四川	606.93	651.79	711.38	765.76	829.17	954.89	1 219.51	1 438.68	1 620.40	1 821.37	2 248.18	2 652.46	3 088.86	3 542.78	3 156.55
贵州	274.9	317.54	386.86	458.84	505.24	583.28	715.49	846.85	1 002.68	1 074.32	1 303.85	1 713.52	1 977.73	2 572.61	2 521.48
云南	263.58	283.36	286.17	318.22	325.86	348.31	441.81	521.63	617.47	684.95	930.00	1 138.55	1 435.87	1 729.19	1 975.82
西藏	227.63	133.52	205.61		530.33	565.18	568.39	635.11	759.72	914.08	1 108.84	1 008.03	1 201.93	1 475.32	1 571.08
陕西	445.97	498.02	550.51	615.92	690.38	756.71	848.26	1 036.18	1 243.57	1 428.46	1 734.48	2 395.45	2 727.85	3 151.23	3 216.83
甘肃	355.03	405.99	447.41	488.73	527.58	586.71	637.37	716.43	867.98	994.94	1 199.45	1 561.97	1 787.72	2 203.41	1 755.76
青海	312.3	351.34	401.51	454.06	460.90	560.52	653.30	790.88	983.16	1 081.59	1 269.81	1 775.39	1 989.69	2 347.46	2 041.42
宁夏	484.02	527.63	526.68	592.30	618.37	702.10	823.09	1 021.37	1 260.04	1 518.94	1 788.28	2 164.24	2 510.53	2 878.36	3 391.04
新疆	104.58	131.87	142.1	140.27	138.23	195.51	254.07	330.75	422.82	461.49	556.26	804.73	1 008.02	1 311.84	1 847.98

表 20　城镇居民家庭人均工资性收入

（元）

地区＼年份	2000	2001	2002	2003	2004	2005	2006	2007	2008	2009	2010	2011	2012	2013	2014
全国	3 500.63	3 745.98	5 739.96	6 410.22	7 152.76	7 797.54	87 66.96	10 234.76	11 298.96	12 382.11	13 707.68	15 411.91	17 335.62	18 929.79	17 936.82
北京	5 678.55	6 239.26	8 999.40	10 152.14	11 590.45	13 666.34	16 284.17	17 318.72	18 738.96	21 105.61	23 099.09	25 161.22	27 961.78	30 273.01	29 652.94
天津	3 920.84	4 152.18	6 050.76	6 663.54	7 508.72	8 174.64	9 259.72	10 882.24	12 849.73	14 389.10	16 780.41	18 794.08	21 523.81	23 231.85	18 796.86
河北	3 378.50	3 456.85	4 497.24	4 924.32	5 589.89	6 346.53	7 065.29	8 325.67	8 891.50	9 830.57	10 566.30	11 686.60	13 154.52	14 588.36	15 275.87
山西	2 728.86	3 140.95	4 704.72	5 527.89	6 338.80	7 103.45	7 877.30	9 057.81	9 019.35	9 741.38	10 784.74	13 146.47	14 973.64	16 216.40	15 623.72
内蒙古	2 989.50	3 392.55	4 552.32	5 235.96	5 893.79	6 669.48	7 552.68	9 300.62	10 284.43	11 267.40	12 614.46	14 779.08	16 872.58	18 377.94	17 406.18
辽宁	2 541.51	2 809.88	4 692.60	5 204.18	5 806.05	6 103.41	6 611.44	8 213.06	9 494.59	10 420.60	11 712.68	13 093.86	14 846.05	15 882.02	16 239.6
吉林	2 755.48	3 084.12	4 294.68	4 828.31	5 447.36	5 905.86	6 576.52	7 641.21	8 677.27	9 482.13	10 621.43	12 217.09	13 535.33	14 388.26	13 658.22
黑龙江	2 540.50	2 664.09	3 954.12	4 489.37	5 031.88	5 478.03	6 028.06	6 945.95	7 393.39	8 356.66	9 087.59	10 235.04	11 700.50	12 525.77	13 741.32
上海	5 119.50	5 171.35	8 974.80	11 525.99	13 156.67	14 280.65	16 016.40	18 996.58	21 791.11	23 172.36	25 439.97	28 550.76	31 109.30	33 235.39	30 212.11
江苏	3 307.85	3 472.64	5 494.32	6 091.04	6 869.00	8 397.15	9 501.35	10 791.22	12 319.86	13 480.72	14 816.87	17 761.58	20 102.05	21 890.00	20 720.13
浙江	4 010.90	4 394.40	8 533.80	9 692.52	10 752.74	11 941.09	13 015.77	14 509.69	15 538.83	16 701.04	18 313.60	20 334.25	22 385.09	24 453.00	23 317.29
安徽	2 672.86	2 859.25	4 438.56	4 878.30	5 583.71	6 425.54	7 430.86	8 683.96	9 302.38	10 362.39	11 442.43	12 915.97	14 812.54	15 535.34	15 515
福建	4 225.45	4 622.20	6 869.28	7 499.01	7 996.08	8 791.56	10 164.49	11 175.25	12 668.82	14 211.49	15 682.48	17 438.81	19 976.01	21 443.39	19 197.23
江西	3 362.29	3 685.09	4 598.64	5 108.21	5 541.74	6 222.55	6 897.94	8 411.73	9 105.96	9 789.79	10 613.83	11 654.36	13 348.06	14 767.52	15 623.11
山东	4 631.85	4 982.71	6 702.72	7 418.42	8 327.11	9 026.55	10 442.06	11 814.19	12 940.62	13 985.83	15 731.23	17 629.40	19 856.05	21 562.13	18 866.18
河南	2 641.47	2 791.00	4 288.80	4 757.86	5 322.07	6 095.49	6 861.49	8 058.81	9 043.52	9 910.46	10 804.88	12 039.24	13 666.49	14 704.24	14 510.79
湖北	3 620.05	3 821.45	5 278.20	5 847.66	6 390.81	6 576.92	7 573.56	8 809.80	9 474.81	10 331.51	11 460.49	12 622.44	14 191.04	15 571.83	14 215.35
湖南	4 379.49	4 387.30	5 408.16	5 984.74	6 807.36	6 805.30	7 401.73	8 612.48	9 070.97	9 854.09	10 782.04	11 550.09	13 237.06	13 951.38	14 661.73
广东	5 045.97	5 132.82	9 284.16	10 413.47	11 646.42	12 265.04	13 031.33	14 659.44	15 188.39	16 898.88	18 902.43	21 092.14	23 632.20	25 286.45	24 315.6
广西	3 813.90	4 370.15	5 835.84	6 149.78	6 737.70	6 975.39	7 419.40	9 075.18	10 321.20	11 193.64	12 061.82	13 550.16	14 693.47	15 647.77	13 892.69
海南	3 314.25	3 726.38	4 930.68	5 020.58	5 599.27	6 071.20	6 954.45	8 113.01	8 999.75	9 678.65	10 957.92	12 876.92	14 672.28	15 773.04	15 654.23
重庆	3 897.32	4 130.22	5 190.96	6 288.55	7 162.69	7 848.52	9 266.42	9 717.48	10 957.62	11 824.00	12 738.20	13 827.72	15 415.44	16 654.66	15 020.2

续表

年份 地区	2000	2001	2002	2003	2004	2005	2006	2007	2008	2009	2010	2011	2012	2013	2014
四川	3 298.69	3 321.47	4 552.32	4 910.82	5 461.35	5 838.27	6 675.99	8 147.31	9 117.00	10 132.43	11 310.70	12 687.29	14 249.32	14 976.04	14 262.37
贵州	3 243.42	3 508.89	4 007.40	4 668.50	5 135.14	5 516.18	6 507.12	7 750.15	7 811.16	9 005.57	9 627.99	10 754.45	12 309.17	13 627.56	13 147.52
云南	4 181.53	4 192.21	5 446.68	5 854.39	6 138.33	6 170.93	6 881.39	8 019.69	8 596.88	9 641.68	10 845.21	12 416.17	14 408.29	15 140.70	13 530.87
西藏	6 667.54	6 958.30	8 300.04	9 466.39	10 204.52	10 401.71	7 512.25	10 370.42	12 314.69	13 326.40	14 707.14	15 854.97	17 672.12	19 604.00	17 404.64
陕西	2 944.74	3 347.05	4 684.56	5 170.32	5 725.33	6 347.81	6 958.23	8 292.38	9 794.82	10 775.37	12 078.35	14 051.28	15 547.32	16 440.99	14 925.92
甘肃	3 427.04	3 645.29	4 866.00	5 269.23	6 087.37	6 486.84	7 008.40	8 140.72	8 354.63	9 182.24	9 882.50	11 195.26	12 514.92	13 329.73	13 999.88
青海	3 099.13	3 641.91	4 073.88	4 493.36	5 022.57	5 613.79	6 316.64	7 849.44	8 595.48	9 341.26	10 061.58	11 403.97	12 614.39	14 015.57	15 283.47
宁夏	2 925.15	3 242.54	4 366.80	4 670.76	5 166.44	5 771.58	6 450.79	7 667.77	8 793.54	9 597.11	10 821.22	12 396.71	13 965.62	15 363.92	15 735.55
新疆	3 846.07	4 614.02	5 665.44	6 219.72	6 394.50	6 553.47	7 490.69	9 012.19	9 422.22	10 232.91	11 327.91	12 653.43	14 432.12	15 585.27	15 404.32

表 21　按行业分城镇单位就业人员平均工资

（元）

年份 行业名称	2003	2004	2005	2006	2007	2008	2009	2010	2011	2012	2013	2014
合计	13 969.00	15 920.00	18 200.00	20 856.00	24 721.00	28 898.00	32 244.00	36 539.00	41 799	46 769	51 483	56 360
农、林、牧、渔业	6 884.00	7 497.00	8 207.00	9 269.00	10 847.00	12 560.00	14 356.00	16 717.00	19 469	22 687	25 820	28 356
采矿业	13 627.00	16 774.00	20 449.00	24 125.00	28 185.00	34 233.00	38 038.00	44 196.00	52 230	56 946	60 138	61 677
制造业	12 671.00	14 251.00	15 934.00	18 225.00	21 144.00	24 404.00	26 810.00	30 916.00	36 665	41 650	46 431	51 369
电力、燃气及水的生产和供应业	18 574.00	21 543.00	24 750.00	28 424.00	33 470.00	38 515.00	41 869.00	47 309.00	52 723	58 202	67 085	73 339
建筑业	11 328.00	12 578.00	14 112.00	16 164.00	18 482.00	21 223.00	24 161.00	27 529.00	32 103	36 483	42 072	45 804
交通运输、仓储和邮政业	15 753.00	18 071.00	20 911.00	24 111.00	27 903.00	32 041.00	35 315.00	40 466.00	47 078	46 340	50 308	55 838

续表

年份 行业名称	2003	2004	2005	2006	2007	2008	2009	2010	2011	2012	2013	2014
信息传输、计算机服务和软件业	30 897.00	33 449.00	38 799.00	43 435.00	47 700.00	54 906.00	58 154.00	64 436.00	70 918	53 391	57 993	63 416
批发和零售业	10 894.00	13 012.00	15 256.00	17 796.00	21 074.00	25 818.00	29 139.00	33 635.00	40 654	31 267	34 044	37 264
住宿和餐饮业	11 198.00	12 618.00	13 876.00	15 236.00	17 046.00	19 321.00	20 860.00	23 382.00	27 486	80 510	90 915	100 845
金融业	20 780.00	24 299.00	29 229.00	35 495.00	44 011.00	53 897.00	60 398.00	70 146.00	81 109	89 743	99 653	108 273
房地产业	17 085.00	18 467.00	20 253.00	22 238.00	26 085.00	30 118.00	32 242.00	35 870.00	42 837	46 764	51 048	55 568
租赁和商务服务业	17 020.00	18 723.00	21 233.00	24 510.00	27 807.00	32 915.00	35 494.00	39 566.00	46 976	53 162	62 538	67 131
科学研究、技术服务和地质勘查业	20 442.00	23 351.00	27 155.00	31 644.00	38 432.00	45 512.00	50 143.00	56 376.00	64 252	69 254	76 602	82 259
水利、环境和公共设施管理业	11 774.00	12 884.00	14 322.00	15 630.00	18 383.00	21 103.00	23 159.00	25 544.00	28 868	32 343	36 123	39 198
居民服务和其他服务业	12 665.00	13 680.00	15 747.00	18 030.00	20 370.00	22 858.00	25 172.00	28 206.00	33 169	35 135	38 429	41 882
教育	14 189.00	16 085.00	18 259.00	20 918.00	25 908.00	29 831.00	34 543.00	38 968.00	43 194	47 734	51 950	56 580
卫生、社会保障和社会福利业	16 185.00	18 386.00	20 808.00	23 590.00	27 892.00	32 185.00	35 662.00	40 232.00	46 206	52 564	57 979	63 267
文化、体育和娱乐业	17 098.00	20 522.00	22 670.00	25 847.00	30 430.00	34 158.00	37 755.00	41 428.00	47 878	53 558	59 336	64 375
公共管理和社会组织	15 355.00	17 372.00	20 234.00	22 546.00	27 731.00	32 296.00	35 326.00	38 242.00	42 062	46 074	49 259	53 110

表 22　按行业分城镇单位就业人员工资总额

（亿元）

年份 行业名称	2003	2004	2005	2006	2007	2008	2009	2010	2011	2012	2013	2014
合计	15 329.64	17 615.00	20 627.07	24 262.32	29 471.51	35 289.50	40 288.16	47 269.89	59 954.66	70 914.2	93 064.29	102 817.2
农、林、牧、渔业	335.80	351.16	368.65	403.34	464.63	516.42	537.41	627.06	697.65	760.8	757.96	808.9
采矿业	662.86	831.84	1 031.25	1 259.57	1 500.48	1 847.29	2 089.12	2 458.84	3 174.24	3 600.7	3 833.18	3 728.2
制造业	3 772.66	4 316.44	5 056.63	6 035.77	7 241.15	8 498.91	9 302.20	11 140.79	15 031.37	17 668.1	24 566.64	27 011.4
电力、燃气及水的生产和供应业	551.99	646.78	741.82	858.00	1 012.73	1 180.36	1 283.45	1 468.28	1 755.73	1 999.6	2 715.30	2 965.8
建筑业	965.89	1 081.27	1 324.68	1 612.06	1 946.21	2 313.62	2 837.89	3 471.55	5 596.36	7 392.7	12 315.09	13 389.4
交通运输、仓储和邮政业	1 008.02	1 144.72	1 279.50	1 471.54	1 727.85	2 006.30	2 234.90	2 541.95	3 074.06	3 271.3	4 451.92	4 931.4
信息传输、计算机服务和软件业	355.97	404.32	491.83	587.41	699.08	862.83	996.23	1 171.65	1 475.59	3 531.5	4 834.56	5 435.4
批发和零售业	696.34	770.52	831.96	920.00	1 061.80	1 323.94	1 509.21	1 782.97	2 594.75	824.4	1 038.33	1 079.1
住宿和餐饮业	190.91	221.23	249.81	280.05	314.59	371.23	418.87	484.65	655.22	1 769.4	2 957.72	3 375.8
金融业	734.42	866.75	1 047.66	1 292.92	1 670.34	2 202.90	2 658.79	3 219.03	4 007.02	4 669.0	5 269.04	6 017.4
房地产业	202.72	243.25	293.01	338.37	426.18	520.84	607.78	745.58	1 052.54	1 271.3	1 882.30	2 220.5
租赁和商务服务业	305.23	351.38	449.79	565.56	668.90	893.68	1 021.39	1 198.45	1 325.28	1 531.2	2 629.38	2 985.9
科学研究、技术服务和地质勘查业	454.43	514.62	613.95	736.91	923.92	1 154.61	1 350.61	1 619.29	1 379.58	2 259.4	2 940.32	3 339.7
水利、环境和公共设施管理业	202.62	226.13	257.35	289.83	352.19	413.81	474.32	555.89	659.79	784.6	933.66	1 049.9

续表

年份 / 行业名称	2003	2004	2005	2006	2007	2008	2009	2010	2011	2012	2013	2014
居民服务和其他服务业	66.40	71.84	85.13	102.50	115.82	132.11	146.78	168.44	197.89	217.1	277.16	312.9
教育	2 035.87	2 346.19	2 690.81	3 127.82	3 917.21	4 556.10	5 338.61	6 136.54	6 938.82	7 851.0	8 721.14	9 722.5
卫生、社会保障和社会福利业	782.08	902.27	1 047.81	1 226.09	1 496.57	1 789.26	2 095.30	2 506.41	3 078.65	3 718.5	4 397.77	5 057.8
文化、体育和娱乐业	217.88	251.55	275.81	314.85	378.12	429.31	488.51	543.74	642.07	735.4	867.81	936.8
公共管理和社会组织	1 787.56	2 072.73	2 489.63	2 839.73	3 553.75	4 275.97	4 896.80	5 428.79	6 118.07	7 058.3	7 675.02	8 448.6

表 23　分登记注册类型城镇单位就业人员平均工资及指数

年　份	平均工资(元)				指数(以上年为 100)			
	合　计	国有单位	城镇集体单位	其他单位	合　计	国有单位	城镇集体单位	其他单位
1985	1 148	1 213	967	1 436	117.9	117.3	119.2	137
1986	1 329	1 414	1 092	1 629	115.8	116.6	112.9	113.4
1987	1 459	1 546	1 207	1 879	109.8	109.3	110.5	115.3
1988	1 747	1 853	1 426	2 382	119.7	119.9	118.1	126.8
1989	1 935	2 055	1 557	2 707	110.8	110.9	109.2	113.6
1990	2 140	2 284	1 681	2 987	110.6	111.1	108	110.3
1991	2 340	2 477	1 866	3 468	109.3	108.5	111	116.1
1992	2 711	2 878	2 109	3 966	115.9	116.2	113	114.4
1993	3 371	3 532	2 592	4 966	124.3	122.7	122.9	125.2
1994	4 538	4 797	3 245	6 302	134.6	135.8	125.2	126.9
1995	5 348	5 553	3 934	7 728	118.9	117.3	121.1	119.9
1996	5 980	6 207	4 312	8 521	111.8	111.8	109.6	110.3
1997	6 444	6 679	4 516	9 092	107.8	107.6	104.7	106.7
1998	7 446	7 579	5 314	9 241	115.5	113.5	117.7	101.6
1999	8 319	8 443	5 758	10 142	111.7	111.4	108.4	109.8
2000	9 333	9 441	6 241	11 238	112.2	111.8	108.4	110.8
2001	10 834	11 045	6 851	12 437	116.1	117	109.8	110.7
2002	12 373	12 701	7 636	13 486	114.2	115	111.5	108.4
2003	13 969	14 358	8 627	14 843	112.9	113	113	110.1
2004	15 920	16 445	9 723	16 519	114	114.5	112.7	111.3
2005	18 200	18 978	11 176	18 362	114.3	115.4	114.9	111.2
2006	20 856	21 706	12 866	21 004	114.6	114.4	115.1	114.4
2007	24 721	26 100	15 444	24 271	118.5	120.2	120	115.6
2008	28 898	30 287	18 103	28 552	116.9	116	117.2	117.6
2009	32 244	34 130	20 607	31 350	111.6	112.7	113.8	109.8
2010	36 539	38 359	24 010	35 801	113.3	112.4	116.5	114.2
2011	41 799	43 483	28 791	41 323	114.4	113.4	119.9	115.4
2012	46 769	48 357	33 784	46 360	111.9	111.2	117.3	112.2
2013	51 483	52 657	38 905	51 453	110.1	108.9	115.2	111
2014	56 360	57 296	42 742	56 485	109.5	108.8	109.9	109.8

表 24　2003—2014 年按行业分城镇单位就业人员平均工资增长

行业	增长幅度(元)	增长比例(倍数)
合计	42 391	4.0
农、林、牧、渔业	21 472	4.1
采矿业	48 050	4.5
制造业	38 698	4.1
电力、燃气及水的生产和供应业	54 765	3.9
建筑业	34 476	4.0
交通运输、仓储和邮政业	40 085	3.5
信息传输、计算机服务和软件业	32 519	2.1
批发和零售业	26 370	3.4
住宿和餐饮业	89 647	9.0
金融业	87 493	5.2
房地产业	38 483	3.3
租赁和商务服务业	50 111	3.9
科学研究、技术服务和地质勘查业	61 817	4.0
水利、环境和公共设施管理业	27 424	3.3
居民服务和其他服务业	29 217	3.3
教育	42 391	4.0
卫生、社会保障和社会福利业	47 082	3.9
文化、体育和娱乐业	47 277	3.8
公共管理和社会组织	37 755	3.5

表 25　2003—2014 年按行业分城镇单位就业人员工资总额增长

行业	增长幅度	增长比例
合计	87 487.56	6.7
农、林、牧、渔业	473.1	2.4
采矿业	3 065.34	5.6
制造业	23 238.74	7.2
电力、燃气及水的生产和供应业	2 413.81	5.4
建筑业	12 423.51	13.9
交通运输、仓储和邮政业	3 923.38	4.9
信息传输、计算机服务和软件业	5 079.43	15.3
批发和零售业	382.76	1.5
住宿和餐饮业	3 184.89	17.7

续表

行业	增长幅度	增长比例
金融业	5 282.98	8.2
房地产业	2 017.78	11.0
租赁和商务服务业	2 680.67	9.8
科学研究、技术服务和地质勘查业	2 885.27	7.3
水利、环境和公共设施管理业	847.28	5.2
居民服务和其他服务业	246.5	4.7
教育	7 686.63	4.8
卫生、社会保障和社会福利业	4 275.72	6.5
文化、体育和娱乐业	718.92	4.3
公共管理和社会组织	6 661.04	4.7

表 26 城镇地区按收入等级分家庭人均可支配收入 (元)

年份	低收入户	中等偏下户	中等收入户	中等偏上户	高收入户	高收入户与低收入户比值
2000	3 132	4 623.54	5 897.92	7 487.37	11 299	3.6
2001	3 319.7	4 946.6	6 366.24	8 164.22	12 662.6	3.8
2002	3 032.11	4 931.96	6 656.81	8 869.51	15 459.49	5.1
2003	3 295.38	5 377.25	7 278.75	9 763.37	17 471.79	5.3
2004	3 642.24	6 024.1	8 166.54	11 050.89	20 101.55	5.5
2005	4 017.28	6 710.58	9 190.05	12 603.37	22 902.32	5.7
2006	4 567.05	7 554.16	10 269.7	14 049.17	25 410.8	5.6
2007	5 364.25	8 900.51	12 042.23	16 385.8	29 478.87	5.5
2008	6 074.87	10 195.56	13 984.23	19 254.07	34 667.75	5.7
2009	6 725.23	11 243.55	15 399.92	21 017.95	37 433.87	5.6
2010	7 605.21	12 702.08	17 224.01	23 188.9	41 158.01	5.4
2011	8 788.85	14 498.26	19 544.94	26 419.99	47 020.95	5.4
2012	10 353.83	16 761.43	22 419.1	29 813.74	51 456.4	5.0
2013	9 895.93	17 628.14	24 172.89	32 613.81	57 762.11	5.8
2014	11 219.28	19 650.51	26 650.59	35 631.24	61 615.03	5.5
2015	12 230.9	21 446.2	29 105.2	38 572.4	65 082.2	5.3

表 27　农村地区按收入等级分家庭人均纯收入 （元）

年份	低收入户	中等偏下户	中等收入户	中等偏上户	高收入户	高收入户与低收入户比值
2000	802	1 440	2 004	2 767	5 190	6.5
2001	818	1 491	2 081	2 891	5 534	6.8
2002	857.13	1 547.53	2 164.11	3 031	5 903	6.9
2003	865.9	1 606.53	2 273.13	3 206.79	6 346.86	7.3
2004	1 006.97	1 842.16	2 578.65	3 607.98	6 930.65	6.9
2005	1 067.22	2 018.31	2 850.95	4 003.33	7 747.35	7.3
2006	1 182.46	2 222.03	3 148.5	4 446.59	8 474.79	7.2
2007	1 346.89	2 581.75	3 658.83	5 129.78	9 790.68	7.3
2008	1 499.81	2 934.99	4 203.12	5 928.6	11 290.2	7.5
2009	1 549.3	3 110.1	4 502.08	6 467.56	12 319.05	8.0
2010	1 869.8	3 621.23	5 221.66	7 440.56	14 049.69	7.5
2011	2 000.51	4 255.75	6 207.68	8 893.59	16 783.06	8.4
2012	2 316.21	4 807.47	7 041.03	10 142.08	19 008.89	8.2
2013	2 583.23	5 516.4	7 942.14	11 373.03	21 272.7	8.2

表 28　全国女性就业人员受教育程度构成(2014)

地区	女性就业人员受教育程度						
	未上过学	小学	初中	高中	大学专科	大学本科	研究生及以上
全国	2.8	21.4	45.2	14.7	9.3	6.1	0.51
北京	0.4	3.6	18.5	18.1	20.6	31.4	7.38
天津	0.2	5.5	35.0	19.7	19.8	18.1	1.69
河北	2.3	17.9	51.9	13.4	8.4	5.9	0.24
山西	1.4	13.1	49.3	17.6	11.8	6.4	0.39
内蒙古	2.8	23.6	39.0	14.7	12.6	7.0	0.37
辽宁	0.3	13.1	54.5	14.1	9.8	7.6	0.54
吉林	1.0	19.2	50.6	13.0	8.4	7.4	0.45
黑龙江	0.8	23.1	52.6	11.5	7.1	4.6	0.26
上海	0.4	5.3	28.1	19.7	20.6	23.5	2.45
江苏	3.2	19.9	43.8	15.4	10.7	6.3	0.55
浙江	3.1	21.5	38.1	14.0	12.8	10.0	0.45
安徽	7.6	26.2	47.2	8.7	6.0	3.9	0.34

续表

地区	女性就业人员受教育程度						
	未上过学	小学	初中	高中	大学专科	大学本科	研究生及以上
福建	2.6	23.7	39.3	15.6	10.7	7.6	0.38
江西	2.0	25.4	50.7	12.5	6.0	3.1	0.28
山东	3.0	21.0	44.3	15.6	9.3	6.5	0.45
河南	2.4	18.0	52.6	16.3	6.8	3.7	0.19
湖北	3.4	20.2	44.0	16.8	9.7	5.4	0.47
湖南	1.3	18.1	44.9	19.4	10.7	5.2	0.41
广东	0.7	16.0	49.1	19.9	9.1	4.9	0.41
广西	1.1	20.8	56.9	10.8	7.1	3.1	0.24
海南	3.1	14.3	52.6	17.3	6.7	5.9	0.16
重庆	3.4	30.9	37.1	14.7	8.3	5.0	0.59
四川	3.3	28.9	44.0	13.6	6.9	3.2	0.20
贵州	9.0	33.8	40.8	7.0	5.7	3.6	0.05
云南	4.4	45.2	31.1	8.8	5.7	4.5	0.20
西藏	23.6	45.1	18.4	6.9	2.9	3.0	
陕西	2.2	14.1	44.5	17.8	13.5	6.8	1.04
甘肃	9.4	30.5	36.3	10.7	8.1	4.9	0.22
青海	7.4	30.2	33.5	11.9	9.7	6.9	0.39
宁夏	11.4	26.8	35.6	10.6	8.8	6.7	0.14
新疆	1.2	24.5	42.5	12.8	12.7	6.0	0.31

表 29　按年龄分组的城镇就业人员调查周平均工作时间

（小时/周）

年龄＼年份	2003	2004	2005	2006	2007	2008	2009	2010	2011	2012	2013	2014
16～19	48.4	48.7	51.8	49.94	48.1	45.8	46.8	49.1	48.0	47.6	49.3	49.3
20～24	46.2	46.4	49.4	48.41	46.9	45.6	46.1	47.8	46.8	47.0	47.6	47.7
25～29	45.7	45.9	48.6	48.14	46.5	45.7	45.9	47.1	46.6	46.7	47.0	47.2
30～34	45.7	45.9	48.6	48.42	46.9	46.0	46.1	47.5	47.0	46.8	47.2	47
35～39	45.7	46.0	48.4	48.32	46.7	45.9	46.1	47.8	47.2	47.2	47.6	47.5
40～44	45.1	45.3	47.7	47.68	46.1	45.4	45.4	47.6	46.9	47.0	47.6	47.5
45～49	44.9	44.7	46.9	46.54	45.2	44.5	44.5	46.8	46.0	46.0	46.8	46.7
50～54	44.5	44.5	45.9	45.22	43.9	43.3	42.9	45.8	44.8	44.7	45.5	45.6
55～59	44.2	44.0	44.8	43.89	41.8	41.0	41.1	44.7	43.4	42.6	43.8	44.1
60～64	42.7	43.0	42.9	41.75	38.4	37.3	37.8	42.6	40.1	40.6	41.2	41.2
65＋	40.7	40.7		36.82	33.4	32.7	33.4	38.5	35.0	34.9	35.7	35.6

表 30　按职业分组的城镇就业人员调查周平均工作时间

（小时）

职业＼年份	2003	2004	2005	2006	2007	2008	2009	2010	2011	2012	2013	2014
单位负责人	44.3	44.0	47.2	47.26	47.7	47.5	47.5	47.1	47.7	48.2	48.4	48.4
专业技术人员	42.8	43.4	43.2	44.13	43.4	43.0	42.8	43.1	43.7	43.7	43.9	43.9
办事人员和有关人员	41.8	42.4	44.4	44.38	43.8	43.5	43.3	44.0	43.9	44.0	44	43.8
商业、服务业人员	49.4	49.3	52.0	51.97	50.3	49.1	49.0	49.8	49.5	49.6	49.9	49.9
农林牧渔水利业生产人员	44.2	42.9	43.0	41.93	38.2	37.7	37.7	41.5	38.2	38.3	38.2	37.6
生产、运输设备操作人员及有关人员	47.5	48.1	51.4	50.81	49.8	48.2	48.9	49.7	48.7	48.8	49.5	49.5
其　他	46.7	46.8	48.9	48.42	46.7	46.8	46.3	47.8	47.7	49.8	49.2	44

表 31 按教育程度分组的城镇就业人员调查周平均工作时间

（小时）

教育程度＼年份	2003	2004	2005	2006	2007	2008	2009	2010	2011	2012	2013	2014
未上过学	44.9	44.8	44.4	41.48	37.3	36.4	36.9	43.5	40.1	39.8	39.6	40.1
小　学	47.2	46.1	47.8	46.42	43.4	41.7	42.3	47.2	45.0	44.5	44.8	44.6
初　中	47.4	47.4	50.0	49.25	47.3	46.1	46.1	48.9	48.1	48.2	48.8	48.7
高　中	44.4	44.9	47.8	47.72	46.8	46.0	46.1	47.2	47.1	47.4	47.6	47.8
大学专科	41.6	42.0	43.2	43.75	42.9	43.0	42.9	43.7	43.8	44	44.3	44.5
大学本科	41.1	41.2	41.9	42.12	41.7	41.7	41.5	42.1	42.4	42.4	42.5	42.6
研究生及以上	40.9	40.9	41.3	42.21	41.4	41.1	41.1	41.1	41.7	41.6	41.8	41.4

表 32 按性别分组的城镇就业人员调查周平均工作时间

（小时）

分组＼年份	2003	2004	2005	2006	2007	2008	2009	2010	2011	2012	2013	2014
男性	45.8	46.0	48.7	48.3	46.8	45.7	45.9	47.7	47.0	47.0	47.5	47.5
女性	44.9	44.9	46.7	45.9	44.0	43.1	43.2	46.1	45.2	45.2	45.5	45.5
男女周工时差距	0.9	1.1	2.0	2.4	2.8	2.6	2.7	1.6	1.8	1.8	2.0	2.0

表 33 按就业身份、性别分的城镇就业人员周工作时间构成(2014)

就业身份	城镇就业人员	1～8 小时	9～19 小时	20～39 小时	40 小时	41～48 小时	48 小时以上
总　计	100	0.6	1.4	8	36.1	20.2	33.7
雇　员	100	0.7	1.4	8	41.5	21.7	26.7
雇　主	100	0.2	0.7	3.6	22.3	15.8	57.4

续表

就业身份	城镇就业人员	1～8 小时	9～19 小时	20～39 小时	40 小时	41～48 小时	48 小时以上
自营劳动者	100	0.4	1.1	9.2	15.1	14.5	59.7
家庭帮工	100	0.4	1.7	12	16.2	15.2	54.5
男	100	0.5	1	6.5	35.7	20	36.2
雇员	100	0.5	1.1	6.4	41.3	21.5	29.2
雇主	100	0.2	0.6	3.5	22.5	16.2	56.9
自营劳动者	100	0.4	1	8.2	15.2	14.8	60.3
家庭帮工	100	0.4	1.6	9.7	17.6	15.1	55.5
女	100	0.8	1.8	10	36.6	20.4	30.4
雇员	100	0.9	1.9	10	41.6	21.9	23.6
雇主	100	0.1	0.8	3.9	21.8	14.9	58.4
自营劳动者	100	0.4	1.3	11.1	14.8	13.9	58.4
家庭帮工	100	0.4	1.7	12.8	15.8	15.2	54.2

表 34　按户口性质分的城镇就业人员周工作时间构成

年份	户口性质	城镇就业人员	1～8 小时	9～19 小时	20～39 小时	40 小时	41～48 小时	48 小时以上
2007	总计	100.0	0.4	1.7	11.1	31.2	16.1	39.6
	农业	100.0	0.7	2.8	16.5	15.8	16.8	47.4
	非农业	100.0	0.2	0.5	5.1	48.2	15.2	30.9
2008	总计	100.0	0.6	2.2	12.8	33.0	17.1	34.4
	农业	100.0	1.0	3.5	19.4	17.6	18.1	40.3
	非农业	100.0	0.3	0.6	5.3	50.2	15.9	27.7

续表

年份	户口性质	城镇就业人员	1～8小时	9～19小时	20～39小时	40小时	41～48小时	48小时以上
2009	总计	100.0	0.6	2.3	14.8	33.3	18.3	30.8
	农业	100.0	0.9	3.7	22.2	19.2	19.2	34.7
	非农业	100.0	0.2	0.6	6.2	49.5	17.2	26.3
2010	总计	100.0	0.6	2.1	14.2	34.2	18.5	30.5
	农业	100.0	0.9	3.4	20.3	20.6	18.7	36.1
	非农业	100.0	0.3	0.5	6.6	50.8	18.1	23.6
2011	总计	100.0	0.4	1.0	7.6	37.9	15.3	37.7
	农业	100.0	0.5	1.6	10.6	23.4	16.9	47.0
	非农业	100.0	0.2	0.3	4.2	54.6	13.6	27.1
2012	总计	100.0	0.7	1.4	8.5	37.8	18.7	32.9
	农业	100.0	1.0	2.4	13.4	21.1	20.2	42.0
	非农业	100.0	0.4	0.5	4.3	52.0	17.5	25.3
2013	总计	100.0	0.5	1.3	8.4	36.0	19.9	33.9
	农业	100.0	0.8	2.3	13.1	20.6	20.4	42.8
	非农业	100.0	0.3	0.4	4.3	49.5	19.4	26.0
2014	总计	100	0.6	1.4	8	36.1	20.2	33.7
	农业	100	1	2.5	12.2	20.3	21.2	42.9
	非农业	100	0.2	0.4	4.4	49.9	19.3	25.8

表 35　城镇女性就业人员调查周平均工作时间　（小时/周）

分　组	2010 年 11 月	2011 年 11 月	2012 年 11 月	2013 年 9 月	2014 年 9 月
全　部	46.1	45.2	45.2	45.5	45.5
一、按年龄分组(岁)					
16～19	48.8	48.1	47.4	49.2	48.5
20～24	47.0	46.1	46.3	46.7	46.7
25～29	46.1	45.8	45.7	46.0	46.1
30～34	46.6	46.1	46.0	46.3	46.2
35～39	46.9	46.2	46.4	46.6	46.6
40～44	46.7	45.8	46.2	46.6	46.6
45～49	45.8	45.0	45.0	45.6	45.5
50～54	44.2	43.1	43.5	43.7	44.0
55～59	42.2	40.1	40.1	40.2	40.8
60～64	39.3	36.6	37.2	36.9	37.0
65+	35.3	31.2	31.8	31.4	31.9
二、按职业分组					
单位负责人	47.2	47.8	48.2	48.1	48.2
专业技术人员	42.7	43.2	43.2	43.3	43.4
办事人员和有关人员	42.8	43.0	43.1	43.0	42.8
商业、服务业人员	49.5	49.0	49.1	49.4	49.5
农林牧渔水利业生产人员	39.6	35.7	35.8	35.6	34.9
生产、运输设备操作人员	49.5	48.4	48.6	49.0	49.1
及有关人员					
其　他	47.1	44.9	49.2	49.6	42.0
三、按受教育程度分组					
未上过学	42.6	38.9	37.7	38.0	38.4
小　学	45.9	43.1	42.6	42.9	42.9
初　中	47.9	47.1	46.9	47.5	47.3
高　中	46.5	46.5	46.7	46.8	47.3
大　专	43.2	43.0	43.6	43.8	44.0
大学本科	41.7	42.0	42.0	42.1	42.0
研究生	40.7	41.4	41.1	41.0	41.2

表 36 按行业、性别分的城镇就业人员周工作时间 (小时/周)

行业	2014年9月	性别	
		男	女
总计	46.6	47.5	45.5
农、林、牧、渔业	37.4	40.1	34.8
采矿业	46	46.8	42.9
制造业	48.7	48.9	48.4
电力、热力、燃气及水生产和供应业	43.7	44.1	42.9
建筑业	49.6	50.1	46.8
批发和零售业	50.5	51.1	50
交通运输、仓储和邮政业	48.2	49	44.9
住宿和餐饮业	51.6	52.6	50.7
信息传输、软件和信息技术服务业	47.6	47.5	47.7
金融业	42.9	42.9	42.8
房地产业	46	46.6	45
租赁和商务服务业	45.1	46	43.9
科学研究和技术服务业	42.4	42.5	42.3
水利、环境和公共设施管理业	44.8	44.9	44.5
居民服务、修理和其他服务业	50	50.8	49.1
教育	42.4	43	42.1
卫生和社会工作	44.1	44.9	43.7
文化体育和娱乐业	46	46.3	45.7
公共管理、社会保障和社会组织	41.9	42.2	41.3
国际组织	45.2	50	39.2

表 37 按受教育程度分的全国女性就业人员职业构成(2014) (%)

受教育程度	合计	单位负责人	专业技术人员	办事人员和有关人员	商业、服务业人员	农林牧渔水利业生产人员	生产运输设备操作人员及有关人员	其他
未上过学	100.0	0.3	0.9	0.5	8.0	84.1	6.1	0.2
小学	100.0	0.2	2.3	0.7	12.3	72.9	11.3	0.2
初中	100.0	0.8	4.0	1.9	27.5	43.8	21.6	0.5
高中	100.0	2.2	15.8	8.6	41.9	13.9	17.3	0.4
大学专科	100.0	2.8	39.6	19.0	27.2	2.3	8.7	0.5
大学本科	100.0	2.9	52.7	23.5	14.9	0.9	4.9	0.2
研究生	100.0	4.5	67.0	19.5	6.1	0.3	2.6	

表 38　按年龄分的城镇女性就业人员职业构成(2014)

(%)

年龄	合　计	单位负责人	专业技术人员	办事人员和有关人员	商业、服务业人员	农林牧渔水利业生产人员	生产运输设备操作人员及有关人员	其　他
16～19	100.0	0.2	12.1	4.1	42.5	11.6	28.2	1.4
20～24	100.0	1.1	23.0	11.1	40.1	5.4	18.6	0.7
25～29	100.0	1.7	25.2	12.9	37.5	6.2	15.9	0.6
30～34	100.0	2.5	25.0	12.6	36.3	6.9	16.2	0.4
35～39	100.0	2.9	22.2	10.1	37.4	8.9	18.0	0.5
40～44	100.0	2.5	17.5	8.9	38.9	11.4	20.2	0.5
45～49	100.0	2.2	14.8	8.2	38.0	16.4	19.7	0.8
50～54	100.0	2.4	14.9	7.6	35.4	24.3	14.9	0.5
55～59	100.0	1.2	7.7	4.1	30.0	46.0	10.3	0.6
60～64	100.0	0.9	5.1	1.6	23.0	61.1	7.3	0.9
65+	100.0	0.4	2.6	1.5	15.8	74.1	5.2	0.4

表 39　分行业城镇单位女性就业人员数(2014)

(万人)

地区	合计	农、林、牧、渔业	采矿业	制造业	电力、热力、燃气及水生产和供应业	建筑业	批发和零售业	交通运输、仓储和邮政业	住宿和餐饮业	信息传输、软件和信息技术服务业	金融业	房地产业	租赁和商务服务业	科学研究和技术服务业	水利、环境和公共设施管理业	居民服务、修理和其他服务业	教育	卫生和社会工作	文化、体育和娱乐业	公共管理、社会保障和社会组织
全国	6 546.2	104.7	110.2	2 119.3	112.4	316.3	450.2	224.6	162.2	132.6	287.8	149.3	147.7	124.4	108.5	30.5	911.9	505.5	65.1	483.3
北京	303.3	1.3	1.0	35.4	2.2	8.7	34.4	15.5	15.9	22.3	23.1	15.6	27.3	21.1	3.5	4.3	27.5	18.0	8.6	17.6
天津	104.1	0.1	2.1	43.4	1.2	3.9	7.6	3.2	3.2	1.7	5.0	2.5	2.2	2.8	1.2	2.4	10.1	6.0	0.9	4.5

续表

地区	合计	农、林、牧、渔业	采矿业	制造业	电力、热力、燃气及水生产和供应业	建筑业	批发和零售业	交通运输、仓储和邮政业	住宿和餐饮业	信息传输、软件和信息技术服务业	金融业	房地产业	租赁和商务服务业	科学研究和技术服务业	水利、环境和公共设施管理业	居民服务、修理和其他服务业	教育	卫生和社会工作	文化、体育和娱乐业	公共管理、社会保障和社会组织
河北	236.8	1.8	4.4	47.5	5.1	9.6	15.4	7.7	3.7	3.6	13.9	4.3	3.7	3.9	4.5	0.6	55.5	22.4	2.3	26.9
山西	152.7	0.6	16.9	22.2	3.6	5.2	7.6	5.9	2.8	2.6	8.3	1.3	2.2	2.4	4.2	0.7	32.7	12.5	2.2	18.7
内蒙古	109.3	7.9	3.4	14.2	3.9	3.3	5.2	5.6	2.5	2.6	6.0	2.1	1.4	2.0	3.6	0.4	19.9	9.1	1.7	14.6
辽宁	216.3	9.4	6.4	48.5	3.8	13.3	14.3	8.5	4.0	6.1	12.8	5.3	3.2	4.8	6.0	1.1	31.8	19.0	2.3	15.9
吉林	118.8	4.4	3.0	27.2	3.0	4.2	6.3	3.5	1.8	2.7	5.9	2.8	2.0	2.4	3.3	0.7	21.3	11.5	1.5	11.4
黑龙江	160.3	25.6	7.7	20.0	4.9	5.8	8.5	6.3	2.3	3.1	7.7	2.1	2.1	3.2	3.6	2.0	25.5	14.1	1.8	13.9
上海	260.5	0.6		80.6	1.1	4.5	44.0	12.0	12.4	8.8	15.1	8.7	17.8	7.4	3.0	3.0	18.9	13.1	2.5	6.9
江苏	525.1	2.5	2.6	266.7	4.6	31.2	31.9	12.5	11.7	11.6	17.1	8.7	10.2	6.4	6.2	1.1	49.2	29.3	3.5	18.2
浙江	360.6	0.1	0.1	151.1	3.2	22.1	21.7	8.7	7.6	6.6	21.0	7.3	8.0	4.7	4.6	1.3	42.5	27.4	3.3	19.1
安徽	170.1	1.6	3.3	47.9	2.6	11.1	12.6	5.9	3.7	2.9	8.9	4.0	1.9	2.5	3.1	0.3	27.4	16.8	1.4	12.3
福建	245.2	1.3	0.5	117.2	2.5	21.3	13.0	6.3	5.5	2.7	8.7	5.1	3.4	2.6	2.1	0.7	27.1	13.6	1.7	10.0
江西	163.8	1.4	1.4	62.4	4.2	11.8	8.4	5.4	2.6	2.5	6.2	2.1	1.4	1.4	2.8	0.2	22.5	12.9	1.2	12.8
山东	443.4	0.5	15.9	163.1	6.5	18.7	33.3	13.1	8.6	7.1	18.6	9.0	7.7	5.3	6.1	1.1	58.2	35.3	3.0	32.4
河南	400.6	1.6	9.6	141.6	8.4	22.7	25.1	12.2	6.4	4.5	11.6	6.5	5.0	5.1	5.0	1.0	64.8	31.0	3.2	35.4
湖北	242.1	3.8	1.8	75.8	5.1	16.0	22.0	9.4	6.5	4.1	9.0	4.6	2.9	4.2	4.1	0.8	30.7	22.7	2.3	16.4
湖南	205.6	0.7	1.5	48.6	4.8	11.8	10.2	7.3	5.3	3.0	11.5	4.4	2.8	3.5	4.0	0.8	36.4	23.9	2.3	22.6
广东	818.6	1.9	0.6	467.7	7.3	17.4	47.0	22.8	18.7	12.4	22.0	19.1	19.4	10.1	7.4	3.3	68.5	37.7	5.3	29.9
广西	150.8	2.7	0.9	33.0	3.8	5.8	6.5	5.5	2.9	1.8	5.9	2.9	3.8	3.1	4.8	0.4	32.8	19.2	1.5	13.7

续表

地区	合计	农、林、牧、渔业	采矿业	制造业	电力、热力、燃气及水生产和供应业	建筑业	批发和零售业	交通运输、仓储和邮政业	住宿和餐饮业	信息传输、软件和信息技术服务业	金融业	房地产业	租赁和商务服务业	科学研究和技术服务业	水利、环境和公共设施管理业	居民服务、修理和其他服务业	教育	卫生和社会工作	文化、体育和娱乐业	公共管理、社会保障和社会组织
海南	39.7	4.1	0.2	3.6	0.7	0.9	2.8	1.4	3.3	0.6	1.7	2.8	0.9	0.7	1.2	0.3	6.6	3.7	0.6	3.8
重庆	135.1	0.3	1.1	34.1	2.2	13.0	12.2	5.7	4.3	1.7	6.5	5.1	2.9	2.3	2.4	0.8	20.5	10.8	1.0	8.2
四川	280.8	1.0	5.2	64.4	8.2	19.7	16.2	12.8	6.9	6.4	12.0	6.8	3.7	6.4	6.0	0.8	46.3	27.5	2.9	27.4
贵州	101.7	0.4	2.1	14.6	3.4	5.3	6.0	3.1	2.3	1.3	4.0	2.9	1.4	2.1	2.6	0.6	23.6	10.8	0.8	14.6
云南	149.5	2.3	2.7	24.5	3.1	9.6	12.9	5.2	5.4	2.1	5.0	4.3	2.6	2.9	3.3	0.7	29.4	16.4	1.6	15.5
西藏	11.6	0.1	0.1	0.5	0.3	0.4	0.4	0.3	0.3	0.2	0.4		0.2	0.3	0.1	0.1	2.3	1.0	0.3	4.2
陕西	177.7	0.7	6.5	33.6	3.9	8.7	14.0	8.3	7.2	4.3	8.1	4.0	3.0	5.3	3.7	0.8	30.6	15.4	2.0	17.5
甘肃	86.0	1.6	2.1	11.5	4.1	5.2	4.3	3.6	2.1	1.3	3.6	1.6	1.0	2.0	2.3	0.1	17.0	7.8	1.1	13.8
青海	23.1	0.5	1.2	3.5	0.6	1.0	1.2	1.4	0.4	0.4	1.1	0.3	0.2	0.7	0.5		3.9	2.3	0.4	3.5
宁夏	27.1	0.5	1.1	3.8	1.1	0.7	1.6	1.3	0.4	0.4	1.8	0.6	0.6	0.4	0.9		5.0	2.8	0.4	3.5
新疆	126.2	23.3	5.0	11.0	2.9	3.7	3.5	4.4	1.4	1.3	5.1	2.0	2.8	2.2	2.4	0.4	23.6	11.9	1.4	18.0

表 40 分登记注册类型城镇单位女性就业人员数(2014) (万人)

地 区	合 计	国有单位	城镇集体单位	其他单位
北京	303.3	82.0	7.5	213.8
天津	104.1	28.3	2.0	73.8
河北	236.8	128.8	5.9	102.1
山西	152.7	86.1	8.2	58.4
内蒙古	109.3	67.9	2.7	38.6
辽宁	216.3	107.0	9.8	99.4
吉林	118.8	65.0	2.8	51.0
黑龙江	160.3	106.4	5.0	48.9
上海	260.5	47.4	5.0	208.1
江苏	525.1	117.4	15.2	392.5
浙江	360.6	94.0	7.0	259.6
安徽	170.1	70.0	5.5	94.6
福建	245.2	62.9	4.6	177.7
江西	163.8	67.6	3.5	92.7
山东	443.4	154.6	15.0	273.8
河南	400.6	153.7	16.2	230.7
湖北	242.1	100.5	5.0	136.6
湖南	205.6	100.3	5.4	99.8
广东	818.6	160.6	18.5	639.5
广西	150.8	87.2	3.9	59.7
海南	39.7	17.1	0.6	22.0
重庆	135.1	46.8	2.5	85.8
四川	280.8	136.5	7.8	136.5
贵州	101.7	63.3	1.7	36.8
云南	149.5	77.1	3.4	69.1
西藏	11.6	9.7	0.1	1.8
陕西	177.7	93.0	4.6	80.1
甘肃	86.0	56.2	2.2	27.5
青海	23.1	14.1	0.4	8.6
宁夏	27.1	15.8	0.2	11.1
新疆	126.2	91.7	1.1	33.3

表 41　按受教育程度分的全国女性就业人员就业身份构成(2014)　(%)

受教育程度	合　计	雇　员	雇　主	自营劳动者	家庭帮工
未上过学	100.0	9.0	0.7	87.1	3.2
小　学	100.0	16.5	1.5	78.0	4.0
初　中	100.0	38.9	3.2	51.8	6.2
高　中	100.0	68.2	5.7	21.5	4.6
大学专科	100.0	89.6	3.6	5.2	1.5
大学本科	100.0	95.0	2.1	2.3	0.5
研究生	100.0	97.6	1.4	0.9	0.2

表 42　按受教育程度分的城镇女性就业人员就业身份构成(2014)　(%)

受教育程度	合　计	雇　员	雇　主	自营劳动者	家庭帮工
未上过学	100.0	22.3	2.6	69.0	6.1
小　学	100.0	31.9	3.5	56.8	7.7
初　中	100.0	54.9	5.1	31.7	8.3
高　中	100.0	75.4	6.5	12.8	5.3
大学专科	100.0	90.3	4.1	4.1	1.5
大学本科	100.0	95.6	2.0	1.9	0.5
研究生	100.0	97.6	1.4	0.8	0.2

表 43　按年龄分城镇女性失业人员未工作时间构成(2014)　(%)

年　龄	女性失业人员未工作时间分布					
	1 个月	2～3 个月	4～6 个月	7～12 个月	13～24 个月	25 个月以上
16～19	14.6	25.8	15.7	30.4	11.4	2.1
20～24	12.3	23.9	13.9	28.5	12.3	9.1
25～29	4.2	15.4	14.2	29.9	20.3	15.9
30～34	4.3	13.5	16.7	27.1	16.0	22.4
35～39	3.8	10.9	13.2	29.7	21.2	21.1
40～44	3.7	7.8	13.2	31.5	17.4	26.4
45～49	3.7	8.3	14.6	25.4	19.9	28.1
50～54	2.6	7.7	15.2	33.2	19.4	22.0
55～59	3.0	7.7	18.1	27.4	20.0	23.8
60～64		4.2	14.4	35.6	16.7	29.2
65+	4.9	7.2	11.7	9.8	7.8	58.6

表 44　按受教育程度分城镇女性失业人员未工作时间构成(2014)

(%)

受教育程度	女性失业人员未工作时间分布					
	1 个月	2～3 个月	4～6 个月	7～12 个月	13～24 个月	25 个月以上
未上过学	7.7	10.7	9.8	32.0	13.6	26.1
小　学	3.7	11.5	14.0	33.8	15.0	22.0
初　中	4.7	11.2	15.5	29.1	18.4	21.2
高　中	4.6	9.7	14.1	29.8	17.9	23.8
大学专科	6.1	20.5	12.8	26.0	17.9	16.8
大学本科	9.1	20.3	15.2	27.9	16.8	10.8
研究生及以上	11.4	27.7	12.3	19.8	26.1	2.8

表 45　按受教育程度分城镇女性失业人员职业构成(2014)

(%)

受教育程度	合　计	单位负责人	专业技术人员	办事人员和有关人员	商业服务人员	农林牧渔水利业生产人员	生产运输设备操作人员及有关人员	其　他
未上过学	100.0		1.6		35.2	37.1	26.0	
小　学	100.0	0.7	4.9	1.9	43.5	21.3	26.7	0.9
初　中	100.0	0.5	7.3	3.3	53.3	9.7	25.2	0.8
高　中	100.0	1.8	14.9	6.5	54.7	3.1	18.6	0.4
大　专	100.0	1.2	28.1	13.5	45.2	1.0	10.4	0.6
大学本科	100.0	1.7	31.1	22.7	35.3	1.5	7.0	0.7
研究生	100.0		61.6	14.0	24.3			

表 46　按年龄分城镇女性失业人员行业构成(2014)

(%)

年龄	合计	农、林、牧、渔业	采矿业	制造业	电力、热力、燃气及水生产和供应业	建筑业	批发和零售业	交通运输、仓储和邮政业	住宿和餐饮业	信息传输、软件和信息技术服务业	金融业	房地产业	租赁和商务服务业	科学研究和技术服务业	水利、环境和公共设施管理业	居民服务、修理和其他服务业	教育	卫生和社会工作	文化、体育和娱乐业	公共管理、社会保障和社会组织	国际组织
16～19	100.0	0.2		19.4	0.9	4.9	22.6		8.9	16.9	0.9					18.5	5.6		1.2		
20～24	100.0	5.6	0.7	21.5	0.8	1.8	31.9	3.3	9.6	3.5	4.4	1.1	3.6	0.3	0.2	2.9	4.0	2.3	1.6	1.1	
25～29	100.0	3.9	0.1	17.0	0.5	3.3	39.8	2.5	9.1	4.6	1.6	1.5	2.8	1.1	0.2	3.1	4.6	2.1	0.9	1.2	
30～34	100.0	3.9	0.9	20.2	0.2	2.0	41.4	1.8	8.6	4.4	1.8	2.5	1.9	0.1	0.5	3.4	2.7	1.2	0.8	1.8	
35～39	100.0	7.3	1.0	19.6	0.1	4.8	35.2	2.8	8.0	3.4	1.6	1.4	1.0	0.1	0.4	7.3	2.3	1.2	0.3	2.3	
40～44	100.0	10.0	1.6	25.3	0.8	1.9	31.4	1.9	8.0	3.8	1.7	0.5	1.1	0.3	1.1	5.9	1.6	0.9	0.3	1.9	
45～49	100.0	8.7	1.4	29.4	1.1	2.4	27.2	2.8	7.9	1.8	1.8	1.6	0.9	0.4	0.8	4.6	1.7	1.4	1.3	2.9	
50～54	100.0	8.7	3.0	33.2	0.4	3.5	23.6	3.7	8.0	1.5	1.0	0.7	0.9		1.1	3.4	2.1	1.6	0.5	3.2	
55～59	100.0	10.5	4.8	27.5	1.0	2.1	14.2	2.3	6.8	1.9	4.5	1.1	0.2	0.2	0.9	6.1	3.4	3.9	1.2	7.4	
60～64	100.0	20.5	7.2	21.7	0.9	3.9	18.9	1.1	10.5	0.6	1.4	0.7	2.0	2.5	0.3	0.4	4.1	0.6		2.6	
65+	100.0	22.0		13.2			13.9		7.3					1.4		4.9	20.9	8.5	1.4	6.5	

表 47　按年龄分城镇女性失业原因构成(2014)

(%)

年龄	合　计	离退休	料理家务	毕业后未工作	因单位原因失去工作	因个人原因失去工作	承包土地被征用	其　他
16～19	2.0		0.3	11.6	0.7	1.3		2.0
20～24	13.7		5.4	55.6	4.2	14.7	1.0	13.0
25～29	16.5		14.5	24.2	6.7	22.2	4.5	23.1
30～34	15.4		18.6	4.9	11.8	19.6	9.0	17.7
35～39	12.6		17.7	1.6	14.0	12.8	6.3	10.0
40～44	15.9		19.0	1.8	28.9	14.3	30.9	17.0
45～49	12.3	10.7	14.3	0.4	25.3	9.3	23.4	10.9
50～54	6.8	47.6	5.7	0.0	6.7	3.8	14.5	3.8
55～59	2.8	24.9	2.3		0.7	1.5	6.7	1.4
60～64	1.5	12.7	1.7		1.0	0.2	3.0	0.6
65＋	0.5	4.1	0.4			0.2	0.6	0.6

表 48　按受教育程度分城镇女性失业原因构成(2014)

(%)

受教育程度	合　计	离退休	料理家务	毕业后未工作	因单位原因失去工作	因个人原因失去工作	承包土地被征用	其　他
未上过学	100.0	1.2	47.5	4.3	2.1	22.3	1.6	20.9
小　学	100.0	4.5	56.1	1.1	5.7	22.5	3.6	6.5
初　中	100.0	4.7	47.9	3.9	10.5	25.5	1.7	5.7
高　中	100.0	8.4	33.0	9.9	16.2	26.4	0.3	5.8
大学专科	100.0	2.5	20.7	26.7	10.6	33.2	0.3	6.1
大学本科	100.0	1.1	13.1	42.8	6.1	29.8	0.2	6.9
研究生	100.0		6.7	39.1	11.9	42.3		

表 49　城镇女性失业人员寻找工作方式构成(2014)

(%)

分类		合计	在职业介绍机构登记	委托亲友找工作	参加招聘会	应答或刊登广告	浏览招聘广告	为自己经营作准备	其他
受教育程度	未上过学	100.0	8.6	56.0		7.9	2.1	2.5	22.9
	小　学	100.0	2.3	63.3	1.1	8.6	1.1	5.9	17.8
	初　中	100.0	5.2	61.5	1.3	9.8	2.3	5.3	14.6
	高　中	100.0	6.8	54.9	1.0	12.7	4.3	6.7	13.5
	大学专科	100.0	10.2	37.8	1.8	21.1	11.6	5.0	12.5
	大学本科	100.0	8.5	30.0	1.5	18.8	22.9	6.5	11.8
	研究生	100.0	9.4	23.7	12.0	16.0	23.1	6.5	9.4

续表

分类		合计	在职业介绍机构登记	委托亲友找工作	参加招聘会	应答或刊登广告	浏览招聘广告	为自己经营作准备	其他
年龄	16～19	100.0	12.1	54.0	0.9	10.2	4.9	6.3	11.7
	20～24	100.0	7.7	41.1	0.7	16.5	17.3	3.2	13.4
	25～29	100.0	9.1	44.4	2.6	14.7	7.6	7.1	14.5
	30～34	100.0	6.3	52.8	0.8	15.0	5.2	6.7	13.3
	35～39	100.0	7.2	53.0	1.6	13.4	3.4	6.7	14.7
	40～44	100.0	5.9	59.2	1.0	13.5	2.1	5.8	12.5
	45～49	100.0	3.8	66.2	1.1	7.3	2.5	4.2	15.0
	50～54	100.0	2.1	67.0	1.6	8.0	0.4	6.3	14.6
	55～59	100.0	4.8	64.3	1.7	6.1	1.5	4.0	17.5
	60～64	100.0	2.8	64.4	0.9	7.6	0.2	8.0	16.0
	65＋	100.0		51.6		6.4		11.8	30.2

表 50 世界部分国家女性就业人数(2009—2013)（千人）

国别 \ 年份	2009	2010	2011	2012	2013
阿根廷	4 396.9	4 384.4	4 441.3	4 510.2	4 545.9
澳大利亚	4 994.3	5 077.3	5 188.0	5 258.0	5 251.6
加拿大	8 052.4	8 129.5	8 221.1	8 320.0	8 435.4
埃及	4 549.5	4 674.5	4 626.5	4 646.5	4 627.3
法国	12 176.8	12 198.8	12 239.9	12 292.4	12 323.0
德国	17 655.2	17 846.2	18 334.0	18 458.9	18 728.0
匈牙利	1 737.0	1 758.6	1 754.6	1 795.5	1 809.9
印度尼西亚	39 748.1	41 090.7	42 669.5	42 531.2	41 587.6
意大利	9 235.8	9 238.3	9 348.6	9 458.2	9 329.9
日本	26 380.0	26 420.0	26 530.0	26 540.0	27 010.0
韩国	9 771.4	9 913.8	10 091.1	10 293.6	
马来西亚	3 941.6	4 227.5	4 394.7	4 629.7	
墨西哥	16 464.0	16 998.4	17 443.8	18 253.6	18 953.3
荷兰	3 947.7	3 844.3	3 870.0	3 899.8	3 880.1
新西兰	1 015.9	1 018.9	1 037.7	1 039.9	1 059.7
挪威	1 190.2	1 186.0	1 203.7	1 223.2	1 230.5

续表

年份 国别	2009	2010	2011	2012	2013
菲律宾	13 657.3	14 113.3	14 619.0	14 772.8	
葡萄牙	2 366.5	2 333.6	2 262.5	2 191.1	2 143.6
罗马尼亚	4 143.0	4 127.9	4 111.7	4 136.6	4 119.7
俄罗斯	34 226.2	34 303.4	34 742.3	35 030.1	34 913.2
瑞典	2 140.0	2 129.6	2 187.7	2 213.3	2 237.0
泰国	17 217.1	17 384.9	17 650.4	17 810.0	17 763.2
英国	13 474.5	13 450.7	13 502.1	13 635.6	13 858.1
美国	66 207.8	65 705.0	65 579.0	66 914.0	67 577.0

后 记

本书是北京师范大学劳动力市场研究中心编写的第六本《中国劳动力市场发展报告》，主题是“性别平等化进程中的女性就业”。

这是一个重要而敏感的话题。根据国际货币基金组织测算，在低收入国家，性别不平等每降低 1 个百分点，就可在五年内实现 0.2%的经济增长。很多实证研究已经表明，女性在教育、健康、就业等领域中是否能得到平等对待，不仅事关她们自身，更事关下一代。因此，自 1945 年联合国成立以来，国际社会和各国政府一直致力于实现性别平等。20 世纪 70 年代末期以来，联合国更是陆续出台了四个关于促进性别平等的重要法律文书。1979 年 12 月，通过了《消除对妇女一切形式歧视公约》，这也是第一个把性别平等和非歧视要求法律化的联合国条约，被公认为“国际妇女人权宣言”。1995 年 9 月在北京召开的第四次世界妇女大会上通过了《北京宣言》和《行动纲领》，设定了与妇女发展密切相关的 12 个目标和行动，包括人权、政治、经济、教育、保健等。2000 年 9 月在联合国千年首脑会议上，各国领导人签署了《千年发展目标》，约定在 2015 年之前将全球贫困水平降低一半，并促进男女平等，赋予妇女权利等。2015 年 9 月召开的联合国可持续发展峰会通过了《变革我们的世界——2030 年可持续发展议程》，并承诺将于 2030 年前实现 17 个新的可持续发展目标，其中目标五是“实现性别平等和赋权所有的妇女及女童”。性别平等目标的实现任重道远，但已经走在了路上，而且就在眼前。

我国在促进性别平等方面做出了不懈努力。习近平总书记在 2015 年 9 月 27 日全球妇女峰会上指出：“在中国人民追求美好生活的过程中，每一位妇女都有人生出彩和梦想成真的机会。中国将更加积极贯彻男女平等基本国策，发挥妇女‘半边天’作用，支持妇女建功立业，实现人生理想和梦想。”性别平等涉及诸多领域，就业是其中的重要方面。为此，本年度报告聚焦女性就业问题，主要目的是检视我国性别平等化进程中女性就业所取得的进展，分析存在的问题，指出实现就业领域中性别平等的路向和路径，也希望借此呼吁能有更多有识之士关注性别平等问题，以更好地促进我国创新、协调、绿色、开放、共享发展。

本报告的完成，是诸多人合作和推动的结果。我首先要特别感谢参与本报告写作的各位作者，他们为了共同的事业走到一起，付出了大量心血。其中，孟大虎教授和李长安教授作为北京师范大学劳动力市场研究中心副主任，也是本系列报告的创始者之一，承担了大量组织协调工作，王琦讲师为主报告的完成做出了特殊贡献，廖娟副教授、纪雯雯讲师、高春雷助理研究员耐心细致地对报告进行了统稿。各章写作人员如下：

第一章　赖德胜、孟大虎

第二章　王琦、高曼、刘易昂、周建亮

第三章　李长安

第四章　高春雷

第五章　杨慧

第六章　李飚、刘娜

第七章　张抗私

第八章　欧阳任飞

第九章　廖娟、黄金玲

第十章　张抗私

第十一章　刘亚楠

第十二章　朱敏、陈建伟

第十三章　常欣扬

第十四章　李飚

附　录　苏丽锋

感谢各位师长、领导和专家，他们有求必应，为报告的方向、主题、思路和框架等提出了非常有价值的意见和建议，是报告能坚持正确方向，扎根中国大地的重要保障。比如，报告总顾问、中国社科院荣誉学部委员赵人伟研究员，虽然已年过八旬，但仍关心指导报告的研究工作，每次见面或电话联系，都给予我们极大的鼓励，令人感动。北京师范大学党委书记刘川生、北京师范大学校长董奇经常过问报告的进展，并多次出席报告的发布会暨主题研讨会，对报告给予高度评价，这是我们继续前行的强大动力。国际劳工组织中国就业政策高级官员王亚栋、中国体制改革研究会顾问宋晓梧、中国社会科学院人口与劳动经济研究所所长张车伟、国家人力资源与社会保障部就业促进司副司长张莹和王文铎、中华全国总工会政策研究室主任吕国泉等，对报告的主题和重点给予了悉心指导。中国就业促进会执行副会长张幼云、中国劳动科学研究院院长刘燕斌、中国人事科学研究院院长余兴安、国家发改委社会发展研究所所长杨宜勇、中国教育电视台党委书记柯春晖、中国青年政治学院副院长李家华教授、北京大学王大树教授、中国人民大学曾湘泉教授和杨伟国教授、首都经济贸易大学杨河清教授和冯喜良教授、中国农资人力资源部总经理张佳琦、阿里研究院资深专家郝建彬等都通过不同方式，对报告的研究和撰写提供了许多建设性意见和建议。

感谢北京师范大学的同事们。陈丽副校长对本系列报告的研究给予了大力支持，表现出了足够的远见卓识。宣传部部长刘长旭、社会科学处处长范立双、财经处处长杜育红等多年来一直支持报告的研究和写作，并在报告的宣传推广中发挥着不可替代的作用。经济与工商管理学院分党委书记孙志军虽然没有具体参与报告的写作，但可以说全程参与了报告的研讨和审稿，报告的字里行间凝结着他的真知灼见。经济与工商管理学院李实教授、沈越教授、曲如晓教授、杨澄宇教授、张平淡教授、罗楚亮教授、邢春冰教授、李宝元教授、胡海峰教授、魏浩教授、杨娟副教授等，先后对本报告的研究给予了多方面的帮助。北京师范大学出版集团董事长杨耕、总经理吕建生、总编辑李艳辉、常务副总经理马朝阳、党委副书记江燕等，为保证报告按时、高质量出版，采取了多种措施。在经济指标压力比较大的环境下，出版社领导能有如此魄力，我深表敬意。

感谢国家社会科学基金重大项目、教育部哲学社会科学研究普及读物项目、北京市总工会北京市“十三五”时期职工发展规划项目和北京师范大学学科交叉项目的慷慨资助，这是本系列报告得以持续的重要物质基础。

最后，我还要感谢那些为报告的顺利进行提供各种帮助的朋友。中国人事科学研究院田永坡副研究员、北京工商大学王轶副研究员、中国劳动关系学院纪雯雯讲师、中国人民大学王强助理研究员、北京师范大学就业指导中心张爱芹副主任、北京师范大学经济与工商管理学院办公室韩丽丽主任等多次参加报告的研讨会，并提出了诸多建设性意见。感谢新华社、人民日报、光明日报、经济日报、中央电视台、中国教育报、中国劳动保障报、工人日报、中国社会科学报、经济参考报、环球人物、新浪、搜狐、腾讯、澳门月刊、BBC 等媒体，它们或长或短的报道使系列《中国劳动力市场发展报告》的观点得以为更多人所知晓，这，对报告很重要。

赖德胜

2016 年 9 月 18 日